レベラー運動の研究

友田卓爾

溪水社

目次

第十章　レベラー運動の戦略と戦術

終　章　レベラー民主主義のオリジナリティ

レベラー運動の研究

序――問題の所在と本書の課題

イギリス（ピューリタン）革命の研究は、第一次世界大戦、ロシア革命、第二次世界大戦とつづく世界史の激動のなかで活況を呈したが、とりわけファシズムの脅威に直面した一九三〇～四〇年代には、西欧民主主義の起源を再吟味しようという意欲から、レベラーズ（平等派あるいは水平派）の思想史的研究が、多くの学者の関心を集めた。つまり、ファースが『クラーク文書』を編集して以来、ハラー、デイビス、ウルフらによってレベラーズの史料集が編まれるとともに、ピース、ロバートソン、ギッブ、フランク、ブレイルスフォード、アシュリー、グレッグなど多くの学者によって、指導者またはグループとしてのレベラーズの研究がおこなわれてきた。[1] わが国でも、太平洋戦争敗戦直後に強く意識された「民主化」の要請をうけて、なにゆえレベラーズは、一七世紀という時代に合理主義・個人主義に根ざした民主主義のプログラムを提出することができたのか、またそれによって民衆のエネルギーを結集したレベラーズの運動が敗北せざるをえなかった原因はどこにあったのか、といった設問が多くの研究者をとらえた。[2]

このように、民主主義を希求する意識が高揚するなかで、レベラーズの研究を基軸にして、近代民主主義思想の源流や原型の理解を深める作業が積み重ねられ、レベラーズは成年男子普通選挙権を要求した急進的民主主義者であると結論されてきた。[3] ところが、この伝統的なレベラーズ像は、一九六二年にマクファーソンの『所有的個人主義の政治理論』において全面的に批判され、それ以後、「制限選挙権 “non-servant franchise” を一貫して主張した急進的自由主義者」としてのレベラーズ像が有力になった。[4]

しかし、一方ではJ・C・デイビス、R・ハウエル、D・E・ブリュースター、A・L・モートン、K・トーマス、ハムシャー・モンクなどの研究者たちが、マクファーソンの結論や方法論を批判した。[5] その基本的な批判点は、"servant"の概念と数的見積もりの問題[6]のほかに、二点あるといえる。第一点は、レベラーズの思想および運動に同質性と一貫性を仮定しすぎていることである。たとえば、ハウエルとブリュースターの共著論文は、マクファーソン（およびかれ以前の研究者たち）がレベラーズの思想と運動に高度の一貫性を仮定している点を批判して、こう結論した。「レベラーズの標準的な小冊子においてさえも…レベラーズが、合意に達した綱領をもつ統一された党派であるどころか、目的、リーダーシップが必ずしも一定しない不満分子の複雑で、多くの点で不幸な同盟であったことを示す幾つかの証拠がある。一般的に言えば、レベラーズは私有財産制を積極的に擁護したが、少なくともウォルウィンは共有を支持する発言をしたといわれたのであり、かれが他のレベラーズのように私有財産制をはっきりと擁護しているのをその著作中に見出すのは困難なことである」。[7] デイビスも、十分の一税に対するレベラーズの立場を考察することによって、レベラーズを「原理《プリンシプル》の熱狂者」と考えるマクファーソンを批判し、多様性と妥協性こそがレベラーズの運動の特徴であったとして、次のように論じている。「原理に対するそうした妥協することない熱狂は、たとえば十分の一税に関するレベラーズの記録の特徴をなしてはいない。レベラーズは十分の一税を原理の問題とみなしており、一六四五年にリチャード・オーバートンはこの問題に一パンフレット"The Ordinance for Tithes Dismounted"をあてた。一六四七年三月の『大請願』と同年七月の『堕落した代議体を越えて、自由民への訴え』（"An Appeale from the Degenerate Representative Body of the Commons of England Assembled at Westminster"）において、かれらは一見したところ、十分の一税の無償廃止を要求している。しかし、パトニーで討論される第一人民協定では、十分の一税はレベラーズの綱領にあがっていなかった。一六四八年の一月請願では、かれらは、『考慮すべき党派を引離さずに、われわれの闘いを継続する』ために十分の一税を争点としてわざと抜かした。その後、一六四八年の九月請願と第二人民協定では、十分の一税廃止の要求は再び綱領に載っているが、今度は『すべてのImpropriatorsが満足するように』という条件が付されている。このように明らかに、少なくとも十分の一税に関しては、レベラーズはそれが容易ならぬ問題とされていると考えるとき、妥協することができたのである」。(8)

批判の第二点は、革命のダイナミクスとの関連での考察を欠いていることである。たとえば、モートンは次のように指摘している。選挙権についてのレベラーズの立場を示している『正確に述べられた軍の主張』、『一月請願』、四つの『人民協定』は、「けっして政治理論の単なる抽象的な声明ではなかった。このことを忘れてはならない。これらの文書は、一党派の綱領であり、現実の政治運動における武器であるから、変化する情勢や闘争の実際的な必要にしたがって、ときどき修正されたのである。それゆえ、それらは、政治理論の観点からだけでなく(マクファーソン教授はこの視点に傾きすぎていると思う)、当時起きていた実際の諸事件との関連において考察されることが必要である」。(9)つまり、選挙権についてのレベラーズの見解は、政治理論の観点からだけでなく、政治過程の文脈のなかで考察されねばならない。したがって、選挙権拡大の要求がレベラーズの改革綱領のなかで占める位置づけ(ウェート)を検討しなければならないのである。

これらの指摘は、マクファーソンの新学説に対してだけでなく、史料上の制約もあって、運動に比べて思想の分析が先行してきた従来のレベラーズ研究の全てに向けられたものであるといえる。それゆえ、多様で妥協的な性格をもち、その広範な民衆的基盤ゆえに弱さとともに重要性をもったと考えられるレベラーズの政治運動の実態を探って、革命における位置づけを問い直すことが新たな主要課題になった。近年急速に進展した、ロンドンや新型軍に焦点を合わせたジェントルズ、モリル、トルミー、パール、ウールリッジ、キシュランスキー、リンドレィなどのイギリス革命研究にも、そうしたレベラーズ研究の現状が映しだされているが、(10)その中で最も重要な著作は、

「イギリス革命研究において等閑視されてきた諸宗派の活動の全体像を明らかにした」トルミーの『聖者たちの勝利』である。これは、諸宗徒《セクト》（独立教会派を含む）とレベラーズの関係、両者の決裂過程を跡づけ、レベラーズの運動の組織的側面を解明した画期的な研究である。とりわけ、セクトを組織的基盤として、セクトを代弁したレベラーズが、セクトのコングリゲーションための「圧力団体として」ではなく、俗人の集団（「正直な仲間」"honest party"）として政治的な抗議行動を展開したという指摘は、十分に実証されているとはいえないが、レベラーズを積極的に評価する上に、きわめて重要である。「リルバーンの運動は、セクト自身から無条件に支持されていたのではないし、たんにセクトのある種の圧力団体としてみなすこともできない」。「会衆として、一体となって行動したセクトのコングリゲーション、すなわち圧力団体として行動した聖者と、セクトのコングリゲーションの会員が、個人や市民として、政治現象としてのリルバーンの運動に与えることのできた支持とは区別しなければならない」[11]。もうひとつ重要なのは、軍隊の政治化過程を跡づけたキシュランスキーやウールリッジらの研究である。従来、一六四七年春の軍隊の急進化は、レベラーズの働きかけの結果とみなされてきたが、そうした通説は兵士の諸請願の丹念な分析によって論駁され、兵士の不満と要求における独自性と自発性（autonomy, spontaneity）が強調された[12]。しかし、「兵士としての」要求が、レベラーズの諸原理つまり民主主義的信念（democratic creeds）にもとづいて「市民としての」要求とリンクされたとき、兵士の糾合と政治化のイニシァティブはレベラーズが握ったのであり、このコンテクスト（市民との連帯行動）の意義がもっと評価されるべきである。

以上がレベラーズ研究の動向と問題の所在についての概略であるが、次に本書の研究テーマと構成を提示しておく。第一の課題は、同時代人からレベラーズと渾名されたグループを、「大衆請願」（マス・ペテション）に結集した「請願の考案者、推進者、提出者にして承認者」（"contrivers, promoters, presenters and approvers"）から成る「民衆派」（"honest party"―"a company of honest men"）として捉えて、この集団を特徴づけた多様性や妥協性を明らかにするとともに、社会的実体としての、あるいは政治的抗議運動としての結びつきとまとまり（統一性もしくは凝集性）を追究することである。第二の課題は、セクトの政治的別動隊ともいわれるレベラーズの民衆運動について、セクト会衆や軍隊兵士の急進主義運動から区別される、それらを超えたオリジナリティを考察することである。

レベラーズの運動に焦点を合わせた理由は、近代民主主義の源流や原型についての研究は制度論として理論的起源を探るだけでなく、実践的起源を探ることが重要であると考えるからである。とりわけ、反「寡頭制」をスローガンとして民衆行動を組織したレベラーズの民主主義に着眼するとき、民衆の政治化（民衆の大集団によって署名された政治的請願）を特徴づけた理念と行動様式を捕捉することに積極的な意味があると考えるからである。

次に本書の構成を概括的に示しておく。本書は三部から構成されている。第Ⅰ部の課題は、革命議会成立から内戦勃発までの時期について、ロンドンの街頭に現われた群衆デモに特徴的であった願望と行動様式を明らかにすることである。第Ⅱ部の課題は、内戦期にレベラーズと呼ばれる集団が政治の舞台に登場した（ロンドンの市当局とウェストミンスターの議会に対して政治的な抗議運動を展開した）コンテクストを明らかにすることである。第Ⅲ部の課題は、レベラーズの「大衆請願」運動を特徴づけた民主主義の理念と行動様式を、イデオロギー、組織、政治的な戦略戦術という三つの側面から分析することである。

註（1）C. H. Firth ed., *The Clarke Papers. Selections from the Papers of William Clarke, Secretary to the Council of the Army, 1647-49, and the General Monck and the Commanders of the Army in Scotland, 1651-60*, Camden Society Publications, 4vols., London, 1891-1901, repr. 1965. W. Haller ed., *Tracts on Liberty in the Puritan Revolution 1638-1647*, 3vols., New York, 1933-4. A. S. P. Woodhouse ed., *Puritanism and Liberty: Being the Army Debates (1647-9) from the Clarke Manuscripts with Supplementary Documents*, London, 1938. W. Haller and G. Davies eds.,

The Leveller Tracts 1647-1653, New York, 1944. D. M. Wolfe ed., *Leveller Manifestoes of the Puritan Revolution,* London, 1944. T. C. Pease, *The Leveller Movement; a Study in the History and Political Theory of the English Great Civil War,* Washington, 1916. H. Holorenshaw, *The Levellers and the English Revolution,* London, 1939. D. W. Petegorsky, *Left-Wing Democracy in the English Civil War,* London, 1940. M. A. Gibb, *John Lilburne, the Leveller: a Christian Democrat,* London, 1947. M. Ashley, *John Wildman, Plotter and Postmaster, a Study of English Republican Movement in the Seventeenth Century,* London, 1947. D. B. Robertson, *The Religious Foundations of Leveller Democracy,* New York, 1951. J. Frank, *The Levellers: A History of the Writings of the Three Seventeenth-Century Social Democrats, John Lilburne, Richard Overton, William Walwyn,* Cambridge, Mass., 1955. H. N. Brailsford, *The Levellers and the English Revolutioned,* London, 1961. P. Gregg, *Free-Born John: A Biography of John Lilburne,* London, 1961.

（2）青山吉信、今井宏、越智武臣、松浦高嶺『イギリス史研究入門』(山川出版社、一九七三年)一四三頁。イギリス革命とレベラーズを論じた主な研究書は次のものである。浜林正夫『イギリス市民革命史』（未来社、一九五九年／増補版一九七一年)、田村秀夫『イギリス革命思想史』（創文社、一九六一年)、川村大膳『人民協約の研究』（弘文堂、一九六二年)、浜林正夫『イギリス革命の思想構造』（未来社、一九六六年)、渋谷浩『ピューリタニズムの革命思想』（キリスト教夜間講座出版部、一九七三年／御茶の水書房、一九七八年)、小池正行『変革期における法思想と人間』（木鐸社、一九七四年)、森修二『イギリス革命史研究』（御茶の水書房、一九七八年)、今井宏『イギリス革命の政治過程』（未来社、一九八四年)、山本隆基『レヴェラーズ政治思想の研究』（法律文化社、一九八六年)、若原英明『イギリス革命史研究』（未来社、一九八八年)、山田園子『イギリス革命の宗教思想』（御茶の水書房、一九九四年)、上田惟一『ピューリタン革命史』（関西大学出版部、一九九八年)

（3）Firth ed., *op. cit.* I, pp. 107, 299. S. R. Gardiner, *History of the Great Civil War, 1642-1649,* 3vols., London, 1886-91, III, p. 225. G. P. Gooch, *The History of English Democratic Ideas in the Seventeenth Century,* London, 1898, p. 132. Pease, *op. cit.,* p. 224. Woodhouse ed. *op. cit.,* repr. 1951, pp. [29], [71]. Petegorsky, *op. cit.,* pp. 96, 116,

118. Wolfe ed., *op. cit.*, pp. 14, 61, 80, 235, 260. Ashley, *op. cit.*, pp. 36, 43. P. Zagorin, *A History of Political Thought in the English Revolution*, London, 1954, pp. 30, 31. Brailsford, *op. cit.*, p. 554.

（4）C. B. Macpherson, 'The Levellers:Franchise and Freedom', in his *The Political Theory of Possessive Individualism*, Oxford, 1962, p. 107.（藤野渉、将積茂、瀬沼長一郎訳『所有的個人主義の政治理論』合同出版、一九八〇年）。R. C. Richardson, *The Debate of the English Revolution*, London, 1977. 今井宏訳『イギリス革命論争史』（刀水書房、一九七九年）参照

（5）J. C. Davis, 'The Levellers and Democracy', *Past and Present*, 40, 1968. R. Howell and D. E. Brewster, ' Reconsidering the Levellers: The Evidence of *the Moderate*', *Past and Present*, 46, 1970. A. L. Morton, 'Leveller Democracy-Fact or Myth?', in his *The World of the Ranters: Religion and Politics in the English Revolution*, London, 1970. P. Laslett, 'Market Society and Political Theory', *Historical Journal*, 7-1, 1964.（Review Article）. I. Hampsher-Monk, 'The Political Theory of the Levellers: Putney, Property and Professor Macpherson', *Political Studies*, XXIV-4, 1976. C. B. Macpherson, 'Hampsher-Monk's Leveller', *Political Studies*, 25-4, 1977. K. Thomas, 'The Levellers and the Franchise' in G. E. Aylmer ed., *The Interregnum: The Quest for Settlement 1646-1660*, London, 1972. C. Thompson, 'Maximilian Petty and the Putney Debate on the Franchise', *Past and Present*, 88, 1980.

（6）拙稿「最近におけるレベラー研究の動向」（山口大学教育学部研究論叢二三、一九七三年）参照。

（7）Howell and Brewster, *op. cit.*, p. 70.

（8）J. C. Davis, 'The Levellers and Democracy', *Past and Present*, 40, 1968. pp. 176-7. レベラーズを"non-servant franchise"の「原理の熱狂者」と結論するマクファーソンの説は、レベラーズの「一貫性をあまりに強調しすぎる」もので、「これではレベラーズについての大事な点を見落とすことになるであろう。かれらは、目的としてではなく手段として、政治的、立憲的協定に関心をもっていた。かれらは、民主主義のために民主主義者であったのではなく、また、次のような文句を使うことを許されるならば、非民主主義のために非民主主義者であったのでもない。

かれらは、目的達成に絶対必要であると考えたときは民主的な構えをとり、同様に、目的を達成する妨げになるときにはそれを捨てたのである」。（*Ibid.*, p. 180.）ハウエルとブリュースターの共著論文もこうしたレベラーズの「多様性」を、レベラーズの週刊新聞である『モダレート』の政治思想（選挙権および宗教的寛容の問題に関する）の分析によって明らかにしている。①選挙権問題に対する『モダレート』の立場について――『モダレート』において、'the people'というターム（とくに選挙権に関説する文脈中の）が必ずしもマクファーソンのいう特定意味（＝non-servant class）で使われてはいないことを明らかにし、結論的に次のように述べている。『モダレート』は'the people'を、税や兵士宿舎割当などによって社会に貢献する人びと（non-servant classの全員または大多数はこれに含まれる）と結びつけるウィッグ的な傾向をもっている。「しかし、それは必ずしも一階級としての賃金労働者を除外するものではなかった。また、被救恤人はその生活状態が特殊な事情によるものと考えられていたので、かれらもこのグループ（＝社会に貢献する人びと）に含まれていた。内戦以前では、かれらの困窮は専制君主政の結果であった。一六四〇年代に、その事態は悪い経済状態と議会の失政によって固定した」。②宗教的寛容問題に対するレベラーズの指導者と『モダレート』の立場について――一六四九年の一月の士官の『人民協定』（レベラーズのいくらかの人びとが支持していた）と五月の『人民協定』が旧教徒や国教徒に対して寛容を広げていないことを指摘し、レベラーズを完全な宗教的寛容の一貫した要求者とみなしてきた通説を批判する。次に、そうしたレベラーズ指導者の立場と『モダレート』のそれとを比較し、明白な相違があったことを明らかにして、こう結論した。「リルバーン、ウォルウィン、オーバートン、その追従者は寛容問題についての見解を変えたのかもしれない。しかし、それ以上にありそうなことはレベラーズの綱領が少なくとも部分的でも承諾されるために、完全な寛容の要求を取り下げていたということである。一月の『人民協定』の不明確な宗教条項、その後のリルバーン、オーバートン、ウォルウィン、ワイルドマンの所説、五月の『人民協定』における二つの宗教条項の妙な並置は、妥協が容易なことではなく、またすべてのレベラーズがこの妥協に満足できたのではないことを示唆している。…しかし、旧教徒、国教徒に対する制限規定を挿入したレベラー指導者とは違って、『モダレート』による宗教的寛容の擁護は一貫していたようである。それは、『非常に重要であるから、また人民の迷いを解くために』一六四八年九月一一日の請願を完全に印刷して支持することによって、レベラーズに対する態度のみならず、寛容についての態度も示した。この請願は、一六四八年の他の多くのレベラーズの文書と同じように、普遍的な寛容を要求していた」。

（Howell and Brewster, *op. cit.*, pp. 79-82）

（9）Morton, *op. cit.*, p. 202.

（10）軍隊研究と、その観点からレベラーズを分析した研究に次のものがある。M. A. Kishlansky, *The Rise of the New Model Army*, Cambridge, 1979. do., 'The Army and the Levellers: The Roads to Putney', *Historical Journal*, 22-4, 1979. do., 'The Case of the Army Truly Stated: The Creation of the New Model Army', *Past and Present*, 81, 1978. do., 'What happened at Ware?', *Historical Journal*, 25-4, 1982. do., 'Ideology and Politics in the Parliamentary Armies, 1645-9', *Reactions to the English Civil War*, ed. J. S. Morrill, London, 1982. do., 'Consensus Politics and the Structure of Debate at Putney', *Journal of British Studies*, XX-2, 1981. do., *The New Model Army in England, Ireland and Scotland 1645-1653*, Oxford, 1992. J. S. Morill, 'The Army Revolt of 1647', in A. C. Duke and C. A. Tamse ed., *Britain and the Netherlands*, VI, 1977. do., 'Mutiny and Discontent in English Provincial Armies, 1645-47', *Past and Present*, 56, 1972. I. Gentle, 'The Arrears of Pay of the Parliamentary Army at the End of the First Civil War', *Bulletin of the Institute of Historical Research*, 48, 1975. do., 'Arrears of Pay and Ideology in the Army Revolt of 1647', in B. Bond and I. Roy ed., *War and Society*, I, 1976. C. Jones, M. Newitt and S. Roberts, eds., *Politics and People in Revolutionary England*, Oxford, 1986. A. Woolrych, *Soldiers and Statesmen: The General Council of the Army and its Debates 1647-8*, Oxford, 1987.

ロンドンおよび諸宗派の研究には次の文献がある。M. Tolmie, *The Triumph of the Saints: the Separate Churches of London 1616-1649*, Cambridge, 1977（大西晴樹、浜林正夫訳『ピューリタン革命の担い手たち』ヨルダン社、一九八三）。do., Thomas Lambe, 'Soap boiler and Thomas Lambe, Merchant, General Baptists', *Baptist Quarterly*, 27,

1977. V. Pearl, *London and the Outbreak of the Puritan Revolution: City Government and National Politics 1625-1643,* Oxford, 1961. do., 'London's Counter-Revolution', in G. E. Aylmer, ed., *The Interregnum: The Quest for Settlement 1640-1660,* 1972. do., 'Change and Stability in Seventeenth-Century London', *London Journal,* 4, 1979. I. Gentles, 'London Levellers in the English Revolution: the Chidleys and Their Circle', *Journal of Ecclesiatical History,* 29-3, 1978. N. Carlin, 'Leveller Organization in London', *Historical Journal,* 27-4, 1984. R. C. Richardson and G. M. Ridden ed., *Freedom and the English Revolution,* Manchester, 1986. S. Porter ed., *London and the Civil War,* London, 1996. K. Lindley, *Popular Politics and Religion in Civil War London,* Aldershot, 1997.

(11) M. Tolmie, *The Triumph of the Saints,* p. 148. 邦訳二六八頁。

(12) Kishlansky, *The Rise of the New Model Army,* pp. 180, 189-90, 205-6. Woolrych, *Soldiers and Statesmen,* pp. 54, 59, 73-84.

第Ⅰ部　革命議会の成立とロンドン民衆

第一章　ロード＝ストラフォード体制の崩壊とロンドン民衆

はじめに

イギリス革命（一六四〇〜六〇年）は、性格の異なる二つの革命からなる複合革命であった。第一の革命は、議会内部（支配階級）の分裂であり、「宮廷」と「地方」の対立抗争というかたちをとって展開した。したがって、革命というよりもむしろ改革であった。第二の革命は、社会的な敵対関係にもとづく、言葉の真の意味での革命（社会革命）であった。それは、既存の教会＝国家制度と社会秩序に対するロンドン民衆の挑戦として開始され、レベラーズや第五王国派によって急進主義のイデオロギー、政治的戦略と戦術を与えられた。

ところで、一六四〇〜四二年の諸事件（ストラフォードの処刑、長期議会の諸改革立法、民兵条令、内戦勃発など）は、議会が主導した第一革命である。しかし、これらの諸事件は、ロンドン民衆が介入したことによって、社会革命（一六四七〜四九年の諸事件がもつ革命的性格）をすでに宿していたと考えられる。右の観点にたち、本章では、議会の主導した第一革命において重大な争点となった国王側近ストラフォード伯の裁判と処刑の政治過程にコミットしたロンドン民衆の動向を跡づけることによって、のちにレベラー運動に結集する人びとの宗教的社会的性格を考察する。

一　群衆のデモンストレーションと『根と枝』請願

チャールズ一世は、自分の統治が招いた反発の潮流に屈して一六四〇年一一月三日に議会（長期議会）を召集した。国じゅうに大きな喜びがわき上がった。エドマンド・ロッシンガムは、「陛下が議会を召集したことでわれわれはすっかり狂喜した」と報告している。トーマス・ガウァは、「万人の希望と祈りは議会に向けられている」とラトランド伯に語った。フランシス・リードもこう書いている。「その結果善いことがたくさん生じるであろうと各人が強い期待をかけていた」。すべての人が、「国家の気まぐれや王国の尻の疥癬《かいせん》」がこの議会において癒されることを願い、「個々の疾患に対する薬剤」を議会に期待していた。(1)

長期議会が最初に着手した行動の一つは、大主教ウィリアム・ロードによって終身禁固に処せられていたピューリタンのウィリアム・プリン、ヘンリー・バートン、ジョン・バストウィックを牢獄から釈放することであった。民衆の眼には、かれらは迫害的な体制の犠牲者であり宗教上の殉教者であった。(2) 一一月二八日、プリンとバートンはブレントフォードで大群衆に迎えられ、一〇〇台以上の馬車と、「思い出として」マンネンロウの枝をかざし「喜びと勝利のしるしに」月桂樹の枝を持った騎乗や歩行の数千の男女に守られてロンドンに入った。生きた聖なる殉教者の帰還に狂喜する群衆の秩序ある行列行進は、二時にチャーリング・クロスに集合すべく時間を調整された。市中では、この政治的行進の通過を見ようとする群衆が街々に並んだ。(3)「一般民衆《コモン・ピープル》はかれらの通る路々に花や草花をまき、大騒ぎをしてかれらの釈放と帰還に対する喜びを表現した。群衆の拍手喝采には『そのように敬虔な人たちを残忍に迫害した』主教たちに対する敵意に満ちた大きな叫び声が混じっていた」(4)とクラレンドン伯は書いている。「それは一種の凱旋式であった。民衆《ピープル》は、かれらを見ようとして群がり集まり、大喝采してほとんど礼拝せんばかりにかれらを迎えた。恰もかれらが天上から降ろされた人たちであるかのように」。一二月四日、バストウィックがブラックヒースで大群衆に迎えられ、宗教的熱狂に鼓吹された喜びのデモンストレーションで護衛されて意気揚々とロンドンに入った。(5)

大衆デモンストレーションは、ロード=ストラフォード体制下の緊張から解放されて希望に燃えるロンドン民衆が起こした異常で先例のない出来事であり、議会政治に民衆が介入した最初の例であった。クラレンドン伯によると、デモに参加した群衆は「多数のよい身分の市民」("many citizens of good estates")を含む「いろいろな社会的地位の多数の民衆」("multitudes of people of several conditions")から成っていた。かれの見解では、デモは「民衆の暴動（それはけっしてよいものではない）と逆上」にほかならず、その狙いは議会に圧力をかけること、「民衆の怒りを試し公にし、民衆を導く職分が委ねられている民衆の護民官たちの活動と関心に民衆自身が満足すること」にあった。(6) トーマス・メイによると、「民衆は、自ら承知していながら、騒々しいと思われるやり方で、政府の事柄について自分らの好き嫌いを表明する行動」に出た。その目的は、「国王の心に好ましい影響をもたらし、国王をして、かれの人民がそのような手続きの厳しさにいかに不満を抱いているかを気づかせる…」ことにあり、「特別宗教裁判所と星室庁の衰退…」をもたらすことにあった。(7)

メイが述べているように、群衆のデモは「かつてイングランドの諸裁判所に加えられた侮辱のうち最大のものであると一般に評価された」にもかかわらず、デモに対するチャールズ政府と議会の対応はともに弱腰であった。クラレンドンは以下のように記している。「裁判官や、ほかならぬ国の大臣の誰も、あの暴動的な集まりに参加した連中を尋問したり裁判所に告訴するほど勇敢でなかった。政府の名声は地を這い、政府を支持すべき人びとは誰もひどく無視された」。「その間、国の大臣たちや、裁判官たちは、忘我の人のように、二、三の幻影に驚き呆れて言葉も行動もなかった。…確かに、枢密院か裁判官か国王の有識の顧問官の誰かが説教や印刷を問題にし、この三名の醜聞的な連中の勝利にもとづく治安を乱す騒乱を問題にする勇気をもっていたならば…無視されて成育繁茂し、反乱や謀叛にまで稔った種子を滅ぼし、植物を根絶するのは難しいことではなかったのに」[8]評判がおちていた国王政府は、喜びにわくロンドン群衆を敢て抑えようとしなかった。一方、議会は、国王を信頼することも統制することもできないかぎり、味方になりえる人たちをすべてつなぎとめておかねばならなかった。それゆえ、珍しいほど自由な時期が出現し、革命的情況が生まれることになった。一般に民衆は見出すままに世界を受け入れ、ぶつぶつ不平を言う存在であるけれども、いまやかれらは世界を改める希望に燃え立ち、勇気づけられていたのである。かれらの間には、苦情は除去されることができ、いろいろな圧迫に終止符をうつことができ、体制は改変できるという感情が成長しはじめていた。次にみる、大衆デモを伴った大規模な請願、いわゆる『根と枝』請願は、革命への第一歩だった。

　プリンとバートンがロンドン入りをしてから二週間後の一二月一一日に、二名の市参事会員が率いた一、二〇〇名から一、五〇〇名に達する「最上の服装で身を装えた正直な市民の一団」のデモが議会を取り巻いた。三〇〇名から四〇〇名の「上層《ベター・ソート》」市民がウェストミンスター・ホールに群がり入り、シティから選出された四名の議員[9]のうちの一人である市参事会員アイザック・ペニントンが請願書[10]を下院に提出した。この請願は、およそ一五、〇〇〇名の署名を付した「大衆請願」（マス・ペティション）であり[11]、主教制国家教会体制の弊害を二八ヵ条にわたって列挙し、「この教会管理が、そのあらゆる付属物とともに根も枝も廃止され、それに関するあらゆる法律が無効とされ、神の言葉にしたがう管理が正しくわれわれの間に樹立されるよう」訴えた。[12]

　この『根と枝』請願は騒ぎもなく引き渡され、請願者たちは「多数ではあったが」おとなしく家路についたといわれる。しかし、宮中出納官兼国務大臣であり下院の政府首席スポークスマンでもあったサー・ヘンリー・ベイン（the elder）は、請願者の多数がブラウニストであり、しかも『根と枝』請願が「議会の確立した教会関係事項の変更を狙っている」として、それを受け付けないよう議会に勧告した。議会で長い論争が起き、ついに請願書は受け付けるがその要求については考慮しないことに決定し、[13] 一六四一年二月八日まで討議に付されなかった。同日、討議は朝八時から夕方六時まで続けられたが翌日に延期され、[14] 請願書を教会関係事項審議委員会へ送致することに決定した。[15]

ところで、二月八日と九日の討論の顕著な成果は、議会成員の間に分裂の兆候が出現したことである。分裂を生んだ主要な争点の一つは、主教制度の廃止か保持かという問題であった。下院議員の多数が主教たちに批判的であったけれども、主教制度の廃止を好ましいとした人びとは少数にすぎなかった。下院議員の大多数は、教会に対する主教の権力を制限し、上院とすべての世俗の役職から主教を斥けて政治権力から隔てさせることを望んでいた。したがって、一六四一年の最初の数か月間、国王反対派の主なリーダーであった上院のベッドフォード伯、エセックス伯、ウォリック伯と、下院におけるかれらの盟友ジョン・ピム、デンジル・ホリス、ジョン・ハムデンは、改革された基盤に立つ主教制度の存続のために、国王と協議を続けていた。[16] かれらは、ストラフォード伯に反対する広汎な提携と結束を保持するため、主教制度をめぐる争点をできるだけ避けたいと願っていたのである。[17]

議員の意見が対立したもう一つの争点は、議会の所管する国事への民衆の介入という問題であった。民衆の政治参加をめぐる対立は、次の二人の発言が明らかに示している。デグビィ卿は、群衆をつき従えて議会に提出された『根と枝』請願書の「引き渡し方式」を批判し、その点だけで請願書の受け取りを拒絶する十分な根拠であるとして、こう主張した。「…王政の下にあって不法で騒然たる民衆の集会を承認するのは議会にふさわしいことだと思う、分別ある人はいない…とわたくしは確信する。そのうえ、自然や歴史について全く洞察力をもたなくても、良心の真のあるいは偽りの刺激が群衆のアジテーションに与える危険を知らない者はいない…。この請願書の大胆な部分についていえば、請願者が何をなすか、いかになすかを議会に向かって指図しているだけでなく、群衆が議会に向かって、政府は何であり何でないのかを、神の言葉にしたがって教えている。これ以上に大きなでしゃばりがありえるであろうか」。「激情にかられて通俗で一般的な誤りに導かれるな。群衆が常に最上と思われるものを求めて、また憎悪の最も顕わな対象に最も反対して極端に走るのは、当然のことである」。わたくしは、「いかなる宮廷への配慮にも偏らず、人気によって偏りもしない」。[18]

これに反論して、下院のナサニエル・ファインズは次のように述べた。「第一に、この流星の長い光芒は不吉であり、あのような請願者の数、請願書を議会に持ち込んだあれほどの人数は異常である、と言いたてられている。これについてわたくしはこう答える。誤りは、請願の群衆、かれらの持ち込み方、ふるまいのいずれかにあった。群衆が、かれら自身虐げられていることを知っておれば、その苦情を表明することがなぜかれらの誤りとなるのか、わたくしにはわからない。いや、それらのことは、むしろ請願書が受理され、十分に考慮されるべき理由であるように思われる。というのは、それによってかれらは、自分たちの願ったものがすべてかなえられないとしても、満足するであろうからである。しかし、もしわれわれがかれらの請願書をドアの背後に投げやり、それへの考慮を拒むなら、そのことはわれわれの意志の行為にみえるであろう。われわれの意志の行為が群衆の意志の行為を生み出さないかどうか。いずれにせよ、わたくしはそれを諸君の考慮に委ねる。意志の行為は、ここよりかしこにおいていっそう危険である。かれらはふつう、いっそう騒がしいからである。あらゆる法は、主として王国の静安と平和のために制定されている。ある法は、しばしばそのように公平な性格のものであろう。そこに他に何もないならば、多数の人たちが改変を望むという理由だけで、法を改変するには十分な理由である。それゆえ、請願者の人数がなぜ請願書を受理できない十分な理由となるのか、わたくしにはわからない。むしろその反対であろう」。[19] ファインズは、請願書に署名した人数、請願者を携えてウェストミンスターへ来た人数の問題は、請願書を拒否する根拠ではなく、むしろそれに重大な考慮を払うべき根拠になると答えて、請願者たちを弁護したのである。こうして、議会内部に、民衆の政治参加に反発する者と、議会への民衆の圧力を利用して（民衆を動員して）自分たちの欲する急進的政策を採択しようともくろむ者、あるいは民衆に呼応して同盟を図ろうとする者、との分裂が拡がりはじめたのである。[20]

二　怒れる群衆とストラフォード伯の処刑

燃え立った希望が早急に実現せず、高まった期待が満たされない場合の失望は革命への第二歩となる。アイルランド総督ストラフォード伯（ウェントワース）に対する議会の態度が危機を深めた。以下にみるように、民衆の政治参加が直接行動を伴うものとなったからである。

ストラフォード伯は、長期議会開会とともに叛逆罪の廉で告発され、逮捕投獄されたが、かれの弾劾裁判は一六四一年三月二二日に至るまで延期された。裁判の遅延は民衆の焦ら立ちと挫折感を招いたために、民衆の不満はストラフォード伯の裁判に焦点を絞ることになった。三月八日、ベネチア大使は、迅速な裁判が「万人の声によって性急に要求された」と報告している。そしてこの時期に、「ストラフォード伯の裁判を要求する…二〇、〇〇〇人ないし三〇、〇〇〇人が署名した請願書がシティで準備中である」という噂が流れた。その請願書は次のように宣言した。「今議会の最初の会期にあたり、われわれは速やかにわれわれの苦情が除去され、王国の扇動者ども、われわれの自由の抑圧者たちが速やかに至当の罰を受けることを願った。…しかるに議会会期五ヵ月を経て、われわれは誰も至当の罰を受けないこと、誰一人その財産を没収されないこと、ストラフォード伯自身が三王国全部から告発されながら、またかれの生命とわれわれの安全とは両立しえないのに、異常な好意をもって取り扱われていることを知った。こうしたことは、他の大扇動者ども、他の重大犯人たちを大きく勇気づける以外のなにものでもありえない」。請願者たちは、ストラフォード伯の迅速な処罰の失敗ばかりでなく、教会の迅速な改革の失敗にも怒っており、「教会のかかえる大問題が討論で立ち往生してまだ決着をみていないこと」に苦情をいだいていた。[21]

四月一〇日、ストラフォード伯を救うために懸命であった国王は、ロンドン市長にこの請願の中止を命じたが、それを止めることはできなかった。[22] 四月二四日、請願書は「一〇、〇〇〇人ともいわれた大群衆によって下院へもたらされた。群衆は民兵団の三人のシティ・キャプテンに指揮された。その一人は急進的なジョン・ベンで、かれはもまなくマシュー・クラドックのあとを継いでシティ選出の国会議員となった人である」。若干の議員が、こうした民衆の圧力を急進的な政策の採択のために利用しようとして、この請願書を受け取った。かれらは、すでに国王が請願の中止をロンドン市長に命令した[23]四月一〇日に、ストラフォード伯の弾劾手続きを放棄し、公権喪失というさらに厳しい手続きに訴えることによって、ロンドンからの盛り上がる圧力に応えていた。[24] しかし、この公権喪失法案をめぐって下院は分裂し、リーダーシップも分裂していた。[25] 四月二一日、この法案は二〇四票対五九票で下院を通過したけれども、審議には手続きに賛成しない二〇〇人近くが欠席していたのである。議会が開会しているとき、取引所や議会の入り口などの「ロンドンとウェストミンスターの多くの場所に」、「正義の敵とストラフォードの徒」と題したプラカードが糊で貼りつけられた。このプラカードは、公権喪失に反対投票し、「謀反人を救うために自分の国を売ろうとした」議員名のリストを掲げ、「コモンウェルスのこれらならびに他の敵は、すべてストラフォードとともに滅ぼされるべきである」という要求で結んでいた。「そのうえ…ある無礼な画家は総督を救おうとした主だった人々の画を（扇動的に）描き、これらをストラフォードの徒と呼んで…取引所の上にかれらを逆吊りにした」。公権喪失法案に反対した議員のリストは、ウィルトシャ選出のピューリタン議員でロンドン子であるウィリアム・ウィーラーから入手されたと言われる。[26]

公権喪失法案は、ストラフォード伯の裁判執行を訴えるロンドンからの請願書とともに上院へ送られたが、法案が上院を通過するのは困難であろうと思われた。五月一日土曜日、国王は、自分の良心はストラフォード伯の死に同意することを許さないが、自分は喜んでかれをあらゆる役職から永久に追放するであろう、と上院に告げた。そのうえ、国王がストラフォード伯を救出するために武力を用いようと企てているという噂があり、五月二日の朝に実際次のような事件が起きた。ビリングズリー大尉が、兵一〇〇名とともにロンドン塔に入るのを許可せよという国王命令をもってロンドン塔に現れたが、ロンドン塔長官サー・ウィリアム・バルファがこれを拒絶した。国王介入のニュースはロンドンの感情を爆発点にもたらした。(27) 翌五月三日の早朝、商人と手工業者（かれらの若干の者は非常に富裕で年収が三〇、〇〇〇ないし四〇、〇〇〇ポンドといわれる）からなる五、〇〇〇人を越える群衆がウェストミンスターにデモをかけた。(28) 怒れる群衆は、貴族たちが議会へ登院するのに通らなければならぬように通路をつくり、「上院議員が出入りするたびに大きな忌まわしい声で、ストラフォードとあらゆる謀反人どもへ裁判を！と叫んだ」。「裁判」という叫びは「執行」という叫びと混ざりあい、全群衆が「裁判と執行」というスローガンを支持した。「かれらは、最も志操堅固な人たちを驚き呆れさせるほど忌まわしい叫び声をあげた」。叫び声は、宮内長官としてこの裁判を主宰したアランドル伯が自分の馬車に近づいたときに絶頂に達し、およそ一、〇〇〇人の群衆が行く手をさえぎった。アランドル伯はかれらに、「諸君がしんぼうしてくれれば、諸君は裁判をものにするであろう」と言った。かれらは、「いやいや、わたくしたちはすでに待ちきれぬほどしんぼうしてきた。貴方がわたくしどもと別れる前に、執行の約束をとりつけたい」と答えた。アランドル伯は、「わたくしはそのために議会へ行こうとしているのだ。諸君を満足させるよう頑張るつもりだ」と言った。群衆のなかの若干の者が、「われわれはもう一度だけかれの言うことを聞こう」と叫んだ。他の者は後退してかれを通した。(29)

上院は人をやって民衆のこの集会の理由を知ろうとした。かれらは、民衆がストラフォード伯に対する裁判の執行を訴えた四月二四日の請願書への回答を求めていることを知った。上院は直ちに請願書を読み、ベンに率いられた六名または一〇名の市民を呼び入れた。貴族たちは、「光栄ある正当なやり方で早急に執行しようと決意した」と言い、「それぞれ家路につくよう」願った。だが群衆は解散しなかった。「その朝、議会へ行こうと思った（そのため、かれの小舟は私有桟橋に待機していた）が、その騒ぎのために来なかった」国王は、「そうした場所へ集まる民衆の大騒動、大集合」について上院にメッセージを送り、「治安を回復し、かかる騒ぎを防ぐべく早急な方策を講ずる」よう希望した。上院は下院との協議を要請し、次いで停会を決定した。上院議員の大部分は群衆を避けて水路で帰宅した。馬車を利用した議員も、なんとか民衆を宥めて帰宅した。[30]

こうして群衆はひとまず散ったが、緊迫した事態は続いた。解散するとき群衆は、「もしわれわれが裁判を迅速にはかどらせないならば、明日はわれわれの下僕たちを送るであろう、と大胆に意見を述べ」、「水曜日以後、われわれは店を締め、総督のことだけでなく、改革に関する他のすべてのことが十分になし遂げられるまでけっして請願をやめないであろう、とさらに脅した」。[31] 翌五月四日、群衆は再びウェストミンスターに集まった。前日の富裕なデモ参加者たちは、かれらの脅しが成功したと考え、下僕たちを送ってきた。かれらはもっと低い社会層の人びとで、その多くはサザァクからやって来た普通の「職人たち」（"mechanic folk"）といわれている。メカニック（手職人）という呼称は、下層の職人を意味することが多かった。一般に、都市の職人の方が農村の職人より大規模にやっていたことは事実だが、都市でも農村でも、職人には数えきれないほど多様な職種があった。かれらは「剣と車のや輻」で武装してやって来た。「これらの民衆はイングランド政府あるいはキリスト教圏のどのような安定した政府にも知られていないやり方で上院に圧力をかけた」。クラレンドンによれば、民衆は「…たいへんな粗暴さと図々しさで、その法案に好意的でないとかれらが疑っていた上院議員たちを押したり突いたりして、『われわれは光栄ある下院によって支配され、成り行きを定められ、われわれの諸自由を守ってもらいたい…』」と大声で言った。[32]

上院は、公権喪失法案について結論に近づいたとき、「自由でないと覚らざるをえない」ほど「群衆に取り巻かれた」と下院に苦情を述べた。さらに上院は、民衆のこの集会をどのようにして防ぐかを下院が考慮するように願った。下院は、有名なピューリタン説教師コーニーリャス・バージスを遣って、前日（五月三日）両院が採択した『抗議』[33]（National Protestation）を群衆に読んで聞かせた。『抗議』は、国王の身柄、栄光と財産、議会の権力と特権、臣民の法律上の権利と自由に反する行為をした者は、すべて反対され裁判にかけられるという保証であった。これは群衆に「ある程度の満足」を与え、バージスはかれらに帰宅を促した。[34] ベネチア大使は次のように報告している。「群衆は、かれらの望みが達成されるであろうと繰り返し約束されたあと、今週中に総督は死刑を宣言されるべきで、さもなければ自分らは最も激しい行動を約束するという条件で解散した」。[35] しかし、事態は依然として緊迫したままであった。「ここで事態は非常な高みに達したと思われる。殆ど毎日われわれは激動を期待した。実際、このような不安定な時期はわたくしどもをひどく煩わす」とサー・ウィリアム・ユーブデールは書いている。そのとき、ロンドンへ進軍してストラフォード伯を救出し議会を解散させるという陰謀が在ヨーク軍士官の間にあることが発覚した。軍の陰謀の発覚はロンドンに恐慌状態を引き起こした。[36] 五月八日土曜日、上院はストラフォード伯に対する公権喪失法案を三五対一一で可決した。「ストラフォード側として有名であった多数の人びとは自ら欠席した…。かれの友人の大部分は（本当か、そう思ったかのいずれにしても）群衆が恐ろしいという口実で欠席した…」。「…上院議員と裁判官たちは非常に恐れ、上院におけるストラフォードの友人の大多数はかれを見棄てた。教皇派議員の全員が欠席し、ホランド卿、ハーフォード卿が欠席し、ブリストル卿とその他の人びとも同様であった…」。[37] もし上院が公権喪失法案を否決したとしても、続いて起こるであろうロンドン群衆の反動への恐れが、上院をしてこの法案を通過させるのであろう、と広く信じられていた。ベネチア大使は、上院は「民衆に抵抗するのを好まなかった」と考えた。[38] またクラレンドン伯は次のように主張した。「多数の上院議員は、実際かれらの脳味噌が叩きだされるかもしれないと懸念したので、議会を欠席した。また他の人びとは、下院を支持する人たちはかれらの欲するものはなんであれ獲得するであろうことを知って、気持ちを変えて公権喪失に賛成投票した」。[39]

両院を通過した公権喪失法案は裁可を求めてホワイトホールに持ち込まれた。それには議会そのものの同意のない議会解散を防ぐ法案が付随していた。背後には武器を帯びた群衆が続き、かれらの喚き声が国王の耳まで達した。八日、国王は「その夜ひどく苦しんで過ごした。シティは混乱をきわめ、完全に武装していた」。[40] 翌九日、「ひどく怒った民衆を宥めるのに他の手段は見出せないこと、猛り狂う群衆のもたらすものは非常に恐るべきこと」が国王に力説された。「一日中、国王の耳には、恐れ、恐怖、事態悪化の一途という脅し以外の何も入らなかった。ドラムとトランペットの騒音は、王国の至る所から押し寄せる暴徒どもから聞こえるように思われた。いや、徒弟たち、靴直し、八百屋どもは姿を現わし、すでに国王の寝室に走りこみつつあった」。「…国王はこのように攻撃目標にされ、こうした化け物どもにひどく狼狽したので、もし裁判がおこなわれず、ストラフォードの処刑法案が通過しないなら、次の日群衆がやって来てホワイトホールを引き倒すであろう（神は国王の身に何が起こるかを知り給う）…」。「シティの大部分は再び立ち上がることを勘定に入れ…われわれの店舗はすべて締められ、皆が武器を執ってウェストミンスターへ向かうであろう。この謀反人ストラフォード伯に裁判が執行されるようにするために…」。しかし、かれらは、国王が回答するまで家で待機するよう説得された。九日の夜九時に、国王は涙を流しながら枢密院にこう言った。「朕自身の身柄だけが危険なのであれば、ストラフォード卿の生命を救うため喜んでそれを危険にさらそう。だが、朕の妻子、朕の全王国がそれに係わっているのをみれば、朕がそれに譲歩するのは真にやむをえない」。五月一〇日、チャールズは譲歩し、死刑執行状に署名した。国王の甥パラタイン選挙侯はこう書いている。「…民衆はそのような暴力をもってそれに執着していた。国王が処刑を拒否すれば、かれ自身とかれの家族を大きな危険にさらしたであろう」。[41]

五月一二日、タワー・ヒルにおいて「万人の歓喜のさなかで」ストラフォード伯の首が斬られた。[42] この日、二〇〇、〇〇〇人の群衆が広場にあふれ、桟敷にあふれ、屋根にまであふれたといわれる。公権喪失法案に反対投票した一議員ウォリック伯は、「この民衆全体が、とりわけこの当時、血なまぐさい獣と化したシティの内部と周辺で、いかに狂っていたか」を次のように描いている。「かれが処刑されたその日の夕刻、せいいっぱい表わされた歓喜の最大のデモンストレーションが全市域と周辺の州を走り抜けた。この処刑を見に町へ来た多数の人びとが帽子を打ち振り、溢れる喜びを表わしながら、勝利感に酔って騎乗で帰って来た。かれらは『かれの首が落ちた、かれの首が落ちたぞ！』と叫びながら、あらゆる街々を通り抜けた。多くの場所で乱痴気騒ぎが演じられ、かがり火をたいてこの祭りを祝おうとしなかった人たちの窓が打ち壊された。群衆はかくも無知で獣のごときである」。まもなく、こんなバラッドが唱われだした。「ウェントワースは首斬られたが／それを嘆くは誰だろう？／わたしの隣の断頭台に／次には誰かがのぼるだろう／お前さんの首は大丈夫かな／わたしの首をたいせつにしよう／というのは何のため？／されば陽気に朗らかに／ビールなりと飲みましょう／逃げたい者はほっておけ／われらはここで飲みあかそう」。[43]

こうした反ストラフォードのデモの余波は議会内部の分裂の拡大であった。すでにみたように、主教制度とストラフォードの裁判手続きの問題が議会を二分していたが、いまやこの別々の問題は民衆の圧力が双方にかかり合ったという事実によって一つの焦点に融合することになる。つまり、群衆がウェストミンスターに集合するのを防ぐべきか否か、騒擾のリーダーたちを処罰すべきかどうかという問題が最大争点となり、主教制度支持者と「ストラフォードの徒」をして国王との妥協に駆り立て、こうして国王派結成を刺激したのである。リチャード・バクスターはこう書いている。「ロンドン子たちが裁判を求めて請願し、あまりにも多くの徒弟その他の連中が…あまりにも勝ち誇り、あまりにも騒々しく裁判、裁判と叫んで議会を激励し」「政治犯の処罰に賛成した議員たちを讃え、国王を喜ばせた議員たちをけなした」とき、「議員たちの間に裂目が生じはじめ、デグビィ卿、フォークランド卿、その他若干の者たちはそのとき以来国王に組した」。[44]

三　セクトの集会と討論

議会を取り巻いたデモ参加者たちについて、同時代の観察者たちはしばしば"rabble"とか"mob"などと述べているが、[45]群衆は二つのグループに大別されるであろう。その一つの系列は、五月三日のデモ描写にみられるように、「大部分の身だしなみ《ファッション》のよい人たち」、「かれらの多くはシティのキャプテンたちと高い階層《ランク》の人たち」、「数千の最も信頼できる市民たち」、「非常によい評価を受けている市民たち、ある者は三〇、〇〇〇ポンド、ある者は四〇、〇〇〇ポンドの資産をもつ人たち」、つまり若干の「上層《ベター・ソート》」を含む中層市民たちである。そして、かれらのデモは「穏やかなふるまい」であり、一番目だったリーダーはジョン・ベンであった。かれはサマセットのヨーマンの子息で、ブレッド・ストリートに店をもち、イングランド西部やアイルランドと毛織物、絹の取引をするロンドンのマーチャント・テーラーであった。かれは富裕であったが、シティで最も富裕な人びとには属していなかった。かれの区にはかれより富裕な市民が少なくとも二八名いたからである。かれはピューリタンで、ブレッド・ストリートのオール・ハローズの教区委員であった。また、かれはロンドン市会の目だった成員であり、ロンドン砲兵隊のキャプテンであった。マシュー・クラドックの死亡により、一六四一年六月にかれはシティ選出の議員の一人に選ばれた。[46]もう一つの系列は、五月四日のデモ描写にみられるように、サザァクの「職人たち」("mechanic folk")や徒弟を主力とし、そのほか運搬夫、荷馬車の御者など種々の雑多な職種に従事する下層の人たちである。かれらのデモは武器を帯びていた。しかし、それは無秩序な性格のものでなく、群衆を指導する政治的な戦略、リーダーシップ、組織が存在していたと推定される。次のエピソードはこの点を暗示しているであろう。五月三日の群衆の中に、のちのレベラーズのリーダーとなるジョン・リルバーンがいた。かれは、多数の人びとが集まった理由を見物人から尋ねられたとき、群衆は裁判を求めて来たのだ、今日は六、〇〇〇人ないし七、〇〇〇人いるが明日は四〇、〇〇〇人から五〇、〇〇〇人になるだろう、今日は武装していないが明日は剣をもって集まるだろう、と語った。また、かれは、このことの目的は何かと聞かれて、「われわれが総督の生命を奪わなければ、国王の生命を狙うだろう」と答えたといわれる。リルバーンは、すでにかなり有名で急進的で、徒弟、ロンドンの若者たち、下層の人びとの間に追従者をもっていた。かれはダラムのジェントルマンの子息で、ロンドンの織物商人のもとで徒弟奉公をしたが、バストウィックの著書を配布した廉で一六三八年に投獄され、そして、一六四〇年一一月に長期議会によって釈放されると、群衆のリーダーの一人として活躍していたのである。[47] しかし、この時点の群衆は、自らの組織をほとんどもたず、外から利用されうる存在であって、指導的議員の指示や認可を得て行動したと推論される。

　このように、反主教制度と反ストラフォードのデモンストレーションはおよそ二つの社会層に属する人びとによって担われたが、この二つのグループは、それぞれ、教区教会で礼拝するピューリタンと教区教会からの分離を主張する諸宗徒《セクト》にほぼ対応する。長期議会の開会とともに、宗教改革を期待してピューリタンと急進的諸宗徒は公然と立ち現われた。ピューリタンは公然と説教し追従者を獲得し、教会改革への圧力を組織することができた。急進的な諸宗徒は、もはや秘密に会合する必要はなく、集会を公然と開催し、かれらの教義を宣伝し、宗教のさらに根本的な改革を支持する改宗者を獲得した。ロンドンのリトル・イーストチープのピューリタンのろくろ師ニーヒマイア・ウォリントンは一六四一年を「偉大な祈りの年」と呼んだ。スコットランドの長老派牧師ロバート・ベイリーは一六四一年一月二九日にロンドンから次のように報告した。「ここの多数の篤信者たちはしばしば個人の家で会合する。かれらは敢て公然とは断食や祈禱をおこなわないが、週に数回一日中説教を聞いている」。ピューリタンは、秘密集会開催のため迫害される恐れなしに、しだいに公然と断食、祈禱の目的で個人の家々で会合するようになった。ウォリントンはこう述べている。「この議会会期の多くの日々、断食や祈禱や神への感謝の目的で私的な会合があったと思う。わたくしは、多くの場所、若干の場所で数百人が集会しているのを見たからである。若干の人たちは相当な地位の人びとであった。その家の戸口に馬車が置いてあったから。五月一四日の聖霊降臨祭火曜日に、わたくしは敬虔な人びとによる伏し拝み、断食、祈禱の大集会が四つないし五つあったと聞いた。また、その日多数の若者と徒弟がダイヤーズ・ホールに集まって断食祈禱した。ある人が考えるように、そこにはかれら若者、徒弟が五〇〇人ほど集まり、六名の有能な牧師がかれらと一緒にお勤めをしてその日を過ごしたはずである。かれらの若干は夜の一〇時まで続けた」[48]。

このように分離派といわれる急進的な諸宗徒は、教区教会の勤行に出席せず、個人の家々で祈禱集会を開き、そこで議会のために神の導きを求めるという理由で教会問題を討議した[49]。「…イングランド教会の礼拝式、紀律、管理、儀式典礼は、その全部がローマ・カトリック教の多くの分枝である」というのがその理由であった。第一に、イングランド教会の祈禱書は「ローマのラテン語儀式文から翻訳された」ものにすぎず、「人間の創案した勤行」であり、神のそれではなかった。第二に、イングランド教会には独自の紀律がなく、「無知で不敬な人びと」も聖餐式のサクラメントから締め出されはしなかったし、人びとは聖餐を受ける価値があるとみなされる前に生活態度と知識の審査を受けることもなかった。「…もし神の命令が瀆されるなら（瀆された無知な人びとが聖餐台につくことで瀆されるように）、そのときかれらとともに聖餐にあずかる他の人びとも同じく神の命令を瀆す罪を負うのである」。「名うての悪業者と聖餐をともにするのは…かれらの悪業をともにすることである」。第三に、イングランド教会は「大主教、主教、大執事、ディーン、主教代理、宗教裁判所判事、その仲間の他の人びと」に管理されており、「もしこのことが、ローマ・カトリック教、いやその頂上の分枝でないとすれば、何がローマ・カトリック教であるのか、わたくしは知らない。すべてこうしたたわごとの一つでも聖書のなかに見出されない、とわれわれは確信する。したがってこの管理は神の制度ではない…」。[50]

完ぺきの分離派は、篤信の人びとはそうでない人びとから完全に分離すべきこと、真の教会は聖徒のみから構成されること、主教制であれ長老制であれ全住民を含む国民教会は知識のある人びとと、敬虔な人びとと同様に無知なる者、不敬な者でも含まざるをえないゆえに真の教会でないこと、を信じていた。かれらの見解では、「真の眼に見えるキリストの会衆」にかなう国民教会をつくるのは不可能であった。「正しく集められ構成された特定の教会または会衆は、主張である眼に見え生きているキリストのメンバーと、その下にある眼に見える聖徒、唯一無二の王のごとき聖徒から成る。しかし、国民教会はそうでない。なぜなら、その構成員全体は、眼に見える聖徒でも眼に見える生きているメンバーでもなく、そこに集まる国民の最大部分はふつう無知か不敬の人びとだからである」。それゆえ、分離派の集会では、「全体集会においてその職業と生活態度がよしとされるような者だけが会衆の構成員たることを許され、それに対して正当な例外は存在せず」、「意欲的であり、神の言葉と一致するあらゆる規定と掟を守るために自由に誓約を結ぶ者のみが、その構成員として認められる…」のであった。[51]

ところで、バクスターが語ったように、長期議会が開かれた時点では分離派の数は少なかった。[52] しかし、一六四一年の間に分離派はその数と影響力を増した。[53] 一六二一年以来サザァクで秘密の集まりをもってきた分離派会衆（その牧師として一六四〇年に死ぬまで靴直しのサミュエル・ハウがいた）[54]は、一六四一年一月には公然と集会を開くに至った。ある日曜日の午後、礼拝式の時刻にサザァクのセント・セイビァ教区の警官と教会委員があす家に押し入った。そこでは集会が催されており、六〇人を越す人びとが「自分らはキリストにおいて互いに教え啓発しあうために集会していると言っていた」。かれらは下院議長レンソールのもとへ連行された。レンソールは、なぜエリザベス第三五年の法律で定められているとおりに教区教会へ出席しようとしないのかと尋ねた。かれらは、「エリザベス第三五年の法律は真の法律ではない。それは主教たちが判定したものだからであり、自分たちはそれに従わない」、また「自分たちは教区教会へ行かない。それは真の教会ではない。それは真の教会ではない。信仰深い人びとの集まり以外に真の教会はない」と答えた。国王はこの件を上院に付託し、上院は分離派の人たちを取り調べ、今後は教区教会へ出席せよと命じた。しかし、かれらはこれに従わず、自分たちの分離派会衆を堂々と維持しつづけた。ロンドンとその近郊には他の分離派の確立した会衆が存在し、この頃まで秘密に会合していた。それらの大部分は一六一六年ヘンリー・ジェイコブがロンドンに設立した分離派会衆の分かれであった。[55] 一六四一年八月、これらは急襲され、その主だった人たちが逮捕投獄された。これらの一つはホワイトクロス・ストリートのはずれのゴート・アリ（Goat Alley）にあるポーター氏の家で集会しており、手袋製造人のリチャード・ロジャーズが説教していた。[56] 釈放後、かれらは従前どおり集会をつづけた。フリート・ストリートの皮革商人である「凝り固まり」のベアボーン[57]はよくまとまった分離派会衆を率いていた。一二月一九日、かれは自宅で「男女ほぼ同数の」一〇〇人から一五〇人の人たちに説教していた。そのとき敵意をもつ群衆が家の外に集まって窓を壊しはじめた。一人の警官が来て数名の分離派を逮捕したが、市長とシェリフたちが到着するまで秩序は十分に回復しなかった。[58]

このように長期議会開会とともに、これまで非合法とされていた分離派は地下から現れ、いまや公然と集会をもち、討論をしたが、この傾向は一六四一年に入って促進された。従来サザァクの会衆は「…敵どもに…大いに悩まされた。敵を避けるために野原や森で会合せざるをえなかった」けれども、[59] 一六四一年には「…かれらの事情は改善された。避けとおされ、殆ど勘定に入れられないもの、野卑なものとみなされ、大いに迫害された人たちはしばらく平和な猶予期間を見出した」。[60] 一六四一年七月には高等宗教裁判所が廃止され、それとともに教区に対する国家の統制も廃止され、主教や教会の裁判所は機能しなくなった。こうして迫害は終息し、分離派は事実上の自由と寛容を獲得した。[61] ある小冊子は四一年にロンドンとその近郊に一七の分離派会衆を数え上げており、その他にも存在していたことは確かである。ロンドン主教ホールは首都とその周辺に八〇の分離派会衆があったと上院に報告している。[62]

ところで、分離派の集会、討論は、本質的には都市の職人たちの運動であった。[63] 以下、分離派集会の実態をみよう。かれらは、三々五々やって来た。一人が入口を守り、会衆に対して敵意をいだく者が来れば警報を発した。説教するように指名された者は部屋の中央に立ち、会衆はかれの周辺に集まった。かれは三〇分間祈り、次いで一時間ぐらい説教した。説教者は、たとえば次のようなことを語った。「祈禱書の最初の源泉はミサに由来する」。「主教の働きは反キリスト的職務である。…これら主教たちは腹中に教皇以外の誰ももっていない。いや、かれらは正真正銘、ローマ・カトリック教徒なのだ…」。かれらは偶像が崇拝され、大外衣と白衣が着用される不敵な教会から分かれたものである。われわれが集まる所はそれがどこであれ神の教会であり、「善人も悪人もともにそこへ来る」教区教会は神の教会ではない。「邪悪な連中となんらかの結合をもつ」のは合法的でない。[64]

分離派の人たちは、任命聖職者の存在を信ぜず、自分たちを指導する資質のある俗人を説教者に選んだ。その人は、一部は会衆の任意の拠金によって、一部は自分の世俗の職業を働きつづけることで扶持された。「正統で合法的に任命され承認された牧師はかれらの間では心に留められなかった。というのは、かれらは職人で俗人、たとえば靴直し、織匠、皮革商、箱造り工、金物屋、フェルト工、その他の職人たち（“mechanic fellows”）のようなもっとも下積みの連中が公に説教することを理にかなったことと考えたからである」。これに反対して主教ホールは、靴直し、仕立工、フェルト工「および、そのようなくずども《トラッシュ》」の説教について上院へ苦情を述べた。デンジル・ホリスは、ロンドンで説教している若干の「職人ども」に関して、「恰もカトリック教の抑圧に代わって」議会は「無神論と混乱をもたらそうと意図しているかのようである」と下院に苦情を述べた。[65] 一六四一年六月、下院はこれら俗人説教者の若干を召喚し、その三人が出頭したとき、「…議長はかれらを厳しく譴責し、その所業に対する下院の全面的嫌悪を示し、かれらが再び同じ所業で誤りを繰り返すなら、いつでも下院はかれらが厳しく処罰されるよう配慮するであろうと言った」。かれら俗人説教者の首領は「二人の主要な分離派、グリーンとスペンサーで」、多くの仲間から「二人とも準神として奉られていた」。ジョーン・グリーンは製帽工あるいはフェルト工で、ジョン・スペンサーは馬車屋または御者であり、「…下僕、担ぎ人足、厩舎の馬丁、ローソク屋、織匠、いや、殆ど宗教と同じほど多くの職種についたことがあった…」。[66] その他の俗人説教者には、税関吏ナサニエル・ロビンソン、「最近まで靴下販売人、現在オールド・イクスチェンジ付近の商店主」アダム・バンクス、「醸造所使用人クォーターメイン」、「ボタン工マーラー」、漁師ジョーナス・ホーキンズ、手袋製造人リチャード・ロジャーズ、皮革商人ベアボーンなどがいた。[67] これら説教する職人、いわゆる職人説教者（"Mechanick Preacher"）の氾濫は、教会の倒壊を危惧する人たちにとって恐怖であったが、さらにショックを与えたのは婦人説教者の存在であった。ロンドンには二人いたと言われ、その一人は煉瓦工の妻であった。このような狂詩が唱われた。「女どもが説教し、靴直しが祈禱すれば、地獄の魔神はお祝いだ」。かれらの眼からみれば、この状況はまさに地獄のカオスの現出にほかならなかった。聖職の神聖な機能を執行する俗人職人説教者たちに対して次のような抗議がなされている。「…諸君は、製帽工、靴直し、仕立工、馬丁であり、全く同じ日に仕事台であり説教台である厚板のうえで、午前中は帽子を作ったり馬にブラシをかけたりし、午後には説教をするのだが、諸君ごときものを任命するのはヨーロッパの確立した教会の慣習ではない」。「…神は…われわれの教会に学識ある人たちを豊かにあてがい給う…」のであり、「諸君ごとき者が福音を説教する…」必要はない。「わたくしは諸君に対して怒っている。他ならぬわたくしの財布がそう感じているのだ。男女たちを一週のうち二日か三日、諸君の尻にくっつけてかれらの職業をないがしろにさせるのは、秘密集会や私的集会へ諸君が誘うせいだ。しかも、あれらはそれほどたびたび諸君につきしたがうわけではないけれども、かれらは自分自身と家族のために働くべき貴重な時間を…諸君の教養をペチャクチャしゃべり、諸君が神にくっつけた不思議な性質や能力を他人に称えさせるために、空費していまうのだ」。この抗議にみられるように、分離派集会には女性の参加者もかなり多かった模様である。(68)

四　分離主義への恐怖

イギリス革命は一六四〇年一一月にストラフォード伯の弾劾とともに始まるといってよいであろう。かれの裁判手続きをめぐる議会成員の分裂は、翌年五月のかれの処刑でもって顕現したのである。処刑を要求するロンドン群衆の圧力を利用しようとしたか呼応した議員たちはのちの議会派を構成し、一方政治への民衆の介入を恐れた議員たちはのちの国王派を構成するからである。

このようにロンドン群衆のデモンストレーションは議会に分裂を引き起こしたが、議会の分裂は同時に議会外に第三の党派を出現させる契機となった。少なくとも、民衆の介入に怯えて国王と主教の支持にまわる人びとの眼にはそのように映った。次に、ロンドンにおける反主教制度、反ストラフォードの政治行動の展開と宗教生活における急進主義の台頭との連関をみることにしよう。

群衆の政治的行動（請願とデモ）は、「野次馬」を含んでいたであろうけれども、本質的にはピューリタン議員に利用されたか呼応した急進的諸宗徒の運動であり、とりわけ職人説教者たちの分離主義イデオロギーに鼓舞された「中層・下層民衆」（“the middle and poorer sort of the people”）の仕業であり、分離派が主教制度廃止キャンペーンの最前線に立っているとみなされた。バクスターによれば、分離派が「徒弟たちを扇動して請願に合流させ、請願書提出と反主教デモのために大勢をウェストミンスターへ行かせた」のである。(69)他方、教区教会における騒擾も分離派の仕業とみなされた。一六四一年六月二四日にトーマス・ワイズマンは、「…ひどく混乱した教会管理が再び整えられ、すべての分離派と諸宗徒たちが国教を遵奉するようになるまで」政治的危機の決着はあるまいとペニントンに語った。かれは一一月四日には次のように記している。「…これら分離派がいなければ、シティ内で万事がすばやくうまくゆくであろう、とわれわれは考えてよかろう。しかし、かれらはシティの平安をひどく乱すので、議会がかれらを早急に処置しないなら、われわれはどうなるかわかったものではない」[70]。かれの言うように、分離主義の信念は教会に騒擾を生じさせ、宗徒たちを政治と政治的諸問題に巻き込んだ。なぜならば、分離派は、既成国家教会の権威の外でかれら自身の独立会衆をもつ自由や、かれらの宗教的意見と実践に対する寛容を国家から確保せねばならなかったからである。かれらが主教制廃止キャンペーンの最前線に立ったのもそのためであった。[71]

ワイズマンの危惧は秩序派（のちの国王派）に共通した感情であり、かれらは支配階級、富裕者たちの間に危機感を扇った。主教ホールは宗徒と職人説教者の増加について次のように上院へ警告した。「諸卿よ、もしかかる連中が罰を受けずに自由にこのように教会権威を圧倒してよいのであれば、かれらはそこにとどまらず、世俗の権力をも侮辱する用意をする恐れがあります。諸卿は昔日のジャック・ストローズ、ケード、ワット・タイラーズが高貴さほどには学識を批判しなかったのを御存じである。諸卿のうち、ミュンスターにおける再浸礼派暴動の歴史を読まれた御方ならば、他の項目を数え上げる必要はありますまい。これら宗徒どもの多くは同じ職業の連中であると申せば十分でございましょう」。長期議会開会以来、分離派が獲得した自由と事実上の寛容、かれらの教義の公然たる説教、追従者の増加は、一六四一年秋までには大きな政治問題となった。穏健なピューリタン牧師たちのスポークスマンのコーニーリャス・バージスは同年一一月五日、下院にこう警告した。「宗教に関する事柄は流血の中に横たわっております。教会のすべての統治と紀律はその墓に横たえられ、図々しい分離主義者と血迷った分離派の全く悪臭紛々たる奴らは教会の灰燼のなかで喜んでいる。かれらは教会を倒して台頭し、われわれの説教壇にのぼり、怪しい火焔を吹き出し、王国の最も重厚で有能で著名な牧師たちを（かれらの説教壇からではないとしても）、弱き者、形式論者、御都合主義者、キリストの召使いではなく悪魔からのお召し以外にお召しにあずからぬ反キリスト者の手足の集団として、民衆の心から追放している。少しの間もかれらはわれわれに教会の体面を残さぬように、われわれの集まりをバビロン、反キリスト者のそれとして見棄てるのです。しかも、かれらの狂暴を抑え、かれらを鎮めて秩序を立てせるなんらの方針も出されておりません…」。(72)

一六四二年の一政治的パンフレットはミュンスター事件を思い起こさせ、この事件から次のような教訓をひきだしている。「…再浸礼主義はおそらく完全な一集団になってはいないけれども、イングランド内に非常に流布していると思う。…ここに再浸礼主義の一つの教義があり、あそこにもう一つの教義があるというふうに。それほど拡散はしていないが、それらの教義はあらゆる支配を憎むという点で交わっている。…わが賢明にして敬虔な議会は適切と考えるいかなる支配といえども不逞の徒の不穏なスピリットを抑えられないであろう。そのスピリットは今、自分たちはどんな支配ももちたくないのでキリストに支配させよと叫んでいる。かれらが滅ぼそうとしているのは主教制度の失政ではない。かれらはあらゆる支配にけちをつけているのだ」。かれらはさまざまな予言に支配されており、キリストの地上の王国が差し迫っていると信じている。「この幻想はあらゆる国家にとって最も危険である。キリストの王国を促進するため、かれらは神を畏れぬ者はすべて殺されねばならぬ、邪悪な者はかれらの財産に正当な権利をもたぬ、今や約束は果たされなければならぬ、温順な者が大地を継承するであろう、と唱えるからである。この教義は素朴な人たちを燃え上がらせ、不自然な情念で満たす」。そしてこの熱狂は「かれらをして、再浸礼派がはじめてミュンスターに入ったときにミュンスターを見やった眼、すでにその犠牲を予定し富者を没落させ滅ぼそうと狙った敵意ある貪欲な眼、そのような眼をもってこの国の人びとを見させるのである。神は気違いじみた熱狂、めくるめく啓示でもって誤り導かれた大勢の人びとのやる改革からわれわれを救い給う。というのは、家に地金や貨幣を貯える、反キリスト者の手先と確かに思われる人たちを救い給うからである…」。「扇動的な小冊子類、流血と破壊で脅かす乱暴な群衆の騒然たる蜂起、靴直し、フェルト工、仕立工、馬丁、婦人の説教、礼拝のため教会以外のどんな場所でも選ぶこと…これらのことはそれが調査されないならば、ついには妻の共有、財産の共有、万事の破滅をもたらすであろう」。(73)

　これらのプロパガンダから明らかなように、主義よりも財産を第一とする秩序派は宗教的理由よりも社会的理由から分離派を恐れた。有産階級の保守的な人びとを震撼させたのは、分離主義がふつう下層民衆の運動であったからである。しかも分離して職人説教者たちに従うという行動は、それをする人たちによって自覚されたにせよ、されなかったにせよ、教会、国家、社会のかれらの上位者からの独立の主張であり、階級的な挑戦の行動にほかならなかった。(74) 分離主義の最も権威あり影響力の強かったリーダーであるヘンリー・バートンに答えて、ある小冊子は、分離主義が下層民衆をどのような方向に導くかを鋭く見通して、こう述べている。「…群衆の浮きかす《ドロス》、くず《オフスカウリング》は諸君のものである。これら、そしてこれらのみを諸君は約束によって勧誘でき、見せかけで欺くことができる。諸君が話しているとおりに、かれらに話せ——諸君は神の民であり、偉大な仕事のために聖別されている、と。そうすればこの野望は気まぐれな一般民衆を煽りたてないでおこうか。かれらに示せ——諸君は自らの運命を変え、終には公共の統治に参加するであろう、われわれは諸君とともにかれらを大虐殺するであろう、と…」。(75) この引用文から明らかなように、分離主義への恐怖は、会衆の運営に自ら参加しているように、国の統治にも発言権をもち参加すべきであるという知恵が民衆に吹き込まれることにあった。そして、この恐怖は、分離派が事実上の自由と宗教的寛容を獲得していたことによって、また分離派のアジテーションがピューリタンに戦闘的な姿勢を取らせることによって、現実化するのである。

　最後に、長期議会の召集からストラフォード伯の処刑に至る政治過程のうち、とくに一六四〇年一一月～四一年五月（『根と枝』請願とストラフォード伯の裁判）の時期の群衆に焦点を合わせて、中層・下層民衆の抗議デモのリーダーシップと組織（活動家、支持者、同調者の結びつき方）について、その特徴を小括しておこう。

長期議会の成立とともに、議員が民衆に訴えかけたとき、未曾有の規模でロンドンの中層・下層民衆が政治に巻き込まれた。また、これまで非合法とされていた宗教的セクト（分離派）が地下から歴史の表舞台に現われ、その数と影響力を増した。民衆の下層を社会的基盤とする分離派は『根と枝』請願により、主教制廃止キャンペーンの最前線に立った。

ロンドンの中層・下層民衆の抗議デモの画期となった『根と枝』請願は、地域行政当局（寡頭支配者）の機関を通さず直接議会に持ち込まれた点と、分離派を含む広範な地域民衆の署名（コンセンサス）を伴った政治的デモに支えられた点で、明らかに請願の伝統を踏み越えたものであった。しかし、伝統の超克は緒についたばかりであった。「大衆請願」の構造（請願を作成し推進する活動的少数者の〈中核的なグループ〉、かれらに従って集会に参加しデモに加わる〈支持者〉、署名で賛意をあらわす程度の〈同調者〉）は、伝統的な身分制社会の紐帯である共同体的な連帯と服従（コミュニティのタテの紐帯による結合）を基盤としたものであったといえる。この点は、『根と枝』請願を支持した諸州の請願行進のありかたや、ストラフォード伯の裁判を求めた民衆の二系列の請願とデモの際に顕現している。それでは、「整然として規律のある」民衆中層のデモとそのリーダーである政治的独立派のジョン・ベンと、これに「呼応した」、「武器を帯びた」民衆下層のデモとそのリーダーである（のちにレベラーズの指導者となる）ジョン・リルバーンから構成された「大衆請願」とデモの連携関係は持続できたであろうか、また目標性と規律性を具えた運動でありつづけられたであろうか。

註

（1）B. Manning, *The English People and the English Revolution 1640-1649*, 1976, pp. 1-2. *Calendar of State Papers, Domestic Series (C. S. P. D.), 1640-41*, 1887, repr. Nendeln, 1967, pp. 112, 139.

（2）説教運動によるピューリタニズムの浸透によって国教会の基礎が大きく揺らいだ。この危機を打開する使命を担って一六三三年ウィリアム・ロードがカンタベリー大主教に就任した。かれは、ピューリタンの説教運動を禁止し、その勢力を削ぎ、国教会をカトリック的方向へ再編成することによって危機を乗り切ろうとした。そして、かかる施策を推進するために星室庁や高等宗教裁判所を用いて、これに抵抗するピューリタンに厳しい弾圧を加えた。これがロードの「徹底政策」といわれるものである。かかる「ロード体制」がしかれるに及んで、再び急進的な国教会糾弾の運動が起きてくる。反ロード闘争の先頭にたったのがプリン、バストウィック、バートンらであった。かれらはこの迫害を自らの信仰の証として、殉教者の精神で耐えた。この迫害は、ロンドンを中心として民衆の間に強い衝撃を与え、ピューリタンの大義の正しさを深く印象づけることになり、ロード体制批判の声をさらに広く深く喚起することになった。山本隆基『レヴェラーズ政治思想の研究』九頁。浜林正夫『イギリス市民革命史』七七〜八頁。P. Zagorin, *The Court and the Country*, 1969, pp. 188-190. W. Haller, *The Rise of Puritanism1570-1643*, 1938, pp. 217, 254. M. A. Gibb, *John Lilburne, the Leveller: a Christian Democrat*, 1947, p. 37.

（3）Earl of Clarendon, *The History of the Rebellion and Civil Wars in England*, 7vols., 1849, I, p. 284.

（4）*Ibid.*

（5）Manning, *op. cit.*, pp. 2-3. S. R. Gardiner, *History of England from the Accession of James I to the Outbreak of the Civil War 1603-1642*, 10vols., 1883-4, repr. New York, 1965, IX, p. 242.

（6）Clarendon, *op. cit.*, I, p. 284. Manning, *op. cit.*, p. 3.

（7）ピーター・ヘイリンは、プリンらを迎えたデモンストレーションを「ロンドンとサザアクから来たピューリタンの徒党」によるものと考えた。群衆の拍手喝采には「『そのように敬虔な人たちを残忍に迫害した』主教たちに対する敵意に満ちた大きな叫び声」が混じっていたと言われる。その場にいた二人のピューリタンは、そのデモンストレーションを鼓吹した宗教的熱狂について証言した。シティのリトル・イーストチープに住んでいたろくろ工のニーヒマイア・ウォリントンは、「尊敬すべき親愛なる神の下僕たち」の帰還に狂喜した。ピューリタンの町ノーサンプトンで執事をやっていたロバート・ウッドファドは日記にこう記した。「この日、神は讃えられるべきかな！　生きた聖なる殉教者、バートン氏とプリン氏が今日町に来た。神の摂理が、かれらを見にわたくしを寺院から出し給うた。この日、神にあってわたくしの心は喜び震えた。それはバビロンの捕囚からの帰還のようでさえある…」。ロバート・ベイリーは、「神はここに新しい世界を創り給うた」と叫んだ。ベイリーは、主教制度とロードの祈禱書に対するスコットランドの抗議の代表者としてロンドンにやって来た長老教会派の牧師であった。

Manning, *op. cit.*, pp. 3-4.

（8）**Clarendon, *op. cit.*, I, p. 285.** ヘイリンも、「傲慢にも見て見ぬふりをし、敢てそれを罰しなかった」国王を批判している。かれは、群衆デモを、星室庁や高等宗教裁判所などの「諸裁判所と陛下の政府に対する許すべからざる侮辱」とみなした。**Manning, *op. cit.*, pp. 3-4.**

（9）ロンドン市選出の下院議員は定員四名で、当時の四名は、ペニントン、マシュー・クラドック（かれの死去により後任はジョン・ベン）、サミュエル・バッサル、トーマス・ソウムであった。ペニントンは富裕な商人、つまりレバント・カンパニーの交易業者であるが、市の最上層には属していなかった。かれは、一六三八年以前には市政府の高級官職についていないが、一六三八年シェリフ、一六三九年以来市参事会員になっている。ロンドン市民のペニントンに対する名望は、代表的なピューリタンとしての活動によるところが大きく、かれは下院の急進派に属していた。また、下院とロンドン市民とを結びつけたオルガナイザーでもあり、この時期の大衆運動の代表的指導者であった。一六四二年八月には市長となる。宗教的には長老教会派であるが、政治的には独立派（抗戦派）に属すことになる。クラドックは、マサチュセッツ湾カンパニーの初代総裁で、マサチュセッツ植民地の総督であった。熱心なピューリタンであり、チャールズ一世への批判が評価されて下院議員に選ばれたが、一六四一年五月に死去した。後任のベンは、マサチュセッツ湾カンパニーの設立に加わっていた。一六三八年に市会議員となった。かれは、一六五〇年の死去までウィンザー城の司令官の地位にあり、政治的には独立派に属した。バッサルは、一六二七年強制借入金に反対して投獄されて以来、チャールズ政府に反対して幾度か投獄された。レバント商人の一員であり、ドレーパーズ・カンパニーの監事にもなったことがある。政治的には長老派（和平派）に属した。ソウムは、一六三五年市参事会員、シェリフを歴任したが、国王の借入金のためのリスト作成を拒否したりして、国王政府に批判的であった。急進派にも批判的であり、『大抗告』の採択では反対投票したといわれる。一六四三年以来和平派に属した。以上五名はすべてチャールズ政府に対する批判的立場が評価されて議員となった点で一致している。かれらは『大抗告』以前の改革諸立法案には全員が賛成投票したと思われる。その後、ペニントンとベンは急進派（のちに政治的独立派＝抗戦派）の指導者となった。つまり、ロンドン市民の運動と連携して革命を推進したオルガナイザーであった。一方、バッサルとソウムは和平派となった。また、ソウムを例外として、他はすべて北米植民地交易に従事したり、レバント商人であった。レバント商人といっても、最上層のレバント商人には属していなかった。都市寡頭制の支配者である上層商人ではない、中流商人の最上層に属していた。そしてかれらは、広範な社会層によって支持された、議会派の中ではトップに位置する名望家的な指導者であったと思われる。長期議会の開会以来、ロンドン市選出議員と一般市民とは緊密に結びついており、市民は議員に先導され、請願やデモを通じて議会を支持した。市民の請願書が下院に提出されるのには、提出以前に市長や市参事会の承認を得てシェリフを通じて提出されるのが慣例であった。しかし、一六四一年一二月二一日の市会議員選挙以前の市参事会、市会では国王支持者が圧倒的に多かったため、慣例を無視して、市民の請願は市選出議員を通じて下院に直接提出された。栗原真人「イギリス市民革命期のロンドン市政改革史（一六四〇―一六五三）㈠」（『阪大法学』一〇一号、一九七七年）一四四―六頁。V. Pearl, *London and the Outbreak of the Puritan Revolution*, 1961, pp. 176-84, 214. Manning, *op. cit.*, pp. 4-5.

（10）*The humble Petition of many of His Majesty's subjects in and about the City of London, and several Counties of the Kingdom*, in S. R. Gardiner ed., *The Constitutional Documents of the Puritan Revolution 1625-1660*, 1889, repr. 1962, pp. 137-44.

(11) J. Rushworth ed., *Historical Collections*, 10vols., 1680-1722, repr. 1969, PTIII-I, p. 175. クラレンドンは署名数を二〇、〇〇〇名と推定しているが、その有効性について次のように疑問を述べている。「多数の署名が獲得されると、請願書は署名から切り離され、手もとに用意された別の請願書がこの長い署名リストにくっつけられた。こうして多くの人びとは全然聞いたこともない請願書に署名したことにされたのである」。Clarendon, *op. cit.*, I, pp. 286, 287. 請願署名者のうちにリバリーメン以下の下層市民が多く含まれていたのは、この請願がロンドン市のピューリタン教区を中心にして組織されたことによる。ピューリタンが支配的な教区では、教区教会に集まる広範な市民たちに牧師や訓戒僧が講壇から政治情勢を説教し、請願への署名を訴え、さらに街頭に出て署名を訴えたりした。署名集めには教区民名簿や寄金者リストなども利用された。こうした請願署名運動は、下層市民を含めた広範な市民層の議会支持への結集に大きな意味をもった。栗原、前掲論文、一五〇頁。ロンドン市民の組織化についてはcf. Pearl, *op. cit.*, pp. 228-36.

(12) Gardiner, *Constitutional Documents*, p. 138.『根と枝』請願の内容については、栗原、前掲論文、一四八—五〇頁、上田惟一『ピューリタン革命史』一四九—五四頁を参照。当時ロンドンに滞在していたスコットランド使節団の一員であるロバート・ベイリーは、一二月二日付の書簡の中で、ロンドンとその周辺ですでに署名が集められて国教会攻撃の請願が準備されていること、議会の両院に支持する人がいないために提出が見合わされていること、を伝えている。D. Laing, ed., *The Letters and Journals of Robert Baillie*. 1841-2, pp. 275, 280.

(13) ロンドンにつづいて、一六四一年一月には、ほとんど同じ内容の請願書がケント、エセックス、サフォーク、ヘレフォードシャ、ベッドフォードシャ、サセックス、サリィ、チェシャ、ウオリックシャ、ケンブリッジシャ、グロスターシャ、バッキンガムシャ、ノーフォークの一三州から、いずれも多数の署名をもって提出された。その概要については、上田、前掲書、一五四—六頁。『根と枝』請願は、大衆運動を背景にして国教会の廃止を目的としたものであるが、ロンドンやチェシャなどからは、これに対する反対請願が同じ頃提出された。また一月二三日には、国教会の穏健派の聖職者七〇〇名から、国教会制度を維持しつつ内部における主教の専制を改めようとする『聖職者請願』が提出された。下院ではこれらの請願を受けて、教会改革問題が論議されることになる。W. A. Shaw, *A History of the English Church during the Civil Wars and under the Commonwealth 1640-1660*, 2vols., repr. 1974, I, pp. 21, 26. J. R. Tanner, *English Constitutional Conflicts of the Seventeenth Century 1603-1689*, , 1928, repr. 1971, pp. 102-3. 浜林、前掲書、一〇〇頁。栗原、前掲論文、一五〇—一頁。

(14) ベイリーは次のように述べている。「その夜じゅう、われわれの仲間はできるだけ懸命に懇願し」、翌日「数千の市民がすこぶる穏やかなやり方で、かれらの請願の後楯をすべくウェストミンスター・ホールへ行った」。Manning, *op. cit.*, p. 7. R. R. Sharpe, *London and the Kingdom*, 3vols., 1894, II, p. 130.

(15) Rushworth, *op. cit.*, PTIII-I, p. 175. Clarendon, *op. cit.*, 1, p. 286. Manning, *op. cit.*, pp. 5, 7. Gardiner, *History*, IX, pp. 248, 275. 委員会は、上院からの主教排除、聖職者の世俗役職からの締め出しについて好意的なレポートを出した。委員会は、聖職者が貴族院議員、枢密顧問官、高等宗教裁判所裁判官といった世俗職務に従事することや、聖職者の権限のあり方等を見直そうという内容を報告した。三月一〇—一二日、これらの提案を下院が承認した。ロンドンからの請願を支持する少数派議員が五月末に『根と枝』法案を下院いに提出するけれども、これは強力な反対しあって成立しなかった。上田、前掲書、一五三頁。

(16) ピムは、「下院の意図は国教会制度や祈禱書を廃止することでなく、国民に圧迫を与えてきたところを改めることにある。もしこの点が国王と上院の賛成を得て成し遂げられるなら、下院は国民に対して極めて有益な仕事をしたこととなり、それは宗教改革以来なかったことであろう」と考えていたといわれる。浜林、前掲書、一〇一—二頁。C. Hill and E. Dell ed., *The Good Old Cause: The English Revolution of 1640-1660, its Causes, Course and Consequences, Extracts from Contemporary Sources*, 1949, p. 226.

(17) 大部分の議員は主教の打倒よりもストラフォード裁判の進捗に関心をもっていた。Carendon, *op. cit.*, I, p. 286. Manning, *op. cit.*, pp. 5-6. Gardiner, *History*, IX, p. 281.

（18）穏健派が国教会の堅持を主張したのは、国家と教会の一体化をもって基本的な国家体制と考えており、それゆえ国教会の廃棄は国家の解体の危険を胎むものであると考えていたからである。エドマンド・ウォラーはこう主張した。「もしかれら大衆が教会のことで平等を占めたなら、かれらの次の要求はLex Agrariaすなわち世俗間における平等であろう」。サー・ジョン・ストラングウェイズも次のように論じた。「もしわれわれが教会内における平等を実現するならば、コモンウェルス内においても平等を招くにちがいない」。チェシャからの反対請願も、「国教会制度の廃止は、宗教そのものをなくしてしまわないにしても、貴族・ジェントリ・僧職を必ず絶滅してしまうであろう」と指摘した。今井宏「長期議会における教会改革の問題」（『東京女子大学論集』一〇巻二号、一九五九年）六四頁。栗原、前掲論文、一五一頁。浜林、前掲書、一〇一―二頁。Manning, *op. cit.*, p. 6. Hill and Dell ed., *op. cit.*, p. 225. Gardiner, *History*, IX, pp. 285-6.

（19）Rushworth, *op. cit.*, PTIII-I, pp. 171, 172, 173, 174-5. 二月八、九日の討論の全容については*Ibid.*, pp. 170-87. 九日の討論の後、ペニントンは、請願者たちが「身分低く反抗的な」民衆であると主張されたことに対して、かれらは「りっぱで廉潔の名のある人たち」であると弁護し、さらに次のように述べたといわれる。「それに賎しい人びとの署名が加わったにしても、なおかれらが正直な人たちであれば、そうした署名は受け入れられるべきでないという理由はなかった。…署名をかき集めるのに用いられた策はなかった。というのは…わたくしは敢えて言ってもよいが、もしそのような策が用いられておれば、一五、〇〇〇人の署名のかわりにその一五倍も集めていたであろう」。さらにペニントンは、請願者たちの「持ち込み方とふるまい」を弁護して、請願書は「騒ぎもなく」手渡され、「次いで一言でかれらは…静かに退去した」と述べた。下院のリーダーであるピムは大衆請願運動と連携して改革を実現するという戦略を支持しなかった。かれは大衆の政治参加を危惧して次のように述べている。「もしも国王の大権が人民の自由を圧倒するならば、それは専制政治となろう。しかし自由が大権を蚕食するならば、それは無政府状態になろう」。Rushworth, *op. cit.*, PTIII-I, p. 175. M. A. Judson, *The Crisis of the Constitution*, 1949, p. 356. Manning, *op. cit.*, pp. 6-7. Pearl, *op. cit.*, pp. 214-5. 栗原、前掲論文、一五二頁。浜林、前掲書、一〇一頁。

(20) ピューリタン牧師リチャード・バクスターは次のように述べている。「ロンドン子が議会に裁判を求めて叫び、犯罪人の処罰に賛成した議員たちを称え、国王を喜ばせた議員たちをけなしたとき、議員の間に裂目が生じはじめた。デグビィ卿、フォークランド卿その他若干の若者たちはこのとき以来国王に組した…」。R. Baxter, *The Autobiography of Richard Baxter* (Everymans's Library, 1931), p. 29. 若原英明『イギリス革命史研究』第二章第二節参照。

(21) Manning, *op. cit.*, pp. 8-9. ロンドンにおけるアジテーションについてよく知っていた議員サー・ジョン・コーク(the younger)はこの請願書への署名を八、〇〇〇名と推定している。Pearl, *op. cit.*, p. 216.

(22) *C. S. P. D., 1640-41*, p. 538.

(23) 裁判の進行を見届けようとして群衆がウェストミンスター・ホールに殺到した。人びとがウェストミンスターへ殺到するのを避け、生じるかもしれない騒動を静めるためにロンドン市長は、民兵の出動を準備し、召使いや徒弟たちに対しては「外出禁止令」や「不法集会の禁止令」を発した。警戒のために民兵を動員したが、民兵の内部にも反絶対王政勢力が浸透しているため、民兵自身がその取り締まりに動かなかった。Sharpe, *op. cit.*, II, pp. 137, 150. 栗原、前掲論文、一五三、一五五頁。

(24) 公権喪失法案は四月一〇日に第一読会にかけられ、四月二一日に第三読会にかけられて通過した。これを受けて四月二四日、二〇、〇〇〇名といわれる市民大衆が速やかな処刑を求める請願書を両院に提出した。この請願書の中で、かれらは、ストラフォード伯が処刑されないうちは借入金の支払いを拒否することを明らかにした。「市には金銭が用意されている。しかしストラフォード伯に法が執行されるまで、なんぴともそれを手渡さないであろう」。Sharpe, *op. cit.*, II, pp. 138.

(25) 下院は公権喪失法案をめぐって分裂しており、リーダーシップも分裂していた。保守的なデグビィは、ストラフォード伯の処罰を要求する民衆のアジテーションと、多数の議員が民衆の要求に抵抗しようとしないようにみえることに驚愕した。かれは第三読会でこの法案に反対して、こう述べた。「ストラフォードは、民衆には嫌悪の的である。かれに対して一層尖鋭化しつつある民衆へのへつらいをすべて捨て去れ。かれの血を流させぬことが民衆をひどく怒らせるると思い煩うな。すべての恐怖を投げ捨てよう」。Rushworth, *op. cit.*, PTIII-1, pp. 225-8. Manning, *op. cit.*, p. 10.

(26) *C. S. P. D., 1640-41*, pp. 524-5, 560. Manning, *op. cit.*, pp. 9-10. Pearl, *op. cit.*, pp. 216-7. Gardiner, History IX, pp. 338, 341.

(27) 五月二日日曜日、「若干の説教壇から、二、三の大犯罪人に対して裁判が直ちになされるべきことが民衆に説教された」。いろいろな噂がシティに流れた。議会リーダーたちは、ロンドンのモッブを鎮圧し、議会を威圧するため、ロンドン進軍の可能性について宮廷で軍将校の若干と話し合いがあったことを知った。この話の一部が市民の間にもれ、それを耳にした市民たちは、国王が軍と合流するために北部へ行こうとしており、「王妃はゴーリング大佐がこの二カ月間防備を固めていたポーツマスへ頼って行くことになっている」と言った。Manning, *op. cit.*, pp. 10-1.

(28) サー・ウィリアム・ユーブデールは、「内輪に語って」一〇、〇〇〇人と述べている。ウォリントンはこう書いている。「約一五、〇〇〇人の民衆がいたと思われる。わたくしもそこにいたのだ。わたくしは、かくも多数の者がいっしょにいるのをこれまでに見たことがなかった」。Manning, *op. cit.*, p. 11.

(29) *Calendar of State Papers, Venetian Series (C. S. P. Venetian), 1640-42*, pp. 147-8, quoted by Manning, *op. cit.*, p. 11.

(30) ペムブルック伯（宮内長官）、ホランド伯、ブリストル伯が「馬車に乗ろうとして出て来たとき、群衆は叫び声を倍加し、ブリストル伯のところに来て、二、三の者が伯にこう話しかけた。『ブリストル閣下、われわれは貴方がキリストの大義の背教者、われわれの不倶戴天の仇であるのを知っている。したがって、われわれは貴方に正義を懇請しはしないが、ちかぢか、貴方と貴方の不実の子息デグビィ卿の裁判をもとめることになろう』」。しかし、ペムブルック伯は「裁判」という大叫喚で迎えられた。かれは「馬車から出て（二、三の他の上院議員がいっしょであった）、帽子を手にして、静まるよう頼んだ。静まれば、かれは力の及ぶところは何でもしたであろうし、さらにかれらの要求にしたがって裁判が執行されるよう陛下を動かしたであろう。そこでペムブルック伯と他の上院議員たちは国王のもとへ行き…国王に市民たちの不平と願望を知らせ、その点に陛下の心をひいた。帰って来たかれらは、市民たちに、陛下がかれらの願いどおり迅速に裁判を執行するであろうと約束した、と証言した」。他の上院議員たちもかれらに「挨拶」を送り、「かれらは満足し、安心して家路についた」。ペムブルックは公権喪失法案の支持者であり、国王はかれの行動を「あの騒々しい民衆に好意を寄せる」ものとみなした。ホワイトロックは、ペムブルックが群衆に「挨拶」し、しんぼうして「かれらを静めた」ことを、「民衆の騒ぎに当面した際の最上の方法」であると賞讃した。ペムブルックは実際秩序の回復に成功し、それは国王、ロンドン市長、上院がなした以上の出来事であった。Manning, *op. cit.*, pp. 10-2. Pearl, *op. cit.*, p. 216. Gardiner, *History*, IX, pp. 349-50.

(31) *C. S. P. D., 1640-41*, p. 569. Sharpe, *op. cit.*, II, pp. 138-9.

(32) Clarendon, *op. cit.*, I, p. 359. Manning, *op. cit.*, pp. 12-4. Pearl, *op. cit.*, p. 217. 鋳掛屋であったジョン・バニヤンは「職人説教師」と呼ばれていた。粉屋、仕立屋、製靴師、織布工、鉛管工、染色工、レンガ積み工、大工、石工、皮なめし工、宿屋経営者などは、今日でもなじみの言葉であり、苗字として用いられているものも多い。P. Laslett, *The World We Have Lost further explored*, 1983.（川北稔・指昭博・山本正訳『われら失いし世界』三嶺書房、一九八六年、六四頁）

(33) Rushworth, *op. cit.*, PTIII-I, p. 241. Gardiner, *History*, IX, pp. 351-4, 355-6.

(34) 上院は群衆に「住居に帰るよう」に願い、「かれらはかれらの願いについて数日のうちにさらに満足することになろう」と言った。Manning, *op. cit.*, p. 14.

(35) *C. S. P. Venetian, 1640-42*, p. 148, quoted by Manning *op. cit.*, p. 14.

(36) 五月五日、ピムは軍の将校、廷臣、国王の間で交わされた軍隊の介入の可能性に関する会議について、彼の知るところを下院で暴露した。フランス国王が妹イングランド王妃救出のためにポーツマスへ軍隊を派遣しようとしていること、ストラフォード伯がアイルランドでつくった軍隊が侵入しようとしていること、イングランドのカトリック教徒が立ち上がり権力を掌握しようとしていることなどが信じられた。Manning, *op. cit.*, p. 14. Gardiner, *History*, IX, pp. 356-9.

(37) *C. S. P. D., 1640-41*, p. 571.

(38) *C. S. P. Venetian, 1640-42*, p. 150, quoted by Mannig, *op. cit.*, p. 15.

(39) Clarendon, *op. cit.*, I, p. 359. Manning, *op. cit.*, pp. 14-6. Gardiner, *History*, IX, pp. 357-8.

(40) 五月八日、国王がフランス軍導入のためにフランスと条約を締結したという噂が市中に広がり、市民たちは「武器を帯び、王室の人びとの逃亡を阻むため宮殿へ進軍する用意を整えた。このニュースを聞いて怖えたこれらの人びとは、このうえ騒ぎを起こすことなくシティを去ろうと決心した」。しかし、フランス公使は留まるようかれらを説得し、民衆のリーダーたちは、噂は偽りであり国王は月曜午前一〇時に公権喪失法案に回答するであろうことを確かめた。*C. S. P. Venetian, 1640-42*, pp. 150-1, quoted by Manning, *op. cit.*, p. 17.

(41) Manning, *op. cit.*, pp. 16-8. Gardiner, *History*, IX, pp. 366-7.

(42) *C. S. P. Venetian, 1640-42*, p. 151, quoted by Manning *op. cit.*, p. 18.

(43) J. Lindsay, *Civil War in England*, 1954, p. 64. Manning, *op. cit.*, pp. 18-20. Pearl, *op. cit.*, p. 217. 紀藤信義『処刑台の国王』（人物往来社、一九六八年）、五五―六頁。

(44) Manning, *op. cit.*, pp. 19-20. Baxter, *op. cit.*, pp. 19, 29. 若原、前掲書、第二章第三節参照。

(45) ブルストロード・ホワイトロックは、この群衆を「烏合の衆」と述べている。ジョン・ナルソンはかれらを「運搬夫、荷馬車の御者、その他自堕落で粗暴な奴等」と叫んだ。しかし、ベイリーは「市民と徒弟」と語っている。Manning, *op. cit.*, p. 13.

(46) Manning, *op. cit.*, p. 13. Pearl, *op. cit.*, pp. 205, 216. ベンについては*Ibid.*, pp. 187-9.

(47) リルバーンはこのデモの期間に、群衆に演説した廉で逮捕され、上院に連行された。上院で、かれは「自分にとって聞こえの悪い言葉を語った」ことを否定し、「ロンドンからやって来た群衆について一般に語られていることをかれらに話したにすぎない、また広く報じられていたニュースを自分が耳にしたとおりかれらに話したにすぎない」と言った。そのうえ目撃者たちの「情報は異なり、一致しなかった」。リルバーンは五月五日以後に釈放された。Manning, *op. cit.*, p. 13. 長期議会第一会期の頃のリルバーンについては、P. Gregg, *Free-born John*, 1961, pp. 82-5, Ch. 7.

(48) Manning, *op. cit.*, pp. 30-1.

(49) *Ibid.*, pp. 131-2.

(50) Manning, *op. cit.*, p. 37.

(51) *Ibid.*, pp. 37-8.

(52) Baxter. *op. cit.*, p. 29.

(53) エセックスのチェルムスフォード（二、〇〇〇人の聖餐拝受者がいた教区）では、議会開会以来「分離派とりわけブラウニストと再浸礼派に満ちていた」ので、会衆の三分の一は「教会典礼に則って」聖餐を受けるのみ拒み、半数が跪いてサクラメントを受けるのを拒んだ、といわれた。しかし、もともと分離教会は個人の家の中で人目につかないように集会する必要があったので、その規模は限られていた。サミュエル・ハウの教会には一六三八年に三〇名しかいなかったと思われる。ベアボーンは一六四一年に一〇〇名の人びとから成る会衆に向かって説教している。一六四一年でさえ、最も大きなコングリゲーションでも一〇〇名程度の会員しかもたなかった。したがって、革命前夜のロンドンのセパラティスト・コングリゲーションの会員総数は一、〇〇〇人そこらであったと思われる。Manning, *op. cit.*, p. 38. *C. S. P. D., 1638-39*, pp. 186-7. M. Tolmie, *The Triumph of the Saints: the Separate Churches of London 1616-1649*, 1979, p. 37.（大西晴樹、浜林正夫訳『ピューリタン革命の担い手たち』ヨルダン社、一九八三年、八二頁）。

(54) ハウについてはcf. Tolmie, *op. cit.*, pp. 17-8, 36-7, 39, 42. 分離派とその社会層については、大西晴樹「ロンドン商人社会の動向とピューリタン革命」（『西洋史学』一二四号、一九八二年）三〇―四頁、大西晴樹『イギリス革命のセクト運動』（御茶の水書房、一九九五年）第三章を参照。
（55）ジェイコブとかれの教会についてはIbid., pp. 3, 5, Ch. 1, pp. 38-9, 45, 86, 90-1.
（56）*Ibid.*, p. 37. Manning, *op. cit.*, p. 39.
（57）*Ibid.*, pp. 19, 24, 38-9, 54, 56, 65, 68, 75, 97.
（58）Manning, *op. cit.*, pp. 38-9.
（59）いくつかの教会の毎週の集会は、発覚を防ぐため家から家へと転々とし、ハウは「野と森を行きつもどりつして」集会を執行したといわれた。集会はしばしば終日続いた。ウィリアム・キッフィンはイートンの教会での体験を語り、こう言っている。「主教たちの厳しいしうちが最高潮であった」間は、「われわれは、ごく早朝に集会を開いたり、夜まで一緒に居続けざるをえなかった」。デュッパの教会のチドレー夫人もこう言っている。「幾人かの会員は、主教たちのイヌどもに捕えられそうになったとき、イヌどもの目をくらませるために」かつらをつけた、そしてジェシーの正体がそのコングリゲーションの牧師であることを追手は気づかなかった、と。Tolmie, *op. cit.*, p. 37. 邦訳、八二頁。
（60）ハンティンドンシャからの一請願書は、「最近の教会分離主義者と分離派の大増加」について苦情を述べている。Manning, *op. cit.*, p. 41.
（61）しかしながらセパラティストたちは世間一般には人気がなかった。かれらの集会は当局に密告されたし、集会場所に自然発生的に暴徒が現われた。前述したごとく、一六四一年一二月にベアボーンが一般聴衆にかれの教会の集会を公開したとき、数千人の人びとを巻き込む暴動が生じている。この体験以後、分離教会は総じて人目につかない集会をもった。一六四一年にチドレー夫人がトーマス・エドワーズに述べたように、セパラティストたちの集会は、ときどき自分たちの生命を危うくし、常に自分たちの自由を危うくした。「なぜならば、わたくしたちは、常に極めて密かに穏やかに集会を開いているのに、あなたのような畜生どもがいつも教区の警官や巡査にぺちゃくちゃと告げ口をしつづけているからである」。Tolmie, *op. cit.*, pp. 37-8. 邦訳、八二―三頁。

(62) Manning, *op. cit.*, pp. 39, 41.
(63) セパラティストについての裁判記録は手袋製造人、靴屋、靴製造人、パン屋、小間物屋、なめし皮仕上工、銃工、織布工、仕立屋、フェルト帽製造人、織元、臨時雇いの商人をあげている。かれら(ヒルのいう「勤勉なる民」)は営業で生計を立てており、一般に扶養すべき幼い家族といっしょであったので、投獄されでもしたら本当に辛苦をなめたであろう。確かにかれらの大半は相当貧しかったが、すべての者がそうではなかった。たとえば、一六四二年にリチャード・ブラントから再洗礼を授けられた仕上工のサミュエル・エイムズはアイルランド・アドベンチャラーズに一〇〇ポンドを投資する余裕があった。Tolmie, *op. cit.*, pp. 39-40. 邦訳、八五—六頁。
(64) Manning, *op. cit.*, pp. 39-40.
(65) Gardiner, *History*, IX,p. 395.
(66) Manning, *op. cit.*, p. 40. グリーンとスペンサーについてはcf. Tolmie, *op. cit.*, pp. 26-7, 35, 39, 66-7.
(67) バンクスについてはcf. Tolmie, *op. cit.*, pp. 36, 67.
(68) Manning, *op. cit.*, pp. 40-1. Gardiner, *History*, IX, pp. 394-5. 香内三郎『言論の自由の源流—ミルトン『アレオパジティカ』周辺』(平凡社、一九七六年)、三七—八、四一頁参照。
(69) Baxter, *op. cit.*, p. 29. Manning, *op. cit.*, p. 42.
(70) ある小冊子著者はこう書いている。「議会が教会の平和について賢明に重厚に考慮し、敬虔に配慮すれば、それが暗黒と無知のこうした霧と誤謬に覆い隠されたままであることはないと思う。わたくしの祈りは…このシティと王国のあらゆる隅々に蝟集するこれらエジプトの蝗どもが駆除されることである」。著者は、「良きキリスト教徒に、これらの輩について」議会に「苦情を言うよう」呼びかけた。「というのは、かれらが阻止され抑圧されないなら、この王国は分裂、妨害、混乱からけっして免れない惧れがあるからである」。Manning, *op. cit.*, p. 42.
(71) *Ibid.*, pp. 42, 45.
(72) *Ibid.*, pp. 43-4. *C. S. P. D., 1640-41*, pp. 531-2, 535, 565.

(73) *C. S. P. Venetian 1640-42*, pp. 150-1, quoted by Manning, *op. cit.*, p. 44. Pearl, *op. cit.*, p. 217.

(74) Gardiner, *History*, X, p. 13.

(75) Manning, *op. cit.*, pp. 44-5.

第二章　『大抗告』とロンドン民衆

はじめに

一六四〇年の長期議会召集と二年後の内戦勃発との間のどこかの時点で、政治改革から武力闘争（内戦）へ突き進む重大な第一歩が踏み出された。一六四一年五月のストラフォード死刑執行、同年一〇月の『大抗告』可決、一六四二年一月の国王による五議員逮捕未遂事件は劇的な分界点であったと思われるが、なかでも、議会内の国王反対派が基本法と先例への訴えから国民への訴えに戦術転換した『大抗告』の採択は、議会内の分裂を決定的にした大事件である。

ストラフォードの裁判から処刑に至る政治過程にロンドン民衆が重大な影響力を及ぼしたことについては前章で明らかにしたとおりである。では、『大抗告』に呼応して議会にデモをかけた群衆はいかなる人びとであったか。かれらを行動に駆りたてた情念は何であったか。かれらはいかなる方法で組織されたか。本章では、これらの問題を、『大抗告』採択前後の政治過程のコンテクストにおいて考察する。

一　「軍隊陰謀」・「出来事《インシデント》」・アイルランド叛乱

内戦勃発の最初の徴候は国王側の「軍隊陰謀」をめぐって現われた。ストラフォード伯の裁判と教会改革が遅延していた一六四一年四月、ロンドンには反革命のさまざまな噂が流れていたとき、議会の国王反対派は「軍隊陰謀」の情報を受け取った。それは、ロンドン塔からストラフォード伯を救出し、議会を解散させ、群衆の行動を制圧するために、宮廷で在ヨーク軍士官との間に、ロンドン進軍の可能性についての話し合いがおこなわれたというニュースである。この話の一部が市民の間に漏れ、それを耳にした市民たちは、国王が軍隊と合流するために北部へ行こうとしており、「王妃はジョージ・ゴーリング大佐がこの二カ月間防備を固めてきたポーツマスへ頼って行くことになっている」と騒ぎ立てた。民衆の心に植えつけられた国王への不信感情と、軍隊がロンドンへ進軍して来るかもしれないという不安は、五月三日、四日に、怒れる群衆《モッブ》をウェストミンスターに出現させた。(1) 翌五日、国王反対派の指導者ピムは軍士官、廷臣、国王の間で交わされた陰謀についての情報を下院で公表した。フランス国王が妹であるイングランド王妃を救出するためにポーツマスへ軍隊を派遣しようとしていること、アイルランドの軍隊が進入しようとしていること、イングランドのカトリック教徒が立ち上がって権力を掌握しようとしていること、が信じられた。(2) 同日、下院の討論は大きな鋭い音響でもって中断された。その瞬間ガイ・フォークス事件を連想したジョン・レィ卿は「火薬の臭いをかいだ」、「謀反だ！」と叫んだ。「歩廊にいたジェントルマンの大部分は委員室へ逃れ、そこでかれらは剣を引き寄せた…。歩廊の下にいたジェントルマンたちは驚いて全員飛び降り、若干の者は打ち重なって倒れた」。クランボーン卿その他の議員たちは議会から飛び出して、ロビーにいた民衆を追い散らした。民衆はウェストミンスター・ホールを抜けて逃げた。「老サー・ロバート・マンスルは抜剣して、真のイングランド人のごとく毅然とするようかれらに命じた。誰も自分たちの狼狽の原因を言うことができなかった。かれとともに止まった者は一人もいなかった。かれは抜剣したまま唯一人でホールを出て下院の方へ進んだ・・・。ジョン・ハザムは議会から逃げ出す数名の者に会い、その理由を尋ねた。だが、かれらは逃走しつづけ、何も言わなかった」。ウェストミンスター・ホールから走り出た民衆は「議会の建物が倒れて議員たちは死んだ」と悲鳴をあげた。「カトリック教徒どもが下院に放火し、武器をもって包囲している」というニュースがロンドンに流れた。「一瞬のうちに全市は恐慌状態に陥り、商店は閉ざされ、武装した民衆の一団がウェストミンスターに走りおりた」。ピューリタンのニーヒマイア・ウォリントンはこう書いている。「わたくしと、市やその他の地域からやって来た多数の人びとが剣などの武器を執ってそこへ行った」。ピューリタンと諸宗徒《セクト》は議会を防衛するために突進したのである。しかし、かれらはウェストミンスターに到着したとき、それが誤報であることを知った。議員を救出するためにコベント・ガーデンまでやって来ていた民兵団の一隊は引き返した。議員をこれほど狼狽させたドンという音の原因がわかった。軍隊陰謀についてのサー・ウォルタァ・アールの報告を聞き漏らすまいとして、肥った二人の議員が歩廊と窓の間にもたれかかり、「その重みで二、三の薄い木片が折れて急に音を立てたのであった」。[3] このエピソードから明らかなように、軍隊の介入や外国の侵入などの反革命の動きは直ちに「カトリック陰謀」として受けとめられ、そのニュースや噂は容易に、そして広範にパニックを引き起こすことができた。五月八日、国王がフランス軍導入のためフランスと条約を結んだという噂がロンドンに拡まると、民衆は「武器を取り、王室の人びとの逃亡を阻むため宮殿へ進軍する用意を整えた。このニュースを耳にして怯えたこれらの人びとは、このうえ騒ぎを起こすことなくシティを去ろうと決心した」。民衆は「カトリック陰謀」を恐れて街頭に群集し、騒ぎ立てた。この日、ウェストミンスターに集まった大群衆の圧力をうけて、ようやく公権喪失法案が上院を通過した。数日間、大デモンストレーションが議会を取り巻き、群衆はホワイトホール宮殿を引き倒すと脅した。国王

は譲歩し、五月一二日タワー・ヒルにおいて、大群衆の歓声の中でストラフォード伯の首がはねられた。(4)

「軍隊陰謀」の失敗によって、軍隊からの危険はひとまず遠ざかった。ストラフォード伯の処刑後、議会は一連の法案を成立させることによって、議会の同意をえない不法課税を廃止し、星室庁や高等宗教裁判所その他の大権裁判所を廃止した。(5)国王はこれらの法案に敢えて公然とは反対せず、相変わらず軍士官やカトリック教徒と密通しつづけていた。八月一〇日、国王は議会の反対をおしきり、スコットランド貴族たちの中に自分の支持派を組織する目的のためにエディンバラに向かったが、このことは国王への不信感情を助長した。八月一四日、議会は「王国の民兵団と軍需品の指揮のために、いかなる権力がいかなる人びとに委ねられるべきかを検討するために」防衛委員会を設置し、万一の場合に軍事体制を整える権限をこれに与えた。さらに八月一七日、ハルの武器庫を確保するために指令をだし、八月二〇日には国王の承認なくしても議会が法律を制定しうるという先例をつくり、法律《アクト》でなく条令《オーディナンス》として議決し、国璽押捺の任命書を発する権限を自らに与えた。(6)

これらのことはすべて国王に対する不信用の増大にもとづくものであったが、この不信感は「出来事《インシデント》」のニュースによって促進される。ホリルード・ハウス宮殿で起きたこの事件の真相は不明であるが、クラレンドン伯はこう記している。スコットランド貴族モントローズ伯が同アーガイル伯と同ハミルトン侯の叛逆に関する証拠を国王に示し、この証拠をスコットランド議会に提出するか、あるいは「両者を殺す」ことを申し出た。国王は暗殺に同意せず、叛逆罪で議会裁判にかける準備をした。一〇月一二日、アーガイル、ハミルトンはエディンバラを脱出してかれらの領地への逃れ、自分らを「暗殺する企みがあった」ことを公表した。(7)

国王の行動を見張る目的で国王に随行していた委員会は、事件を伝える至急報をロンドンへ送った。イングランド議会は九月九日から休会していたが、再開前日の一〇月一九日に「出来事」の報せを受け取った。直ちにピムはこの陰謀ニュースを最大限利用した。すなわちピムは、軍隊を用いて反対勢力を威した「出来事」を、ストラフォード伯の処刑後も議会屈伏のために軍隊を用いようと企んでいた一連の「軍隊陰謀」の疑惑と絡めて報告し、恐怖を煽り立てた。「反ハミルトン、反アーガイル、反ラナークの関係者たちは、最近の軍隊繰り出しに関係していると思われる。…この計画は、陰謀がスコットランドで遂行される以前にここで語られた」。スコットランドにおける策謀の「最も重要な関係者の一人」は「カトリック教徒の国教忌避者クローフォード伯であった。…その関係者たちが同じく恐るべき敵意をもった企みのために、この地と交信する可能性が大いにある」。ピムは、カトリック教徒の「謀議が四方に拡がること、スコットランドとイングランドの双方でこの新たな企みが共謀されていることを恐れた」のである。(8) こうして、スコットランドでの「出来事」は、イングランドのカトリック教徒、主教、軍隊およびカトリック諸国を巻き込んだ「カトリック陰謀」として信じられ、下院におけるピムのリーダーシップは強化されるに至った。「カトリック陰謀」に備えて議会防衛のため、民兵一〇〇名の常駐守備隊がエセックス伯の指揮下に配置された。(9)

つづいて起きたアイルランド叛乱は、国王に対する不信感とカトリック教徒の陰謀への恐れを決定的にした。叛乱は一〇月二三日にアルスター地方で勃発し、たちまち全島に拡がった。国王は叛乱勃発に何の係わりもなかったが、カトリック叛徒たちは、プロテスタントの財産を没収することに国王が認可を与えたというデマを流した。一一月一日、叛乱の報せを受け取った議会はパニックをきたした。「このニュースをもたらした至急報が議会で読み上げられたとき、全員が恐怖にうたれ、一瞬シンと静まりかえった。ニュースが議会の外で語られたとき、それは閃光のように飛び、全王国にあまねく恐怖が拡まった。日毎に、殆ど一時間毎に悲惨を伝える新たな使者が立てられた。使者は哀れなプロテスタントに対するカトリック教徒の仮借なき残忍さについて新たな情報をもたらした」。(10)一一月四日、アイルランドでサー・フェイリム・オゥニールが国王の名において布告を出して、国王を守るため武器を取るようカトリック教徒に呼びかけた。布告文は偽ものであったが、真ものと思われたために、国王、カトリック教徒、ジェズイット、外国の間に共謀があるとの疑いを深めた。また、アイルランドのプロテスタントが虐殺されているというニュースは、流言蜚語となってイングランド全体をパニック状態に陥れた。ジョーゼフ・リスターは次のように書いている。ヨークシャのウェスト・ライディングにアイルランド叛乱のニュースが伝わり、次いで大虐殺の報せが届いたとき、「大きな恐怖がイングランドのプロテスタントを襲った。そうした悪漢どもは、こう言いふらした。自分たちがアイルランドでやってきたことは国王の指図によるものであり、遠からずイングランドのプロテスタント（かれらが呼んだように、異端の徒ども）は同じ杯を味わうことになろう、と。そうなるであろうと多数の人々が心から信じた」。ある断食日、ブラッドフォードから来たピューリタンたちが午後三時ごろパドシィ・チャペル（Pudsey Chapel）でエルカーナ・ウェールズの説教を聞いていたとき、「わたくしのよく覚えている人（かれの名はジョン・サグデンであった）が、チャペルの入口に立って悲しい声で叫んだ。『友よ！　われわれは死人と全く同様だ。アイルランドの叛徒どもがやって来る。かれらはロッチデイル（Rochdale）、リトルブロー（Littlebrough）、ベイチングズ川（the Batings）まで来ている。間もなくハリファクスとブラッドフォードに着くだろう』…。こう警告しておいて、かれは再びブラッドフォードの方へ走り去った。同じ報せがブラッドフォードで拡まった。そこで会衆は大混乱に陥り、ある者は去りはじめ、他の者は泣き叫び、あるいは友人と話し込んだ…。ウェールズ師は、かれの祈りによってかれ自身と会衆を神の手に委ねる間、会衆ができる限り落ち着くことを希望した。かれはそのようにし、そしてわれわれを解散させた。しかしその晩、われわれはなんと悲嘆にくれて家路についたことか。というのは、われわれはブラッドフォードへ行かねばならなかったし、その地でわれわれの前にいてわれわれに会うのは悪魔と死の化身以外の誰でもないことがわかっていたからである。なんと悲しく怪しむべき憶測、むしろ結論が驚かれ、怯えさせたことか！　わたくしはけっしてこの時を忘れないであろうと思う。さて、われわれは帰宅し、友人隣人たちがわれわれと同じ状態にあり、喉のかき切りが迫っていると思っているのを見出した。

しかし、ついに数人の騎乗者が事態偵察にハリファクスへ行くよう説得された。かれらは大変な恐れを抱いて行ったが、そこに着いたとき事態は心配したほどでないことがわかった。若干のプロテスタントが命からがらアイルランドからイングランドへ脱出したということがわかったのである。われわれはこのニュースを聞いて大いに喜び、神を讃え神に感謝して、その夜の残りを過ごした」。(11)アイルランド叛乱の背後には、カトリシズムの復活をもくろむスペインやフランスの援助があるであろうと疑われ、王妃アンリエタ・マリアもこれに関係していると信じられていた。議員アールが次の情報をもたらした。「ポーツマスでは大きな恐怖が抱かれている。カトリック教徒のフランス人が守備隊の軍医として連れてこられたのが原因である。王妃のいるオートランズ（Oatlands）とポーツマスの間を一週間に数回郵便がいった。とくに陸側に接した地に新たな要塞施設が建造され、すでにそれが殆ど全市の指導権を握っている。前記要塞に備えつけるため青銅砲が船から運び出された。ところがその間、外国の敵に対する防衛に役立つはずであった海近くの保塁は、無視され放置されて朽ちようとしていた…。その近傍のカトリック教徒や陽気な坊主どもは未曾有に愉快になっていた。そのことは何か新しい企てが手近にあるという恐れを人々に抱かせた」。フランス人がピカーディ（Picardy）に三〇、〇〇〇の兵員をもっており、二〇、〇〇〇の兵員を輸送できる三〇〇隻の漁船が近くにいる、という報告があった。カトリック諸国から来た外国人は恐怖と憎悪の的であった。パニック的恐怖のもとでは、フランス軍がイングランドへ侵入するという話のほかに、ロンドンで若干名のアイルランド人が蜂起の合図を待っている話や、議員暗殺計画の話などがあって、どんな話でもたやすく信じられた。潜むカトリック教徒を見つけ出すために家々が捜索された。(12)

二　『大抗告』の出版

アイルランドに叛乱が勃発したためイングランドは新しい軍隊の編成を必要とした。国王の不在中、直ちに議会は単独で、叛乱鎮圧軍を編成し軍費を調達することを決定した。だが、誰がこの軍隊を統帥すべきか。一一月八日議会は、統帥権を国王に委ねればその軍隊がイングランド議会に対してさし向けられることを危惧したので、国王に同行していた委員会に『訓令』[13]を送った。『訓令』は、「暴力によって議会の自由を弾圧しようとしていた」「悪意ある顧問官やカトリック寵臣」がアイルランド叛乱鎮圧のための軍備を「叛乱増長のために、またイングランドでカトリック教徒と悪意ある臣民の同様な企みを鼓舞するために」用いることを恐れていた。それゆえ『訓令』は、議会によって承認されるであろう顧問官と大臣だけを任用する」よう国王にもとめた。そして、もし国王がそれに応じなければ、議会は自らの権威にもとづき、適当と考えられる手段でアイルランドを防衛し、軍備を議会の信用しえる人びとに委ねることを余儀なくされるであろう、と宣べた。軍隊統帥と官吏任命はともに古来からの国王大権所管事項であったから、『訓令』の論理は基本法と先例を踏み越えた議会主権の主張であった。それゆえ一一月八日の演説でピムは「国民の代表者としての議会」という観念を用いて、要求の正当性を次のように訴えた。「われわれは国家およびわれわれの代表している人びとから受けている信託にこたえるために、アイルランドを叛徒から守る何らかの方法を決定せざるをえないであろう」。つまり、議会は国王のためでなく、国家と国民のために行動し、かつ国王に対してでなく国家と国民に対して責任を負うべきである。この言葉に応ずるかのように、この日の下院で、数日前にクロムウェルによって提出されていた『大抗告』が読み上げられた。[14]

『大抗告』[15]は、悪政の首謀者としてカトリック教徒、主教、堕落した聖職者、腐敗した重臣と廷臣を挙げたのち、チャールズ一世治世一五年間における教会と国家の統治に対する苦情を二〇四項目にわたって列挙し、次いで長期議会によってこれまでに達成された諸改革と今後の改革目標を示した。問題となっていた国王大権の統制に関しては、「国の内外において国王の仕事を処理するにあたって、議会が信頼する理由をもちえるような顧問官、大使、その他の大臣たちを用いるよう」国王に請願する意図を表明した（第一九七項）。教会問題については、主教制度の廃止を提案せず、本質的に穏健な政綱を前面にだした。つまり、主教は上院から排除され、主教の聖職者に対する権力が制限されるべきこと、「不必要で迷信的な諸典礼」や「新奇なもの」や「偶像崇拝の記念物」は撤去されるべきこと、教会の教義と紀律の改革を推進するためプロテスタント聖職者の宗教会議が召集されるべきこと、を提案した（第一八三、一八四、一八五項）。下院はいまだかつてみない激しい興奮のうちに『大抗告』の審議をおこなったが、問題は個々の条項の内容にあったというよりも、国王と上院に反対して「国民に訴える」というやり方、つまり印刷して国民に配布するという行為にあった。[16]『大抗告』が真に意図するところは何であったのか。この問題をめぐる論議は、議員の間に深刻な対立があることを明るみにだした。カルペッパー卿はこう異議を申し立てた。「あらゆる訴えは国王に申し出られるべきであり、民衆に宛てられるべきではない。というのは、国王だけがわれわれの苦情をとり去ることができるから」。「われわれの文書は、国王および上院との交渉なしに民衆に宣言を送る権限をわれわれに認めていない。また、かつてどの議会もそのようなことをしなかった。公共の平和にとって危険である。[17]」かれの見解では、訴えごとは本来国王に向けてなされるものであり、しかも苦情の救済を求めるものであって、民衆の感情を扇動するプロパガンダであってはならない。エドワード・ハイド（クラレンドン伯）も非常に熱をこめて、こう語った。「これは民衆へのアピールという性格によって、民衆にとって従来用いられることのなかった道具になると思われる。非常に危険な成り行きをもたらすことがわかるであろう。…おそらくそれは民衆に既成の政府形体への嫌悪を吹き込むであろう」。それは陛下と上院が「公共の正義の妨害者、改革の敵として民衆に示された」とき、「陛下」と上院に対して「当然払われるべき尊敬を多くの点で減じる」であろう。サー・エドワード・ディアリングも次のように抗議した。「わたくしがはじめて大抗告について聞いたとき…下方に向けて訴えかけ民衆にいろいろ話をし、第三者としての国王について語るとは夢にも思わなかった。そのような大抗告の効用と目的をわたくしは理解しない。少なくともわたくしは理解したくない」。「わたくしは、われわれの苦情の救済を平民ども？　に求めはしないし、またかれらに救われるのを願いはしない」。[18]

カルペッパーやハイドの眼からみれば、『大抗告』の意図は民衆の扇動にあり、先例のない危険な企てである。これに応えてピムはこう反論した。「国王の栄誉ということが反対理由であった。しかし国王の栄誉とは、かれの国民の安全に他ならない。国王は国内で、最高法廷に対するあらゆる陰謀と企みを押し進めてきた。だから、今こそ明確な英語ではっきりと語るべき時である。子孫たちから、このときイングランドは失われ誰一人真実を語らなかった、と言われないために」。[19] ピムの考えでは、『大抗告』はイングランド、スコットランド、アイルランドの軍隊とカトリック教徒の陰謀に対する唯一の対抗力である「民衆の心をわれわれに結びつける」手段であった。[20] その審議はアイルランドで起きた叛乱によって中断するが、それについてつぎつぎ議会にもたらされたニュースや情報は真実の響きをもち、『大抗告』採決へのプレッシャーとなった。

一一月二二日、『大抗告』をめぐって激烈な論争がゆらめくローソクの明かりの下で深夜まで続けられたのち表決に付された。その結果、賛成一五九票反対一四八票という僅か一一票の差で『大抗告』は可決された。こうして下院は勢力伯仲の相対立する二つのグループに分裂したが、すでにみたように猛烈な反対は「民衆へのアピール」という方法に向けられていた。[21] このことは、『大抗告』が通過したあと、ジョージ・ピアドがそれを直ちに印刷して出版しようという動議を出したとき興奮が頂点に達したという事実からもうかがえる。カルペッパーとハイドは、『大抗告』に対する抗議を記録するよう要求したが、議会の同意なしにそうすることはできないとして拒否された。

そのときジェフリ・パーマーが、「その抗議にかれ自身と残りの全員の姓名が書き入れられるよう繰り返し要求した。二、三名の者が『全員！　全員！』と叫び、若干の者は頭上で帽子を振り、他の人びとは鞘のまま剣をベルトからはずして柄頭を握った。剣の下方を地上に引きずりながら…。もし神が妨げなかったら、危害が加えられたかもしれない由々しい危険があった」。サー・フィリップ・ウォリックもこう記録している。「わたくしは、われわれ全員が死の影の谷に座っていると思った。というのは、われわれは、ヨアブとアブネルの若者たちのように互いに垂れ髪をつかみ、ハムデン氏の明敏さと非常な冷静さが短いスピーチで妨げなかったならば、剣を互いの腸に突き刺したであろう」。このように議場は騒然として、剣に手をかける者もいたが、ハムデンの説得によって暴力がかろうじて避けられ、議員が帰路についたのは朝四時であったといわれる。帰途クロムウェルは、フォークランド子爵に次のように語ったと伝えている。「もしも抗告が否決されたなら、翌朝持物を全部売り払って二度とイングランドに帰って来ないつもりだった。同じ気持ちの正直な人びとがほかにもたくさんいることを自分は知っている」。クラレンドンは、クロムウェルの言葉のあとに、「哀れな国はそのときもう少しで救われるところだったのに」と書き添えている。かれの眼からみると、『大抗告』の作成は「一握りの人びと」による扇動の結果にすぎず、その成功は「国民を叛乱に導く」ものであり、「国民の狂気と狂暴の最初の…源」であった。(22)

こうして『大抗告』は、ストラフォード処刑以後拡大しつつあった国王と議会多数派との間の裂け目を深めるとともに、議会内の分裂を和解しがたいものにした。トーマス・メィはこう述べている。「このときに国王と議会の間の決定的な亀裂がはっきり見え、日毎に拡がりはじめた。この裂け目は、悲しいほどに破滅的な戦争へ王国全体が追い込まれるまでけっして塞がれなかった」。(23)

三　国王反対派によるロンドン民衆の動員

『大抗告』が可決された三日後の一一月二五日、スコットランドから帰還した国王がシティに入った。国王は市政府の丁重な出迎えを受け、無料のビールとワインのお祭り騒ぎに誘い出された群衆の拍手喝采を浴びた。国王は感動し、法律顧問官《レコーダー》サー・トーマス・ガードナーの歓迎演説に答えて、こう言った。「朕は、先の騒動と混乱のすべてが民衆の下層によって引き起こされたもので、上層の人びとやシティの主だった人びとは依然として忠誠であり、朕の身柄と政府を愛しているということを知った。」[24] 長期議会開会以来ロンドン市当局は国王に組しており、市参事会員や市会議員のうちで議会の国王反対派を支持する者は極めて少数であった。[25] しかし、ロンドンでも危機的な政治状況は深まるばかりであった。[26]「そのころ二、三の扇動的な中傷文書がばらまかれて、ある程度パニック的な恐怖をつくり出したので、シティ民兵団の二隊が当日シティの若干の場所に配置されるべきこと、十分装備した兵士が各戸の人口に一名配置されて、どのような混乱をも鎮めるようあらゆる機会に備えるべきこと、という命令が出されていた。[27] この日、街頭騒擾は起きなかったようであるけれども、一一月末に、かつてストラフォード処刑に歓声をあげた大群衆が再び現われた。「若干の党派的な民衆が騒々しく両院を取り巻き、主教と国教会祈禱書に反対して叫んだ。カトリック教徒と諸セクトとの両極端の間で混乱が生じるかもしれないとすべての人が非常に恐れるほど騒々しく」。[28]「党派的な市民たちが剣を吊り、数百名が集団をなして再び議会へ来はじめている。かれらの口実は主教制度反対だけである」。[29]「党派的な市民たち」は、ロンドン選出の急進議員ベンに鼓舞されてウェストミンスター近傍に集合した。一一月二八日、日曜日、ウェストミンスター・ホールには騒動がもちあがり、「主教を打倒せよ——キリストの敵を打倒せよ」という叫び声があがった。四名の人間がこの騒ぎを起こし、「もし自分たちの言い分が聞きいれられなければ、翌日は自分たちを支援するもっと多くの人数が来ることになろうと言った」ために上院へ連行された。かれらは議会周辺に群がったことを厳しく叱責されて釈放された。翌二九日、月曜日、剣と棍棒で武装した「数百人の市民」が議会周辺に集まり、議員たちが議会に向かうとき、主教を抑圧するよう呼びかけた。かれらはものすごい吠え声をあげて『主教はいらぬ！　主教はいらぬ！』と叫び、主教を『キリストの敵の手先』と叫ぶのをやめなかった」。また、かれらは新祈禱書に反対して叫んだ。「両院の間は殆ど通り抜けられたかったし、諸裁判所はかれらでひどく雑踏した」。この日の夕刻、サー・ジョン・ストラングウェイズ[30]はパレス・ヤードで「剣と棍棒で武装した」約二〇〇名の群衆に取り囲まれた。群衆は「主教はいらぬ」と叫び、かれに「主教打倒への投票」を求めたが、大部分の者はかれが誰であるか知らなかった。ある目撃者は次のように書いている。「わたくしは老サー・ジョン・ストラングウェイズを請願裁判所の中で見た」。「多数の民衆が一隅にひどく群がっており、騒音でたいそう騒がしかったので、わたくしはかれが本当に危険だと思った」。かれは群衆に、「君らが合法的に成し遂げようとすることは合法的な手段で願わねばならない」と語り、「群衆から抜け出した。脱出するときかれは、群衆がこんな会話を交わしているのを聞いた。『自分たちの話している相手が誰かわかっているのか？』『いや』『なんだって！　かれはわれわれの最大の敵の一人サー・ジョン・ストラングウェイズだぜ』」[31]。

上院は、「大集団が請願裁判所におり、剣と棍棒をもちカトリック教徒の上院議員と主教を打倒せよと叫んでいるという報告を受けた」ので解散命令を出したが、群衆は残った。「二、三の者が上院に呼び込まれて取り調べを受け、退散せよと命じられた」。群衆の中にはかつて『根と枝』請願を推進した宗教的急進主義者が含まれていたけれども、群衆の多数の者は確固たる意志をもって騒ぎを起こしたのではなかった。このことは上院の取り調べを受けたデモ参加者の返答から明らかになった。かれらは、国王が議会警備隊を撤去した[32]のに反対して自ら警備に当たるべく集まったか、あるいは議会に対するカトリック教徒の陰謀を恐れて集まったか、ただ何が起きているか知ろうとして集まった。たとえば、ジェリミー・ベインズやグリフィス・マーシャルは、「警備隊が解体されたと聞いたので、何が起きているのか見ようとして、また議会に頼っているかれらの請願がどうなっているかを知ろうとして、穏やかな態度でここへ来た」。コールマン・ストリートの獣脂ローソク職人B・ウォラーは「カトリック教徒その他の悪い奴らを恐れ」てやって来た。ブレッド・ストリートのジョン・ブルームは「ニュースを聞きにウェストミンスターへ来た」。(33)

上院の解散命令にもかかわらず、群衆は解散しなかった。「かれらの若干は、上院の入口にひどい激しさで突進した」。上院議員たちはドーセット伯に、警備隊を呼んで排除せよと命じた。ドーセット伯は群衆に退去を要求した。「わたくしはドーセット卿が手に帽子を持ってかれらに懇願するのを見たし、聞いた。しかし悪党どもは動こうとしなかった」と、ある目撃者は書いている。警備兵はかれらを押し出そうとしたが成功しなかった。「市民たちは警備兵を怒鳴り散らした」。ドーセット伯は平静を失って警備兵に発砲を命じた。「そこで暴徒の群れは驚いてその場を離れ、大急ぎで逃げた」。マスケット銃は発射されなかった。(34)

上院は、「無規律で騒々しい群衆」を取り締まり、非合法集会を禁止する宣言を出すのに加わるよう下院に働きかけた。(35) 一一月三〇日、下院はウェストミンスターにデモをかけた群衆の騒擾について論議した。若干の国王反対派議員は、発砲を命じたドーセット伯を非難した。(36) 一方、「ハイド氏とその他の人びとは、剣と棍棒で武装した市民たちがやって来てサー・ジョン・ストラングウェィズを取り囲み、主教に反対投票するよう圧力をかけ、そのまま静かに行くのを許さなかった、と力説した…。それゆえ、将来市民たちの合流を禁止するなんらかの方針を勧告することが望まれた。サー・ジョン・ストラングウェィズは、事をさらに押し進めて、議員が自由に投票するよう安全に登院できないのであれば議会の特権は全く侵害されると言った」。バッキンガムシャの非常に富裕な地主議員エドマンド・ウォラーは、「あのように騒々しくやって来て公然と『主教はいらない、主教はいらぬ』と叫んだロンドン子を痛烈に非難して」こう警告した。「ローマの物語はわれわれに次のことを語っている。民衆が元老院の周辺に蝟集しはじめ、何に従うかということよりも、何がなされるべきかを指図し知りたがったとき、その国家は間もなく没落した。かれらの法案提出権が急速に法案審議権となり、以後かれらの軍団がかれらの執政官をつくりうることを見出したとき、かれらは元老院がそのような選出に投票権をもつのをけっして黙認しなかった」。(37)ノーフォークの富裕な地主議員であるサー・ジョン・ホランドのような穏健な人も、次のように警告した。「よく治められたあらゆる国家では、民衆が集合し自分の意志で自分の思うままに武装することを放置することは危険な結果を招くこととみなされている。あのような人数、あのようなやり方でしばしばわれわれの入口にやって来た市民たちの公正かつ明白な意図が、騒擾よりもむしろわれわれの平和と安全にあったことを、他の誰かと同じようにわたくしも確信している。けれども、わたくしは、それによって生じる可能性のある危険を考えるとき、それを許しておくのはこの議会の知恵と一致しないことだと心から覚っている…。諸君、これらの市民の意図は平和であるが、その結果がどうなるかは神のみぞ知り給う。おそらくそれは、この議会のすべての手続きの名声を危険にするようなものであろう。わたくしは生きてそれを見ようと望まない。その理由は過日、尊敬すべきジェントルマンがふれたところであり、それは当時、わたくしの心を突き刺し、今なお、突き刺している。わたくしは、その点が理解されたと信じ、この確信でもって、今後同様なここでの集会を防止するため、上院に合流すべきだと謹んで動議する」。(38)

これらの発言には民衆の政治参加への危惧がはっきりと示されているが、(39)ウェストミンスターへの激しいデモは実際いかにして組織されたであろうか。一一月三〇日の下院においてストラングウェィズとエドワード・ケトンが暴露した話は、細部が潤色されているけれども、政治的危機に際して群衆がウェストミンスターに動員された方法を明らかにしている。つまり、ストラングウェィズは、「若干の議員」の指令によってコールという徒弟が主人に派遣されパレス・ヤードへ武装してやって来たという証言を提出した。またカートンも、議員ベンが民衆をけしかけて議会を取り巻かせたという証言を差し出した。これらの証言から次のようなことがわかった。ベンの妻が夫からのメッセージを受け取り、直ちに召使いをブレッド・ストリートの食品商ラベンダーの店へやり、召使いに「下院で議員たちが喧嘩を始めており、悪い派が善い派のなかの善い者を苦しめそうになっている。だからキャプテン・ベンは善い派を救助するため武器を取ってウェストミンスターに来るように望んでいる」と言わせた。ラベンダーは自分の店にいなかったが、召使いはウッド・ストリートのファーロウの家でかれを探し当てた。かれはそこで「同席の数人と煙草をふかしていた」。召使いはかれに、「議会で大騒動が起き、剣が抜かれた」こと、「善い派が他の者によって圧倒されそうな」こと、キャプテン・ベンが「仲間と武器をもって」急いでウェストミンスターに来るよう願っていること、を告げた。ラベンダーは大急ぎで剣とピストルを取ってベン夫人の店へ行った。かれはそこで、「夫が殺されるかもしれないと恐れ、泣きながら手をもみ絞っている」ベン夫人を見出した。ラベンダーは「かの女に元気をだすように言い、かれとさらに多くの者がウェストミンスターに行きますよと言った」。同様なメッセージが他のほうぼうに届けられた。ディスタッフ・レィン (Distaffe Lane) の小間物商で警官でもあったマンスフィールド氏はかれの徒弟である「元気な若者」コールに剣をもたせ、ウェストミンスターに行くように告げた。二、三名の議員が助けを求めに人をやった。「下院議員の間に分裂が起きそうであった。…しかも善い派が他の者に圧倒されそうだった」ので、助けが必要であったからである。他の徒弟の主人たちも同じようにした。間もなく三〇〇名がウェストミンスターに着き、なお多数の者が来つつあった。議会が散会したときには一、〇〇〇名に達した。しかし、かれは騒ぎを見出さず、「議員たちが十分に同意した」ことを知って平静に家路についた。その夜九時から一〇時の間に、コールはチェルムスフォードから上京していた叔父を捜しに出かけ、かれがチェルムスフォードの牧師ジョン・マイクルソンの宿にいるのを見出した。コールは興奮して一気に喋り、「自分は今ウェストミンスター・パレス・ヤードからやって来た。そこでは一、〇〇〇名以上の連中と一緒であった。かれ自身も他の者も剣で武装していた」と自慢した。[40]

『大抗告』の採択によってたかぶった興奮と緊張の中で、ベンその他の急進派（改革派）議員は、自分らに向けられるかもしれない議会内の暴力を恐れたらしく、混乱が起きた場合に自分らを守るため民兵団の若干の人びとを呼びにやった。ベンは、民兵団キャプテンとしての地位を利用して民衆をウェストミンスターに呼び集め、政治的デモを組織することができたのである。こうしてロンドンの民衆が政治に参加することによって、政治情勢の危機に拍車がかかると同時に、議会内部の分裂は決定づけられた。

一二月一日、請願書を付して『大抗告』がハンプトン・コートの国王に提出された。国王は、返事を送るまで『大抗告』を出版しないようにと指示した。この一二月の第一週、ロンドン市民の間では請願書が準備されていた。リーダーは「シティの商人のうちで王職に対する最も執拗な反対者の一人」ジョン・フォークであった。かれはシティ寡頭支配層のエリートのメンバーではなかったが、「マーク・レィン（Marke Lane）に住む商人」、「非常に大きな財産をもつ」商人で、レバント・カンパニーとイースト・インディア・カンパニーで貿易に従事していた。[41] 一二月九日、シティ当局の名において、ある情報が下院へもたらされた。それは、請願書への署名を集める際に市民がどのようにして組織されたかを明らかにしている。「アベ・マリア・レィン（Ave Maria Lane）の the Maidenhead の反物商ウィリアム・ホブソンが朝九時から夜一〇時まで、警官とともに教区民を自分の家に召集した。そこでかれは教区民にこう言った。この請願書への署名を拒む者は善きクリスチャンでもなければ、正直者でもなく、また愛国者（well-affected to the Commonwealth）でもない、と。さらにかれは、自分の役割をかたづけたあと請願書を次の市会議員に送る、と言った。このボブソンは危険な党派的人物であり、多くの嘘をついて署名させた。次の区では、パタノスター・ロウ（Paternoster Row）の the Hen and Chickens の市参事会員代理テイラーが、大部分の教区民をかれの家に召集し、署名するよう説服した。次に挙げる連中は、かれの教区の主要な扇動者である――アベ・マリア・レィンの端にあるthe Seven Starsの反物商ジョージ・クラークとかれの隣人であるthe Cockのアダム・ホートン」。[42] この情報からわかるように、この請願は中層の商人、商店主たちによって組織された。かれらは同時に警官などのロンドン下級役職にあり、近隣にある種の影響力と権威をもち、隣人たちを自分の家や店に召集するのに慣れていた。[43] 署名は区毎に集められた。市内では区が、郊外では教区が組織上の単位であった。店は政治活動の拠点でもあった。商人、商店主は請願書をあずかり、顧客に署名を頼むことに慣れていた。また店は政治を論ずる場所にもなりえた。このことは、徒弟に武装させウェストミンスターへ行かせたベンの行動からも推測できるであろう。[44] 同様に居酒屋、旅篭屋も好都合な会合場所であった。そこには運送業者が地方からメッセージをもたらし、地方にパンフレットやニューズ・シートを運んだ。また、そこではニューズ・シートが回覧され大声で読みあげられた。居酒屋が政治的なアジテーションの拠点になったことについて、パンフレット"Persecutio Undecima"（一六四八年）はこう記している。一般にピューリタンやセクトは「各区のTarven clubsによって」「かれらのTable Junto's or Subcommitteesへの情報を、またそこからの情報を」伝達した。「Subcommitteesは、ロンドンの若干の私宅、たとえばチープサイド・クロス付近の食料雑貨商ブラウンの家、ウォトリング・ストリート（Watling Street）のある反物商の家で開かれ、シティの日々の出来事の結果を下ごしらえしたし、ピムと腹心たちの委員が議会からやって来た夜に信頼できる市民の家で宴が張られたとき、報告をおこなった」。一二月一一日の市民請願書はWhite Lion Tavernに貼り出されたようである。[45] このように、個々人の「私的な集まり」は、請願書の内容を討議したり署名するために私宅や居酒屋で会合したが、ほかにセクトの集会でも会合した。

ところで、この請願の組織者たちは、下層民衆を巻き込むデモンストレーションを欲しなかった。その理由は、議会およびロンドンの穏健な人びとの中傷非難を避けるためであり、またかれら自身が下層の急進的支持者の活動と意図に不安を感じていたからである。[46] それゆえ、一二月一〇日、かれらは一三日月曜日に請願書を提出すると言いふらしておいて、翌一一日に提出することを密かに決め、各区四名の者だけに知らせた。「こうしてかれらは多数の者がやって来るのを防いだのである」。一一日、「請願書を提出するために選ばれた市参事会員、市参事会員代理、商人、市会議員、その他多数の上層の身なりのよい人びと四〇〇名」が五〇台の馬車に分乗してウェストミンスターに乗りつけた。かれらは、「自分たちが最下層の民衆だけであるという中傷を避けるために、できるかぎりの最善の仕方で身なりを整え、馬車でやって来た。それは気取った態度であった」。[47] 市参事会員ペニントンは下院にこうアナウンスした。「一〇、〇〇〇名の人びとによってこの議会のわれわれのもとに持ち込まれると聞いている恐るべき請願書を提出するため、ロンドンの若干の有能かつ重要な市民たちが同伴者を連れずに来ている」、と。「しかし、かれは、少数の者が一緒に来ており、平静で謙虚な態度であると言った」。議会は他の仕事をすべてさし置き、一〇名ないし一二名の代表者を通した。その請願書は「幅約四分の三ヤード、長さ約二四ヤード」で、一五、〇〇〇名ないし二〇、〇〇〇名の「市参事会員、市参事会員代理、商人、市会議員、特別税徴収人《サブシディ》、身分《ランク・アンド・クォリティ》のあるロンドン市民たち」が署名していた。ジョン・フォークが「丁重かつ慎重な演説をして」請願書を提出した。かれはこう言った。「われわれはこれに数千人以上の協力を得ましたが、市長その他からの多数の異議と反対もありました」、と。[48]

この請願書は、議会による教会と国家の諸改革に感謝しながらも、上院におけるカトリック教徒議員と主教の投票権のために十分な効果があがっていないことを嘆いたあと、「カトリック陰謀」への恐れをこう表明している。「カトリック教徒は、その血塗られた手で不意打ちによる大きな恐怖を諸君に準備している。そのためシティと王国の営業は、過去多年にそうであったよりも最近はもっと衰退し、誰も自分の営業に楽しく従事できない。この間、自分自身と家族の生活、王国の安全は危険にさらされている。またカトリック教徒とその追従者どもがアイルランドでやったと同じような残酷なことがほどなくかれらの手でおこなわれるのを人びとは知らないでいる」。次いで、その対策として、アイルランド叛乱を鎮圧するために相当数の兵員が直ちにアイルランドへ派遣されること、シティと王国は平和を確保するために防御体制をとること、「請願者たちが叛徒への恐怖から免れ、営業に力づけられる」ようにカトリック教徒議員と主教を上院から排斥すること、を要請している。(49) このことから、市民請願が組織された目的は、ピムの指導する議会の国王反対派の政策と『大抗告』を支持すべく、また国王に組するシティ当局に挑戦すべく、ロンドンの革命的勢力を糾合することにあった、と考えられるであろう。「最近シティで国王を饗応したとき、シティが議会を見捨てたことが暴露されたけれども、われわれはそうではない。われわれは常に議員諸君の安全のために財産と生命を賭す用意があるであろう」。(50)

シティ当局は、おそらく秩序のための党派(国王派)の議員と緊密に協力して、市民請願にストップをかけるべく精力的に努力した。市長、三名の市参事会員、法律顧問官、シェリフたちは請願書に署名した数名の市民を取り調べ、署名を集めていた市会議員とその他の人びとの姓名を知った。(51)「市長は、それに署名した人びとは無知か怠け者の民衆のどちらかであり…請願書は騒擾を起こす傾きをもつ、と言った」。法律顧問官は、「かれらは選挙権剝奪に価する。かれらはどんな危険に自分で走り込んだか知らない」と言った。「さらに、請願書が読み上げられて、市会即ちシティの代議体が主教とカトリック教徒議員を上院から排除するよう願っていると宣言された箇所に達したとき、法律顧問官氏はそれは嘘である等々と罵った。さらに、かれは、この請願は騒乱に傾き、人びとを不和にする傾向があると言った。それは平和のためかと問われると、否定してこう言った。それは流血と喉切りをめざしている。もし喉切りに立ち至れば自業自得だ。諸君の血が諸君自身の頭を流れるのだ。この請願書は、他のどんなやり方よりも主教制度を固めるだろう。自分はカトリック教徒を憎んでいるが、この請願書はひどく嫌いだ」。(52) 請願書が提出されるであろうと思われた日の前日である一二月九日に、上院の訓令にもとづいて国璽尚書から令状がロンドンとその近郊サリィ、ミドルセクスのシェリフと治安判事、ウェストミンスターの治安判事に宛てて出され、非合法集会と蜂起の阻止あるいは抑圧が命じられた。ロンドン市長は、この命令が「市会議員、警官または思慮ある人物」の手で「かれらの区内の各世帯に」伝達されるよう訓令し、「世帯主各人は、今後かれらの徒弟あるいは下僕に対して、いかなる口実にもとづこうとも、またシティあるいはその他のどこであれ、騒動または非合法集会のために外出する自由を禁じるよう命令し、違反する場合は最大の身の危険ありと警告した。自ら力の限りを尽くし最善の努力を払って、そのような侵犯を妨害せよ…。さらに主人たち、下僕たち、あるいはかれらのうち誰かが上記の件に逆らうのが発見されるなら、この件について制定された法律によって処分されるはずであるとかれらに知らしめよと命じた」。[53] 市長はさらに全警官に、かれらの監視員を招集し武装待機するよう命令した。ミドルセクスの治安判事ジョージ・ロングは一〇日早朝、六名の他の治安判事、シェリフ補とリンカーン・イン内のかれの事務所で会合を開いた。そこでかれは、主教反対請願書を議会に提出するためにロンドン子たちが大挙してやって来るという情報をもっていることや、ゴッドウィンという人物が「かれに請願書へ署名させよう」とやって来たとき「一〇、〇〇〇名の人々がそれを提出しに議会へやって来るであろうと言った」ことを話し、自分たちは国璽尚書と上院が指示するように、騒動を防ぐべく行動に移らなければならない、と結んだ。そこでかれらは、ウェストミンスターの警官に対して、「民衆の騒動と集会」を阻止し「蜂起と暴動」を抑圧するため三〇〇名の人を集めてウェストミンスター宮殿に行けと命じる令状を送った。議会が参集したとき、両院はウェストミンスター公爵領特権《リバティ》地区の管理人と若干の警官の指揮下に、矛槍を持った二〇〇名によって警備されていた。下院が警備隊の撤去を命じ、ロングはロンドン塔に送られた。この日、請願書は提出されず、デモもなかった。[54]

四　「カトリック陰謀」への警鐘

長期議会の開会からストラフォードの処刑の時点まで議員は共同一致して行動した。しかし、その後反革命勢力の抬頭によって分裂が拡がり、一六四一年一〇月の『訓令』と『大抗告』の際に分裂は決定的となった。勢力伯仲する対立関係の中でピムは、国王の「邪悪な顧問官と大臣」のみならず主教、国教会聖職者、上院議員、国王を支持する下院議員に対してカトリック教徒のラベルを貼り、「カトリック陰謀」を誇張して訴えることによって議会外の世論を操作した。一般的に国民とりわけ民衆はカトリック諸国、カトリック教徒に敵意を抱いており、国王顧問官や主教らを隠れカトリック教徒であると容易に信じていたからである。ジョン・セルデンはこう書いている。「われわれは高級聖職者を忌み嫌わせるように、ローマ・カトリック教をもって告発した。かれらがそのことについて罪のないことを知っていたけれども」。国王の世俗の顧問官その他にカトリック教徒の貼紙をするのも同様のことを意味した。[55] 国務卿エドワード・ニコラスは国王に次のように報告している。「カトリック陰謀の警鐘は、何にもましてここでは民衆を面白がらせ驚かせる。それゆえ、それはあらゆる折りに繰り返し打ち鳴らされるドラムである。ローマ・カトリック教を導入する企みがあるという騒ぎが、まず教会と国家の双方の統治に対する嫌悪の情を民衆に起こさせた」。「ローマ・カトリック教（これは一般にこの王国の陛下の臣民に著しく嫌われている）が陛下の聖職者によってここで、また他ならぬ陛下の宮廷で好遇されすぎていること、そしてそのことの認識（なんと一般的にブラウニストが陛下の統治に反対して述べてきたことか！）が陛下の国民をして陛下への尊敬と愛情に偏見を抱かしめていること、を陛下はこれまでに明らかに覚っておられる、とわたくしは確信いたします」。[56]

「カトリック陰謀」への警鐘は、国王への反対感情、国王による教会と国家の統治への敵意を煽り立てるために

「繰り返し打ち鳴らされるドラム」であった。「カトリック陰謀」のニュースは上流階級を驚かせたが、かれらは真に受けることは少なかったようである。[57] しかるに民衆とりわけ下層の人びとはこれを信じ、パニックを引き起こした。リチャード・バクスターはのちにこう述べている。「アイルランドの虐殺と叛乱ほど民衆を動かしたものはなかった。…このことはイングランド全体をアイルランド人と国内のカトリック教徒双方に対する恐怖で満たした。聖職者とかれらの宗教の主義が原因だと考えられたからだ。陰謀の噂がロンドンに流れると、あらゆる州の貧しい民衆は武器を執りに走るか、身を隠すかしようとした。カトリック教徒が蜂起してかれらの喉を掻き切る用意をしていると考えたからだ。そしてイングランドのカトリック教徒たちが議会に反対して国王と組むのをかれらが見出したとき、それはかれらを国王から離れさす最大の原因となった」。[58] カトリック教徒と「カトリック陰謀」に対する恐怖は、はっきりした教皇支持者の存在から生じたというよりも、未知数の隠れカトリック教徒とその同調者が存在するという観念から生じた。また、宗教と教会を一層プロテスタント的な方向へ改革する要求に抵抗した人びとはすべてカトリック教徒でないかと疑われた。国王、顧問官、廷臣、主教、高級聖職者、貴族、指導的ジェントリ、大商人らの間に改革反対の声が高かったので、宮廷、国王側近、教会首脳者たちの間に、そして上院はもちろん下院にさえ、また諸都市のエリートの間にカトリック教徒が影響力をもち秘密の徒をもっているに違いない、と疑いの眼でみられた。それゆえ、国王派の形成は、チャールズを支持する人びとの姿勢と行動の産物であったと同じくらい、ピムを指導者とする国王反対派の姿勢と行動の産物であったといえる。国王派は秩序のための党派であり、かれらがロンドンの普通の人びとから成る群衆を最も恐るべき敵と考えたのは正しかった。[59]『大抗告』が印刷出版された一六四一年一二月、中層民衆の請願とは別個に、徒弟や「若者」の政治的行動が展開し、革命の奔流が解き放たれるのである。

最後に、ストラフォード伯の処刑から『大抗告』の印刷出版に至るまでの政治過程のうち、とくに一六四一年一一月・一二月の時期（アイルランド叛乱と『大抗告』）に焦点を合わせて、中層・下層民衆の抗議デモ行動のリーダーシップと組織の特徴を小括しておこう。

民衆の政治参加によって議会内部の分裂（国王派の形成）が決定的になったが、アイルランド叛乱の戦慄すべきニュースが伝わった後に、かつてストラフォード伯の処刑に歓声をあげた大群衆が再びロンドンの街頭に現われた。かれらは、ロンドン選出議員に鼓舞されてウェストミンスター近傍に集合した。群衆の中には、かつて『根と枝』請願を熱狂的に支持した諸セクトが含まれていたと思われるが、群衆の大多数は「カトリック陰謀」を恐れてか、あるいは何が起こっているかを知ろうとして集まった。

議会の国王反対派は、「カトリック陰謀」説（軍隊の陰謀、スコットランドの「出来事」、アイルランドの叛乱）を誇張して広めた。というのは、一般民衆はカトリック諸国、カトリック教徒に激しい敵意をもっており、国王側近や主教を秘密カトリック教徒であると容易に信じたからである。それゆえ、「カトリック陰謀」の警鐘は、国王への反対感情、国王による教会と国家の統治への敵意を煽り立てるために「繰り返し打ち鳴らされるドラム」であった。

そうした情況の中で、『大抗告』が印刷されて国じゅうの人びとに訴えられた。それが一般民衆の間に配布されたのは、議事を秘密とする慣例を覆した画期的事件であり、その目的はプロパガンダにあった。『大抗告』をジェントルマンや中層民衆が貪るようにして読み、無学の人たちに読んで聞かせたとき、印刷物は書き手（議員）、読み手（請願・デモ・集会の組織者、推進者）、聞き手（請願への署名者、集会やデモの参加者）を結びつける、つまり「公衆」と「世論」を形成する媒体にほかならなかった。したがって、公衆の世論に訴えるこの新しい戦術は、スローガンや綱領が印刷されさえすれば、内戦を民主主義革命や社会革命に転換させることができる「紙の爆弾」であった。

註

（1）B. Manning, *The English People and the English Revolution 1640-1649*, 1976, pp. 10-1. S. R. Gardiner, *History of England from the Accession of James I to the Outbreak of the Civil War 1603-1642*, 10vols., 1883-4, repr. New York 1965, IX, pp. 343-4.

（2）Manning, *op. cit.*, p. 14. カトリック教徒の脅威を訴えて恐怖を煽り立てることは、反革命の動きを阻止しようとして国王反対派議員がとった常套手段である。ピムは軍隊陰謀ニュースをかれらの政治目的のために宣伝して世論を操作したとクラレンドンが述べているのは、その意味において正しい。Earl of Clarendon, *The History of the Rebellion and Civil Wars in England*, 7vols, 1849, I, pp. 350-1, 406. A. Fletcher, *The Outbreak of the English Civil War*, 1981, p. 26. Gardiner, *History*, IX, pp. 357-8.

（3）Manning, *op. cit.*, pp. 14-5. Gardiner, *History*, IX, pp. 359, 362-3. Fletcher, *op. cit.*, p. 27. フレッチャーはこの出来事の日付を五月一九日としている。

（4）Manning, *op. cit.*, p. 17.

（5）長期議会は一六四一年二月から八月にかけて、絶対王政に対する改革諸法案を成立させた。すなわち、『三年議会法』（二月）、『議会解散反対法』（五月）、『トン税・ポンド税法』（六月）、『星室庁裁判所を廃止する法律』（七月）、『高等宗教裁判所を廃止する法律』（七月）、『船舶税を不法とする宣言』（八月）、『騎士強制金を禁止する法律』（八月）。これらの諸法は絶対王政を打倒することを目的としたというよりも、そのゆきすぎを是正し、それに改良を加えるものであった。栗原真人「イギリス市民革命期のロンドン市政改革史（一六四〇―一六五三）（一）」（『阪大法学』101号、一九七七年）一四二、一四六―七頁。

（6）Gardiner, *History*, X, pp. 2-4. 隅田哲司「権衡憲法と議会主権―長期議会に関する一考察」（『西洋史学』三九号、一九五八年）二五―六頁。浜林正夫『イギリス市民革命史』（未来社、一九五九年）一〇四頁。

（7）Clarendon, *op. cit.*, I, pp. 419-20.

（8）「過去一〇日間、ここ国内で再び陰謀をはかる大きく危険な計画があるとピムは数度にわたって披露してきた。

かれは、国内でスコットランドの陰謀者どもとの交信がおこなわれていると今でも信じている。かれは、イングランドにおける計画が今夜か明朝に議会の開会に当たり遂行されることを恐れた」。かれはこう言った。「国教忌避者の大物たちがハンプシャの二、三の場所に秘密部隊を用意し秘密会合を開いた。このことは何かよからぬ計画が依然としてもくろまれていることを知る機会をわれわれに与えるものではあるまいか」。Manning, *op. cit.*, p. 23.

（9）*Ibid.*, pp. 22-3. Fletcher, *op. cit.*, pp. 130, 132. ラナーク伯はハミルトンの弟である。ピムは、アーマンド卿が謀叛の廉で三名の貴族を捕え、たぶん即座に殺そうとしたこと、クローフォード伯とロクスバラ伯がエディンバラ占領のために、またレズリ将軍、ラウダン卿、その他の「教会と国家の善の味方をしているような貴族、ジェントリ、平民のどれかの立派な部下たちのすべて」を捕えるか殺すために軍隊を用意したことを下院に報告した。Manning, *op. cit.*, pp. 22-3.

（10）アイヴズ編、越智武臣監訳『英国革命一六〇〇―一六六〇』（ミネルヴァ書房、一九七四年）三三頁。Manning, *op. cit.*, p. 23.

（11）下院議員サー・ロバート・ハーリィはヘレフォードシャのブランプトン・ブライアン（Brampton Bryan）にいる妻に、カトリック教徒蜂起の危険を警告し、その館を防備体制下におくようにと書いた。またかれは、ルドローのジョン・アスタンに、「貴方の町をよく見なさい。カトリック教徒は他の所と同様にこの王国の全体に対して血生臭い計画をしていることがわかっていますから」と書いた。Manning, *op. cit.*, pp. 27-8. R. W. Harris, *Clarendon and the English Revolution*, 1983, p. 73.

（12）ロンドンのフランス商人たちは「街路を治安判事のもとへ引きずっていかれた。他の者たちは、カトリック教徒であるという理由だけで、武器火薬の探索を口実に深夜家を叩き開けられ、その他さまざまな無礼な仕打ちを甘受した」。フランス政府の苦情に対してパリのイギリス代表部は、「これらの行為はどんな当局からも命令も承認もされていない、卑しい民衆の所為であり、この時期の異様な状況の下では、そのような混乱を防ぐことは殆どできない」と答えた。Manning, *op. cit.*, pp. 25-7. *C. S. P. D. 1641-43*, pp. 264-5. Harris, *op. cit.*, p. 73. 浜林、前掲書、一〇五頁。

(13) 'Extract from the Instructions to the Committee in Scotland, proposed by the House of Commons', in S. R. Gardiner ed., *The Constitutional Documents of the Puritan Revolution 1625-1660*, 1889, repr. Oxford, 1962, pp. 199-201.

(14) 『大抗告』が下院に導入されたことの背景には、以下にみるようなロンドンの圧力があった。議会はアイルランド叛乱鎮定の遠征の資金繰りに富裕な市民の助力を必要としていた。下院はシティに五〇、〇〇〇ポンドの借款を要請した。市長と市参事会員は市会を召集し、市会はその借款を承認したが、次のような見解が市会で表明され、下院に報告された。つまり、アイルランド民衆の暴虐で流血の仕打ちと国内の陰謀に鑑みて、「カトリック教の大貴族と身分高いカトリック教徒全員の身柄は、かれらから危険の生じる可能性がないように拘束されるべきこと」。「この教会と国家の善のため上院へ送致された若干の法律と善き提案があったこと。かれらが通過させたのではない大障害が主教から生じたこと。主教が議会で投票権をもつかぎり、そのことはすべての善き法律と提案の推進の妨害であるであろうと気づかれた。それゆえ、かれらの投票権を剥奪するためなおいっそうの努力が望まれた」。これらのことは、借款設定の条件ではなかったが、もし市民がこれらの事項で満足できなければ、借款は容易でなかったであろう。アイルランド叛乱の鎮定にはシティの協力が必要であり、議会による諸改革の実施にはロンドン市民の支持が必要であった。そこで、諸改革に肩入れする議員たちは、下院の大部分と上院の多数の反対を克服するために、ロンドン民衆の支持を求めざるをえなかった。それゆえ、議員たちはいっそう急進的な要求（とくに宗教上のそれ）に向かって前進せねばならなかった。こうした事情の下で『大抗告』が下院に導入されたのである。Manning, *op. cit.*, pp. 48-9. Gardiner, *History*, X, pp. 56-7. 隅田、前掲論文、二六頁。浜林、前掲書、一〇六頁。アイヴズ、前掲訳書、三三一—四頁。

(15) 'The Grand Remonstrance', in Gardiner ed., *Constitutional Documents*, pp. 202-3.

(16) 浜林、前掲書、一〇七—八頁。Manning, *op. cit.*, p. 49.

(17) *Verney Papers. Notes of Proceedings in the Long Parliament by Sir Ralph Verney*, Camden Society, 1st Series, Vol.

31, 1845, repr. New York, 1968, p. 122.

（18）Manning. *op. cit.*, pp. 49-50. Harris, *op. cit.*, p. 76.

（19）Harris, *op. cit.*, p. 76.

（20）Manning, *op. cit.*, p. 50. 以下の事例が示すように、情報の公開が果たした役割は小さくなかった。一一月一二日、ロンドン市参事会員サー・ウィリアム・アクトンが、ヘレフォードシャのロス（Ross）の旅篭の下僕ジョン・デイビスを下院に連れて来た。下院でデイビスは、アクトンの馭者に喋った話を語った。「平凡な田舎者で、考えをうまく言えない」デイビスであったが、かれの話では次のような事件があった。デイビスが働いていた旅篭に数名のジェントルマンが来た。かれらはカトリック教徒のウスター伯の邸宅ラグラン・キャッスル（Raglan Castle）へ行きたいと言い、デイビスがそのガイドをした。城館で馬丁がデイビスの馬を厩舎へ連れて行ったが、そこには六〇頭ばかりの馬がいた。次いで馬丁はかれに筒形天井の地下室を見せて、こう言った。およそ四〇頭の馬がおり、地下の他の場所には約一〇〇～一二〇頭分の馬具が「大量の火縄と火薬」、「約二、〇〇〇名分」の「戦争用のその他の軍需品とともに」置かれている、と。馬丁はさらにこう言った。「主人ウスター伯は、自分に誠意を尽くそうとするなら誰でも歓迎され、一日三ペンスという良い支払いを受けるだろう、と密かに知らせた。主人はすでに七〇〇名の人びとに支払っている」、と。このデイビスの話は直ちに小冊子"**A Great Discovery of a Damnable Plot at Raglan Castle**"として出版されたが、その結びの文句はこうであった。「われわれは、アイルランドやウェールズで人びとが体験したと同様に、イングランドでカトリック教徒を恐れる正当な理由をもたないかどうか。ひとたびかれらが勢力を得て、しかも阻止されなければ、どんな悪い結果が続いて起こるであろうか」。また、一一月一五日、トーマス・ビールと名のる若者が下院入口に来て、「自分は暴露すべき重大なことを知っていると口頭で伝えた」。かれは仕立屋でおそらく失業中であったが、市北部の野原ムア・フィールドの溝で一夜を過ごそうとした際に、二人のジェントルマンが陰謀話をしているのを耳にした。かれが下院で語ったジェントルマンの会話は次のような内容であった。「一〇八名の議員をや殺るよう命令された一〇八名がいるぜ。各人が目標人物をもっているのさ。若干は上院議員、他は下院議員で、全員がピューリタンだよ」。「上院議員を殺るのは勇敢な伊達男たちで、緋色のコートを着ており、各人毎に一人頭一〇ポンドもらっている」。下院議員を殺る者はそれぞれ四〇シリング受け取っている。「ディック・ジョウンズは、あの悪党ピューリタンのピムを殺れと命じられた。四人の小売商人、市民が議会のピューリタン市民を殺るはずだ」。暗殺は一一月一八日夜、議員たちが議会の「階段を降りるか、自分の馬車に乗るか、その宿舎に入るときに、あるいは機会をとらえて何か他のやり方で」おこなわれるはずであり、ロンドンが混乱している間にカトリック教徒はバッキンガムシャ、ウォリックシャ、ウスターシャ、ランカシャとその他二カ所で蜂起することになっている。その目的はアイルランドのカトリック教徒を抑えるためにイングランドから軍隊が派遣されるのを阻止することであった。以上のような情報が持ち込まれたとき、下院は「若干のカトリック教徒貴族と王国内で著名なその他のカトリック教徒の身柄を拘束することについて討論しはじめていた」。そこでビールの情報に支えられて議員たちは、バッキンガムシャ、ウォリックシャ、ウスターシャ、ランカシャおよびカトリック教徒が多数いる若干の他の州における主だったカトリック教徒を名ざした。かれらは「数名の人数で会って協議した」といわれた。カトリック貴族の大部分が名ざされ、当然拘束すべきだと考えられた六五名のカトリック教徒の名簿が書き上げられた。一一月一七日、ピムは下院でこう語った。「およそ六名のカトリック教徒がピストルと剣で武装して今夜ランカシャから出て来ており、ロンドンのある家に一緒にいる」、と。ビールの情報によると、翌日が暗殺と蜂起の日であった。その夜、議会の命令によって、ロンドンでは見張り員と警備員が倍加され、あらゆる場所で「カトリック教徒」と「容疑者」の大捜索がおこなわれた。ニーヒマイア・ウオリントンはこう書いている。「われわれは、ここ市内でわれわれの間にいるカトリック教徒や迷信深い卑劣漢の陰謀や叛逆をひどく恐れた。そこで当地のわれわれの間では、見張り員と警備員が倍加された。王国中で多くの陰謀、企みが発見されたからである」。Manning, *op. cit.*, pp. 24-26. W. Bray ed., *Diary and Correspondence of John Everyn*, 4vols., 1854, Vol. 4, p. 126.

(21) 議会の分裂はすでに『訓令』を決議した際にみられた。下院はこれを一五一票対一一〇票で可決した。J. R. Tanner,

English Constitutional Conflicts of the Seventeenth Century 1603-1689*, 1928, repr. Cambridge, 1971, p. 109. Harris, *op. cit.*, pp. 74-5.『大抗告』をめぐる対立について、ワイズマンは「これほど白熱した激論はこれまでの両院でみられなかった」と書いている。'Thomas Wiseman to Sir John Penington', Dec. 2, 1641, London, *C. S. P. D. 1641-43*, p.188.

(22) Manning, *op. cit.*, p. 50. Gardiner, *History*, X, pp. 77-8. Fletcher, *op. cit.*, pp. 155-6. Clarendon, *op. cit.*, I, pp. 442, 453. 浜林、前掲書、一〇九―一〇頁。

(23) Tanner, *op. cit.*, p. 111.

(24) 'The King's Speech to the Recorder of the City of London' in Gardiner ed., *Constitutional Documents*, p. 201. Manning, *op. cit.*, p. 52. Gardiner, *History*, X, pp. 83-5.

(25) 上田惟一『ピューリタン革命史研究』(関西大学出版部、一九九九年) 第二章参照。

(26) 栗原、前掲論文参照。

(27) 'Ovatio Carolina, The Triumph of King Charles; or, The Triumphant Manner and Order of receiving his Majesty into his City of London', London, 1641, in *The Harleian Miscellany* (12vols., 1808-11), Vol. 5, p. 90. Manning, *op. cit.*, p. 52.

(28) 'Sidney Beere to Sir John Penington', London, Dec. 1, 1641, *C. S. P. D. 1641-43*, p. 186.

(29) 'Captain Robert Slingesby to Sir John Penington', Russell Street, Covent Garden, London, Dec. 2, 1641, *C. S. P. D. 1641-43*, p. 188. Manning, *op. cit.*, p. 52.

(30) かれはドーセットとサマセットの大地主でブリストル伯とデグビィ卿の旧い友人である。Mannig, *op. cit.*, p. 58.

(31) *Ibid.*, pp. 52-3. R. R. Sharpe, *London and the Kingdom*, 3vols., 1894, II, p. 150. Gardiner, *History*, X, pp. 84, 86. Fletcher, *op. cit.*, p. 174.

(32) スコットランドから帰還した国王は、「カトリック陰謀」から議会を守るためにエセックス伯の指揮下に配置された警備隊を撤去したが、議会の抗議をうけ、ドーセット伯指揮の警備隊を置いた。Gardiner, *op. cit.*, p. 86.

(33) Manning, *op. cit.*, pp. 53-4. Fletcher, *op. cit.*, p. 174.

(34) Manning, *op. cit.*, pp. 53-4. Clarendon, *op. cit.*, I, p. 474. Fletcher, *op. cit.*, p. 174. Gardiner, *History*, X, pp. 86-7.

(35) 一一月二八日に騒動が起きたとき、上院は「請願裁判所とホールに集まった騒然たる連中について」下院と協議した。「上院は、多人数に膨れ、多数の者が剣で武装しているこの市民の合流が危険な結果をもたらすことを覚っていた」。「それゆえ、かれらは」下院が「このように人びとが集まって来るのを、とりわけ次の二つの理由によって禁止または抑制する宣言に下院が合流するよう希望した。理由は以下のとおりである。一、それはわれわれの制定した、また制定すべき善き法律を傷つけるであろうという理由。つまり、それらの法律の合法性が、今後恰もわれわれが制定を強制されたかのように問題とされるであろうという理由。二、そうした無規律な騒々しい群衆を、防ぐべき時宜に適った配慮もせずに放置したことは、議会にとって大醜聞となるであろうという理由」。Manning, *op. cit.*, p. 54.

(36) 群衆よりも国王を恐れる急進派（改革派）議員たちは、群衆を弁護した。サー・サイマンズ・デューズは、死物狂いで思いをめぐらし、こう明言した。「ロンドン子たちの行動が騒然としてここに来たと当然のように言われるのが、わたくしにはわからない。…かれらは自分たちのこれまでの請願書がどうなっているのか知ろうとして、穏やかな態度でここへやって来た。そうすることは、かれらにとって合法的であるばかりでなく、われわれに頼って同様の請願をしたすべての他の人びとにとっても合法的である。一、〇〇〇名の人びとがその目的で数州から来たとしても、そのためにかれらが犯すことになる罪というものをわたくしは知らない…。かれらの若干が武装して来たとしても、夕刻にやって来たという理由で、そのことは許されるであろう。しかし、かれらが主教はいらぬと叫んだことが、大きな犯罪の根拠として持ち出されている。かれらの願いは主教たちが上院に議席と投票権をもつことに係わるものであろう、とわたくしは言わざるをえない。主教たちの議席と投票権に反対する法案が下院を通過し、上院へ送られている」。一一月三〇日、ドーセット伯とかれの警備隊は撤収し、ウェストミンスターの治安判事であった二名の議員は、議会に強力な見張りを立てるように命令された。Manning, *op. cit.*, p. 60.

(37) ウォラーは民衆と組む急進派議員に反対してこう主張した。「若干の者は主教反対の常套手段に動かされているように思われる。わたくしは、むしろ主教を守る方へ傾いていたと告白する。というのは、わたくしは、主教制度を、域の傾斜した外壁か外堡とみなしているからである。それが民衆のこの攻撃で奪われ、民衆がこのように集合して要求をおこなう場合、かれらになんでも嫌とは言えないにちがいないというこのミステリーがひとたび明らかにされると、われわれは次には、最近われわれが国王大権から財産をとり返すときにやらねばならなかったような辛い仕事を、自分たちの財産を守るためにやることになるであろう」。バッキンガムシャの非常に富裕な地主であったウォラーは、民衆の利害が大地主に支配されている議会の利害と基本的に相容れないことをはっきり認識していた。かれはこう述べている。「もし人数の増加と請願によって、教会の事柄でかれらが平等をかちとるなら、次のよう要求は*Lex Agraria*、つまり地上の事柄における同様の平等であろう」、と。請願者たちは、教会の現在の統治は聖書に背いていると主張したが、ウォラーは、「土地と財産の平等な配分が願われる場合はいつも、現在教会内の主教制度または高位聖職位が批判されるけれども、これらの正当性を示すと思われる多くの箇所が聖書の中に見出されるであろう、と確信していた」。主教が権力乱用の罪に問われていることについて、かれはこう論じた。「…貧しい人びとが主教に苦しめられていることについていえば、諸君は、領主からひどい仕打ちを受けた貧しい人たち一〇、〇〇〇の実例を示されるであろう」、と。かれの主張の意味するところは以下のことであろう。もし権力の乱用が権力自体の廃止の十分な根拠とみなされるならば、そのとき領主は主教と同じ運命を歩むことになろう。もし聖書が現世のいろいろな取り決めの試金石であるならば、そのときは共産主義が個人財産に取って代わるであろう。もし民衆のアジテーターたちの命令で主教がその権力と所有を失うなら、領主も同じ運命となるであろう。Manning, *op. cit.*, pp. 57-8.

(38) *Ibid.*, pp. 55, 57.

(39) 主教制度を保持することを欲していた穏健な牧師トーマス・ウォームストリは民衆にこう警告した。「神の名において、そしてイエス・キリストの恩寵のために、諸君に次のことを懇願する。諸君は、無分別な圧迫によって、あるいは手をそめている仕事の心を乱す誘惑によって、この幸運な結合の妨害を試みないこと。そうではなく、何か無礼なまたは狂った集合か、乱暴なまたは厚かましい騒動によって、あの偉大な議会を妨害することなく、かれらの意図する平和的諸目的に最も一致するように、この幸運な結合がスムーズに静かに平和裡に滑るごとく動くのが認められてよいこと…」。この警告の背後には、政治決定に影響力をもとうと試みる平民に対する嫌悪があった。そうした試みは、「支配するのはジェントルマンで、支配されるのは平民」という既成の社会秩序への攻撃であったからである。Manning, *op. cit.*, p. 56.

(40) *Ibid.*, pp. 50-1. Gardiner, *History*, X, pp. 86-7. V. Pearl, *London and the Outbreak of the Puritan Revolution*, 1961, p. 221. Verney, *Notes*, p. 129.「シティ進出議員の一人キャプテン・フェン Fenne［＝ジョン・ベン］がこれらの騒動を引き起こした罪で責められている。かれはチープサイドのブラッドボーン氏の店で『君は剣を取って議会へ行かねばならない。国家にとって最善の党が投票で打ち負かされそうだから』と言ったからである」。'Captain Robert Slingesby to Sir Penington', *C. S. P. D. 1641-43*, p. 188.

(41) フォークは一六二七年にトン税・ポンド税支払い拒否の廉で投獄され、また乾ぶどうへの課税支払いを拒否したために再度投獄された。かれは一六四一年一二月二一日の選挙で市会議員に選出される。Manning, *op. cit.*, p. 62. Pearl, *op. cit.*, p. 223.

(42) *C. S. P. D. 1641-43*, p. 193.

(43) ピューリタン議員たちは、仲間を区、教区当局の下級職に当選させることを望んでいたようである。「…シティの役職ではなく、世話がやけ煩わしくはあったけれども、それでもそうした場の党派が、いかに野心に燃えていたことか。警官職に対してさえも」。Pearl, *op. cit.*, p. 233. Manning, *op. cit.*, pp. 51-2. 下級職の種類については、坂巻清「一六・一七世紀前半、ロンドン市制と支配者」（東北大学経済学会研究年報『経済学』四三巻二号、一九八一年）参照。イギリス都市・農村共同体研究会編『巨大都市ロンドンの勃興』（刀水書房、一九九九年）第一章参照。

(44) 請願書への署名を集める運動員たちも商店や家々を回った。煙草商ジョン・グリーンスミスは薬商エドワード・カールの店に行き、請願書への署名を頼んだ。しかし、カールは主教に反対して署名するつもりはないと答えた。グリーンスミスは、「君は喉をかき切られるだろう」と逆捩を食わせた。Manning, *op. cit.*, pp. 62-3. *C. S. P. D. 1641-43*, pp. 193, 197.

(45) Pearl, *op. cit.*, pp. 232-4. D. Zaret, 'Petition and the "Invention" of Public Opinion in the English Revolution', *American Journal of Sociology*, Vol. 101, No. 6, 1996, p. 1525.

(46) 一一月二九日の民衆騒擾について、スリングズビィはデモ参加者を「民衆の粗暴な連中」と述べている。シドニィ・ベアは、かれらを「宗徒とその他の悪い奴ら」と呼び、敵意をいだいた観察者たちは、この群衆は「ブラウニストまたは分離派」から成っていたと憶測した。デモ参加者たちの叫んだスローガンは、宗教的急進主義者たちがその中にいたことを証明している。かれらは、下院と『大抗告』のプログラムを支持してデモしたのではなかった。かれらは、上院から主教を排除する要求をこえて、主教制度と新祈禱書の廃止を求めていたからである。Manning, *op. cit.*, pp. 53-4. *C. S. P. D. 1641-43*, p. 202, 192.

(47) 'Captain Robert Slingesby to Sir John Penington', London, Dec. 16, 1641, *C. S. P. D. 1641-43*, p. 202.

(48) Manning, *op. cit.*, pp. 65-6. Pearl, *op. cit.*, p. 222. Sharpe, *op. cit.*, II, p. 151.

(49) 'Petition of the Common Council, subsidy men, and other inhabitants of the City of London to the House of Commons', Dec. 11, 1641, *C. S. P. D. 1641-43*, pp. 195-6. Manning, *op. cit.*, p. 61. Fletcher, *op. cit.*, p. 174. この請願書は、カトリック教徒への恐れを表明し、またこれを利用した。先述のグリーンスミスの言葉は、カトリック教徒が喉切りをやるであろうことを暗示していた。それゆえ、署名への圧力は大きかったにちがいない。署名を拒否すれば、だれそれは隠れカトリック教徒あるいはカトリック教のシンパであると刻印することができたから。それゆえ、この請願は反主教請願であると同様に反カトリック請願であり、カトリック教徒への恐怖がアジテーションの組織原理であった。

(50) Pearl, *op. cit.*, p. 223. *C. S. P. D. 1641-43*, p. 196.

(51)「取調官たちが請願者に対して敵意を示したのは明らかである」。「市参事会員代理テイラー氏」はシェリフのサー・ジョージ・クラークから「請願書のこの上の手続きを拒否しようとするかどうか、答えるよう」求められた。テイラーは、「それについて考えるため、しばらく猶予をもらいたい」と答えたので、威され怒鳴りつけられた。その意図は、明らかに署名の収集を停止させることにあった。シティ当局が恐れたのは、そのような請願書の提出がウェストミンスターでの大規模な反上院デモの機会になるということであった。それゆえ、シティ当局は、下院内の党派とロンドン群衆との提携を壊し、首都で成長しつつあった民衆アジテーションを潰そうとやっきになったのである。Manning, *op. cit.*, pp. 63-4.

(52) 法律顧問官ガードナーの激しい反動は、かれが別の機会に表明した脅威、つまり平民の間に社会的上層者たちの支配を振り捨てる幅広い運動があるという恐怖の念、から発したものであろう。Manning, *op. cit.*, p. 63.

(53) *Ibid.*, pp. 63-5. 取引きと工業が家族単位で組織され、また徒弟や労働者がかれらの雇主の世帯内でその家族の一員として住み込んで働く社会においては、下層の諸階層に対する規制は、結局その下僕に対する主人の家父長的権威にもとづいていた。

(54) *Ibid.*, p. 65.

(55) *Ibid.*, p. 28.

(56) Bray, *op. cit.*, Vol. 4, pp. 98-9, 71. Manning, *op. cit.*, pp. 27, 29. Fletcher, *op. cit.*, p. 132. ヨークシャのウェスト・ライディングのピューリタンの織元たちは、「死物狂いの、残忍な」カトリック教徒たちを恐れており、そのような者たちが国王側近の「信任された役職につけられた」と聞いたとき、激しい国王反対者になった。Manning, *op. cit.*, p. 29.

(57) 上流階級の人びとは、一般に大衆よりも、カトリック教徒の陰謀について疑い深かった。cf. Manning, *op. cit.*, p. 28. Bray, *op. cit.*, Vol 4, p. 126.

(58) R. Baxter, *The Autobiography of Richard Baxter* (Everyman's Library, 1971), pp. 31-2.

(59) ピューリタンと急進的セクトの興起には、こうした民衆のローマ・カトリック教への憎悪、カトリック教徒への恐れの増大、という背景があった。Manning, *op. cit.*, p. 30. R・C・リチャードソン著、今井宏訳『イギリス革命論争史』(刀水書房、一九七九年)二〇九、二二七―八頁。

第三章　内戦への序曲

はじめに

前章でみたように、チャールズ政府に対する包括的な告訴状である『大抗告』の採択と印刷配布は、民衆の政治参加を決定的にし、またそれを正当づけた画期的な事件であった。『大抗告』を印刷して民衆の間に配布したのは、プロパガンダという目的のためであり、それは議会外の「世論」に訴える新しい技術（戦術）であった。そうした呼びかけに応じて、ロンドンの街頭には多数の群衆が現われ、「大衆請願」、デモンストレーションと暴力でもって議会を取り巻き、絶対王政打倒の圧力をかけた。

請願書は、可能なだけ多くの人びとの署名を集めた後、とっておきの晴れ着をまとったロンドン市民の代表によって議会に提出され、その際ロンドン選出議員が橋渡しをした。そして、ロンドン市民の請願書が議会に持ち込まれると、これに呼応してロンドンの「若者たち」、徒弟、下層の人びとによって、そしてロンドン周辺諸州の人びとによって、請願行動が起こされた。また、請願書はたいてい即刻印刷されて民衆の間に回覧された。署名は民衆が政治意思を表明する重要な手段であり、そうした意味で、世論を形成する唯一の方法であった。請願書の回覧と提出は、民衆の不満をまとめて大規模な示威運動を組織する最も有効な手段の一つであった。本章では、ロンドン民衆とりわけ「若者たち」、徒弟、下層の人びとの政治参加とともに内戦が大股で接近する政治過程を跡づけるとともに、民衆を政治行動に駆り立てた「カトリック陰謀」の恐怖心が何をもたらしたかを探る。

一 徒弟・「若者たち」の反主教デモと騒擾

一六四一年一二月一一日にロンドンの富裕市民（民衆中層）から請願書が議会に提出されたが、それと並んでロンドンの徒弟たちによる請願行動があり、かれらの請願書が一二月二三日に下院へ提出された。それには三〇、〇〇〇人の徒弟と「若者たち」[1]が署名したといわれる。それは、主教とカトリック教徒の上院からの排除という要求をこえて、主教制度と祈禱書の全面的廃止を求めて、下院に圧力をかけるべく企てられたものであった。請願者たちは、カトリック教徒の上院議員やその他の著名なカトリック教徒が拘禁され、反聖職・反ジェズイット法が施行され、主教制度が「根と枝」を根絶されるよう要求した。[2]

かれらはこう苦情を述べた。下院のさまざまな努力にもかかわらず、カトリック教はなお威圧されず、主教も排除されず、その結果カトリック教徒はアイルランドの叛乱以来、この国王領域の「平和と安全に反する陰謀をしゃにむに企てる大勇をもつに至った」、と。かれらは主教とカトリック教徒を同一視し、こう宣言した。「われわれは生命、力量および財産を賭けて議会ならびに陛下の全臣民の権利と特権を守るために、また聖なる陛下および陛下の子孫を守るべく…厳粛に事に当たっております。大主教、主教、かれらの追従者と思われるカトリック教徒とカトリック教刷新者どもに反対して」、と。[3]

ロンドン選出議員ペニントンが、「ロンドンの、このシティの若干の若者たち」が請願書を持って来ている、と下院に伝えた。「若者たち」は、「およそ三〇、〇〇〇人が署名し、大きな一巻きの紙になっていた」請願書を持って入ることを許された。かれらはこう苦情を述べた。「この…請願書への署名を集めるに当たって、ロンドン市長

と法律顧問官《レコーダー》から数回にわたって妨害を受け、そのために仲間の数人が投獄された」、と。(4)

「若者たち」の請願行動は分離派の人びとに指導されていたといわれる。民衆に批判的なトーマス・ワイズマンはこう不平をもらしている。「わがシティのこれら邪悪で、宗派心の強い輩、分離を主張する連中は、われわれすべてを困惑させる。…かれらは政府に服従しないであろうから、宗教のことが落ち着くまで事態が好転する一片の希望もない。かれらが大きな望みをかけているのは、主教の廃絶と祈禱書の廃止であろう」。(5) クラレンドン伯も次のように描写している。「…シティと近郊の、党派心をいだき分離に傾く民衆は、集まって大乱行を演じ、しばしば夜も昼もなく鐘の音やその他の合図で、野原や便宜な場所で談合し、かれらの成り行きを決める人たちからの命令を受けるために会合する」。(6)

サザァクで反主教請願書の起草と推進のために二、三の大集会があった。一つは「サザァクのセント・ジョージ教会付近に集まったブラウニストの大集会であった。かれらの説教師の一人は猛烈な勢いで説教壇にのぼった靴職人で、約一時間説教した。その近傍の警官全員がこの騒然たる不法行為を抑圧するために助けを集めるまで、人びとはこの靴職人を支えた。その後かれは文盲の聴衆を従えて、そこからロンドン・ブリッジ近くのセント・オリーブ教会へ行き、そこでもう一度説教をしようと考えたが、阻止されて教会に入ることができなかった。そのため、この説教する靴職人は教会ポーチに立って全員に説教した」。請願者たちによれば、「主教どもの友人」であった警官が「かれらの邪魔をしに入って来て、人びとが」請願書に「署名するのを妨害した」。他方、この請願に反対であった人の言によれば、「その警官は、まじめな人で暴動的行為の敵として知られており、かれらが何をするのか見ようとしてかれらの間に入ったのである。だが、かれが探査を始めると直ぐに軽蔑的な言葉でとがめられ、殴られ、かろうじて脱出して助かったほど野蛮なやり方に引きずり込まれた…」。(7) サー・トーマス・グライムズ、サー・ジョン・レンソールと、サリィのその他の治安判事たちは、サザァクの集会と騒ぎについて警官から情報を得て、シェリフに「この蜂起と暴徒の尋問のために陪審員を選任するよう」令状を送った。しかし、請願者たちが下院に苦情を申し入れたために、下院は、シェリフと治安判事たちに、「そのうえのあらゆる手続き」を停止するよう命じた。結局、下院は、請願書が整然とした仕方で提出されたことに賛意を表明し、「王国の重大事が許すかぎりにおいて早急に」それを考慮し、市長の行為を調査することに同意した。こうして騒ぎはひとまずおさまったが、次にみるような新たな騒動がもち上がった。(8)

一二月二一日におこなわれたロンドン市会議員選挙で国王反対派が勝利すると、武力闘争の危険性が身近に感じられた。国王は、ロンドン塔を制することが重要だと感じて、ウィリアム・バルファに代えてサー・トーマス・ランスフォード大佐をロンドン塔副官に任命した。ランスフォードは当時ロンドンをうろつき回っていた元士官の一人であったので、市民たちの間に警戒の念を引き起こした。(9) 市民たちは、国王が反対派に対して暴力行使を計画しているのではないかという疑惑を強めた。その任命が発表された一二月二三日、シティ民兵団の二人のキャプテン、すなわちランダル・マナリングとマキシミリアン・ボンドに率いられて、若干の市会議員と他の市民たちがランスフォード反対の請願書を下院に持ち込んだ。下院は、ランスフォードは「信頼できない人物であるから、ロンドン塔副官であるのも、あり続けるのもふさわしくない」と決議した。しかし、上院は、ランスフォードを解任して、代わりにサー・ジョン・コニャズを任命するよう求める下院の請願に合流しようとしなかった。(10)

下院の多数派は上院に訴えるばかりでなく、ロンドン民衆にも訴えた。翌日の日曜日、多数のピューリタン説教壇が警鐘を響かせた。ニュースがたちまちロンドンじゅうに広まり、クリスマス休暇に入っていた徒弟たちの間に騒ぎ声が起こった。(11) 市長は、徒弟たちや「その他の下層の民衆」が暴動に立ち上がり、ランスフォードが直ちに解任されなければ、ロンドン塔を襲撃すると脅していること、自分はかれらを規制できないこと、を国王に告げるために二度宮殿へ急行した。国王は枢密院会議を召集し、その席上で、ランスフォードを罷免すること、ロンドンと

ウェストミンスターの非合法集会を禁止する布告を出すことが決定された。(12)

一二月二七日、月曜日、ロンドン子の「大集団」がランスフォード反対の請願書への回答を得ようとしてウェストミンスターに集まった。かれの罷免をまだ知らなかったのである。かれらは罷免のニュースを聞いたときも解散せず、主教とカトリック教徒議員に反対するかれらの別の請願書への回答を得ようとして残った。かれらはテムズ河からパレス・ヤードまでの階段を封鎖した。かれらはパレス・ヤードの通路の両側に人垣をつくり、「野次馬連中が『よい議員だ』または『よい人だ、通してやれ』と叫んで許可した者以外は、誰も通れなかった」。まもなくかれらは、「主教はいらない！　主教はいらない！」と叫びはじめた。主教たちは「上院への階段をのぼるときに襲われ、かれらのガウンは引き裂かれた」。ヨークの大主教ジョン・ウィリアムズ（前リンカーン主教）は、「階段の頂上から上院に通じる入口に入ろうとした」ときに襲われ、突きまくられ、ガウンを引き裂かれた。「かれを救出したドゥバー上院議員とフォーカンバーグ上院議員がいなかったなら、かれはずたずたに引き裂かれていたであろう。しかし、かれは傷も負わなかった。ただ、かれの肩衣だけが引きちぎられた」。一〇〇名ばかりの人びとが大主教を取り囲み、「身動きできぬように閉じ込め、全員が大声で『主教はいらない！』、『主教はいらない！』と叫び、その直後かれを放免した」。(13)

約五〇〇名の群衆がウェストミンスター・ホールにどっと入ったとき、そこには偶然にもほかならぬランスフォードがいた。かれは未支払給料の支給とアイルランドでの指揮権を求めて、いつもの場所で一群の元士官とともに運動していたのである。ランスフォードと元士官たちの証言によれば、市民らがかれらに毒舌をあびせたとき、襲撃を恐れたかれらは剣を抜いた。次いで群衆が投石を始めたので、自衛のため元士官たちは剣を持って群衆を追い立てた。だが、市民らの証言によると、こうである。「…そこへ一六名か一七名のジェントルマンらしい連中がやって来た。ばかばかしいやり方で、かれらは市民全部をウェストミンスター・ホールから追い出すと言った。戦いを挑むかのように各人が剣を抜いて、ホールのあちこちで振り回した。しかし、だれひとり刺しはしなかった」。次いでキャプテン・デービッド・ハイドが「大騒ぎを始め、自分は主教に反対してわめいているラウンドヘッドの奴らの喉をかき切るつもりだと言った（かれのこの激しい言い方は、わたくしの知るかぎり、ラウンドヘッドという用語あるいは呼称の最初のものであった）」。かれは、「誰が主教はいらぬと言ったか」と叫んだ。数人の市民が、「われわれが主教はいらないと言った」と答えた。「それとともにハイドが剣を抜き、ランスフォードも仲間の六人といっしょに剣を抜き、市民らをホールから追い出し、多くの市民に激しく切りつけ」、ホールの周辺を追い回した。市民らは、下院委員会に列席したピムのいる後見裁判所、さらに請願裁判所へ逃げ込み、壁から煉瓦やタイルを剝がして元士官たちに投げつけて身を守った。キャプテン・ロバート・スリングズビィはサー・ジョン・ペニントンにこう書いた。「われわれは楽しいクリスマスをもったとは言えない。このクリスマスはわたくしの見た最も狂騒なものであった。徒弟たちと国王の衛兵たちとの大騒動があった」。シドニィ・ベアもペニントンにこう書いている。「クリスマスの祝日が始まって以来、ここには大変荒っぽい集会と卑賤な連中の群集が見られた。毎日危険な混乱に脅え、今もってわれわれはこの恐怖を脱していない」。上院は、衛士《ジェントルマン》アッシャを遣って、民衆に帰宅するよう説得させ、そうしないと法によって処分すると脅させた。しかし、かれは戻って来て、民衆はランスフォードと元士官がウェストミンスター・ホールで待ち受けているので行くのが怖いと言ったことや、かれらの若干はすでに負傷していたことを報告した。下院でサー・トーマス・ファンショーは、「ウェストミンスター・ホールで約五〇〇名の民衆の騒動があり、若干の剣が抜かれた」と語った。市参事会員ペニントンは、ランスフォードとその他のジェントルマンから攻撃を受けたことを証言さすために二、三名の市民を連れて来た。その間にランスフォードと仲間たちは、霰のように降る投石で追い返された。次いでジョン・リルバーンが、「約一〇〇名の市民——そのうちおよそ六名が剣を持ち、ほぼ同数の者が棍棒を持ち」、若干の船乗りは棍棒を持ち、「残りの者は石を持っていた——といっしょに、剣を振り回していたジェントルマンに立ち向かってやって来た。まず一斉に石をかれらめがけて投げつけ、次いでかれらに迫った。ジェントルマンたちの半数は逃走した。残りの者のうち、どちらかの側の約八名はジェントルマン全員が逃走するか打ち倒されるまで戦い続けた。ジェントルマンの手で二、三人が負傷させられたが、市民らの多くの者は、怒れるライオンのように戦った……」[14]。

ウェストミンスターでランスフォードが市民を攻撃したというニュースは瞬く間にロンドンに伝わり、「数百人の徒弟らが剣や棍棒やその他の武器を携えて議会へ殺到した。それはウェストミンスターの場合と同じように、シティ内の大騒動の原因となった」。若干の徒弟が逮捕され、マーメイド・タバンへ投獄された。この事件はかれらの仲間を激怒させた。セント・マーチン・イン・ザ・フィールズ教区の警官の一人であったピーター・スコットは、自分が投獄された者の釈放をやってみると言って群衆を宥めようとした。かれはもう一人の警官とタバンへ行ったが、入ろうとしたとき一〇本の剣で刺され、脚を斬られた。このことは徒弟たちをさらに怒らせた。かれらは、タバンを襲い仲間を解き放った。国王は布告を出して、民衆に解散帰宅を命じた[15]。

国王は、ウェストミンスターとミドルセクスの民兵団を召集してホワイトホール宮殿を昼夜警備するために派遣するよう命じた。ロンドン市長とシェリフは「騒動をおさめるため」毎晩馬を乗り回した。かれらはシティの門を閉ざし、あらゆる場所に強力な警備兵を配置するよう命じた。国王は、秩序を回復するためにロンドンの民兵団を召集して、群衆が抵抗するか解散を拒むならば射殺せよと市長に訓令した。それゆえ市長は、シティの安全のため、民兵団に翌日集合せよと命じた[16]。

上院は、大群衆の出現を上院特権の侵害とみなし、暴動的な集会を禁止する宣言と警備を求める国王への請願に合流するよう下院に働きかけた。上院議員に対する危険は眼の前に迫っていた。群衆は騒ぎ声をあげ続けていた。議会で審議が終わったとき、ハーフォード侯は主教に、かれらが街頭でこうむるであろう危険を警告し、議会内で一晩過ごすよう忠告した。エクセターの主教はこう回想している。「それは松明の灯となった。上院議員の一人であるハーフォード侯が主教たちの議席につかつかとやって来て、われわれがひどく危険であると語り、われわれの安全のためになんらかの方針を立てるよう勧告した。かれは、最上の方法と考えることを話せと求められると、その夜じゅう議会に引き続きとどまるように助言した。なぜなら（とかれは言った）、これらの連中は諸君の退去を見張り、諸君が脱出できないように松明をかざして諸君を求めてすべての馬車を探そうと誓っているからである」。しかし、ハーフォード侯が想像したほどの危険はなかった。マンチェスター伯その他の若干の上院議員が「ヨーク大主教とその一団（わたくしはかれらの隠れ場に入っていった）を宿舎まで護衛した。残りの者のうち、若干の人は長い間がまんした。他の者は秘密の遠回りの通路を通って脱出し、帰宅した」。ハンティンドン伯は、上院議員と下院議員が議会を去ったとき群衆に出会った情景を、次のように述べている。「…ヨーク・ハウスとチャーリング・クロスの間に一〇、〇〇〇人の徒弟が矛、棍棒、若干の剣を携えておった。その夜は暗かったが、かれらの無数の松明で昼のように明るかった。かれらはひどくひしめいていたので、われわれは馬車を通すのに大骨を折った。かれらは『主教はいらない』、『主教はもうたくさんだ』と叫び、われわれの馬車の中に誰か主教がいないかと覗き込んだ。われわれは非常に危険な中を帰宅した」。(17)

二　「キャバリアー」対「ラウンドヘッド」

一二月二八日火曜日の早朝、「市民と徒弟が前日より多人数で議会周辺に集まった。その若干の者は矛、剣その他の攻撃用武器で武装していた」。ある主教はこう報告している。「わたくしの耳は『われわれが出会うのがどんな主教であろうと、われわれはかれの死を欲する』と言うのを聞いた。わたくしは、自分が主教であることをかれらが知らないのを神に感謝した」。ウィンチェスターの主教がボートで議会の桟橋までやって来たとき、かれは「岸に立って『主教はいらない』と叫んでいる一団の徒弟その他」を見た。見物人が「わが上院議員に呼びかけ、上陸しないように勧めた。そこでかれは乗っていたボートの向きを変えてランベスへ連れて行くようにさせた」。主教のボートが視界に現われたとき、きまって徒弟たちは「主教だ、主教だ」と叫んだ。「そう叫び声をあげて主教らの上陸を阻み、主教らは約一時間あちこち漕ぎ回ったあげく引き返した」。この日、僅か一名か二名の主教が上院の議席につくのに成功しただけであった。残りの主教は、「民衆の大集合とかれらの脅迫のゆえに議会へ行くのを恐れた」。(18)

主教たちをなぶりものにしそこなった徒弟たちは、「ウェストミンスター・アベイに行き」、オルガン、記念碑、ローマ・カトリック教のその他の遺物を投げ捨てようという「ざわめきがかれらの間に起こった」。ウェストミンスターの首席司祭でもあったヨークの大主教は、襲撃が間近いという警報を予め入手していたので、かれの侍従、教会役員、聖堂参事会員の侍従を集めて、アベイの入口をバリケードで塞いだ。群衆は、ドアの一つをこじあけたが、アベイの屋根から投げられる石その他の飛道具と、「抜剣して突き出し、恐れおののく野兎同様に群衆を追い立てた」若干の大主教付の衛士《ジェントルマン》によって追い返された。こうして群衆の暴力はくいとめられたが、民衆にもっと同情的な人の話によると、群衆は教会の記念碑などを打ち壊しに行ったのではなかった。かれの話によると、次のようなことが起こった。二、三人の徒弟が、議会前でデモをしているときに逮捕され、大主教の取り調べを受けるためにアベイ内に拘束されていた。「残りの徒弟たちがそれを聞き、大集団を成して、拘束された者の救出にやって来た」。かれらはジョン・リルバーンとトーマス・ワイズマンに率いられていた。しかし、かれらが接近したとき「…そこへチャーチ・アベイから三〇名ないし四〇名の衛士《ジェントルマン》が出てきて、剣とピストルを持ってめちゃくちゃにかれらに襲いかかり、多数の者を傷つけた」。リルバーンとワイズマンはともに負傷した。ワイズマンはその傷がもとで死亡し、「徒弟たちの殉教の英雄」になった。かれの葬儀の費用は徒弟たちの募金でまかなわれた。怒った群衆は今や実際にアベイを脅かした。民兵団の警備隊が教会内に駐留して徹夜で見張りを続けた。その間、教会の役員たちは屋上に立って見張っていた。(19)

国王は廷臣たちに帯剣を命じた。キャプテン・ロバート・スリングズビィはこう書いている。ホワイトホール「宮殿の門のところを固めていた軍隊の士官一五名ないし一六名がちょっとした機会をとらえて市民に襲いかかり、四〇名ないし五〇名を負傷させた。こうしたあらゆる小競合いで、かれらは殺害を好まなかったので、突き刺すを避けた。わたくしは宮廷があれほどジェントルマンたちでいっぱいになったのを見たことがなかった。各人が帯剣してそこへやって来た」。ある人物はこう書いている。「職人の市民と徒弟たちは…主教らの身柄に対してばかりでなく、かれらが国王の館を通り過ぎたとき、ほかならぬ国王に対してさえ大変野卑で無礼なふるまいを示した。そのため、多数のジェントルマン、とくにこの町周辺の指揮官と兵士たちは激怒した」。ランスフォードに率いられた元士官たちは国王に奉仕を申し出た。国王は直ちにそれを受け入れ、かれらを宮殿で歓待した。その数は一二〇名にのぼった。警備所がホワイトホールの入口に設けられ、元士官はそこにミドルセクス民兵団の一隊を配置した。上院ではデグビィが、「鳥合の衆がやって来て議会周辺に迫っている」ことを考えると、「これは自由な議会ではない」と動議した。「多くの論争」のあと、僅か四票差で「本議会は現在自由な議会であること」が決議された。トーマス・スミスはサー・ジョン・ペニントンにこう書いている。「…イエズス会の党派が、やり慣れた習慣にしたがい、相変わらず国王と民衆の間に嫉妬を醸成しており、主教たちは下院から上院へ送られるどんな善い法案の可決にも反対して、引き続きカトリック議員とともに働いている。かれらの最近の陰謀は、この議会を議会でないものとし、通過したすべての法令をひっくり返し、さし当たって議会を解散させようとする策謀であった。カトリック教徒派がこれを強く支持したので、それはやむなく投票に問われた」。だが皮肉なことに、デグビィの動議提出を支持した主教たちが欠席したことによって、動議は否決された。動議提出の目的は、議会は今後議事をおこなう資格を失ったと宣言する口実を国王に与えることであった。動議の失敗は、国王をして議会に対する暴力行使の途を前進させることになった。[20]

下院では、議会周辺の民衆集会を禁止する宣言で上院に合流するかどうかをめぐって、「賛否双方側が二時間近く熱心に討議した」。上院の多数が群衆を恐れた以上に、下院の多数派は国王を恐れた。それゆえ、下院は上院に合流して民衆を責めることを拒否した。デューズはこう書いている。「議員の大多数は、自分らの安全に反するあれほど多くの企てや陰謀がたくらまれているこの時機に、最も確かな友人であるロンドン市民の不満を買うような発言を発布することは不条理であると考えた」。[21]

下院のリーダーたちはジレンマに陥っていた。民衆の騒擾を喜ぶ議員は殆どいなかった。法曹であり穏健な改革家であったブルストロード・ホワイトロックは、騒動を「見たり聞いたりすることは、すべてのまじめな人、とりわけ議員にとって陰うつなこと」であった、と記している。[22] しかし多数の下院議員は、集会を禁止する行動を起こせば無秩序をさらに激しくし、民衆の激怒が主教やカトリック上院議員と同様にかれら自身にも向けられるであろう、と恐れていた。また、かれらは、国王が暴力で議員を捕え議会を解散することを企てているのを恐れていたので、デモ参加者に敵対する余裕をもてなかった。国王の不意打ちに対抗するには、デモ参加者たちに頼らざるをえなかった。民衆は唯一の対抗手段となりえたからである。[23]

秩序を回復するために、国王支持者であったロンドン市長は、「この市の二、三の場所で最近昼夜を措かず拡がった騒然たる暴動的集会」を「防止し抑圧するために昼夜見張りと警戒を続けるため」、「若干の規則」を発布した。しかし、それはしばしば無視され、民兵団の多数の兵士たちは「当局を軽蔑して」市長の召集命令に従わなかった。民兵団の多数の者は、デモ参加者に同情的であり、若干の警官もそうであった。民兵団と警官は市民中層の出身であり、徒弟、職人、下層階級の人たちの間の秩序維持は、これら市民中層の人びと（小雇主層）に依存していたけれども、これら小雇主層の多数は群衆の狙いに共鳴していた。かれらは、ときには自分の徒弟下僕にデモ参加を公然と奨励し、ときにはかれら自身が主教やカトリック教徒に反対し、大声をあげて群衆に加わった。したがって、市民の中層と下層の騒ぎは、抑圧されるどころか拡大した。(24)

一二月二九日水曜日、棍棒や剣で武装した市民と徒弟が朝早く再び両院付近に集まり、議員が着いたとき「主教はいらない！　主教不要！」の叫び声をあげた。上院はミドルセクスとロンドンのシェリフ、ウェストミンスターの治安判事に使いを出し、なぜ民衆が議会に来るのを止めなかったか、なぜ暴動や騒擾を防止抑圧せよという国王令状に従わなかったかと尋問し、次いでヘンリー四世治世一三年の制定法第四条第七項にしたがってかれらの義務を果たすよう命じた。また上院は、ミドルセクスのシェリフ補とウェストミンスターの二名の治安判事に対して、「今後、蜂起や騒擾の防止抑圧」についての指令を受けるために日々上院に詰めるよう命令した。さらに上院は、議員以外のなんぴとも両院近傍で剣その他の武器を携帯してはならないという命令が起草されるべし、と決議した。国王は、市民、徒弟に解散帰宅を命じるもう一つの布告を出し、その日午後、それはロンドンのシェリフの手で公示された。(25)

市民と徒弟は、ウェストミンスター往復の途中にホワイトホール周辺へ殺到し、「主教はいらない！　カトリック上院議員はいらない！」と叫び続けた。かれらは、宮殿の諸門に詰め寄せて「しゃべりまくり、大声で謀叛を語ったので、国王や王妃がそれを耳にしたほどであった。…ときにかれらは宗教を求めて、ときに正義を求めて大声で叫んだ。…鋳掛屋、給仕人らのそれぞれが正義を叫び求めた」。「かれらは『居酒屋が欲しいわけではない。国王と親しく語るために来るのだ』と叫んだ」。諸門は若干の元士官、宮廷衛士《ジェントルマン》「および数人の侍従」によって固められていた。「いやな言葉が二、三」市民と宮廷衛士《ジェントルマン》士の間を飛び交った。「あそこに兵隊たち、ひとかたまりのカトリック教徒が立っているぞ！」と群衆の一人が叫び、泥を投げつけた。それゆえ、「抜剣したジェントルマンたち」が欄干を跳び越し、市民を「ばかな浮浪人どもめ」とののしり、「徒弟ばかりでなく上層の身分財産のある人たちの営業職業をひどく軽蔑し、がっかりさせるような…野卑な言葉で」ひどい悪口雑言を浴びせた。「キャバリアーめ」と市民が金切り声をあげ、「ラウンドヘッドめ」と元士官たちが言い返した。このようにして党派のレッテルが市民と宮廷衛士《ジェントルマン》の衝突中にはじめてつくり出された。「キャバリアー」はジェントルマンを意味し、「ラウンドヘッド」はジェントルマンの長髪と対照的な徒弟たちの短い頭髪を指した。「そこで乱闘が始まった。双方で多数の剣が抜かれ、剣を抜こうとする者を衛士《ジェントルマン》たちが蹴飛ばし、失せろと命じ、抵抗した者はどこかに負傷した」。(26)たぶん四〇名から六〇名にのぼる「徒弟の多数が負傷し」、他の者も「帽子や袖無し外套を失い」、多数の者が武装解除された。八名か九名の徒弟がロンドン、ミドルセクスのシェリフの召集した警備隊に逮捕されてゲートハウス牢獄へ拘禁された。市民たちは、明日復讐に来るぞと脅して帰った。宮廷側は、一〇、〇〇〇名の群衆を予想した。(27)

下院は、市民の側に立って、上院にこう申し入れた。「下院はここことチャーリング・クロスの間で起きた大騒動についての情報を受け取った。元イングランド軍士官であると報告された人物で、現在ホワイトホールまたはその付近の数カ所に屯する衛士《ジェントルマン》の服装をした若干の人びとが、ホワイトホール付近に詰めている警備隊の後楯と好意をえて多人数で押し出した。かれらは、国王の平安を乱さず全然攻撃的な気配を示さずに（下院が信頼できる筋から聞いたように）議会に行き来していた国王の臣民を襲撃し、二〇人ないし三〇人に負傷させた。こうした事件を、上院議員と下院の英知でもって防がなければ、臣民の自由に対する真の冒瀆、議会に対する侮辱であり、終には議会に恐怖とテロを浸透させるであろう、と下院は考えた」。さらに下院は、市参事会員ペニントンを含む四名の議員を送って、なぜまた誰の権限にもとづいて徒弟たちがゲートハウスに拘禁されたかを糾明させた。かれらは行って、徒弟たちの釈放を確認した。下院は、群衆よりも、国王がホワイトホールに集めつつあった武装兵にはるかにひどく脅かされていた。それゆえ、ヨーク大主教がウェストミンスター・アベイに兵士を集めていると聞いたとき、下院はもっと驚いた。下院は、ウェストミンスターの治安判事と執行吏《ベイリフ》に対して、ウェストミンスター周辺に二重の見張りと警備を置くよう命じた。(28)

市長が幾人かの徒弟を逮捕投獄したと聞いて、「棍棒、剣、矛槍を持った」二、〇〇〇人の徒弟が、その救出のためシティに集まった。二、三の者は「ホワイト・ライオン」(牢獄)へ！ と叫び、「他の者は市長のもとへ！と叫んだ。しかし、神の恩寵とキャプテン・ベンの深い知恵によってかれらは阻止された」。(29) 下院の指導者たちや、かれらと提携するロンドンの指導者たちは、できることなら国王と事を構えたくなかった。それゆえ、かれらは群衆を扇動するよりもむしろ騒動を静めようとしたが、民衆の支持を必要としたので慎重に動かねばならなかった。ベンはチープサイドで群衆に会い、「諸君が平安静穏であり、各人が家に帰るように懇願」した。ベンのような地位身分のある人たちはジレンマに陥っていた。かれらが望んでいた諸改革は、国王、上院、主教らの反対を受けており、民衆の支持がなければ達成されなかったからである。だが同時に、かれらは法と秩序、財産の確保を維持しようと心を痛めていたので、急進的暴力を放置することを欲しなかった。かれらはある点まで群衆を規制することができた。ベンは、群衆への同情を表明し、「正しいこと万事について、力の及ぶかぎり諸君を支持すべく構えているわれわれに、その主張する目的を任せてほしい」と訴えた。かれは、群衆が市長の館を襲撃しようとするのをかろうじて制止した。しかし、ベンのリーダーシップは確固たるものではなかった。(30)「…徒弟たち全員が大声で家《カウ》、家、と叫んだ。次いで大部分の者は去った。だが、若干の者は満足せずその場に残り、ウッド・ストリートの市長裁判所《シター》へ行った。そこで、かれらは市長裁判所所属の、剣と半矛を持った役人たちの抵抗にあった。かれらの幾人かが役人たちの中に突っ込み、一人から半矛を奪って逃げた。次いで再びチープサイドへ行ったが、なお満足できず引き返して、かれらを防ぐために締められた戸口を破り、窓を壊した。このあと、市長裁判所の管理人たちがかれらの数名を内に入れ、かれらのために監房を一つ一つ捜し、囚人に『徒弟たち』がそこにいるかどうか尋ねた。しかし、かれらは捜している者を発見できず、立ち去った」。[31] こうして群衆の中の急進的な連中は、ベンを無視しはじめたのである。

三　五議員逮捕未遂事件

危機的状況は深まるばかりであった。一二月二九日夜、ヨーク大主教がかれと一一名の主教によって署名された抗議書を持って国王のもとにやって来た。その中で主教たちは、上院に向かう途中で群衆に襲われ、追い払われ、生命を脅かされたのに、「救済も保護も」されていない、と抗議した。[32] そしてそれは、一二月二七日以後かれらが余儀なく欠席した間に通過した法律、命令、表決、決議はすべて無効であると抗議した。このことは、一二月二八日に主教たちの欠席した上院でおこなわれた表決を逆転しようとした試みであり、また議会解散の口実をみつけようとする試みであった。国王は主教の抗議書を上院に送り、上院はそれを下院に送付した。下院は即座に一二名の主教を弾劾し、上院は一二月三〇日にかれらを投獄した。ロンドン諸教会の鐘が鳴り響き、市民たちは松明をかざしてこのニュースを祝った。[33]

けれども、デモに反対する秩序派の勢力は依然として強力であった。今後のデモに備えて、ホワイトホール宮殿の警備兵が増員され、防御施設が強化された。スリングズビィは、こう記している。「わたくしは宮殿がこんなに多くのジェントルマンで満たされたのを見たことがない。各人が剣を持ってやって来た。この日、四法学院の五〇〇名のジェントルマンたちが国王に奉仕を提供するために宮殿に到着した」。かれらは国王、王妃、王族の身柄が危険であると信じ、かれらへの愛情を誓い、「これら騒然たる集会を鎮圧するために、かれらの奉仕を」提供した。[34]

富裕な市民も、下層民衆による権威の無視と無秩序に反対して、法と秩序を守るべく結集しつつあった。一二月三一日、ロンドン市会は参集して、ニューバラ卿のもたらした国王のメッセージを聴いた。それによると、「最近民衆の騒然たる暴動的な集会が多数ホワイトホールのわが宮殿とウェストミンスターの近くで開かれ、われわれとわが議会の大妨害をなした。若干の不穏分子が相変わらず同様の騒動を再びそそのかすべく努めているとの情報に接し、われわれはそれらの阻止を諸君に訴える。とりわけ多数の者の怠惰がかれらをそのような無秩序に駆り立てる傾向のある次の祭日に、できるかぎり注意するよう諸君に勧告するのが適切であると考える。われわれは、最近われわれになされた懇切な表明により、ロンドン、シティの好意を十分確信している。それゆえ、シティがこれらの騒動と不穏の非行になんらかの役割を担っているとはどうしても考えられないこと、それらは郊外の手に余る下層民衆によって進められたことを諸君に報せるのは同様に適切であると考えた」。市会は、「本市会も、またそのいかなるメンバーも、これらの騒然とした暴動的な所業になんら関与することはなかった」ことと、それらの所業はシティ内の「陛下の善良なる臣民の大きな煩いと驚愕」であり、「かれらならびに各人は上記の件を否認しかつ拒否する旨」を国王に奉答した。(35)

市会は、市長と市参事会員に見張りと警備、シティの安全に必要なあらゆる命令を出す権限を与えた。市会の権威にもとづき、市長と市参事会員によって命令が出された。それは、諸門、通用門、上陸地点の見張りを倍増すること、各世帯主はその下僕と徒弟を家内にとどめ、これらの者が犯した混乱に責任をもつべきことを指示した。一方、国王は、「民衆の多数」が再び「シティ内で騒然とした無秩序なやり方で」集合した場合に発砲してかれらを解散させるために、民兵団召集の権限を市長に与えた。(36)

サー・エドワード・ウォーカーは、今や国王はどんな騒擾でも「実力で」鎮圧することができると思った。「…国王は権力を欠いてはいなかった。というのは、当時の市長、市参事会員の大部分、シティの二四のカンパニーのうち一八は国王に献身するであろうこと、当時ロンドン近傍にいたジェントリのうちの賢明な者たちもすべてそうであることをかれは知っていたからである」。数百名の武装人員（廷臣、元士官およびその他のジェントルマンたち）がホワイトホールで国王の身辺を守っていた。市政府と富裕市民を後楯とした法学院の数百名の若いジェントルマンたちが国王の召集に馳せ参じる用意を整えていた。ロンドン塔は、国王が任命し国王に忠実なサー・ジョン・バイロンの手中にあったので、国王は今後いかなる民衆の騒乱も鎮圧できると確信していた。それゆえ国王は、群衆の暴力の助けによって議会内で勢力を保っている「徒党」を粉砕する時が熟したと考えた。(37)

ところで、一二名の主教の抗議は市民たちの態度を硬化させた。「市民の大部分が店を締め、すべてのジェントルマンが公然たる敵対の時期のように武装していた」。「多数の商人が店を締め、その営業を停止していた。その理由は、かれらがひどく裏切られたこと、反対派やカトリック教徒とその追随者たちが非常な好意をもって力づけられたことにあった」。最初ウェストミンスターで、次いでホワイトホールの諸門でジェントルマンと市民の衝突が起きた。このとき「キャバリアー」（ジェントルマン）と「ラウンドヘッド」（市民）が、はじめて両集団の戦いのスローガンになり、危機を高めた。「ジェントルマンとりわけ廷臣たちに対する市民の現在の憎悪は大きかったので、市中に敢えて入る者は殆どいなかった。もしかれらが市中に入れば、侮辱を受け悪口雑言を浴びるのはまちがいなかった」。情況は事実急速に悪化の一途を辿り、まもなく武力衝突が起こると予想された。数百名の武装人員（廷臣、元士官およびその他のジェントルマンたち）がホワイトホールで国王の身辺を守っていた。市当局と富裕な市民を後盾として、法学院の数百名の若いジェントルマンたちが、国王の召集に馳せ参じる用意を整えていた。こうした国王の防衛準備は、国王が市民を攻撃しようとしていると市民たちに信じこませた。市民たちは武器を取った。「幾人かの卑賤な身分の者が、最近二〇挺ないし四〇挺という異常な数のマスケット銃を弾薬付きで家に取り込んだ」という情報をえた国王は、市長に探索を命じた。こうして、もはや衝突は避けられない事態となった。一二月二九日にトーマス・スミスは、サー・ジョン・ペニントンにこう書いている。「今、われわれは剣を抜くこと、プロテスタントとカトリック教徒の戦争以外のなにごとも話さない」。一二月三〇日、スリングズビィはペニントンにこう書いている。「下院の願うすべてのことに国王が応じさえしなければ、突然内戦が起こるにちがいないことは疑うべくもない。毎日われわれは内戦が近づくのをみている」。[38] 内戦の惧れを現実の方向へ押し進めたのは、次にみる国王による五議員逮捕の企てであった。

防備体制を整え、今後いかなる民衆の騒乱をも鎮圧できると確信した国王は、群衆の圧力を用いて議会内で勢力を保っていた「徒党」を粉砕する時機が熟したと判断した。一六四二年一月三日、国王はマンデビル卿と五名の下院議員（ピム、ホリス、ハムデン、アーサー・ヘイズルリグ、ウィリアム・ストロード）を大叛逆の廉で告発した。その日、「ホワイトホール付近には武装した人びとの大合流があった」。サー・ウィリアム・キリグルーとサー・ウィリアム・フレミングは四法学院へ行き、マンデビル卿と五名の議員の告発を知らせ、若いジェントルマンたちに「ホワイトホールへ伺候する準備をし、陛下の身辺を守護するため…用意を整えるよう」願った。その夜一〇時、「三〇～四〇名の強兵」がロンドン塔に入った。「警備につく人員を求めて戸口を叩き」、このことは「シティをひどく混乱させ、大恐怖に陥れた」。「市参事会員とシェリフはその日徹夜し、諸門は見張られ、鎖が街路に交差して張られた」。「その夜は流血の夜になるであろうと大いに恐れられた。しかし、神の加護によって、わたくしが恐れたほど悪くはならなかった」。真夜中にシティ内の騒ぎは終わったようにみえた。国王が市長のもとに遣った使者は帰ってこう報告した。「わたくしは一時まで街にいて、あらゆる場所がよく警備され、騒々しい暴徒どもが解散したことを知りました」。[39] しかし、翌朝シティの店は全部締められたままであり、「各人は矛槍と武器を準備していた」。その日、一六四二年一月四日午後、国王は五名の議員を逮捕するため、キャプテン・デービッド・ハイドを含む八〇名ないし一〇〇名の士官から成る武装警備隊を率いて下院へ来た。しかし、五名の議員はすでにシティ内

(コールマン街の市参事会員ペニントンの家ないしその付近)に逃避していた。議会は、一七〇票対八六票で、「シティと王国の善と安全、とりわけいかにして議会特権が擁護され、われわれの身柄が保証されるかに関するあらゆる事項を考慮決定するため」、一週間ギルド・ホールに席を移すことを決議した。(40)

議会の指導者たちは、自分たちをシティの手に委ねた。シティとサザァクには、今やゼネラル・ストライキに等しい事態が生じていた。すべての店は締められ、市民たちは武器を取って街に立った。「シティの店はすべて締められた。恰も敵がその入口に押し入り、掠奪しようとしているかのように。あらゆる場所で民衆は瞳を凝らしていた。恰もひたすら指令を待ち望み、次いで何か引き受けた仕事を片付けるかのように」。「われわれは日々騒動を恐れている」とトーマス・スミスは報告している。「われわれは暴徒の恐怖から解放されていない」とトーマス・ワイズマンが言った。「ここでは毎時間公然たる暴動と混乱の恐れがある」とトーマス・コークが叫んだ。(41)

一月五日、国王はシティへ赴き、かれの要請で召集された市会の特別会議で演説した。国王は、先日議会へ行った理由を説明し、シティが告発された五名の議員をかくまったり守ったりせぬよう訓戒した。会議は分裂し、国王退出後、ある派は「神は国王を嘉し給う」と叫び、他の派は「議会、議会の特権!」と大声をあげた。国王はギルド・ホールをあとにして、シェリフのサー・ジョージ・ガレットといっしょに食事に行った。すべての店が締められ、民衆が「かれらの店の入口に剣と矛槍を持って立っていた」。「国王の耳には、『議会の特権! 議会の特権!』のほかには何も入らなかった。エペソ人のダイアナは偉大なるかな! はけっして大きく轟かなかった」。国王が食事をしている間に、ガレットの館は「包囲され、そこへ通じる街路には民衆が群がり、数千名がシティのあらゆる場所から集まりつつあった。騒がしい叫び声は相変わらず『議会の特権!』であった。この騒ぎは膨れあがって絶頂に達したので、国王の帰路は非常に危険であった」。(42)

「乱暴な群衆」が「議会の特権! 議会の特権!」と叫びながら国王の馬車のあとを追った。「最も反抗的な態度で、国王の馬車を押し、内部を覗きこみ、馬車をつかまえた。それどころか、国王の聖なる身柄と権威を無視して、ウォーカーの『諸君の天幕へ、おおイスラエル』という扇動的なパンフレットが、国王の馬車の中か非常に近くに投げつけられた。国王がシティ内にもっていた少数の友人は、国王が無事ホワイトホールへ着いたと聞いたとき、心から喜んだほどであった」。このデモは「陛下に深甚な印象を与えた」とベネチア大使は書き留めている。「国王は…ロンドンにおける未曾有の最悪の日を経験した」。「善良な国王はやや動揺した。家に着いたとき、お喜びになったことと思う」。市長、市参事会員、法律顧問官は国王の護衛を終えてテンプル・バーに引き返すとき、「抗議を思い出せ！」という叫び声にあい、「半プロテスタントめ！」と罵られた。ラジット（Ludgate）近くで、かれらは「数人の暴漢に襲われ、市長は馬から引きずりおろされた」。「市民の妻女たちは市長を襲い、首にかけた鎖をひっぱり、シティとシティ諸特権の裏切り者め！と叫び、市長と法律顧問官を危うく粉砕するところであった」。かれらと数名の市参事会員は、やっと逃れて徒歩で帰宅したが、途中ずっと悪口雑言を浴びせかけられた。(43)

一月六日夜、シティ内でパニックが見られた。「国王とキャバリアーどもが一、五〇〇の騎兵をもってシティを奇襲し」、暴力で五名の議員をひきずり出すぞという警告が発せられたからである。ニーヒマイア・ウォリントンはこう述べている。「われわれは（ベッドに横たわっていたとき）騎兵と歩兵がシティへやって来るぞという大叫喚を耳にした」。自分の家の戸口を激しく叩く音、「武器！　武器！」という叫び声が聞こえた。「恐怖と身震いがすべての人を襲った」。「身ごもっていた数人の婦人は、そこで流産したほどに恐れ驚いた」。ある市参事会員の妻（ウォリントンの隣人）は驚きのあまり死んだ。一時間たたぬうちに数千名の人びとが完全武装し、さらに数千名の人びとが矛槍、剣、棍棒、手の届くところにあった武器を取っていた。門々は閉ざされ、落とし格子が降ろされ、騎兵を阻止するために街路を横断して鎖が張られた。婦人たちは、バリケードを築くために家から床几、椅子、長腰掛や桶を持ち出し、「キャバリアーどもに浴びせかけるため」湯を沸かした。しかし、市長が、シティをめざして進軍している軍隊はないことを突き止めて、しばらくは安全であると伝えると、ようやく市民たちは家路についた。警告がでた原因は、国王警備隊士官の多くの宿舎があったコベント・ガーデンでおきた騎兵銃の暴発がさまざまに伝えられたことであった。(44)

ロンドンの徒弟たち、サザァクの民兵団、一、〇〇〇名をこす船員や船頭たちから、五名の議員防衛への協力の申し出が、ギルド・ホールに置かれた委員会に入った。数千名の群衆がバッキンガムシャに集結し、かれらの選出した議員ジョン・ハムデンを守るため、ロンドン進軍を決議した。このことは議会の若干のメンバーを神経質にした。かれらは、群衆に帰宅命令を出すように強く促したが、多数の議員はなんの行動も起こさぬことを決定した。下院のリーダーたちは、群衆を統御する力量と能力に自信をもっていた。議会は一月一一日にウェストミンスターに再集合することになり、ロンドンの民兵団が五議員を守護するため特別に派遣された。徒弟たちは「シティ防衛のため…家に留まる」よう求められ、サザァクの民兵団はサザァク側に留まって左岸を守るよう要請された。一月一〇日、国王はロンドンから逃れ、最初ハンプトン・コートへ、次いでウィンザーへ行った。国王は、ホワイトホールに留まっても群衆から安全だと感じることはできないと言った。一月一一日、五議員がウェストミンスターへ凱旋した。(45)

四　経済不況と地方の決起

一六四一年一二月にウェストミンスターでデモをした群衆の構成については、当時さまざまなことが述べられていた。観察者がデモに同情的でなければないほど、以下に見るように、デモ参加者の低い社会的出自が強調された。「数千の市民のうちの下層」、「下層民衆の多数」、一、〇〇〇人の「職人市民と徒弟たち」、「年季奉公人と下層市民、船員、船頭」、「すべての人間のうちで最も卑賤な者、くず、船頭、担ぎ人足、徒弟のうち最悪の者」、「わが諸都市と近郊の最も卑賤で最も貧しい民衆」、「民衆の浮きかすの大かたまり」、「外道極まる暴徒の浮きかす、あらゆる人間のうち最も下劣な者と民衆の除け者たち」、「都市と近郊の自暴自棄の悪漢ども」。(46)

このように、デモの敵対者たちは、群衆を下層卑賤の民衆であると述べるほかに、「分離派と宗徒」、「熱狂的な宗徒の多数、無知な民衆の烏合の衆」、「ブラウニスト、再浸礼派とその他の宗徒たち」であったと臆断した。一方、デモ参加者に対する好意的な記述は、群衆には「よい階級と地位の人びと」が含まれていたと主張したが、一般的には、かれらの社会的身分は高くみなされなかった。たとえば、次のように述べられている。群衆の中には「市参事会員、商人、市会議員はいなかった」。「その大部分は下層または中層の人びとにほかならなかった」。かれらは、「胸中に自由の精神が宿っていた」人びとであった。「服装は目立たない」が、その言辞は穏やかでなかった篤信の人びとであった。「丁重な態度よりもむしろ騒々しく自分たちの嘆息と苦渋を吐露するのを喜びさえした」けれども、謹厳な人たちであった。「一般にかれらは、非常に正直で善意の持ち主であり」、議会の解散を恐れていた。(47)

デモ参加者を率いた街頭のリーダーたちを確認することは難しいが、有名なのはトーマス・ワイズマンとジョン・リルバーンであった。他に、内戦中スパイとして国王派に処刑されたボイスというロンドン「大騒乱の醸成者」がいた。「かれはロンドンのあらゆる騒乱、すなわちストラフォード伯に裁判を求めて叫んだ始末におえぬ民衆の扇動的集会や、陛下に楯突いて五名の議員を助けようとした騒動など、多くの騒乱に係わった人間であった。また、かれはウェストミンスターへ人びとを行かせた」。かれらのような街頭のリーダーたちは、ピューリタン議員と群衆との間のリンクであった。マンデビル卿と五名の下院指導者がデモの組織化に直接関係したという証拠はないが、デモ参加者が「けしかけられた」ことは事実であったと思われる。デモの同情者ウィリアム・リリィは、デモ参加者が「若干のよい身分の者にけしかけられたこと」を認めた。(48) ベネチア大使も、徒弟たちの「大多数が、ピューリタンであった主人たちの黙認で」参加したと観察している。[49] 問題はデモが誰によって計画され組織されたかであるが、シティ選出議員のペニントンとベン、シティの急進的市会議員のジョン・フォークとランダル・マナリングたちが、デモや請願の組織化に係わっていたことは確かである。[50]

一六四二年一月一日、国王がマンデビル卿と五名の下院議員を謀叛の廉で告発することを決意したとき、告発の訴因の一つは、「暴力とテロにより、議会を強いてかれらの反逆計画に合流させようと（できるかぎり）努め、しかもその目的のため、国王と議会に対する騒乱を現実に引き起こし後援した」ことであった。かれらの勢力は、「ロンドン近傍の多数のブラウニスト、再浸礼派およびその他の宗派とともに」大きく、そのためにかれらは「ピムらの命令の下、集団として出現し」、ウェストミンスターで暴力デモをする「用意があった」。しかし、下院の指導者に対するもっと説得的な告発理由は、かれらが騒乱を抑制する努力を妨げて間接的に騒乱を力づけたということであった。マンデビル卿と五名の議員がデモの組織に直接関係したという証拠は提出されなかったが、シティ選出議員、市会議員およびピューリタン説教師らの若干を通して、かれらが事件の背後で操縦したと主張された。国王はシティ選出の二人の急進派議員ペニントンとベンを告発したが、その罪状は「鬼のような手下どもを」繰り出して、「かれらが顔も意見も好まぬ両院の議員たちを襲撃させ脅かし、その集団をもって議会を畏怖させた」廉であった。二人の急進的市会議員ジョン・フォークとランダル・マナリングも騒擾の計画者として告発された。「かれらは家から家へ回って、このヒドラの頭をウェストミンスターに連れ込み、かれらの口から『主教はいらない、カトリック上院議員はいらない』と叫ばせた。かれらがかつて同じ騒然たるやり方でストラフォード伯裁判を求めてかれらに叫ばせたように」。ピューリタン説教師コーニーリャス・バージスは群衆の中心的な指導者として卓越していたが、かれはダウニング、エドマンド・カラミー、ハーディング、ウィリアム・ブリッジ、ステーブン・マーシャルたちの助力を得て、「ベンとマナリングと同宗派のその他の者をして」群衆を「集合させた」。明らかにペニントン、ベン、フォーク、マナリングはたびたびの請願の組織と急進的市民の保護活動で有名であった。[51] しかし、下院の指導者は群衆について説明し弁明したけれどもが、民衆の諸集会が宗教的または政治的目的達成のための合法的手段であることを是認するまでにはけっして至らなかった。指導的なピューリタン説教師たちも同様であった。[52]

議会の指導者たちが騒乱を抑制するというよりも力づけたのは、群衆のエネルギーを利用するためであり、また群衆を統御できると考えていたからである。しかし、議会外の民衆を政治に巻き込むことは、革命の奔流を解き放つことを意味した。一六四二年一月一一日、ロンドン市民がマンデビル卿と五名の議員のウェストミンスターへの凱旋を護衛した当日、バッキンガムシャの人びとが首都へ行進してきた。「三、〇〇〇人以上が乗馬でやってきた。光栄ある宮廷に提出する請願書を持っていることをほのめかして、各人が手に抗議書を携えていた。他の人びとは徒歩であった。全員が三、四列に並んで交換所からニューゲートに到着し、ウェストミンスターに入った」。全部で五、〇〇〇人から六、〇〇〇人の多数にのぼったといわれる。こうして地方が巻き込まれたことにより、さらに革命的な局面が開かれた。[53] クラレンドン伯は、バッキンガムシャの請願者たちの到着について次のように説明している。「そう。この日からイングランドの戦争が始まったとみるのは正しいであろう。それ以後なされたことはすべてそのとき置かれた基盤の上の上部建築にすぎなかった」。[54]

つづく六週間、ロンドン子は、上院が下院いに合流するのを拒んだことに抗議するため、徒歩か騎乗でウェストミンスターにやって来る地方からの人びとの縦隊を目撃した。一月二五日には三、〇〇〇人ないし四、〇〇〇人がヘレフォードシャから着いた。二月八日にはケントから請願者たちがくり込んだ。ウォリントンはこう書いている。「これらケントの人びとがフィッシュ・ストリート・ヒルへ来るのをわたくしはこの眼で見た。かれらの抗議書を帽子や腰帯にさした騎乗の数百人の人びと。かれらは三列となって整然とやって来た。先頭にナイトとジェントルマン、次に約二〇名の牧師、次にその他の騎乗や徒歩の人びと」。二月一〇日にはノーサンプトンシャから「かつて送られた請願書の場合よりも高位のジェントルマンたちが随行して、最もよい」請願書が持ち込まれた。「一、〇〇〇名近い」人たちが二月一五日レスタシャから請願書を携えてロンドンに到着した。二日後、一、五〇〇名から三、〇〇〇名の人びとがシェリフに率いられ、「上品に列を組んだ騎乗のナイト、ジェントルマン、自由保有農たち」に従ってサセックスから着いた。これらのデモはジェントリの統制下にあり、整然としていた。エセックスとサフォークの不況の織布製造地区で、請願署を持ってロンドンへ行進すべく一六、〇〇〇ないし一七、〇〇〇名の民衆が集結したと聞いたとき、下院は不安に襲われた。議会は、一、〇〇〇名以上を派遣しないこと、残りの者を解散することをかれらに求めた。コルチェスターの市長、市参事会員、その他の住民は下院にこう苦情を述べた。「われわれは、この町の数千の男女、子供たちが依存している織布取引と新毛織物《ニュー・ドレーパリー》は殆ど全面的に衰退し、貧窮が厳しくわれわれを襲っているのを見出している」。エセックスの民衆は両院にこう訴えた。「われわれの営業、とりわけ民衆の多数の者が生計を立ててきた、わが州の二つの営業である」織布と農作は、「数千名の者が突如困窮に立ち至るほど大きな消沈に陥っております」。そして「われわれは、何がそれに続いて起こるかと思い煩っております」[55]。

経済の麻痺がロンドンから外部に拡がったが、一六四二年はじめの三カ月間の不況の厳しさは、経済的要因のほかに、国王の行動に抗議したロンドンの商人と営業者たちのストライキによるところが大きかった。二月一四日、ベネチア大使はこう報告した。「これらの事件の真最中、このシティと王国の営業は全く停止している。あらゆる取引の通常のコースは中断された」[56]。三月一四日、かれはこう付け加えた。「継続するこれらの動乱は…取引と最も小規模に縮小し、この年ロンドン関税だけで六〇〇、〇〇〇ダカット喪失の原因となった」、と。その結果、「日々の糧をその腕だけの働きで得ている人びとは絶望の極みに追いつめられている」。「営業の衰退によって極度の困窮に追い詰められた数百万の貧しい民衆がここにいる」とシドニィ・ベアがサー・ジョン・ペニントンに語った。へンリー・オクシンデンは一月二七日にこう記している。「営業が停止したので、シティの貧者が蜂起するのではないかと毎日恐れられている。王国の他の地域でもそうである」。少しあとで、かれはこう述べている。「貧しい手工業者は、すべての州、とくに当シティにおいて、すでに悲惨な困窮に追い込まれている。かれらはエセックスで立ち上がったといわれ、他のあらゆる場所でも蜂起が生じることが恐れられている。ロンドンでは、貧しい手工業者は少しでも長くもちこたえようとひどく苦労している。かれらは性悪の上院議員、自分たちの幸福への妨害を追及しはじめた。確かに、上院議員と貧者を扱う方針に急速な変化がなければ、かれらは上院議員とその館を打ち壊すであろう」いろいろな請願書は不況の責任を、下院への合流を拒否した上院に帰し、しかもこの拒否をカトリック教徒の性悪な一派の影響力に帰した。(57)

ロンドン市長、市参事会員、市会議員は、一月二五日、上院に次のように請願した。「生計の資を当市に頼っている数千の織元と手工業者とその家族は、請願者並びにその他の者が以前通りにかれらの商品を買い上げないので、かれらはこのうえ生き続ける手だてを持たないと、日々ますます悲しい呻き嘆かわしい叫びをあげている。われわれ請願者たちも、アイルランドの迅速な救済によって営業が活気づくまでは、またカトリック教徒が完全に武装解除され、海陸における王国の軍事勢力が議会の信頼するような人物の手に握られるまでは、そのようにする力量がない。その軍事勢力の欠如によりこの王国の営業は引き潮のように低落しているので、請願者たちはその点において、もはや従前通り続けることができない。そのことは営業の自粛と貨幣不足を必然的とし、(人びとが心から信じているように)非常に短時間のうちにこれら無数の貧者たちを、言うも憚れ、まして正当化できない若干の危険で絶望的な試みを余儀なくさせるような貧困と窮境の深淵に投げ込むであろう」。(58) 一月二六日、ロンドンの徒弟と船頭たちが上院に、「この王国が国の内外の危険に曝されていることが原因で…営業は法外に衰退し、さまざまな恐怖が大いに増加している」と請願した。そしてかれらは、「われわれの上にのしかかり、経済が遅れればもちこたえることができないほど増大しているひどい圧力」の除去を要求した。一月三一日、数百名の職人と貧者がムーア・フィールドに集まり、請願書を携えて下院へ行進した。その請願書でかれらは、営業の大衰退によって自分たちは「すっかり貧乏になった」が、その原因は上院内の主教、カトリック教徒、悪質な徒党の優勢さである、と抗議した。[59]同日、婦人たちから、「営業の大衰退による彼女らの難渋と窮乏」を苦情とする請願書が出された。二月一日、議会はパンを、と叫ぶ数百名の婦人に包囲された。婦人たちはその請願書をリッチモンド公に手渡した。かれは「この女どもを追い出せ、女の議会をもつのは沢山だ」と叫んだ。女たちはかれの宮杖をつかんだ。かれがそれを引き払ったので、宮杖は折れた。「そこで公爵が他の宮杖を取りにやらねばならなかった」。翌日、「運び屋という名で知られていた貧しい労働者とこの市の最下層のメンバー」一五、〇〇〇名の請願書が下院へ出された。かれらは、自分たちは失業中で、有るか無きかの持物を売るか質入れし、家賃の支払いもできず「街に出て物乞いせんばかりである」と言った。民衆請願と下院のメッセージの圧力のもとで上院は、「ロンドン搭その他すべての要塞、王国の全民兵を、議会両院が陛下に推薦する人物に掌握させる」という陛下への請願に下院と合流した。二月五日上院は、上院から主教を排除することに同意した。[60]

このように上院は、数日間ウェストミンスターに現われた「請願者の群衆」の影響を受けて、屈服した。民衆行動の反対派、つまり上院議員の大部分を占めた秩序派は、議会を去って田舎の館に引き下がりはじめた。トーマス・スミスはサー・ジョン・ペニントンにこう報告している。「カトリック教徒で性悪の派の多数が、今や議会を離れ、全州から日々数千人で請願書をもって議会へ来る多数者のパニック的な恐怖のない田舎のかれらの館へ引きこもりはじめた」。[61]クラレンドン伯もこう述べている。「多数の上院議員は、かれらの栄誉と諸特権が民衆によって犠牲に供されるのを眼にする義憤から、また他の者は、こうした時節にめぐりあわせて、以前の決議に固執するならば殺害されるであろうというリアルな恐怖から、退いた。留まった者のうち、多くの者は民兵に関する願いにおいて下院と合流することを決めた」。[62] こうして、長期議会の政治に民衆が介入したことは、支配階級（貴族、ジェントリ）に楔を打ち込み、かれらを分裂させ、ここに内戦が大股に接近することになるのである。

最後に、『大抗告』から内戦勃発に至るまでの政治過程のうち、とくに一六四一年一二月～一六四二年二月の時期（『大抗告』の余波と五議員逮捕失敗事件）に焦点を合わせて、中層・下層民衆の抗議デモ行動のリーダーシップと組織の特徴を小括しておこう。

アイルランド叛乱後、ロンドンでは中層・下層民衆による反カトリックのデモが盛んに展開した。分離派に指導された職人、徒弟その他の「若者たち」、「下層の人びと」の請願は、主教をカトリック教徒と同一視して、主教制度の根絶を要求した。議事堂の外では、上院に向かう主教たちを群衆が襲った。国王が五名の議会指導者を逮捕しようと企てた事件により、ロンドンはゼネラル・ストライキに等しい事態を呈した。国王の行為に抗議して商人と営業者たちは店を締め、大衆は武器を執って街に立った。

こうしたロンドンの政治的混乱は不況を一層深刻なものにした。各州から住民が請願を携えて下院に行進した。不況は下層の人びとに対して厳しかった。かれらは営業衰退の原因を主教とカトリック教徒のせいであると考えた。民衆の眼には、カトリック教徒は国王派と一体のものと映った。一方、議会は、こうした民衆の騒ぎを黙認するほかなかった。国王やロンドン市長の指揮する軍隊によって議会が制圧されるかもしれない情況の下では、民衆は唯一の対抗手段となりえたからである。こうして広範な一般民衆が政治に介入したことによって、革命の奔流が解き放たれ、そして下層民衆のデモは暴動的な性格を強めていった。いまやジョン・ベンのリーダーシップは確固たるものでなかった。「けしかけられ」て政治に参加した群衆の中の一層急進的な若者や下層の人びとはベンを無視しはじめたのである。

註
（1）「若者たち」とは、手仕事の徒弟期間を終了し、小親方として独立することを望みながらそれが実現しないため、賃金稼ぎの職人として雇傭されていた'servants'のことであろう。B. Manning, *The English People and the English Revolution 1640-49*, 1976, p. 68.
（2）*Ibid.*, pp. 67-8. 下院でこの請願書が読み上げられた。サー・サイマンズ・デューズは次のように書いている。「この請願書の中で、かれらは、とりわけ主教制度がイングランド教会から根絶されることを願った。請願書が読み終えられたとき、しばらく沈黙が続いた。わたくしは立ち上がって、以下のようなことを演説した――かれらのうち数人の者が請願書を提出しにやって来たが、その際の秩序的で穏健な態度に注目するよう、わたくしは議会に願望する。かれらは、そうした態度のゆえに議会の承認をえるであろう。わたくしは、同様に秩序と分別をもってかれらがそれへの署名集めをおこなったであろうことを疑わない。また、われわれは、この請願書によって、最下層の民衆が国王の危険と安全に対して分別をもっていることを知って喜んでいるので、われわれは適当な時期に請願書の趣旨を考慮するであろう。ある者はこの請願書に反対し、それが議院外に投げ捨てられるべきことを熱心に動議したが、多数の者が演説した。わたくしはそのことを疑わない。以上のようなわたくしの演説のあと、数人の者はわたくしの動議の最初の部分を支持した…。他の人びともこの請願書のために熱っぽく語り」、市長に反対してかれらを救えと語った。*Ibid.*, p. 69.
（3）J. Rushworth ed., *Historical Collections*, 8vols., 1721, repr. 1969, PT. III-I, p. 462. Earl of Clarendon, *The History of the Rebellion and Civil Wars in England*, 7vols, 1849, I, pp. 449-50. Manning, *op. cit.*, p. 68.
（4）Manning, *op. cit.*, p. 69.
（5）*C. S. P. D.*, *1641-43*, 1887, repr. 1967, p. 212.
（6）*Clarendon*, *op. cit.*, I, pp. 453-4. ジョン・ナルソンはこう書いている。「派閥は今や果敢になりはじめ…最も図々しい、考えられる限りの態度で政府を侮辱しはじめた。しかも下院への請願という口実のもとに、恰もかれらが国王と法律に公然と挑戦を命じているかのように、あのように騒然たる暴徒と蜂起に結集しはじめた」。Manning,

op. cit., p. 67.

(7) ナルソンはこう書いている。この集合は、「…他のどの時代でも明らかな叛乱とみなされたであろう。実際それは叛乱へのプロローグであり、分離主義者の数部族が、説教壇または請願の太鼓の響きで、威力と有力な人員を国王、法律、既成教会と闘う戦場へ連れ込む機会をとらえた、一種の全員集合であった」。*Ibid.*, pp. 68-9.

(8) Clarendon, *op. cit.*, I, pp. 453-4. Manning, *op. cit.*, p. 68.

(9) 国王が一六四〇年に対スコットランド戦のために徴集した軍隊が解散されて以来、元士官たちは未支払給料の支払いを待ち、またアイルランド叛乱鎮圧のための遠征軍編成を願いながら、ロンドンでぶらぶらしていた。かれらは傲慢にふるまい、市民に恐怖の念を叩き込んだ。ニーヒマイア・ウォリントンはこう描いている。かれらは「獰猛な顔つきと命取りの武器を持って、北の地域からやって来た数団の男たちで、かれらは、われわれにとって善いことを意味せぬ大恐怖に、われわれ市民すべてを突き落とした」。かれら元士官たちは、職業軍人、つまりどんな人のためにでも戦う傭兵であった。かれらは、一般にジェントリの年下の息子であり、酩酊、毒づき、喧嘩を常とし、侮辱されたと思ったときはいつでも剣を抜く構えをとった。そしてかれらの多くはカトリック教徒であると信じられていた。Manning, *op. cit.*, p. 72.

(10) 下院は、ランスフォードが「酩酊、悪口雑言、喧嘩に耽り、借金が多く、大変向こう見ずの男」、「どのような悪い計画でもやるよう唆かされる」男である旨を聴取した。下院は、かれが「その宗教においても正しくない…」人物であり、「北方において指揮官であったとき…教会に行かなかった…」ことも聴取した。下院は、そのような男は「何かわれわれに対する危険な計画が手近にあるのでなければ」任命されなかったであろう、との意見で一致した。Manning, *op, cit.*, pp. 74-5. Rushworth, *op. cit.* PT. III-I, p. 459. S. R. Gardiner, *History of England from the Accession of James I to the Outbreak of the Civil War 1603-1642*, 10vols., 1883-4, repr. 1965, X, pp. 109.

(11) ウォリントンはこう書いている。「あの邪悪な血塗れの大佐ランスフォードが…ロンドン搭副官に就任したぞ。わたくしは、確かに聞いたぞ。かれは法の外におかれた男、かれはすでに二人を殺し、ニューゲートに投獄された。

またかれはニューゲートを脱獄し、海の彼方へ逃れた。今かれはわれわれのシティの軍隊を預かるためにやって来た。機会さえあれば、かれはわれわれの家をわれわれの眼前で叩き壊すであろう、シティその他の多くの場所で万人がひどく怒るまで」。Manning, *op. cit.*, p. 76.

(12) *C. S. P. D. 1641-43*, p. 216. ランスフォードに代わってサー・ジョン・バイロンが任命された。Gardiner, *op. cit.*, X, p. 112.

(13) 群衆に同情的な説明によると、民衆は言葉の暴力以上には進まず、大主教が「主教はいらない！」と叫んでいた若者を捕まえて面倒を起こした。Manning, *op.*, *cit.*, pp. 76-7. V. Pearl, *London and the Outbreak of the Putritan Revolution*, 1961, p. 224.

(14) *C. S. P. D.*, *1641-43*, pp. 216, 217. W. Haller and G. Davies, *The Leveller Tracts*, 1944, repr. 1964, p. 406. Gardiner, *op. cit.*, X, p. 117. Manning, *op. cit.*, pp. 77-8.

(15) 「陛下は、ロンドン、ウェストミンスターの街の中および周辺で、奔放かつ騒然たる集合によって引き起こされるか、偶々起こるかもしれぬ陛下の平安への冒瀆、統治の醜聞だけでなく、現に開会中の陛下の議会を攪乱する多種の不都合、災害に配慮を賜り、陛下のロンドン、ウェストミンスターの街々ならびにその他の特権地区の全住民に厳しく以下のことを諭示しかつ命ずる。すなわち、上記の街々ならびに諸特権地区内、あるいはその周辺のいかなる部分や場所においても、いかなる機会に当たっても、騒然たるやり方で集合してはならぬこと。また、（陛下の権威なくして）現在集会しているすべての人びとは、直ちにその集会集団を解散し、かれらの住居または居住場所に帰ること。それに背く者は、この陛下の王国の公安を乱す者として法の処分に付せられ、またこの王国の法律および制定法の厳正さにより処罰されるべきであること」。Manning, *op. cit.*, p. 78.

(16) *Ibid.*, pp. 78-9. 「というのは、朕はわが臣民のなんぴとに対しても、そのような極端な方法を行使するのを好まず、悲しむといえども、なおかれらの秩序紊乱により圧迫されているから、若干の無秩序な者に対しては、そのような苛烈な方針をとる方が、傲慢さに脅かされているわが善良なる一般臣民に迷惑至極なことが偶発するよりもよい、と考えたからである」。*C. S. P. D. 1641-43*, p. 214.

（17）Manning, *op. cit.*, pp. 78-9. Gardiner, *op. cit.*, X, p. 118.

（18）Manning, *op. cit.*, pp. 79-80.

（19）*Ibid.*, p. 80.

（20）*C. S. P. D. 1641-43*. pp. 216-7. Gardiner, *op. cit.*, X, pp. 119-20. Manning, *op. cit.*, pp. 80-1.

（21）Manning, *op. cit.*, p. 82. Gardiner, *op. cit.*, X, pp. 118-9.

（22）法曹で保守的な議員であったトーマス・コークは、「ここに、わたくしの生涯中未曾有の最も悲しく最も騒然としたクリスマスであった」と書いている。もう一人の法曹議員で、リッチモンド公の子分であったウィリアム・スミスがおこなったと思われる次の演説は国王支持者、下院の宮廷派の見解を反映している。かれはこう述べている。「われわれの議事をストップさせる最大のものは、無分別で怠惰な者たちの暴動的な騒然たる集会である。かれらは異常なやり方で請願書を提出するばかりでなく、どの法律を施行しどの法律を施行しないかを、また誰を迫害し誰を迫害しないかを（公然たる騒ぎをもって）われわれに指図しようと大胆にも議会を包囲するのである」、と。かれは、民衆が解散しなければ発砲せよとの命令を受けた警備隊を議会周辺に配置して、このような騒ぎを抑えるべく迅速な方針が立てられるべきだ、と主張した。さらに、かれは、「われわれの考慮に価する何事も含まぬ、無愛想で無秩序な連中からの」請願書は拒否されるべきであり、これら民衆を宥め寛容することはかれらを勇気づけるだけである、と論じた。Manning, *op. cit.*, p. 82.

（23）*Ibid.*

（24）*Ibid.*, p. 83.

（25）*Ibid.*, pp. 83-4. *C. S. P. D. 1641-43*, p. 215.

（26）Manning, *op. cit.*, p. 84. Clarendon, *op. cit.*, I, p. 480. *C. S. P. D., 1641-43*, pp. 215-6. Gardiner, *op. cit.*, X, p. 121.

(27) ジェントルマン側は、自分たちは大いにがまんしたと主張している。キャプテン・スリングズビィは、こう報告している。「こうした小競合いで、かれらは突っ込むのを避けた。かれらは殺そうとはしなかったからだ」、と。ベネチア大使は、「かれらはそれ以上危険な騒動を避けようとして、これらの終末を慎重に取り扱っている」と書いている。「その結果多くの損害がでた。双方とも非常に多くの者が負傷した。ある者は手、ある者は腕を斬り落とされ、また他の者は顔の片面を削ぎ落とされ、非常に多くの者が傷を負った」。*C. S. P. D., 1641-43*, pp. 216-7. Manning, *op. cit.*, pp. 84-5. Gardiner, *op. cit.*, X, pp. 121, 374.

(28) Manning, *op. cit.*, p. 85.

(29) 'A True Relation of the Most Wise and Worthy Speech Made by Captain Ven', 1641, quoted by Manning, *op. cit.*, p. 86.

(30) 下院の指導者たちはロンドン民衆の支持を必要としたので、群衆を直接規制しなかったが、できることなら国王と秩序派を暴力行為に駆り立てたくなかった。それゆえ、ロンドンの指導者たちのうち下院の指導者と提携する者は、群衆の扇動よりもむしろこれを鎮静させることに従事していた。ベンはチープサイドで群衆に会い、こう語った。「紳士諸君、わたくしは諸君が平安静穏であり、各人が家に帰るよう懇願する。諸君は、諸君が自らなしうるか、なすであろうと同じくらい、われわれが諸君のために力を尽くそうと構え、諸君の正しい苦情を取り除く用意をする考えのあることを見出すであろう。諸君が喜んでわれわれにそうすることを示すように、そのようにわれわれは生命を賭けて喜んで諸君の救済を心がけ、かつ用意しよう。それゆえ各人平穏に家に帰られんことを願う。乱暴で騒々しいということは諸君について言われることであるまい。諸君は、手中に握る主張を進める際、諸君の係わるあらゆることに慎重であることを身をもって示すであろう。正しいこと万事について、力の及ぶかぎり諸君を支持すべく構えているわれわれに、その主張する目的を任せてほしい。そこである者がこう叫んだ。『しかし市長がウェストミンスターで拘禁したわが同胞のためにわれわれは何をなすべきか。かれらが罰せられる以前に、われわれは精根が尽きてしまうであろう』」。ベンは、ウェストミンスターで拘禁された人たちの釈放を下院がすでに保証したと答え、されにこう述べた。「もし市長が誰かを拘禁したとしても、諸君が静かにして、わたくしの言うことを聞き入れるなら、かれらが一人一人釈放されることをわたくしは請け合おう。わたくしは元気を回復ししだい直ちに市長のもとへ行き、かれらを釈放させよう。ただし、諸君が家に帰り、けっしてどこへも行かないならばだ」。*Ibid.*

(31) *Ibid.*, pp. 86-7.

(32) Gardiner, *op. cit.*, X, p. 122. 主教たちはこう抗議した。「自分たちは光輝ある議会で奉仕するために登院する途中、多数の民衆に数度にわたって暴力で脅され侮辱され襲撃され、最後には追い立てられ、生命の危険に曝された。これらの詳細について両院に数回苦情を申し入れたが、救済も保護も見出すことができない…。陛下があらゆる侮辱、卑劣および危険からいっそう自分たちを安心させるまで、自分たちは敢えて上院の議席につくことや投票することをしない」。Manning, *op. cit.*, p. 87.

(33) *Ibid.*

(34) *Ibid.*, p. 88. *C. S. P. D. 1641-43*, pp. 216-7. Gardiner, *op. cit.*, X, p. 124.

(35) Manning, *op. cit.*, pp. 88-9.

(36) 市会は、「今後そのような、あるいは同様な騒然たる集会のすべてと、騒動叛乱を好む者全員を、将来（力を尽くして）防止し抑圧するための最大の努力」を約束して、「最後に…あらゆる罪過ある者、かかる騒動の張本人どもはなんぴとであれ、逮捕尋問され、法律によって至当の処罰を受けるであろう」と述べた。次いで市会は、見張りと警備の継続という市長命令に従わなかった廉で市民を、そして騒動の際に集合せよという市長の召集命令に応じなかった廉で民兵団を、譴責する手続きを進めた。市会は、「この市会の各メンバーが…遂行すべき義務と奉仕を今後誰かが無視するなら…また今後とも当シティ内またはシティの諸特権地区内で試みられる騒乱、叛乱的集会の抑圧防止に最善の努力を傾けないなら、その罪に問われた人や人びとは至当な処罰を受けるであろう旨を、メンバー各自の管区に弘布するであろう」ことに同意した。*C. S. P. D. 1641-43*, pp. 238, 235. Manning, *op. cit.*, p. 89.

（37）Manning, *op. cit.*, p. 90.
（38）*C. S. P. D. 1641-43*, pp. 215, 218, 237. Manning, *op. cit.*, pp. 90, 94, 95.
（39）*C. S. P. D., 1641-43*, p. 237.
（40）Manning, *op. cit.*, pp. 95-6. Pearl, *op. cit.*, p. 224.
（41）Manning, *op. cit.*, p. 96. *C. S. P. D. 1641-43*, pp. 239, 240. Clarendon, *op. cit.*, I, p. 534.
（42）Manning, *op. cit.*, pp. 96-7. 'A Letter from Mercurius Civicus to Mercurius Rusticus', 1643, in *Somers Tracts*, 16vols., 1748-52, repr. 1965, IV, p. 590.
（43）Manning, *op. cit.*, pp. 96-97. *C. S. P. D. 1641-43*, p. 241. 'A Letter from Mercurius Civicus to Mercurius Rusticus', 1643, in *Somers Tracts*, IV, p. 590.
（44）Manning, *op. cit.*, pp. 97-8. 'A Letter from Mercurius Civicus to Mercurius Rusticus', 1643, in *Somers Tracts*, IV, pp. 587-8. *C. S. P. D. 1641-43*, p. 245.
（45）Manning, *op. cit.*, p. 98. クラレンドンはこう書いている。「国王が最善の状態にあることを願った人たちも、その際ホワイトホールから国王が撤退することを悲しみはしなかった。というのは、民衆のすべてを有頂天にした無礼さかげんと、全般に民衆の心に注ぎ込まれた宮廷、いや国王の人格にさえ向けられた憎悪の念は、なんとも表現できないていのものであったからである」、と。Clarendon, *op. cit.*, I, p. 536. 群衆は見捨てられたホワイトホールの宮殿の前を通ったとき、「国王とかれのキャバリアーどもはどうしたろうか」と冷やかした。*Ibid.*, I, p. 537. *C. S. P. D. 1641-43*, pp. 252, 254.
（46）Manning, *op. cit.*, p. 90. 当時の人びとは、ロンドンの住民を三階級に分けて意識していた。トップには、外国貿易や国内取引きの卸売りを営む大商人、小売商店主、中間には徒弟奉公を終えて手仕事や熟練を要する技能職に従事していた手工業職人、底辺には熟練した技能ではなく労働を売る労働者や、ドックで貨物の揚げ降ろしをする仲仕や、ドックへ、またドックから物品を運ぶ荷馬車の御者や、ロンドンの主要な交通動脈であったテムズ河の渡し船の船頭たちがいた（職業ではなく富によって分類される場合、小売商店主の大部分は中間層に入った）。徒弟たちがデモで非常に大きな役割を演じたことは、あらゆる記述からして殆ど疑う余地がない。議会じたい、群衆を「少年たち、徒弟たちの集団」と描いている。徒弟は、世帯を構えておらず、主人の世帯内で奉公していたので、かれらはその出自と職業では中間層に属した（かれらはしばしば最下位の階層として取り扱われがちであったが）。だが、グループとしての徒弟は、奉公が終了したとき、自分の店をもつ手工業のマスターとして自立するために、また資金集めの際に経験するであろう諸困難のために、さらには成功せず賃金取りの職人として生涯を送らねばならぬことを知っていたために、落ち着きがなかった。*Ibid.*, p. 91.

（47） *Ibid.*, pp. 90-1. 群衆が宗教的急進主義に鼓舞されたことは疑う余地がない。カトリック教徒への恐れと反僧職者主義の感情も、民衆に力を与えた。ウィリアム・スミスは、カトリック教徒への恐れが紛争の原因の一つであり、指導的カトリック教徒の逮捕が騒乱を静めるのに与って大いに力があるであろうと下院で語った。*Ibid.*, p. 94.

（48） デモの同情者も、群衆の中に尊敬できないような輩が含まれていたことを認めた。リリィはこう書いている。「若干の著しいばか者やその他の者が折々群衆の間に混じり、まじめな人びとを大いに不利にした」。また「泥棒、火つけ犯人が略奪のために紛れ込んだ」。Manning, *op. cit.*, p. 90.

（49） Quoted by Manning, *op. cit.*, p. 91.

（50） ダッドリ・ディグズはこう書いている。「無秩序の中にもある種の規律があり、与えられた合い言葉にもとづいて、騒乱は命令で準備されていた」。「しかし、これら多数の人びとがあのように無秩序にやって来て、しかも数名の人の一言または手招きであれほど簡単に引き返し解散したのはどうしてか、世間の人たちに判断させよ」。Manning, *op. cit.*, p. 90.

（51） 証拠としては、議会を恐れさせた騒乱をベンが組織したという証拠があるにすぎない。だが、ベンはコーニーリャス・バージスと同様に、群衆を静めてかれらに解散を説得した。多くの人びとが「騒然とした無秩序の不法なやり方」を非難していたからである。*Ibid.*, p. 92. ヒドラとは、ヘラクレスに殺された、九つの頭をもったヘビのことで、‘many headed monster’を意味したといえる。リン・ハント著、松浦義弘訳『フランス革命の政治文化』（平凡社、一九八九年）一二八頁参照。

（52）*Ibid.*

（53）*Ibid.*, p. 104.

（54）Clarendon, *op. cit.*, I, pp. 541-2.

（55）Manning, *op. cit.*, pp. 104-5, 171-2. *Three Petitions. The One, Of the Inhabitants of the Towne of Colchester: The other Two, Of the County of Essex*, 20 Jan. 1642, B. M., E. 134 (13). 地方からの請願についてはcf. A. Fletcher, *The Outbreak of the English Civil War*, 1981, Chapter 6. 若原英明『イギリス革命史』（未来社、一九八八年）第三章第七節参照。

（56）Quoted by Manning, *op. cit.*, p. 106.

（57）*C. S. P. D. 1641-43*, pp. 281-2. D. Gardiner ed., *The Oxinden Letters 1607-1642*, 1933, pp. 272, 285, 286, 300. ベネチア大使はこう書いている。「これら無知な輩は、これらの災難は主教とカトリック教徒の上院議員が議会に議席をもつせいだと、騒乱から利益を得る人びとから説きつけられた」。Manning, *op. cit.*, pp. 106-7.

（58）ピムは「下層民衆の騒乱と暴動」の危険について上院にこう警告した。「日々その稼ぎの大部分を費やして生きている大多数の者が就業している織布その他の製造業の販路の悪化が、その原因である。もし就業しなければ非常に短時間のうちに、かれらは大窮境に陥るであろう。困窮と欠乏以上に厳しくかつ鋭く圧迫するものはない。買うことのできないものをかれらは奪い取るであろう。同様な困窮がかれらから始まり、耕作者たちに急速に拡まり、同じ悲惨と悲嘆に万人を巻き込むであろう、もし防止されなければ」。Manning, *op. cit.*, pp. 107-8.

（59）*Ibid.*, p. 108.

（60）*Ibid.*, pp. 109-10.

（61）*C. S. P. D. 1641-43*, p. 278.

(62) Clarendon, *op. cit.*, I, p. 552.

第Ⅱ部　ロンドン民衆および新型軍兵士の政治化とレベラーズ

第四章　「ロンドン大闘争」とレベラーズ

はじめに

第一部では、ロンドン民衆の政治的動向に視座をすえて、長期議会開会（一六四〇年一一月）から内戦勃発（一六四二年八月）に至る政治過程を跡づけることによって、主教制の打倒という大義のために立ち上がった宗教的急進主義者（セクト）を核とする群衆の出現が、国王派と議会派の党派形成に与かって大きな力をもったことを明らかにした。では、内戦の期間には、中層・下層民衆はロンドンや軍隊でどのように政治に係わったであろうか、また影響力を与えたであろうか。

内戦勃発後、宗教上の争点が闘争においてますますウェートを占めることになり、議会派内部の分裂、つまり「長老派」と「独立派」との対立を生みだした。しかし、宗教上の分界線と政治上のそれは必ずしも一致しなかった。つまり、政治的な保守派＝政治的長老派は、宗教的な信念では必ずしも長老派とはいえず、また逆にすべての政治的な急進派＝政治的独立派が宗教的な独立派であるとは限らなかった。政治的長老派（和平派）を特徴づけていたものは、できるだけ早く国王と和平して国王を復位させたいという考えであり、既存の身分制的階層秩序に対する脅威（軍隊やセクトの中にはそうしたものがあるとかれらは思っていた）には鋭く反応した。一方、政治的独立派（抗戦派）は、原則的というよりも戦術の面で政治的長老派と意見を異にする右翼から共和主義の左翼に至るまで、多種多様であった。かれらは国王に対するいかなる譲歩にも反対し、軍隊を同盟者とした。[1]

しかしながら、国教会の主教制度を廃止した後に打ち立てるべき新たな教会統治機構の問題を主要な係争点として、革命がピューリタン革命としての性格を深めていくとともに、政治的な党派対立は、なによりもまず、長老制教会体制の確立と会衆組織のあり方をめぐる宗教的対立として現われる。そして、教会改革問題の審議を託されたウェストミンスター宗教会議がその解決に失敗した結果、論争の舞台は、議会と宗教会議から事実上ロンドンに移るが、それとともに論争の性格が大きく変化する。本章では、議会と宗教会議が採択した宗教政策の特徴、これをめぐるロンドンの動向[2]を明らかにすることによって、一六四六年六月に宗教的急進主義者を中核的な担い手とするレベラー運動が突出するコンテクストを考案する。

一　ウェストミンスター宗教会議の動向とロンドン民衆

イギリス革命における宗教上の長老派（長老教会派）は均質のグループではなかった。かれらは、教会の規律と全国的統一組織を必要と考えた点で一致したけれども、「傷つきやすい良心者」（"tender consciences"）のために信仰の自由が許容されるべきか否か、聖職者が破門権を独占すべきか否かなどのイシューについて意見を異にしていた。すなわち、かれらの主流は、一定限度の寛容を承認し、教会事項を議会が統制するエラスティアン的な長老制の樹立を志向する穏健グループであったけれども、一六四三年九月二五日に『厳粛な同盟と契約』（"A solemn league and covenant for reformation and defence of religion, the honour and happiness of the King, and the peace and safety of the three kingdoms of England, Scotland and Ireland"[3]）が成立して以来、ロンドンにはスコットランド流の厳格で権威主義的な高長老制（"High Presbyterianism"）の樹立を要求する過激グループの一大勢力が存在した。[4]

ところで、主教制国家教会体制廃棄後の教会再建構想の検討と立案は、一六四三年六月一二日の条令で設置されたウェストミンスター宗教会議（ウェストミンスター寺院を会合場所にした宗教会議）に委ねられたが、この会議で主導権を握ったグループは長老教会派の穏健グループであり、[5] かれらの提示したプランは、一定限度の寛容に基づく長老教会派と独立教会派の「調停」であった。「調停」の意図は、国家教会教区体制の枠組の中で独立教会派会衆の存在を許容することによって、ピューリタン（長老教会派と独立教会派）のまとまりを壊さずにセクトを孤立させ、セクトの活動を効果的に取り締まることにあった。[6] しかし、この「調停」の試みは徒労に帰し、激烈な論争を引き起こす結果をもたらした。はじめに、その主要な経緯を跡づけておこう。

ウェストミンスター宗教会議が「調停」プランを打ち出したのは、一六四三年一二月二三日の『人びとに教会へのさらなる結集を思いとどまらせるための若干の考慮』（"Certain Considerations to disswade men from further Gathering of Churches"）[7] においてである。この宣言書は、スティーブン・マーシャルによって草され、二一名のイングランド聖職者委員の署名を得て、宗教会議へ提出された。二一名の中には、長老教会派穏健グループのリーダーのほかに、まもなく"Five Dissenting Brethren"（「意見を異にする兄弟たち」）と呼ばれることになる独立教会派の指導者も含まれていた。[8]

ところで、『若干の考慮』は、教区を離れた会衆教会の設立に関して、ただ「時宜を得なかった」と論じることにより、教区教会からの分離が合法でありえることをほのめかすことで、独立教会派の支持を取りつけた。それゆえ、この宣言書が宗教会議において激論のすえ承認され、宗教会議の権威でもって発表されたことは、独立教会派の勝利を画する一方、分離教会の全面的禁止を要求するロンドン聖職団の長老教会派過激グループにとっては敗北を意味した。[9]

しかるに、宗教会議の独立教会派の指導者トーマス・グッドウィン、フイリップ・ナイ、サイドラック・シンプソン、ジェリマイア・バローズ、ウィリアム・ブリッジの「意見を異にする兄弟たち」は、それを不安定で限定的な勝利であると感じて、数日後に、会衆教会の存在の権利を擁護する『弁明の陳述』("An Apologeticall Narration, humbly submitted to the Honourable Houses of Parliament")[10]を作成して宗教会議のメンバーに配布し、一六四四年一月に議会へ訴えた。この三二頁のパンフレットは、「独立教会派と長老教会派の間の論争の口火を切った」「一種の宣戦布告」となった。それが宗教会議の枠をこえて議会へ提出されたために、これを契機として、議会の中から、さらには国民の中から、長老制国家教会体制を批判するパンフレットが次々にあらわれ、いわゆる「寛容論争」が展開するに至ったのである。[11]

教会統治と寛容の問題をめぐって危機が深化する情況の下で、宗教会議での審議は遅々として進展しなかったが、[12]一六四四年九月一三日に至って下院は宗教会議の提案した「調停」プランを満場一致で採択して、調停委員会の設置を決定した。調停委員会の目的は、教会統治をめぐって宗教会議の聖職者の間に生じていた対立を調整することにあり、どの程度の寛容が認められるかを決定することにあった。しかし、議会による調停はたちまち暗礁に乗り上げた。というのは、調停委員会において独立教会派が、教区境界線をこえる自由、分離主義や異端のタームで色分けされていた分離教会で集会する自由を要求したからである。一一月一日、これらの要求に驚愕した長老教会派は、ニューカースルにおけるスコットランド軍の勝利に力を得て下院に圧力をかけ、調停委員会を解散させた。[13]

こうした宗教政策をめぐる混乱情況の下で、ロンドンに諸セクトが大量発生したため、[14]これに対する措置が講じられた。すなわち、一一月一五日に下院は、シティ教区における俗人説教を禁止して、「叙任された聖職者以外の者がだれ一人として、ここかしこの改革された教会で説教することを禁ずる。ただし、牧師職をこころざし、両院から任命された者によってその賜物を審査される許可をうけた者は、これを許す」という聖職者叙任の暫定処置を可決した。けれども、この決議は翌年四月二六日に至るまで法令にならなかった。ようやく成立したこの法令[15]の意図は、セクトの俗人牧師を独立教会派の叙任された聖職者から区別して切り離すことによってセクトの活動を取り締まることにあったが、この「調停」政策も効果的でないことが判明した。[16]

ところで、議会の「調停」政策は次のような前提と戦略に立脚していた。すなわち、教義に関して独立教会派はセクトと一致する以上に長老教会派と一致しえるということが、「調停」の前提であった。したがって、長老制国家教会の教区体制の枠内で一定限度の寛容を基盤にして、なんらかの方法で長老教会派と独立教会派の一致を維持することによって、セクトを独立教会派から切り離して孤立させ、セクトの活動を禁圧することが「調停」の戦略であった。[17]こうした前提ないし戦略が誤っていたゆえに、「調停」は挫折するのであるが、その結果生じた混乱の下でセクト勢力が増大していたロンドンでは、スコットランド流の高長老制を支持する聖職者と市民の集団行動が高揚することになる。次節では、第一次内戦期のロンドンと議会の関係をみることにしよう。

二　保守的市民の大衆請願

内戦勃発以後、ロンドン市当局（市長、市参事会、市会）は、議会へのアピールを市当局の管轄権に直接関係するイシュー（たとえば市の民兵問題）に限定し、国家レベルの政策決定には積極的にコミットしなかった。[18]しかし、一六四五年五月三一日に国王軍がレスターを攻略した直後に、ロンドンの市民集団が市会へ請願書を差し出したとき、市当局は請願者たちに同調し、革命の政治過程に影響を及ぼす試みを再開した。すなわち、市会が市民の請願書を議会へ提出する慣例はなかったのに、市会は市民の請願内容を部分的に改めて公式の請願書を作成し、[19]六月四日に市参事会員ジョン・フォークの手で下院へ提出させた。このシティ請願書は、国王軍のロンドン進撃について危惧を表明したのち、東部連合軍指揮官にクロムウェルを任命することなどを要望した。[20]

ロンドン市当局が請願書の形式で市民の要望を表明し、下院の未決事項に触れたことは、議会の政策決定特権の侵害を意味した。しかるに下院は、「議会が政策を立てるべき事項が現在未決のままゆえに、かれらに感謝の意を表することを決め」て、シティ請願書を受理し、さらにこの請願書を上院へ提出することを承認した。それゆえ、市当局の代表委員は両院で発言する機会をもち、首尾よく目的を達した。(21) この成果に勇気づけられ市民たちは、同年秋には市会を通じて議会の宗教政策に反対する請願書を提出して、議会の政策決定特権に挑戦するに至る。次に、その政治過程を概観しよう。

すでに一六四五年四月四日、ウェストミンスター宗教会議は、『弁明の陳述』を発表した「意見を異にする兄弟たち」に対して、独立教会派のメンバーから成る委員会を組織して教会統治と寛容に関するかれら自身の案を作成することを命じていた。かれらは不承不承同意したが、プランの作成に従事していることを口実に、数ヵ月間宗教会議から事実上退き、できるかぎり検討を引き延ばしたあげく、プランを提出しなかった。それゆえ、こうした独立教会派の人びとの態度は、「調停」の試みがむだであることを明らかにした。(22)

そうした情況下の九月に、ロンドンでは、高長老制を支持する市民の集団が、教会統治体制の解決が遅れていることへの不満を表明するために請願行動を組織した。かれらは、請願の重みをつけるために、『厳粛な同盟と契約』の支持者たちの署名を集める行動も起こした。請願書は区、教区を回覧され、署名者は「身分《クオリティ》」の記入を求められた。(23) このキャンペーンを聞知した下院は、議会の名誉を汚辱する行為であると表決し、請願書の回覧をやめさせるよう市長に命じた。このように下院が六月請願の場合と違って態度を硬化させたために、市民たちはもっと直接的な行動に訴えた。すなわち、九月二三日の朝、かれらは王立取引所の柱やシティの城壁に貼札を掲げ、「最も忌まわしい教理が取り締まられず、われわれの宗教の中傷となるほどに毎日唱えられているので、いくらかのキリスト教徒は、契約にしたがって約束された教会統治体制が確立されるまでどんな税も支払わぬことを欲している」と脅した。[24]

一六四五年四月から七月にかけて独立教会派の指導的なメンバーが宗教会議を事実上退いていた機会に乗じて、宗教会議では長老制教会体制についての討議が進められた。そして七月二五日、下院は長老制教会の長老選挙に関する決議を採択して、これを上院へ送り、八月一九日に長老選挙法令が両院を通過した。[25]

それゆえ、一〇月に議会は、まずロンドンに長老制を押しつけようとしたが、そのとき高長老制を支持する市民集団が直ちに抗議して両院へ訴えるべく請願書を作成し、市会に提出した。請願者たちは、長老選挙方法について不満を述べ、「神の言葉にしたがって」「真正の教会改革」が達成されるために長老の権限が十分に拡大されること、純粋な教会事項に対する議会の統制が取り除かれることなどを要望した。[26]

この市民請願は教区教会の聖職者たちに支持された。すなわち、一〇月末に聖職団は、長老選挙法令に対する「反対理由と要望」をまとめて市会へ提出した。そしてかれらは、この文書を請願書の形式にして議会へ提出するよう市会に訴えた。そこで市会は、議会への請願内容を検討するために委員会を設置した。一週間後、「宗教事項に関する多くの不幸な対立をひどく危惧」する市民集団が、九月キャンペーンを復活し、請願書を市会へ提出した。[27]

一一月一八日、市会は請願書の提出を決議し、翌一九日、市参事会員ウィリアム・ギブスが市参事会と市会の代表委員団を率いて下院に来た。委員団のスポークスマンたちは下院法廷へ案内された。そこでシティと議会の友好を確認する慣例の演説がおこなわれたのち、ギブスによって一束の羊皮紙（市民の請願書と聖職者の「反対理由と要望」を含んだシティの公式請願書）が議長に提出された。そしてギブスは、シティの区域内で分離主義や異端が危険なほど増大していることを力説し、恒久的な教会統治体制が樹立されていないために生じている数えきれぬほどの悪弊について逐一説明した。[28]

一一月請願が議会に提出されたとき、「議会が政策を立てるべき事項は現在未決のまま」ではなかった。それゆえ、下院は議会の政策決定特権を楯に取って、議会で審議中の事項について時期尚早の意見を立ててはならないと警告し、一一月請願の受理を拒否した。そして、この請願書は「党派」の陰謀の証拠とみなされて審問委員会に付託された。[29]

下院が請願書の受理を拒否したにもかかわらず、翌二〇日に市会の代表委員団が同じ請願書を上院へ提出するためにウェストミンスターへ来たとき、かれらは下院よりもはるかに好意的な返事を受け取ることができた。すなわち、上院は、『厳粛な同盟と契約』に対する支持、「真正の宗教」の基礎固め、信頼の履行のために市当局が払った努力に敬意を表して、議会特権に訴えることなく請願書を受理したのである。[30]

ロンドンにおいて請願行動が起こされていた一〇月三一日に、下院は調停委員会の復活を命じた。しかし、一一月一七日に開かれた調停委員会は失敗に終わった。というのは、この会合で「意見を異にする兄弟たち」が独立教会派のみならずセクトのための幅広い寛容を公然と要求したからである。さらに一二月に、下院は長老教会派と独立教会派およびセクトの非公式の会合を開いたけれども、この折衝も成功しなかった。[31]

こうした情況に力を得て、高長老制を支持するロンドンの市民たちは、九月キャンペーンにならって請願行動を起こし、「同一人物の手で起草された」三項目の文書を各区に送った。区は請願を組織する単位であった。区集会《ウォードモート》において、この文書を支持する説教がおこなわれた。参集した市民は、恒久的な教会統治体制の早急な確立と反寛容を支持して議会へ訴えるよう市参事会員に嘆願した。それから二週間後の一二月二二日にファリントン・ウイズイン（Farrington-Within）区から、市民集団の請願書“To the Right Worshipfull the Alderman and Common Counsell-men of the Ward of Farrington-Within”が市会へ差し出された。[32] さらに一六四六年一月一日にはロンドンの聖職者団から、寛容に反対するレター“A Letter of the Ministers of the City of London, presented to the Assembly of Divines, against Toleration”[33]が市会へ提出された。

一六四六年一月一四日、市会は長老教会派のスイミアン・アッシュの挑発的な説教[34]に引き続いて、市民請願書"Farrington-Within Petition"を下院へ提出する件について討議した。翌一五日、ギブスが代表委員団を率いて、再度ウェストミンスターに来た。かれは、下院において、シティが依然として「主教統治の圧制」下にあるかのごとく正統派聖職者の悪口が言われていること、婦人が説教していること、秘密の礼拝集会（ある教区では少なくとも一一のそれ）が絶えず開かれていることなどを力説して、セクト活動の禁圧と教会統治体制の早急な確立を要望した。そして演説ののち、かれは、"Farrington-Within Petition"と市会の公式請願書を提出した。この一月請願（『寛容に反対する市の請願』）は、「神の言葉と最高に改革された教会の模範にかなった」教会統治体制が速やかに確立され、「ローマ・カトリック教、高位聖職制、分離主義」が許容されないことを訴えた。すなわち、第二次調停委員会の不成功、長老教会派と独立教会派およびセクトとの非公式会合の失敗に力づけられた請願者たちと市当局は、今や議会の「調停」政策に正面から挑戦したのである。かれらは、教区から分離したコングリゲーションの全面的禁止を求めて反寛容を訴え、『厳粛な同盟と契約』にしたがってスコットランド流の教会体制が早急に樹立されることを強く要求したのである。[35]

これに対して下院議長は、宗教問題についての市当局の憂慮を「敬虔な信仰心と説得力に富む」ものとみなして感謝の意を表し、機会をとらえて、「かれらの請願が時宜にかなったものであることを心に留めておく」と答えた。そして翌日、上院も一月請願に好意的な態度を示した。[36]

すでに見たように、一六四五年における議会は、請願という手段や請願の内容を非難することによって、あるいは「侵すべからざる」政策決定特権を楯に取ることによって、市当局から提出された請願書を拒否した。しかるに、第二次調停が不成功に終わったのち、議会は一六四六年一月請願を当惑しながらも受理した。こうした請願に対する議会の態度の転換は、政策決定に市当局が参加介入する先例をつくった（あるいは一六四五年六月の先例に正当性

を与えた。）それゆえ、一月請願は、ロンドンと議会の関係に新たな段階を画したのである。(37)

三　急進的市民の対抗大衆請願

議会が一月請願を受理したことによって、革命の政治過程に対するロンドン市当局の影響力は拡大するに至る。この事実は、一六四六年二月にスコットランド委員が「真正の宗教」を忠実に支持しつづけるよう市当局へ正式に訴えたことにも示されているが、(38)その後の市民行動の展開において明白となる。

一月請願が教会統治体制の速やかな確立と反寛容を要求して以来、議会の委員会でこの請願が検討されたが、三月五日、下院は王国の全州に長老制教会を樹立する法案を可決して上院へ回した。上院では、この法案の特に第一四条、すなわち聖職者による教会員の破門を統制する権限を議会の任命した俗人委員に与える規定をめぐって激論が戦わされた。(39)

三月九日、長老制樹立法案に反対して、一〇〇名をこす市民の署名を付した請願書が市会へ提出された。請願者たちは、教会統治事項に国家の権威をもち込む第一四条を非難して、教会統制の権限が長老会によって行使されることを要求した。そしてかれらは、「神の言葉にしたがって」「真正の宗教」が早急に確立されることを議会に再度請願するよう市当局へ訴えた。(40)市会はこの請願書を委員会の審議に付託した。二日後、委員会は請願書を議会へ提出することを承認した。三月一三日、市当局は慣例を破って請願書を最初に上院へ差し出した。というのは、市当局は下院よりも上院に望みをかけていたからである。(41)けれども、上院は市当局の期待に反して、この三月請願を議会特権の侵害であると表決して受け取ることを拒否し、請願書の内容を下院へ報告した。しかし、上院での決議は満場一致の結果ではなかった。一〇人の上院議員が市当局の肩をもって、議会特権に訴えることに異議を唱えたが、三票の僅差で表決されたのである。この事実は議会特権のイシューをめぐって上院が分裂したことを意味し、これに力づけられて市当局は翌一四日に代表委員団を下院へ送った。けれども、かれらは下院法廷へ通されず、結局ロンドン市選出議員ジョン・グリンの助言にしたがって請願書の提出を諦めた。数日後、市当局との衝突を危惧した議会は、サミュエル・ブラウンを委員長とする両院合同委員を市会へ派遣した。ブラウンは教会統治に関するこれまでの議会の決議事項を伝達し、そして討議がおこなわれた。その際、合同委員は、市当局が請願書を最初に上院へ提出したことを非難して、両院の分裂を企む行動であるときめつけ、市民の署名を付した請願書を検閲のために差し出すよう要求した。これに対して市当局は、議会との衝突を避けるため要求に応じた。[42]

長老制樹立法案は、上院において一〇人の議員が第一四条に反対したため、修正を加えられたのち三月一四日に可決され、そして修正法案[43]が下院を通過した。しかしながら、それはロンドン市当局のみならずウェストミンスター宗教会議の聖職者とスコットランド委員の反対を受けて撤回された。そして、およそ三ヵ月間再審議されたのち六月五日に長老制樹立法令[44]が成立し、六月九日にロンドンでの実施が命令された。[45]この間にロンドンでは、次にみる新たな市民行動が展開していた。

四月一四日、市会は王国に大量発生している分離主義と異端について討議したのち、請願書を作成するために委員会の設置を決議したが、ほどなくもっとラディカルな提案が市会に出された。すなわち、これまでの請願書の多くが議会によって無視されるか、または議会特権の侵害とみなされて拒否されたゆえに、いくらかの市民が、おそらくロンドン市選出議員の助言にしたがって、抗議書の作成を促したのである。「シティの党派はライアネル・コプリィ大佐とエドワード・ハーリィ大佐からサー・フィリップ・スティプルトンの指示を受け取った。それは、請願に訴えるのをやめて抗議書を発表し、税や消費税の支払いを拒否することを死にもの狂いで決意せよという内容であった」。[46]

五月はじめに、市会は、両院へ提出する二通の別個の抗議書について検討を始めた。三日間激論が戦わされ、採択の容易な項目に討議を限定したのち五月二二日に抗議書の内容がまとまった。そして「ジョーンズ大尉とベラミー大尉が上院へ出かけて、それを手渡す時期について議長に相談した。議長は次の火曜日を指定した」。[47]

五月二六日火曜日に代表委員団が別々の抗議書を両院へ提出した。下院宛ての抗議書"To the Commons, the Remonstrance and Petition of the Lord Mayor and Common Council"[48]は、市参事会員ジョン・ケンドリックによって差し出された。それは一七項目から成っており、はじめに、これまでの請願書に掲げられた以下の諸要求が表明された。「秘密の分離教会」が全面的に禁圧されるべきこと。「すべての再洗礼派、ブラウニスト派、分離派、異端者、冒瀆者が訴えられ、また議会によって定められたか定められるであろう公の規律に従わないすべてのセクトが訴えられて、かれらを起訴するためになんらかの有効な方策が打ち立てられるべきこと」。「神の言葉にしたがって」教会統治体制が確立されるべきであること。[49]

さらに抗議書は、「傷つきやすい良心者のために考慮を払う」議会の調停（寛容）政策に対して、「国民契約に反する寛容をセクトに期待させる」結果を招くという理由から攻撃し、「議会によって発布された、あるいは発布される長老制教会統治に不満をいだく者は公職に就くべきでない」ことを要求した。[50]

ところで、下院宛ての抗議書で注目すべきことは、それが宗教問題のほかに国政の基本的事項に触れている点である。すなわち、国王への早急な和平の提案、スコットランドとの連合の維持、アイルランドの再征服が要求されているのである。[51]

ケンドリックによって抗議書が提出されたとき、長時間に及ぶ論議が起こされ、下院は真っ二つに分裂した。その結果、「適切な時期に」考慮すると答えることでようやく意見がまとまった。しかし、市当局の抗議書を考慮する「適切な時期」は見いだされなかった。[52]

一方、上院には市参事会員サー・トーマス・フットが代表委員団を率いて来て抗議書"To the Lords. The Remonstrance and Petition of the Lord Mayor and Common Council"[53]を提出した。かつて市当局の請願に下院よりも上院が好意的であったゆえに、この抗議書は下院宛てのそれに比べて簡潔であり、さほど耳ざわりな表現でなかった。しかし、市当局の期待する返答は上院でも得られなかった。[54]

こうして『シティ抗議書』は議会に承認されなかったけれども、単なる「請願」を乗り越えた「抗議」は、一月請願が切り拓いた視界をさらに拡大して、ロンドンと議会の関係に新段階を画した。なぜならば、この抗議書は宗教事項のみならず国政一般に関する保守的な政策綱領[55]を宣言することによって、「侵すべからざる」議会特権を容易ならぬほど掘り崩したからである。その意味で、『シティ抗議書』は議会の権威に対する挑戦という性格を含んでいたのである。[56]

議会の権威への挑戦は、要求を押しつけるために市当局が用いた幾つかの戦術の中にも認められる。たとえば、一六四六年三月に市当局が、慣行に反して請願書を下院よりも先に上院へ提出したとき、上院は議会特権に訴えるべきか否かをめぐって分裂し、その結果議会の政策決定特権は重大なほど掘り崩された。さらに同年五月、市当局が別個の抗議書を同時に両院へ差し出したとき、この戦術の狙いは議会の特権への訴えを無力にすることであった。というのは、政策決定は両院一体の特権であるゆえに、もし院のどちらかが抗議書を受理するならば、決定的な意味をもつからである。[57]

ところで、一六四六年五月の市当局の抗議書は、議会を分裂させると同時に、ロンドンのキリスト教徒（教会・会衆）を政治的に分裂させ、ここにいわゆる「ロンドン大闘争」（"The Great City Campaign"）が幕開けする。まず、キリスト教徒の政治的分解のイニシァティブを担った高長老派（"High Presbyterians"）についてみよう。

高長老制を支持する保守的な勢力がロンドンにおいて台頭した理由としては『厳粛な同盟と契約』によるスコッ

トランドの影響力[58]をあげねばならないが、この影響が浸透しえた背景には、セクトの大量発生という事実があった。すなわち、高等宗教裁判所の廃止と、内戦勃発による団結の差し迫った必要性のゆえに、第一次内戦中に分離教会は妨害を受けずに驚くほど自由を享受し、この事態は「調停」政策がもたらした混乱情況の下で助長された。[59]それゆえ、秩序崩壊への恐怖から、宗教的長老派と政治的長老派が、教会問題でなく政治的課題の下に統一しはじめたのである。

諸セクトの大量発生と教区組織の崩壊は、伝統的な教会制度を掘り崩し、市統治の安定を脅かした。それゆえ、純粋な教会改革に関心をもつ聖職者のみならず、安定した市統治を望む保守的な市民大衆は、高長老制に特徴的である「厳粛な」規律、あるいは「選出された」俗人長老（教区の資産家）による支配という観念にとりわけ惹きつけられた。そこでかれらは、分離教会の禁圧と統一教会の早急な確立を要求する組織行動に結集し、一六四五年一一月および一六四六年一月の請願書で高長老制のプログラムを掲げ、一般に高長老派（"High Presbyterian Party"）として知られるに至ったのである。[60]

こうした保守的な市民大衆（長老教会派と政治的長老派の連合勢力としての新しい長老派＝「高長老派」）の攻勢の下で、独立教会派と諸セクトは自己防衛のために大衆行動の方向へ押しやられる。かれらの論敵トーマス・エドワーズによれば、一六四六年二月末にロンドンの"sectaries"（独立教会派と諸セクト）は、一月請願を提出した「市会に対抗する」請願書を議会へ差し出すために会合を開いたが、この会合において、「署名を集めるため請願書を分離教会のいくつかの集会に送り、すべての参加者の署名」を含めて四万人ないし五万人の署名を集めることが提案された。請願書の提出は実現しなかったけれども、後述のごとく同年六月二日には『シティ抗議書』に「対抗して」二万人の署名を付した請願書が下院に差し出される。また同じくエドワーズによれば、一六四六年三月一七日に両院合同委員員が市会へやって来たとき、独立教会派は「シティのすべての地区および郊外から」集まったかれらの支持者たちに示威行動を組織させた。そしてかれらは、午後四時から九時まで、ギルドの「ホールでいくつかのグループにかたまって」、「多数の敬虔な正統派キリスト教徒」と寛容問題について論議した。[61] このように、すでに一月請願以後、ロンドンでは広範な大衆を巻き込んで市民の対立が進行していたが、そうした事態は以下に見るごとく、『シティ抗議書』の提出を契機にして、市民大衆の直接対決という様相を呈するに至るのである。

『シティ抗議書』は議会へ提出されるまでに少なくとも一ヵ月間市民に回覧されていたが、五月二二日に市会が抗議書の最終形式を討議していたとき、独立教会派と寛容の支持者たちから成る請願集団が市会へやって来て、かれら自身の請願書"A Petition of Citizens of London. Presented to the Common Councell for their Concurrence with, and thankfulness and submission to the Parliament; and that nothing may be done, tending to disturb the Parliament"[62] を同時に議会へ提出するよう要請した。「市長はこのことを聞き知ったとき、法廷を解散した」が、結局請願書を受け取らざるをえなかった。けれども、この請願書は委員会の審議に付託されず、したがって議会へ提出されなかった。[63] こうして市当局の公式な支持を得られなかった市民たちは、六月二日に直接議会へ請願書"The Humble Acknowledgement and Petition of divers Inhabitants in and about the Citie of London. Presented to the Honourable the Commons of England"[64] を提出した。この請願書は、意外にも「寛容」の要求を含まず、「傷つきやすい良心者のために考慮を払う」という議会の調停政策に感謝の意を表した。[65] けれども、二万人の署名を付したこの文書は『シティ抗議書』に対する反撃とみなされ、六月五日までに保守的市民が『シティ抗議書』を支持して、請願書"To the Lord Mayor and Common Councell of London"[66] を作成し、諸区で回覧して六月二三日に市会へ提出した。また六月には八、〇〇〇名をこす保守的な市民大衆が請願書"A Justification of the City Remonstrance"に署名しており、二万枚の写しが印刷されて宣伝用に配布されたといわれる。[67]

こうした大衆動員による保守的市民の攻勢は、より急進的な政治行動が組織される引き金になり、七月七日に

『イングランドの幾千人もの市民と他の自由民の、かれら自身の下院に対する抗議』(“A Remonstrance of Many Thousand Citizens, and other Free-born People of England, to their owne House of Commons. Occasioned through the Illegal and Barbarous Imprisonment of . . John Lilburne”)[68]が出版された。この抗議書は、上院によるジョン・リルバーンの投獄に抗議するかたちをとって発表されたけれども、[69]それは議会の権威に対する市当局の挑戦というコンテクストの中で作成された、急進主義者たちの政策綱領にほかならなかった。つまり、市当局を支持する保守的な市民大衆の抗議書が、長老制教会体制の樹立と、国王との早急な和平の実現を訴えたのに対して、リルバーン擁護の下に結集した市民大衆(「正直な仲間」=“honest party”)の抗議書は、寛容の確立と国王権力の廃止を提唱したのである。[70]それゆえ、ここにロンドンにおける市民大衆の政治的分解は極性を与えられ、セクト攻撃に始まった宗教上の対立は政治闘争へと変換するに至った。

四 「ロンドン大闘争」とレベラーズ

前節で明らかにしたように、セクト攻撃に始まった宗教上の対立を「ロンドン大闘争」に深化させた直接的な契機は、一六四六年五月の『シティ抗議書』であった。なぜならば、この政策綱領宣言によって革命の政治過程におけるロンドンの影響力は一段と拡大し、しかも以下にみるごとく、それは市会じたいの役割と権限の拡大をもたらしたからである。

これまで市会は、議会への請願に際して、市民の不満を代弁するエージェントとしての機能を果たしてきた。すなわち、請願書は、まず市会の外で作成され、審議に付すべく市会へ提出された。市会は請願内容に忠実にコミットして、議会に公式の請願書を差し出した。しかるに、今や『シティ抗議書』はそうした手続を突破した。というのは、『シティ抗議書』は、高長老派による保守的市民の大衆動員[71]に支えられて市会じたいによって作成され、しかもその内容は政策綱領の宣言であったからである。ここに、市会は市民全般のエージェントとしての機能、いわば中立性のみせかけを捨て、保守主義の政策綱領を支持して結集した「シティの党派」＝"High Presbyterian Party"の牙城として立ち現われるのである。[72] そのため、六月から八月にかけて、プライスたちは自己防衛のためにパンフレットで反撃した。[73] しかし、「シティ抗議書に対抗する」請願集団を組織したのは、つまり教会問題でなく政治的課題で統一するための綱領を対抗して提示できたのは、「最高位の独立派」（独立教会派の聖職者と政治的独立派のリーダーたち）ではなく、[74] セクト勢力のいわば政治的別動隊として登場した「レベラー」であった。[75] 次に、レベラーと諸セクトおよび独立教会派との関係をみることにしよう。

大衆請願を組織し推進した、のちにレベラーと呼ばれる三人の指導者は、それぞれロンドン市民大衆の中に独自の接触範囲をもっていた。ウィリアム・ウォルウィンは、寛容をめぐるロンドンの政治的対立と、良心の自由の擁護を通じてセクト勢力の味方となり、高長老派に猛烈に反対した。[76] かれは根深い反聖職者意識の持ち主であり、宗教的教条主義に懐疑的であった。かれは一六四六年に、エドワーズにこう語っている。「わたくしは貴殿が分派だと呼ぶこれらの善き人びとと交わってはいない。しかし、わたくしは、正しくかつ公共善に役立つと判断することに関しては、かれらと一緒に心と手を合わせる」と。かれは、独立教会派に属してはいなかったが、ロンドンの政治的独立派の理事会ともいうべき民兵小委員会が塩商会館で開いた会議には必ず出席していた。[77]

ジョン・リルバーンは、エドマンド・ロウジァのセパラティスト教会の会員であり、パティキュラー・バプテスト派教会の中でも個人的によく知られており、ロンドンのセクト勢力の中に強い個人的な結びつきをもっていた。かれの最も親しい友人や仲間としては、チドレー母子（キャサリン、サミュエル）、デュッパ教会のデービッド・ブラウン、セイバイン・ステアズモア、サザァクの最も重要なセパラティスト教会の牧師サミュエル・ハイランド、ベアボーン教会のジョサイア・プリメイト、ウィリアム・キッフィン、ポール・ホブソン、セパラティストの印刷屋ウィリアム・ラーナーなどがいた。リルバーンは、軍隊から復員して以来、ロンドンのセクト勢力のまさに中心に立っていた。[78] つまり、かれは、すでに一六四五年から一六四六年にかけて、ラスベリーの居酒屋「風車亭《ウインドミル》」でセパラティスト仲間と習慣的に会合を開いており、世俗の政治綱領をかれらの運動に与えていた。[79]

リルバーンの逮捕後、かれの裁判闘争を支持して風車亭に結集したセパラティスト集団は、レベラーズ組織の強固な核となる人たちである。風車亭のセクト勢力はちっぽけな集団であったけれども、一六四六年の後半には、五月の請願で二、〇〇〇人の署名を集めた塩商会館の政治的独立派（少なくともその左派）と結びつくことによって大衆行動への展望を切り開いた。この点は、風車亭の集会から提案された請願書が塩商会館の政治的独立派の主要なサークルで討議されたことや、政治的独立派左派のプライスがかれのパンフレットの中でレベラーズの思想を援用したことに示されている。[80] また、ジョン・グッドウィンのコングリゲーションは、獄中のリルバーンに「必需品を差し入れ」たり、レベラーズのパンフレットをロンドンの外にまで配布した。けれども、両者の親和関係は長く続かなかった。リルバーンの運動は、セクトと独立教会派の間に対立的な傾向を生みだし、そのためレベラーズが計画した請願は流産したといわれる。ウォルウィンは、その理由をこう述べている。「嘆かわしい」請願は、「再洗礼派、ブラウン派のコングリゲーション」と「すべての良心的な人びと」の支援にもかかわらず失敗した。というのは、「グッドウィン師の下の人たちと独立教会派の他の人たち」が「時宜を得ていないと言って反対」したからである。[81] そのために、レベラーズによる大衆請願の企ては、いったん挫折した。しかし、一六四七年一月と二月に下院がセクトを規制しようとして迫害を復活したために再結合のチャンスが生まれ、同年三月ウォルウィンたちは『大請願』（"To the right honourable and supreme Authority of this Nation, the Commons in Parliament assembled"）として政治綱領を提示することによって、大衆的基盤にたつ請願行動を組織したのである。

『大請願』は、保守派市民の請願に支えられたシティ当局の請願（一六四六年一二月一九日）への「対抗請願」として、ロンドンの「正直な仲間」全体のデモンストレーションとして計画された。[82] それは、のちにレベラーズの党綱領となる改革プログラムを掲げたものであり、三月一〇日以後一週間のうちに、署名を得るためにコングリゲーションに配布された。三月一四日、トーマス・ラムのジェネラル・バプテスト派の定期日曜集会に潜り込んだ密告者が、この署名を見つけた。ある青年が「自由意志を証明しようとつとめ」、ラムが説教したのちに、会衆の前列にいたもう一人の男がこの請願書を読みあげ、ラムがその誤りを正した。それから、この請願書に教会員が署名した。この事件は、三月一五日、下院によってエドワード・リィ大佐の査問委員会に付託された。三月一八日、ラムは「多数の良心的な人びと」に伴われて委員会に出頭した。かれらのうち、「この事件に非常に積極的であり」、二年前からオーバートンの仲間であるニコラス・チューと、リルバーンの友人であるタリダ少佐の二人が投獄された。三月二〇日、『大請願』を支持する第二請願が「幾人かの市民」によって提出され、市民の請願権を擁護した。この請願は、三月三〇日付の軍隊への回覧新聞で解説の主題となった。その中で、「請願者とおおぜいの仲間は、かれらの請願を復権させるために毎日下院へ通うだろう」と伝えられていた。多数の市民が、四月三日と五月四日に、その返答を求めて下院につめかけた。二度目のとき、下院は、請願者たちに対して、この請願とその提出方法に賛成しないと答えた。五月二〇日、レベラーズは第三の請願を議会へ提出した。このとき下院は、九四票対八六票の採択によって、請願の焼却命令でもって応え、五月二二日にそれを実行した。[83]

この間、「セイバイン・ステアズモア、サミュエル・ハイランド、デイビス、クーパー、スピトルフィールズのトーマス・ラムの各氏と、その他おおぜいの者がなん週間も続けて絶えず下院に通っていたのに対して、最高位の独立派はお高くとまっており、傍観していた」。[84] すなわち、「最高位の独立派」は超然としており、パティキュラー・バプテスト派の牧師たちも、この運動を明からさまに支持するのを控えていた。[85] したがって、『大請願』と一連の請願運動は、主なセパラティストたちとジェネラル・バプテスト派によって支えられたのである。

ジェネラル・バプテスト派は、オーバートンを通じてレベラー運動にひき入れられ、『大請願』とそれをめぐる運動において中心的な役割を果たしたといわれる。オーバートンは、ジェネラル・バプテスト派のトーマス・ラムのコングリゲーションのチューと一緒にコールマン街で地下出版社を営んでいた。このことからかれらは結びつき、さらにリルバーンやセパラティストの印刷屋ウィリアム・ラーナーと接触するようになった。ジェネラル・バプテストであったオーバートンは、ふつうの本屋では安全に商うことのできないかれのパンフレットを配布するのに、かれの宗派の会員たちをあてにした。そのため、ジェネラル・バプテスト派のサミュエル・フルチャーは、オーバートンのあらゆる「王政に敵対する」パンフレット『ロンドン市の全住民への最後の警告』（"The Last Warning to all the Inhabitants of the City of London." 一六四六年三月二〇日出版）を売ったかどで治安判事のもとに連行されている。[86]

ところで、『大請願』の内容をめぐる急進派内部の討論は激しかった。ウォルウィンとその支持者たちは、根本的な改革綱領を作成して議会に提出しようとした。一方、ロンドンの独立教会派は、「時宜を得ていない」としてこれに反対した。というのは、かれらは、議会における政治的独立派が画策の余地を失った段階の政治的策略として、この請願を考えていたからである。プライスはこう述べている。ウォルウィンの綱領は「それじたい願わしいものであり、（もし達成できたならば）正直な人びとの繁栄とこの国の利益にとって望ましく、希望を与えるものであるけれども」時宜を得ていない、と。[87]しかし、以下にみるようなシティ保守派の攻勢の下で独立教会派は窮地に陥り、その立場はしだいに絶望的なものになっていった。

四月一五日、議会はロンドン民兵隊の支配権をシティ当局に移した。四月二七日、市会は民兵委員会から、ロバート・ティチボーン大佐のような独立教会派会員のみならず、市参事会員ペニントンのような主要な政治的独立派の人たちをも追放した。五月四日、下院は新民兵委員をその役職に追認した。そして、民兵隊からの独立派士官の追放がすぐさま始まり、数週間続いた。このパージの犠牲者は無名のセクトの人びとではなかった。「特定のコングリゲーションに属している」ことを理由に、ジェシー教会のウィリアム・シャンブルック中佐のような著名な人物が指揮権を失った。こうして、三一名の民兵委員は全て長老派によって占められた。[88]

独立教会派にとって、さらに大きな危機があった。それはシティの保守派が新型軍の解散を図っていたこと、あるいは新型軍との武装衝突を画策していたことである。これは、軍隊との同盟をあてにしていた独立教会派にとって大きな衝撃であった。それゆえ、独立教会派は深刻な事態を直視せざるをえなかった。ウォルウィンはこう書いている。「あらゆる立場の人びとの眼が、なん週間も続く請願者に対するこの騒がしい不親切な扱いと、至当で必要な請願書を焼却したことによって」見開かされた。こうして、大請願の内容に反対していたプライスらの「最高位の独立派」は「われわれの動議に賛成しはじめ、かれらとわたくしは互いに少しづつ接近するようになり、合同の会合と討議をもったのである」。[89]この「合同の会合と討議」にもとづくレベラーズの大衆請願は、個人をユニットとする政治参加と、集団的に意思表示される民意を行動原理とする、新しい型の請願であった。

最後に、内戦期の政治過程のうち、とくに一六四六年の「ロンドン大闘争」に焦点を合わせて、リルバーンとかれの仲間（オーバートン、ウォルウィン）が、スローガンや綱領によって世俗的な目標性と規律性をロンドンのキリスト教徒（中層・下層民衆）に与えたコンテクストについて小括しておこう。一六四五年末の第二次「調停」（一定限度の宗教上の寛容を基盤とする長老教会派と独立教会派の調停）の失敗を境にして、宗教的寛容と教会制度の改革をめぐる論争の舞台は、議会とウェストミンスター宗教会議から事実上ロンドンに移り、それと同時に論争の性格が変化した。その起点になったのが一六四六年一月のロンドン聖職者団のレターである。というのは、このレターは、再洗礼派やセパラティストなどの存在よりもむしろ独立教会派じたいの分離行為を標的とし、独立教会派をセクトと同一視して直撃したからである。その結果、宗教論争の基調が「調停」から「対決」に転じたために、論争の内容も、これまでのような教義をめぐる神学的性格を乗り越えて、諸宗派（独立教会派を含む）の分離主義とその実践がもたらす教会無秩序（したがって既存の社会体制の危機）をめぐる社会的性格を色濃くしたのである。

その結果、首都ではトーマス・エドワーズの扇動の下で、高長老派が民衆を動員して分離行為を攻撃したために、宗教上の分裂は「ロンドン大闘争」といわれる政治的な対決へ変質し、深化することになった。しかも、このロンドン反革命の強圧に対して、「最高位の独立派」（政治的独立派の指導者と独立教会派の聖職者）が民衆動員のリーダーシップを担わなかったために、大衆の直接対決という極性が付与されることになった。というのは、自衛のために諸セクトは、対決（政治参加）の原理、イデオロギー、戦略戦術の指示を求めて、リルバーンたちの周りに結集することになったからである。それゆえ、保守的市民・市当局（高長老派）の『シティ抗議書』に「対抗する」『イングランドの幾千人もの市民と他の自由民の、かれら自身の下院に対する抗議』（一六四六年七月）に始まり、保守的市民・市当局の一六四六年『一二月請願』に「対抗する」『大請願』（一六四七年三月）へと深化した、独立教会派と諸宗徒を核とした中層・下層民衆の政治的な連帯行動は、もはや宗教上の争いではなく、ロンドンの寡頭支配者層に対する被支配者層の闘いの様相を呈したのである。その政治運動のリーダーシップ、組織および行動様式の特徴については第三部で考察する。

註（1）アイヴズ編、越智武臣監訳『英国革命』（ミネルヴァ書房、一九七四年）四五～六頁。

（2）革命期のロンドン市制・市政を扱ったわが国の研究には次のものがある。久司慶三「十七世紀におけるイングランドの内乱とロンドン市との関係」（『秋大史学』六号、一九五五年）。浜林正夫「イギリス革命とロンドン」（『商学討究』一四巻二号、一九六三年）。栗原真人「イギリス市民革命期のロンドン市政改革史（一六四〇～一六五三）――その法社会史的研究(一)・(二・完)――」（『阪大法学』一〇一、一〇三号、一九七七年）。坂巻清「一六・一七世紀前半、ロンドンの市制と支配者」（『経済学』四三巻二号、一九八一年）。大西晴樹「ロンドン商人社会の動向とピューリタン革命」（『西洋史学』一二四号、一九八二年）。上田惟一『ピューリタン革命史研究』（関西大学出版部、一九九八年）。イギリス都市・農村共同体研究会編『巨大都市ロンドンの勃興』（刀水書房、一九九九年、第一章、坂巻清「近世ロンドン史研究の動向と課題」）。ロンドンの独立派、セクトを研究したわが国の主要な文献に次のものがある。松浦高嶺「清教徒革命における『宗教上の独立派』――Independencyについての一考察――」（『史苑』二三巻一号、一九六二年）。渋谷浩『ピューリタニズムの革命思想』（御茶の水書房、一九七八年、第四章第一節「『正義と力の調和』――独立派の理論家たち――」）。今井宏『イギリス革命の政治過程』（未来社、一九八四年、第二部第一章「独立派の政治理念」）。山田園子『イギリス革命の宗教思想――ジョン・グッドウィン研究』（御茶の水書房、一九九四年）。大西晴樹『イギリス革命のセクト運動』（御茶の水書房、一九九五年）。

（3）J. P. Kenyon, ed., *The Stuart Constitution 1603-1688*, 1966, pp. 263-6.

（4）V. Pearl, 'London's Counter-Revolution', in G. E. Aylmer, ed., *The Interregnum; The Quest for Settlement 1646-1660*, 1972, p. 31.

（5）一六四三年七月一日に議会によって召集された宗教会議は、一二一名のイングランド聖職者、三〇名のイングランド俗人陪席者（上院議員一〇名、下院議員二〇名）、八名のスコットランド代表委員（聖職者五名、俗人三名）、三名の書記から成っていた。イングランド聖職者委員の大半は、エラスティアンを除いて長老教会主義に好意的であったようであるが、これに反対する独立教会派の委員は、後述の"Five Dissenting Brethren"をはじめ一二名がいた。宗教会議の任務は、議会の提案に応じて、「イングランド教会の礼拝式、規律、統治機構に関する諸事項について、あるいは同教会の教理をあらゆる偽りの中傷や誤解から弁護する問題について協議すること」にあったが、この会議は議会の諮問に答えるのみで、決議権を認められていなかった。松浦高嶺、前掲論文、七～八頁。浜林正夫『イギリス市民革命史』（未来社、一九五九年）一五二頁。上田惟一、前掲書、第六章に詳しい。W. A. Shaw, *A History of the English Church during the Civil Wars and under the Commonwealth 1640-1660*, 2vols., repr. New York, 1974, I, pp. 145, 158-9. G. Yule, *The Independents in the English Civil War*, 1958, p. 34.

（6）M. Tolmie, *The Triumph of the Saints. The Separate Churches of London 1616-1649*, 1977, p. 124. 大西晴樹・浜林正夫訳『ピューリタン革命の担い手たち――ロンドンの分離教会一六一六～一六四九』（ヨルダン社、一九八三年）二三〇頁。トルミーはロンドンに独立教会派の会衆教会が一二存在したことを確認している。*Ibid*., pp. 102-11. 邦訳一九四～二〇八頁参照。

（7）T. C., E. 79. (16).

（8）Tolmie, *op. cit.*, p. 125. 邦訳二三一～二頁。

（9）『若干の考慮』は、議会と宗教会議が「個々のコングリゲーションの権威であると思われるありとあらゆるものを保持し…神の御言葉を心にいだくかぎり、その良心が公の決まりに万事従うことのできない者をもがまんすることに同意」するであろうことを約束することによって、翌年九月に下院で可決されることになる調停条令の考え方を提供した。*Ibid*., p. 125. 邦訳二三二頁。『若干の考慮』が既存の会衆教会に言及しておらず、また分離教会を原理的に否定していないゆえに、独立教会派はこの文書を支持して署名したのである。*Ibid*., p. 125. 邦訳二三一～二頁。

（10）T. C., E. 80. (7), in W. Hallen, ed., *Tracts on Liberty in the Puritan Revolution 1638-1647*, 3vols., repr. New York, 1965, II, pp. 306-39. このパンフレットの中でグッドウィンらは、分離派あるいはブラウニストという非難を避けようと努めた。つまり、教義の上では長老教会派との同一性を強調し、教会組織の面では全国的な統一教会の支配に服するのではなく、個々の教会の自主性を主張して、完全な分離を要求するブラウニズムと統一的な全国支配を主張する長老教会派との「中道」を求めようとしたのである。こういう「中道」の立場、つまり具体的には、個別教会の自主性を尊重しつつ全国的な横のつながりを残し、また個別教会における一般教会員と長老との協力関係をうちたてようとするこの立場が、宗教的な意味において独立派と呼ばれた。浜林、前掲書、一五三頁。独立派については、松浦、前掲論文、今井宏「長期議会における教会改革の問題」（『東京女子大学論集』一〇巻二号、一九五九年）、竹内幹敏「ピューリタンの教会規律と資本主義の精神」（水田洋編『イギリス革命――思想史的研究――』御茶の水書房、一九五八年、所収)を参照。cf. G. Yule, *op. cit.*, ch. I.

(11) Tolmie, *op. cit.*, p. 125. 邦訳一三一～二頁。浜林、前掲書、一五四頁。松浦、前掲論文、八頁。寛容論争については Haller, *op. cit.*, I. 香内三郎『言論の自由の源流——ミルトン「アレオパジティカ」周辺』(平凡社、一九七六年)第二章参照。

(12) cf. Shaw, *op. cit.*, I, pp. 153-68.

(13) Tolmie, *op. cit.*, p. 126. 邦訳一三三頁。Shaw, *op. cit.*, II, p. 37. S. R. Gardiner, *The History of the Great Civil War 1642-1649*, 3vols., 1886-91, II, pp. 12-3.

(14) cf. Tolmie, *op. cit.*, pp. 50-84. 邦訳一〇五～一六四頁参照。

(15) *An Order of Parliament "that no person be permitted to preach who is not ordained a Minister."* T. C., 669. f. 9. (30).

(16) Tolmie, *op. cit.*, pp. 126-7. 邦訳一三三～四頁。Gardiner, *op. cit.*, II , p. 13. ロンドン市長は、ロンドンのセクト牧師の中で最も目だっていたトーマス・ラムとその仲間の一人を即刻試みに取り上げた。ラムは、自分が改革された教会で正当に叙任された説教師であることを理由に、この法令に違反していることを否認した。そこで市長はこの問題を議会の委員会へ付託した。トーマス・エドワーズによれば、このバプテストたちは「しばらくの間引き渡されていたが、その後かれらの幾人かの友人によって釈放された。そして、以前よりもあからさま、かつひんぱんに説教した。そのため、自分たちの法令がこのように無視されているのを黙認していることを議会の委員会が知ったとき、先の市長はもうこれ以上バプテスト派を引き渡しはしなかったし、現在の市長も、それがむだであることを知って、そうしていないのである」。もう一つの有名なテスト・ケースは軍隊で起こった。それは、ニューポート・パグネルの長官サー・サミュエル・ルークがポール・ボブソン大尉とリチャード・ボーモント大尉を平信徒説教の廉で逮捕し、かれらを処分するためフェアファックスの司令部へ送った事件である。この平信徒説教師たちはすぐ釈放され、ニューポート・パグネルに戻った。激怒した長官はその場でかれらを再逮捕し、かれらを議会の委員会までむりやり行かせた。エドワーズはこう書いている。「それがいかなる処置をくだしたのか、わたくしは知らない」。「なんらかの戒めのための処罰の代わりに、今述べたホブソンはまもなく自由となり、ちょうどその次の週の主日にはムア・フィールズ周辺で説教したし…そして週日も主日もそれ以来ずっと説教しているのである」。Tolmie, *op. cit.*, p. 127.邦訳一三四～五頁。

(17) 高長老派のトーマス・エドワーズは、独立教会派とセクトを区別しながらも、統一的国家教会から分離を遂げ、その中で聖餐式を共にすることを拒否している点では両者とも同じであると考えている。独立教会派を含めて、これら一六種類のセクトの「すべてに今日共通しているのは、わが教会から分離し、われわれの公の集会で聖餐式に列することを拒否し、クラシスおよびシノッドの管轄権を否認することである」。Edwards, *Gangraena*, 1, p. 17.上田、前掲書、二八七頁。Tolmie, *op. cit.*, pp. 124, 126. 邦訳一三〇～一、一三三～四頁。

(18) M. A. Kishlansky, *The Rise of the New Model Army*, 1979, pp. 78-9.

(19) *The Petition of the Lord Moior, Aldermen and Commons of London unto the Commons in Parliament*, T. C., E. 286. (29).

(20) そのほかに次の諸事項が要望されている。フェアファックスの軍隊に兵を補充し、フェアファックスに自由行動を許すこと。レスターを奪回するために、遅すぎぬうちに手段が講じられること。スコットランド軍に南下を要請すること。商人のために護衛隊をつけること。国王の手中に陥った港の自由交易を禁止する決議だけでなく、最近おこなわれた国王との交渉の内容を明らかにすること。Kishlansky, *op. cit.*, p. 79. R. R. Sharpe, *London and the Kingdom*, 3vols., 1894, II, pp. 217-8.

(21) Kishlansky, *op. cit.*, p. 79. Sharpe, *op. cit.*, II, pp. 218-9.

(22) Shaw, *op. cit.*, II, pp. 44, 46. Tolmie, *op. cit.*, p. 127. 邦訳一三五頁。

(23) ロンドン市の政治行政上の区分である区（ward）と教会行政上の区分である教区（parish）の編成とロンドン市の統治体制については、上田惟一、前掲書、三～三三頁。栗原、前掲論文（一）参照。

(24) Kishlansky, *op. cit.*, p. 79.

(25) Tolmie, *op. cit.*, pp. 127-8. 邦訳二三六頁。長老選挙法令の内容については*Directions of the Lords and Commons after advise had with the Assembly of Divines for the electhing and choosing of Ruling Elders. For the speedy setling of the Presbyteriall Government*, T. C., E. 297(6). Kenyon, *op. cit.*, pp. 267-9. 法令の成立過程については cf. Shaw, *op. cit.*, I, pp. 194-8.

(26) Kishlansky, *op. cit.*, pp. 79-80. Sharpe, *op. cit.*, II , p. 223. 長老選挙法令によって、ロンドンは一二の長老区に分けられ、また国教会の祈禱書に代わって長老制教会の礼拝規則書が定められた。ロンドン聖職者団が長老選挙法令に反対した根拠はおおよそ以下の五項目であった。長老を選出する団体が指定されていないこと。長老の人数が述べられていないこと。長老になるための資格が定められていないこと。長老の権限が規定されていないこと。長老の任期が定められていないこと。Kishlansky, *op. cit.*, p. 309, n14. 浜林、前掲書、一五六頁。小池正行『変革期における法思想と人間』(木鐸社、一九七四年)、二五頁。上田惟一、前掲書、第七章参照。

(27) Kishlansky, *op. cit.*, p. 80. Sharpe, *op. cit.*, II, p. 223.

(28) Kishlansky, *op. cit.*, p. 78. Sharpe, *op. cit.*, II, pp. 223-4.

(29) 下院は、市政府との衝突を避けようと欲したので、請願書を公式に提出した市よりも、オリジナルな請願文を作成した市民と聖職者に非難攻撃の鉾先を向けた。Kishlansky, *op. cit.*, p. 80. Sharpe, *op. cit.*, II, p. 224. Tolmie, *op. cit.*, p. 130. 邦訳二四〇頁。

(30) Kishlansky, *op. cit.*, p. 80. Sharpe, *op. cit.*, II, p. 224.

(31) Shaw, *op. cit.*, II, p. 48. Gardiner, *op. cit.*, II, p. 373. 非公式会合に出席した独立教会派とセクトの中には、ジョン・プライス（かれはジョン・グッドウィン教会の広く知られた俗人説教師である）、クレメント・ライター、ウィリアム・ウォルウィンがいた。かれら以外のセクト側の参加者の身元は、すでによく知られている独立教会派とセクトの間の会合から推測する以外にない。長老教会派の側では、調停政策の主要な提唱者としてスティーブン・マーシャルの出席が想像できる。マーシャルは、ロバート・ベイリーやトーマス・エドワーズ同様、シーカーズ、反律法主義者、再洗礼派、ブラウン派になんらの好感をもっていなかった。かれの調停政策は、叙任された聖職者である独立教会派を、俗人であるセクト連中から引き離すことができるという前提にたって述べられていた。そして、この目的遂行のためにかれは、セクトにまで寛容の許容範囲を拡大することを第二次調停委員会において拒否しつつも、独立教会派の分離した会衆教会までは寛容の許容範囲を広げようとした。Tolmie, *op. cit.*, pp. 128-9, 145. 邦訳一三七〜八、一六三頁。

（32）そうした行動は広い区域に及んだが、一様に成功したわけではなかった。Kishlansky, *op. cit.*, pp. 80-1. Sharpe, *op. cit.*, II, p. 227. 区総会（wardmote）およびFarrington-Within区については上田、前掲書、三、七〜一七、二六九頁参照。T. C., 669. f. 10. (41).このブロードサイドのボトムには、"like petitions were presented in other wards in London"と記されている。

（33）T. C., E. 314(8).

（34）*Religious Covenanting directed. A Sermon preached before the Lord Mayor and Common Councell of London*, T. C., E. 327. (5).

（35）Kishlansky, *op. cit.*, p. 81. Tolmie, *op. cit.*, pp. 131, 134. 邦訳一四一、一四五〜六頁。Gardiner, *op. cit.*, II, pp. 393-4. Sharpe, *op. cit.*, II, p. 227.

（36）Kishlansky, *op. cit.*, p. 81. Sharpe, *op. cit.*, II, pp. 227-8. 一月請願の内容については*The Petition of the Lord Mayor, Aldermen and Common Councell concerning Church-Government. Presented to the House of Peers*, T. C., E. 316. (20).

（37）Kishlansky, *op. cit.*, pp. 81-2.

（38）*Ibid.*, p. 82.

（39）Gardiner, *op. cit.*, II, pp. 448-9. Sharpe, *op. cit.*, II, p. 233.

（40）Sharpe, *op. cit.*, II, p. 233. Kishlansky, *op. cit.*, p. 82. Gardiner, *op. cit.*, II, p. 449.

（41）三月請願が最初に上院へ提出された理由は二つあった。第一に、世俗委員を任命する法案がすでに下院を通過しており、上院では未決であったこと。第二に、一六四五年一一月と翌年一月の請願書に対して下院よりも上院のほうが好意を示した（議会特権に訴えずに請願書を受け取った）ゆえに、市政府が上院に望みをかけていたこと。Sharpe, *op. cit.*, II, p. 233. Kishlansky, *op. cit.*, pp. 82-3.

（42）Kishlansky, *op. cit.*, pp. 83-4.

（43）*An Ordinance of Parliament for Keeping of Scandalous persons from the Lords Supper and supplying of Defects in former Ordinances concerning Chrch Government*, T. C., E. 328(5).

（44）*An Ordinance of Parliament for the present setling of the Presbyteriall Government in the Church of England*, T. C., E. 340. (4).

（45）Kenyon, *op. cit.*, p. 257. Gardiner, *op. cit.*, II, pp. 448-9. Shaw, *op. cit.*, I, pp. 204, 205, 297. Sharpe, *op. cit.*, II, p. 233.

（46）Kishlansky, *op. cit.*, pp. 85, 311. n. 45.

（47）*Ibid.*, p. 86. Pearl, *op. cit.*, p. 36. ジョーンズ大尉は一六四七年春にロンドン民兵委員に任命される。ベラミーは、一六四一年に市会議員に選ばれて以来急進派の積極的な指導者であり、一六四二年のシティの重要な委員会ではウォルウィンの仲間であった。一六四三年九月に国王派の『宮廷ニュース』（"Mercurius Aulicus"）で、かれの本屋が「ブラウニストの巣窟」であると非難されている。しかるに、かれは一六四四年の半ばに高長老派であるトーマス・エドワーズの『返答』（"Antapalogia"）を出版した。それ以後、かれはセクトや独立教会派に反対する強硬路線の支持者であった。コーンヒルのスリー・ゴールデン・ライオンズにあるかれの本屋は、熱狂的な長老教会派のロンドンにおける最もよく知られた集合場所の一つであった。かれは、かつてジェイコブ教会の会員として教区教会を脱退した人物であったが、リルバーンは『ロンドンの特許状』（"The Charters of London."一六四六年）でベラミーのことを「風見鶏の親戚」と述べている。Tolmie, *op. cit.*, p. 126, 141, 226. 邦訳二三六、二五七、四〇四頁。

（48） T. C., E. 338. (7).

（49） Kishlansky, *op. cit.*, pp. 134-5. 邦訳二四六～七頁。

（50） この提案の最大の標的は政治的独立派（抗戦派）たる新型軍将官であった。また、この提案はすでにロンドンで実践されていた。つまり、一月請願のあと、市会は『厳粛な同盟と契約』への再署名を拒否した二名の議員を公職から追放した。Kishlansky, *op. cit.*, pp. 87-8.

（51） *Ibid.*, pp. 86-7. これらの事項のほかに、ロンドンに密接に関係する具体的な不満の解決（貸上金が国王派の没収所領の売却によって支払われること、金銭調達委員会Haberdashers'Hallが解散されるか規制されることなど）が要求されている。Pearl, *op. cit.*, p. 35.

（52） Kishlansky, *op. cit.*, pp. 86-7. Tolmie, *op. cit.*, p. 135. 邦訳二四七頁。

（53） T. C., E. 339. (1).

（54） Tolmie, *op. cit.*, p. 135. 邦訳二四七頁。Kishlansky, *op. cit.*, p. 87.

（55） 市政府は、保守的な政策綱領を宣言することによって、下院のデンジル・ホリス、サー・フイリップ・ステイプルトンおよび上院のエセックス伯を指導者とする政治的長老派（和平派）を公然と支持したのである。Pearl, *op. cit.*, pp. 35, 38.

（56） Kishlansky, *op. cit.*, pp. 87-8.

（57） *Ibid.*, pp. 84-5, 88.

（58） ロンドン在住のスコットランド使節ロバート・ベイリーとかれの率いる第五列'Fifth Column'の影響力についてはcf. Pearl, *op. cit.*, pp. 33-5; do., 'London Puritans and Scotch Fifth Columnist', in A. E. J. Hollander and W. Kellaway, ed., *Essays on London History presented to P. E. Jones*, 1969; Kishlansky, *op. cit.*, pp. 90-101.

（59） Tolmie, *op. cit.*, p. 124. 邦訳二三〇頁。

（60） Pearl, 'London's Counter-Revolution,' pp. 31-2. パールの指摘によれば、高長老派のリーダーは一六四一、四二年

のロンドン市政改革運動の担い手であり、政治エリートたる大貿易商人に代わって権力を掌握した人びとである。かれらは、ロンドン長老会《クラシス》の指導者的存在でもあり、分離主義および政治的急進主義の脅威を背景にして、自己の地位を守るべく反動化したのであり、社会的には中産階層に属し、しかも特定の業種に関係していた。すなわち、かれらの多数は、食糧、織物、武器、書籍出版、金属などの国内交易に従事する商人や製造業者であった。たとえば、手織物商モリス・ゲスィン、議会軍に刀剣を供給していたローレンス・ブロムフィールド、議会軍に弾薬帯や駐鋤を供給していたジョン・ゲーズ、書籍販売業者ジョン・ベラミー、同ジョージ・トマソン、同サミュエル・ゲリブランドおよびトーマス・ゲリブランド、同トーマス・アンダヒル、同クリストファ・メラデス、「テムズ・ストリートの蒸留酒製造業者」エドワード・フカー大佐、「サザァクの醸造業者」ジェリミー・ベィンズ中佐、同ダニャル・サウトン、「コーンヒルの皮革商」ジョージフ・ボーン大佐など。*Ibid.*, pp. 34, 217. n7. 大西、前掲論文、三五頁参照。一六四一―四二年のロンドン市政改革、革命期のロンドン市参事会や市会の構成と動向については、栗原、前掲論文。坂巻清、前掲論文。上田惟一、前掲書。大西晴樹、前掲論文参照。

(61) Tolmie, *op. cit.*, pp. 131, 146. 邦訳二四二、二六四頁。

(62) T. C., 669. f. 10. (57).

(63) Kishlansky, *op. cit.*, pp. 88-9. Pearl, 'London's Counter-Revolution,' p. 36.

(64) T. C., E. 339. (12). エドワーズによれば、ヒュー・ピーターはシティ抗議書への反対請願の準備に加わり、「署名を得るため、それはかれの下男によってシティのあちこちへ運ばれた」。独立教会派の論敵の一人は、「ロンドンのセクトから」この請願書を下院へ提出した者のうちの一人をロバート・ティチボーンとみなしている。Tolmie, *op. cit.*, p. 146. 邦訳二六四〜五頁。

(65) Kishlansky, *op. cit.*, pp. 86, 89.

(66) T. C., 669. f. 10. (58). ジョージ・トマソンは次のように書き込んでいる。この請願書は「六月五日にでき上がったが、わたくし自身その作成と推進に一役買った」、と。トマソン・コレクションで知られるトマソンは、一六四

七、四八年にロンドン市会議員をつとめた長老派である。

(67) Pearl, 'London's Counter-Revolution,' p. 36. Tolmie, *op. cit.*, p. 135. 邦訳二四七〜八頁。

(68) T. C., E. 343. (11), in D. M. Wolfe, ed., *Leveller Manifestoes of the Puritan Revolution*, 1967, pp. 112-30. 渋谷浩編訳『自由民への訴え』（早稲田大学出版部、一九七八年）一三五〜六〇頁。

(69) 一六四六年六月にリルバーンが上院侮辱罪で逮捕投獄されると、かれの釈放を要求してオーバートンやウォルウィンが大衆行動を組織しようと試みたが、上院でリルバーンが最初の尋問を受ける四日前にこの抗議書が出版された。

(70) *Kishlansky, op. cit.*, pp. 89-90.

(71) Tolmie, *op. cit.*, pp. 130-1. 邦訳二三九〜四一頁。このような反革命を可能にした背景には財政問題もあった。内戦の初期に、議会は「国家の安全を保証する借入金」によって議会自身で資金を調達してきたが、それはロンドンの商人たちに多くの負担を求めるものであった。そして、一六四二年秋からは、週割査定税《ウィークリィ・アセスメント》制をロンドン市に実施した。年額一〇〇ポンド以上の財産または動産を所有する者すべてに対する週割査定税制が実施された。さらに、議会の借入金に寄与することができなかった人びとは、その不動産の五パーセント、動産の二〇パーセントを最大限として査定された。そして、一六四三年には消費税制も実施された。それは広範な範囲に及び、肉やエールのような食物（パンは除く）や煙草や葡萄酒のような輸入品を多く含んでいた。この消費税は物価高騰の口実にもされ、富裕な市民よりも貧民層に厳しいものであった。この消費税と週割査定税は、ロンドン市民一般から不評を買っていた。消費税や週割査定税は議会派の軍隊のための財源であったため、それらへのロンドン市民の反感が軍隊への反感として「反革命」への過程で組織化されていったのである。栗原、前掲論文（二・完）、一三九頁。Pearl, 'London's Counter-Revolution,' pp. 39-40.

(72) Kishlansky, *op. cit.*, p. 88.

(73) エドワーズによれば、プライスは「両替屋」であり、ジョン・グッドウィンの「最愛の弟子で、グッドウィンが返答すべき本や発表すべき論文をかかえていたとき、かれを支持して説教する、かれの予言者群の一人であった」。

Tolmie, *op. cit.*, p. 150. 邦訳二七〇～一頁。独立教会派の側から出されたパンフレットには次のものがある。*The Interest of England maintained: the Honour of the Parliament Vindicated. In centaine Observations upon a Dangerous Remonstrance lately presented to the Lord Major.* June 8, 1646, T. C., E. 340. (5); *A Moderate Reply to the Citie Remonstrance presented to Parliament 26 May. Containing severall Reasons why many well affected Citizens cannot assent thereunto.* June 12, 1646, T. C., E. 340. (20); *Conscience caution'd & so set at libertie. Also a further Answer to the City Remonstrance of the 26 May.* June 20, 1646, T. C., E. 341. (7);John Price, *The City-Remonstrance Remonstrated, Or an answer to Colonell John Bellamy his Vindication thereof in justification of the Moderate Reply to the City-Remonstrance.* July 24, 1646, T. C., E. 345. (18). 長老教会派側が出したパンフレットには次のものがある。*A Glasse for Weak-ey'd Citizens: or a Vindication of the Petition to the Lord Mayor and Common Councel* [*of 5 June*] *from the Aspersions of a Seditious Pamphlet intituled A Dialogue, &c.* June 19, 1646, T. C., E. 341. (5);John Bellamie, *A Vindication of the Remonstrance and Petition of the Lord Mayor and Common Councell presented to Parliament 26 May, 1646, Or an answer to two Libels the one intituled A Modest Reply to the City Remonstrance, The other the Interest of England Maintained.* July 6, 1646, T. C., E. 343. (2); *A Vindication of the London Remonstrance presented to Parliament, 26 May, 1646 from the Calumnies of a Pamphlet intituled A Moderate Reply.* July 7, 1646, T. C., E. 343. (12);Captaine Jones, *Plain English;or the Sectaries anatomized Wherein this City of London and their Remonstrance is Vindicated.* Aug. 17, 1646, T. C., E. 350. (11); John Bellamie, *A Justification of the City Remonstrance or an Answer to a Book by Mr. J. P. entiuled The City Remonstrance Remonstrated.* Aug. 21, 1646, T. C., E. 350. (23).

（74）ジョン・グッドウィンをはじめとする独立派会衆教会の中心的な指導者たちがこの時点で大衆行動のリーダーシップを担わなかった理由について、トルミーは以下の点を指摘している。かれらは、宗教会議、軍隊、議会という国の制度に注意を集中していた。というのは、かれらは新型軍が独立教会派とセクトの統制下にあると信じていたからであり、また議会の政治的独立派との同盟が、ロンドン反革命の強圧からかれらを守っていたからである。セクトの有力牧師の多数も政治的リーダーシップの役割から身を引いたが、それは政治行為によって、秩序を破壊する「再洗礼派」であるとの確信を敵に固めさせることを恐れたからである。Tolmie, *op. cit.*, pp. 142-3. 邦訳二五八〜九頁。

(75) レベラーズは、教会と国家の完全な分離の原則をバプテスト派やセパラティストたちと分かちもっており、国教会とその十分の一税制度を廃止しようとした。しかし、レベラーズの政治運動はセクト（コングリゲーションの一般会員）から無条件に支持されたのではなかった。またレベラーズは、分離教会の単なる圧力団体でもなかった。レベラーズは、世俗国家をそれ独自の権限をもつ合法的な道徳的活動領域であると認める点で、セクトを超えていた。したがって、会衆として一体となって行動したセクトの会衆（すなわち圧力団体として行動した「聖者」）と、セクトの会衆の一般会員が個人や市民として政治現象としてのレベラー運動に与えた支持、とは明確に区別されるものである。Tolmie, *op. cit.*, pp. 144, 148. 邦訳二六一〜二、二六八頁。なお、レベラーズは、セクトの本来の指導者であった独立派会衆教会の主要な聖職者や、会衆教会の政治的に有力な会員のことを「最高位の独立派」と呼んだ。Tolmie, *op. cit.*, p. 142. 邦訳二五九頁。

(76) ウォルウィンは『あわれみ深きサマリア人』("Compassionate Samaritane." 一六四四年）の中でバプテスト派を弁護した。『あわれみ深きサマリア人』出版の主要な目的は、『弁明の陳述』において独立教会派から「見捨てられた」セパラティスト、バプテスト派を弁護することにあった。かれは厳格なセパラティスト教会の会員と懇意であった。Tolmie, *op. cit.*, p. 146. 邦訳二六四頁。

(77) William Haller, *op. cit.*, II, p. 324. 塩商会館はロンドンの政治的独立派の主要な集会場で、そこに置かれていた民兵小委員会はロンドン独立派勢力に対する政治的指導者としての機能を果たしていた。Tolmie, *op. cit.*, p. 145. 邦訳二六三頁。

(78) 一六四五年八月一〇日、ロンドンで最も人気のあるセクト説教師ハンザード・ノールズは聖ヘレン教会の隣のかれの教会で、「主よ、汝の僕リルバーンを獄から連れ出して下さい。そしてかれを称えて下さい。主よ、かれは汝を称えたのですから。という言葉で、このような趣旨で」祈った。Tolmie, *op. cit.*, p. 147。邦訳二六七頁。

(79) レベラーズの改革綱領にみられる、国王と上院の特権と権威・シティの寡頭制・冒険商人組合の経済的特権に対するリルバーンの攻撃は、セクト社会一般の願望を表現したものである。*Ibid.*, p. 149. 邦訳二六九頁。

(80) プライスは、シティの『抗議』に反対するパンレットで、「人民の代表体である下院」を国家における「最高権威」とみなしている。エドワーズは、この変化について次のように説明している。「プライス師のこれらの本は、明らかに一六四五年という年に書かれたものではなく、かれがリルバーンやオーバートンらと意見が一致した一六四六年という年に書かれたものである」。*Ibid.*, p. 149.邦訳二七〇頁。

(81) W. Haller and G. Davies, *The Leveller Tracts 1647-1653*, 1944, pp. 343, 352. ジョン・グッドウィンの会衆とレベラーズの関係については山田園子、前掲書、第四章第五節を参照。

(82) *Ibid.*, pp. 307-8.

(83) *Ibid.*, pp. 355-6, 307-8.

(84) *Ibid.*, p. 356.

(85) Tolmie, *op. cit.*, pp. 153-4.邦訳二七七頁。

(86) *Ibid.*, pp. 151-2.邦訳二七二～四頁。

(87) *Ibid.*, p. 152.邦訳二七五頁。

(88) *Ibid.*, p. 154.邦訳二七七頁。ティチボーンはリルバーンのいう「ジェントリ身分の独立教会派」の一人であり、ロッキャーの会衆教会の会員であった。

(89) Haller and Davies, *op. cit.*, p. 356.『大請願』の焼却をめぐって下院での票数が接近していたことは、下院の政治的独立派がロンドンの急進運動におけるレベラーズのイニシァティブを暗黙のうちに認めていたことを意味するであろう。Tolmie, *op. cit.*, p. 154. 邦訳二七八頁。

第五章　新型軍の政治化とレベラーズ

はじめに

前章では、ロンドンの宗教的急進主義者（独立教会派とセクト）を組織的基盤としてレベラーズの運動が政治の舞台に登場するに至った経緯を明らかにした。この章では、議会派に勝利をもたらした新型軍《ニュー・モデル》が政治化する過程にレベラーズがどうコミットしたかという問題を検討する。

一六四七年のはじめに、議会の長老派（和平派）は軍隊の解散を企図した。この決定は、戦争に倦み疲れ、重税に苦しみ、経済的不況下にあった民衆から多くの支持を得た。しかし、長老派は、遅配給料の支払いなどの兵士の要求を無視したままで一方的に軍隊解散をおこなおうとしたために、軍隊の叛乱を招いた。一六四七年六月、軍隊は議会の命令を無視してニューマーケットで全軍集会を開いて結集し、さらに議会から国王を奪って政治の指導権を掌握したのである。

従来の研究では、軍隊の急進主義はレベラーズのそれと同一視されてきたが、この見解は正しいであろうか。レベラーズの掲げる民主主義の原理やイデオロギーが下士卒の間に浸透したことが真実であるとしても、アジテーター集団はレベラーズの組織であったといえるであろうか。まず、国教会首長である国王を処刑する「ピューリタン革命」を主導した新型軍の政治化過程を跡づけ、次いで軍隊の急進主義とレベラーズのそれとの関係を考察する。

一 「軍隊の危機」と『三月請願』

一六四七年二月下旬から三月上旬にかけて、議会は、政治に対する軍隊の干渉を排除するために、新型軍解体に関する一連の議決を採択した。(1) すなわち、アイルランド遠征一一個連隊を編成するためにおよそ歩兵八、四〇〇、竜騎兵一、二〇〇、騎兵三、〇〇〇を徴募することや、イングランドにはおよそ守備隊歩兵一〇、〇〇〇のほかに竜騎兵一、〇〇〇、騎兵五、四〇〇を分散維持して残余部隊を解散すること、が決議された。(2)

新型軍解体政策は、軍隊に正当な不満を与えた。なぜならば、第一に、一六四七年三月の時点で、歩兵は一八週間分、竜騎兵および騎兵は四三週間分の給料を支給されておらず、しかも総額にして三三万ポンドを超すこの未払《アリ》給料《アズ》のわずか一部の支払いしか保証されていなかったからである。(3) 第二に、兵士は、内戦中の言動に対する免責《インデムニティ》を保証されておらず、したがって「戦争のみに関する法令によって四季巡回裁判のたびごとに」内戦中の言動について責任を問われる危険にさらされていたからである。(4) それゆえ、軍隊は新型軍解体とアイルランド遠征軍編成に先行する不可欠の条件として、兵士の正当な不満の解決を要求して、議会に挑戦するに至る。

三月二〇日、議会はアイルランド遠征軍編成方法について新型軍総司令官サー・トーマス・フェアファックス大将と協議するために、委員《コミッショナー》としてサー・ジョン・クロートワーズィ、サー・ウィリアム・ウォラー、リチャード・ソルウェーをエセックス州サフラン・ウォールデンの軍司令部に派遣した。翌二一日、フェアファックスの召集した士官会議で士官のスポークスマンたちは、議会委員に対して、アイルランド遠征軍に志願するよう下士卒を勧誘すると約束したけれども、四項目の質問を提示して、それに対して満足な回答が得られるまで士官クラスは「共同一致して」遠征軍に志願しないことを言明した。『四質問』とは、①イングランドに残留する部隊はどれか、

②アイルランド遠征軍の司令官は誰か、③遠征軍兵士への給料支払いはどのように保証されるか、④「過去のイングランド内戦における未払給料と免責のために」どのような保証が与えられるか、の四項目であった。[5]

　質問の四項目のうち、士官会議は、遠征軍の編成方法に関する①、②については意見を統一できなかったが、[6] 軍隊の不満解決に関する③、④については全会一致した。そして、翌二二日の再会合において、士官は、『四質問』に対する議会の明確な回答が得られるまで「共同一致して」遠征に志願しない旨を再確認し、さらに請願書を作成することを決定した。請願書作成の支持者の中には、ヘンリー・アイアトン兵站総監、トーマス・ハマンド中将、ロバート・ハマンド大佐、エドワード・ウォーリィ大佐、ロバート・リルバーン大佐、ジョン・オウキー大佐、トーマス・プライド中佐が含まれていた。[7]

　一方、士官集団の行動に呼応して、下士卒の一団が自らの請願を組織しようと試みた。[8] 請願の内容は次のとおりである。「第一に、この戦争の急務と急場のゆえに、われわれは、法が正当と認めないような、また安定した平時には取るはずのないような行動をとることになった。それゆえ、われわれは、軍隊解体に先だって、議会の法令（それには国王の裁可が要るであろう）によって、こうした事情下にあるわれわれの免責と身柄の安全のために十分な対策が講じられることを謙虚に願望する」。二、「会計監査人《オーディター》または委員《コミッショナー》が速やかに任命され、公認されて、かれらが軍司令部に赴き、この軍隊だけでなく、もとの軍隊におけるわれわれの軍務に対する給料を勘定し、報告してほしい。軍隊解体に先だって、未払給料についての請願者たちの要求を満たしてほしい。これが満たされなければ、その勝取りが図られるだろうし、それに伴ってわれわれは必ず嫌疑を受け、労力を費やし、時間を損失するにちがいないから、そうしたことが起こらないようにしてほしい…」。三、「先の戦争において自発的に議会側についた人びとが、今後強制徴募その他の方法により、わが王国の外で兵役に服すことを強要されないように願望する。また、乗馬の兵として従軍した人びとが将来強制徴募によって歩兵になることを強要されないように願望する」。

四、「手足を失った者や戦死者の寡婦や遺児、議会に加担したために財産を損失したか、病気または敵による収監のために身体に傷病を被った士官や兵士が、正義と衡平に適った給付と補償を得られるように願望する」。五、「以上のような条件で軍隊が解体されるまで、われわれが宿営できるように、糧食を補給すべく、金銭でもってなんらかの策を講じてほしい。つまり、われわれの必要とする糧食を議会の敵に強要しないですむように、また議会の味方に負担をかけないように、あるいはカントリに圧迫を加えないですむように、策を講じてほしい。われわれは、カントリの保全のために常に尽力してきたのであり、その幸福を喜びとするからである」。[9]

下士卒の『三月請願』は、士官の『四質問』に比べて広範な要求を掲げているけれども、[10]軍隊の不満解決に対する保証をアイルランド遠征の前提条件としている点で、両者の間には原則上の差異はなかった。それゆえ、『三月請願』の推進主体は士官であるという報告さえ議会に提出された。すなわち、議会委員ウォラーによれば、『三月請願』は「兵卒から提出されたように見せかけているが、実際には主だった士官の何人かによってまとめられた」のである。[11]

『三月請願』における士官の実際の役割が何であったとしても、[12]請願運動は軍隊の不満を公式に表明する手段であり、かつ『四質問』とのタイ・アップによって士官と下士卒の「共同一致《ユーニティ》」を表現することができた。それゆえ、『三月請願』は士官と下士卒の間に、軍事行動を越えた共同戦線を形成したのであり、その意味において、軍隊の政治化と政治的結合のための端緒を開いたのである。[13]

ところで、『三月請願』の要求内容は穏当であったにもかかわらず、三月二七日に下院は、新型軍の行動を調査するために再度委員を軍司令部へ派遣すると同時に、フェアファックス大将に請願運動の抑圧を命令した。[14]さらに下院は、『三月請願』が今なお署名を求めて兵士の間を回覧されており、プライド中佐が脅迫手段によって一、一〇〇名の署名を集めたという委員の報告にもとづいて、『三月請願』のアジテーションを「アイルランド救済の妨害」行動ときめつけ、推進者を「国家の敵かつ社会安寧の攪乱者とみなして裁判にかける」と決議し、三月三〇日にこれを議会両院の『宣言』とするに至った。[15] そして四月一日に下院は、密告者の情報にもとづいて、『三月請願』に関係したという理由で、アイアトン兵站総監、ハマンド中将、ハマンド大佐、リルバーン大佐、プライド中佐を法廷に召集して審問した。[16] また下院は、四月四日付の論争的なパンフレット『新発見の戦略』[17]の印刷にリルバーン大佐と二名の大尉が果たした役割を尋問するために、かれらを喚問した。[18]

議会は、こうした一連の強圧策と同時に懐柔策も用いて、軍隊の分裂を図った。たとえば、四月一七日に議会は、新型軍解体とアイルランド遠征軍編成の先行条件として、遠征志願兵には未払給料支払いの勘定計算をおこなうことを確約した。さらに四月二七日に議会は、遠征志願兵に対する未払給料六週間分の支払いを決議し、またまもなく免責法令の制定、負傷兵および遺族に対する年金付与の件を審議しはじめた。[19]

ところで、遠征軍徴募のために議会が採った反動と懐柔の二重政策は、議会委員による徴募キャンペーンを促進し、ここに『四質問』と『三月請願』のタイ・アップでもって表現された士官と下士卒の共同一致行動を掘り崩し、以下に見るように軍分裂の危機事態を結果するに至る。

すでに三月末から四月はじめの時期に、議会委員は遠征志願兵のリストをダービィ・ハウスの徴募委員会に送り、そして兵員の半数以上を確保した旨の報告書が議会に提出されていたが、[20] 遠征軍志願をめぐる軍分裂の危機は士官会議において明白な事実となる。四月中旬に議会は、委員としてウォリック伯、デーカーズ、ウォラー、クロートワーズィ、サー・エドワード・マスィを軍司令部に派遣して、遠征に関する議会の決議事項を伝達するとともに、遠征軍志願強制の圧力を強めた。これに対して、四月一五日の士官会議で士官集団のスポークスマンに選ばれたハマンド中将、リッチ大佐、リルバーン大佐、ジョン・ラムバート大佐、ジョン・ヒューソン大佐は、議会委員に『四質問』への回答を求めると同時に、[21] フェアファックス大将とオリバー・クロムウェル中将を遠征軍司令官に任命するよう要求した。[22] その際、スポークスマンたちの演説は二〇〇余名の「オール！ オール！」の叫びでもって支持されたけれども、この叫び声は士官集団の「共同一致」を表現するものではなかった。なぜならば、すでに遠征軍に志願していた士官とかれらの同調者は、この会議に出席していなかったからである。それゆえ、議会委員は、スポークスマンが士官集団を代表する資格を有することを否認した。[23]

こうして議会の遠征軍強制徴募政策は士官の間に楔を打ち込んだのであるが、同時にそれは志願士官の命令に抗する下士卒の叛乱《ミューティニィ》を引き起こした。たとえば、四月一八日リルバーン連隊において、遠征軍志願強制に反対する騎兵の一団は、志願士官ニコラス・ケムプソン中佐が出征軍の渡船地チェスターに向けて行軍するよう命じたとき、命令に反抗し、直接フェアファックス大将にこの策謀を訴え出た。シェフィールド連隊においても、遠征を強制されたアーサー・イーブリン大尉麾下の兵士の一団が反抗して声明書を発表し、未払給料の支払いと『四質問』への回答を議会に要求した。[24]

二 新型軍の政治化

軍隊の不満を公式に表明し、「軍隊解体後に必然的に起こるであろう不幸を明らかにする」[25]手段として請願運動は、既述のごとく三月下旬に下士卒の一団によって組織された。その際、下士官は、署名を集めるために請願書を回覧したとき、オルガナイザーとしての役割を果たした。一方、士官は、請願運動に加わり、指揮系統を通じて連隊間の必要なリンクを提供するのに貢献した。それゆえ、『三月請願』は、目標においてのみならず手段において、下士卒と士官の「共同一致」を表現したのである。[26]

ところで、議会の『宣言』によって『三月請願』運動を阻止された下士卒は、直接行動の手段に訴えて、議会の遠征軍強制徴募政策に抗したけれども、散発的な叛乱はほとんど成果を収めなかった。それゆえ、新型軍が遠征軍強制徴募という議会の軍分裂策に対抗するためには、軍の要求を一つの声に集約する効果的な方策を編み出さねばならなかった。それは、まず『三月請願』を蘇生する試みとして模索される。

四月中旬、アイアトンとクロムウェルの連隊が宿営していたイースト・アングリアにおいて、「ノーフォークの四個連隊のいくらかの騎兵が、かれらの先の請願書を支持するための集会を開いた」。[27] しかし、かれらのアジテーションは、クロムウェル連隊の副司令官ロバート・ハンティンドン少佐によって鎮められ、そして少佐はこの集会の代わりに、下士卒の代表と士官による集会を開催することを約束した。[28] また、四月二一日、リルバーン連隊では、フランシス・ニカルズ少尉が、遠征を予定されている五個中隊において、『三月請願』の蘇生を訴えるアジテーションを展開した。しかし、かれは直ちに逮捕されて、議会委員によってロンドンへ連行され、ダービィ・ハウスにおいて、『宣言』に違反して「アイルランド救済を妨害した」罪に問われ、投獄された。[29]

『三月請願』の蘇生を企てたこれらの散発的な試みが成功する見込みは薄かった。というのは、『宣言』による請願運動の抑圧と、議会委員による遠征軍徴募のキャンペーンは、すでに遠征拒否者と志願者との間に楔を深く打ち込んでいたからであり、またクロムウェルやアイアトンが請願を組織するという手段に支持を与えなかったからである。[30] それゆえ、『三月請願』を復活することが不可能であるかぎり、軍の「共同一致」を表現するための別の方法が案出されねばならなかったが、既述のノーフォークにおける下士卒の代表および士官の集会と、以下に見る連隊集結がそのチャンスを与えることになる。

四月中旬、議会委員は、士官の徴募にひとまず成功すると、次に下士卒の徴募に全力を傾けた。というのは、多数の志願士官が配下の下士卒を従軍させることを請け合っていたけれども、兵員確保のための集中的なキャンペーンが必要であったからである。[31] そこで四月一八日、議会の命令によって全軍総会《ランデブー》が開催された。その目的は、遠征についての議会の決議事項を伝達し、兵を募って歩兵諸部隊を編成することにあった。

こうした情況下の四月末、サフラン・ウォールデンの軍司令部の周囲に集結したフェアファックス、クロムウェル、アイアトン、シェフィールド、リッチ、オウキー、チャールズ・フリートウッド、ジョン・バトラーの騎兵八個連隊の下士卒が、下院議員である三人の将軍（フェアファックス、クロムウェル、スキッポン）宛てに、「われわれに悪意をいだく敵の非情」からの保全を求めるレターを作成するために、各連隊から二名の兵士委員《コミッショナー》を選出した。(32)この兵士委員は、まもなく「アジテーター」あるいは「エージェント」と称されるが、かれらが「騎兵八個連隊の名において」提出したレターは、議会の遠征軍強制徴募政策を鋭く批判した。それによれば、徴募政策は「この軍隊を破滅させ粉砕する企て以外の何ものでもなく」、「最近、権力の味を知り、下僕という通常の地位を逸脱して、今や主人となり、圧制者に堕落しつつある連中のための隠蓑」にほかならなかった。(33)

ところで、アジテーターの選出は、新型軍の政治化過程における「突破《ブレークスルー》」であった。すなわち、下士卒の不満を公式に表明した『三月請願』が指揮系統を通じて議会に伝達されるはずであったのに対して、アジテーターの選出はそうしたコンベンショナルな行動を突破した革命的事件であった。(34)それゆえ議会は、次に見るごとく、直ちにこの事件の調査に乗り出すのである。

レターは、騎兵八個連隊諸部隊の前で読み上げられて承認されたのち、三人のアジテーター、すなわちエドワード・セクスビー、ウィリアム・アレン、トーマス・シェパードによって将軍たちに差し出された。(35)翌四月三〇日、スキッポン少佐がこのレターを下院に提出すると、下院は直ちにこれら三人のアジテーターを喚問した。下院法廷において三人は、レターの内容、とりわけ「権力の味を知った…」の個所について真意を説明するよう求められたとき、「このレターは諸連隊の共同一致行動《ジョイント・アクト》であるから、またわれわれはエージェントにすぎないから、即答できない」と述べて答弁を拒否し、そして議会の質問を「諸連隊に送るか持ち帰って、諸連隊の返答を提出する」ことを申し出た。また、かれらは、レターの作成に「士官が関係したのか」という議会の尋問に対して、「それは、まず連隊集結において起草され、その後各連隊のエージェントによって、これをめぐる集会が個別に開かれた」のであり、「かれら士官のごく少数の者しかこれを知らず、また注意を向けてもいなかったと思う」と答えた。(36)

こうした答弁内容から明らかなように、騎兵八個連隊によるアジテーターの選出およびレターの作成という「共同一致」行動は、士官の肩越しに下士卒の間から起こったのである。(37) このことは、新型軍の政治化と政治的結合が、下士卒のイニシァティブの下で革命的に組織されたことを意味する。

アジテーターのレター提出によって新型軍の紀律に不安を覚えた下院は、(38) 議員である四人の将軍すなわちクロムウェル、アイアトン、スキッポン、フリートウッドを議会委員に任命して、「軍紀紊乱を制するために」軍司令部へ急派した。(39) そして五月一日、下院の指令にしたがって、フェアファックスは、軍紀に「違反があれば厳罰に処すという条件で」、士官を所属連隊に赴かせ、下士卒の行動調査に乗り出した。(40) さらに五月七日、議会委員は、騎兵八個連隊の「不穏な」行動（アジテーター選出とレター提出）の原因を探り出すために士官会議を召集して、連隊ごとに不満報告書を作成するよう各連隊長に命令した。(41) その結果、新型軍の五分の三にあたる騎兵八個連隊と歩兵六個連隊が報告書を作成して議会委員に提出した。(42) その内容の概要は、次の表のとおりである。

不満の内容		連隊数
1．未払給料	勘定決済方法に関する要求（12～16週分の現金による支払い。残高の支払いについての保証）。	10◎
2．アイルランド遠征	徴募に対する抗議。議会の任命した士官の指揮下に従軍することへの抗議。	5
3．免　責	「戦時および戦場における」言動に関する訴訟から保護することの要求。	9

3A. ニカルズ少尉の逮捕投獄事件		7 ◎
4. 強制徴募	過去の内戦における志願兵に対して強制徴募をおこなわないことの要求。	6 ◎
5. 請　願	兵士の請願権の擁護。議会の『宣言』および士官に対する譴責への抗議。	11 ◎
6. 公職追放	国王支持者および中立者を公職（特に都市における）から追放することの要求。	7 ◎
7. 兵士宿営	より明確な規定の要求。	7 ◎
8. 収　賄	民間人委員によって公金悪用を調査することの要求。州委員会に対する一般的な敵意。	4
9. 年　金	議会軍の負傷兵、寡婦、遺児に年金を付与することの要求。	4 ◎
10. 徒弟制	新型軍に加わった徒弟に営業の自由を認可することの要求。	5 ◎
11. 宗　教	礼拝の自由に関する要求。『厳粛な同盟と契約』に対する非難。トーマス・エドワーズその他の毒舌的長老派の著作に対する攻撃。	3 ◎
12. 法改革		2
13. その他		2

註※　Morrill, 'The Army Revolt of 1647', p. 78. の表を訳して転記したものである。

※　アイアトン、ウォーリイ、リッチ、ウィリアム・ボトラー、ジョン・ディズブロー（以上、騎兵連隊）、フェアファックス、ハーリイ、ヒューソン、ラムバート、リルバーン、サー・ハードレス・ウォラー（以上、歩兵連隊）の一一連隊から提出されたオリジナルな報告書の分析にもとづいて作成されたものである。

※　◎印は、諸連隊の報告書をもとにして士官会議が作成した統一報告書（*Declaration of the Army*）に取り上げられた項目であることを意味する。

不満報告書を作成した連隊のほとんどが、未払給料の支払いと免責法令の発布を要求のトップに掲げ、また多くのスペースをこれらの項目に当てている。[43] しかし、注目すべきことは、新型軍の行動と栄誉の弁護に関する項目（兵士の請願権の擁護、『宣言』と士官譴責事件への抗議）が、数および力点においてオリジナルな要求（未払給料と免責の項目）に並ぶか、あるいはこれを凌いでいる点である。たとえば、本来合法であるはずの請願運動に関係した兵士に「国家の敵」という烙印を押してイギリス人の基本的権利である請願権を否認した『宣言』の撤回を要求して、ハーリィ連隊の士官と下士卒は次のように主張している。「もしわれわれが十分な償いを得なければ、議会がわれわれの忠実な軍務に対して正当な報酬を提供するのは不可能であると思う。というのは、われわれにとって名誉や評判こそがこの世の何ものにもましてたいせつであると思うからである」。[44] また、フェアファックス、クロムウェル、アイアトンの三個連隊が連携して作成した報告書は、『宣言』を「新型軍に押された永遠に拭い取れない不名誉の烙印として記録し、後世に伝える」と結語した。[45] さらに、一報告書は、「財産と生命を賭してきたわれわれが、いやそれどころか、われわれの自由のためだけでなく議会の特権と王国の安全のためにわれわれと親しい関係にあるすべての人たちが、ついに自由の敷居を跨ぐこと、すなわち請願を組織することを許されないであろう」事態に抗議した。[46] また、『宣言』以後の一連の士官譴責事件に関しては、たとえばラムバート連隊の報告書が次のように抗議している。「残念ながら心に留めざるをえないのは、議会が国事にあてるべき時間をさいて、王国に一般に見られるパンフレットのような些事にあて、われわれの士官を投獄しないまでも難渋させたことである」と。[47]

これらの引用文や、ニカルズ少尉の投獄事件、[48] ペムブルック伯の演説[49]に象徴された新型軍への侮辱に対する諸連隊の非難から明らかなように、今や兵士の関心は、給料や免責の問題を乗り越えて、新型軍の行動と栄誉を弁護することに向けられていた。このことは、議会を勝利に導いた新型軍の栄誉に関するイシューが、士官と下士卒を共同一致させる大義のシンボルになりつつあったことを意味する。しかし、こうした動向が緒についたばかりであることは、不満報告書が多種多様な事項を含んでいたという事実からも明らかである。[50]

ところで、騎兵八個連隊において組織された「共同一致」行動を鎮めるために議会が試みた不満の調査は、下士卒に対して、不満を公式に表明するためのパイプを回復させ、兵士の諸権利を議会に確認させるチャンスを与える結果となり、ここに新型軍の政治化が一段と促進されるに至った。[51] けれども、下士卒のイニシァティブによる新型軍の政治的結合の過程は、以下に見るように、組織形態においても要求内容においても、懐胎期にほかならなかった。

既述のように、四月下旬に、まず騎兵八個連隊において下士卒が組織されたが、その後、残りの騎兵および歩兵の諸連隊においても、不満を取りまとめるためにアジテーターが選出された。[52] すなわち、「兵士は…諸部隊および諸中隊から数人を選出し、そしてその中から若干名が選ばれ、かれらが連隊につき二名ないしそれ以上を選出した」。[53]「騎兵の委員会がベリィ・セント・エドマンズで会合したとき、歩兵は各中隊から二名を選出して、騎兵と協議するためにかれらを派遣した。そして歩兵は、その会合の費用を支弁するため、それぞれ四ペンス硬貨を支払った」。[54]

こうして五月七日頃までにはすべての連隊がアジテーターをもつに至ったけれども、組織化の程度は多様であり、それに伴って、各連隊で取りまとめられた不満の種類も多様であった。不満の集約方法と内容は、およそ三つの類型に区別できるであろう。その第一は、下士卒から選出されたアジテーターのイニシァティブによって報告書が作成されたケースであり、その場合連隊の不満は比較的統一されている。たとえば、最もきっちり組織されていたフェアファックス、クロムウェル、アイアトンの騎兵連隊の報告書は、これらの連隊に共通した不満を一一項目にわたって掲げており、それらの項目のあとに各連隊の特殊な不満を付け加えている。[55] また、フェアファックスおよびヒューソンの歩兵連隊でも、アジテーターのイニシァティブの下に統一的な報告書が作成された。[56] 第二は、士官がイニシァティブをとって報告書を作成し、士官が連隊の不満を表明するスポークスマンの役割を果たしたケースであり、その場合不満の内容は統一性と包括性を欠いた。たとえば、ロバート・グレィブズおよびシェフィールドの騎兵連隊では、報告書は士官によって作成されたのであり、不満の内容は未払給料と免責の問題にほぼ限定されている。[57] 第三は、上述の二類型が融合したケースである。たとえば、ハーリィの歩兵連隊では、下士卒が作成した文書を、士官が請願書の形に組み立てて署名し、議会委員に対して、「われわれが正当で有効な救済を受けられるように、われわれに代わって議会に訴える嘆願者となる」よう懇請している。[58]

このように、不満の内容や集約方法の多様性から明らかなように、下士卒のイニシァティブによる新型軍の政治的結合化は、いまだ懐胎の段階であった。しかしながら、連隊集結は、あらかじめ作成された『三月請願』への署名を集めるという行動方式（請願運動）を突破する契機となった。なぜならば、連隊の不満を集約するための「共同一致」行動において、下士卒は各人の置かれている事態を点検して、自らの信念を表明するチャンスを与えられたのであり、明確に表現された政治的な思想と論議が生み出される地平がここに開かれたからである。[59]

三　政治化の推進者たち

次に、軍隊の政治化と同時期のレベラーズの請願活動の関係を検討しよう。一六四七年三月に、下士卒とレベラーズは、それぞれ請願運動を組織している。しかし、下士卒の『三月請願』は、内容を兵士としての不満の表明に限定しており、レベラーズの『大請願』[60]が掲げた広範な宗教的・社会的・法的改革プログラムには触れていない。一方、『大請願』は軍隊の不満に言及していない。また、五月中旬に諸連隊から議会委員に提出された不満報告書のうち、クロムウェル、ハーリィ、ウォラーの騎兵三個連隊の報告書が、レベラーズの主要な関心事項の一つである宗教問題に言及しているけれども、それは報告書の末尾近くに挙げられているにすぎない。[61] さらに、フェアファックスの騎兵連隊と歩兵連隊の報告書が、『大請願』に対する議会の回答拒否やレベラーズの指導者リルバーンの投獄に抗議しているけれども、それはあいまいな言及であり、しかも騎兵三個連隊（フェアファックス、クロムウェル、アイアトンの連隊）が掲げた共通事項の中に含まれていない。[62]

連隊の不満報告書の内容から明らかなように、アジテーターたちのイニシァティブによる政治的結合の途が切り開かれた五月上旬においてさえ、下士卒の要求と行動は、レベラーズのそれとは区別されるものであったといえる。士官会議の首脳部（グランディーズ）は、兵士としての不満を表明するための「共同一致」行動であるかぎりアジテーター組織を容認したのであり、また新型軍の栄誉を弁護するという大義を軍統一のためのシンボルとして下士卒を統制下に置いたのである。[63] したがって、一六四七年三月〜五月上旬における新型軍の政治化過程は、レベラー運動と直接の関係をもたず、むしろ本質的に別個のものであり、以下にみるようにセクト出身者がイニシァティブをとっていたように思われる。

一六四五年にウォーリィ騎兵連隊の従軍牧師リチャード・バクスターはこう記している。「悪いことをしている者たちはすべて、今までずっとロンドンに住んでおり、古いセパラティスたちの間で卵から孵った」者たちである、と。[64] ウォーリィ騎兵連隊において最もめだった大胆な下士官であるエドマンド・チレンデン中尉は、一六三七年にはサミュエル・ハウのコングリゲーションの会員であり、リルバーンの仲間であった。ヒューソン連隊のジョン・ウェッブ中尉も、ハウの教会の元会員であり、活動的な平信徒説教師であった。バーチ大佐の連隊のロバート・バロウ中尉は、サミュエル・イートン教会の元会員（パティキュラー・バプテスト派）であった。フェアファックス歩兵連隊のポール・ホブソン大尉は、グリーンとスペンサーの教会の元会員であり、パティキュラー・バプテスト派七教会の一つの設立者であった。かれは、おそらく軍隊で最も有名な平信徒説教師であったと思われる。この連隊の中で、かれの最も親密な仲間の一人は、ロンドンの元薬屋リチャード・ボーモント大尉であった。かれの中隊は、一六四四年に教区教会でおこなわれた馬の洗礼の当事者であった。(65)

内戦を通じて、ロンドンのセクトから多数の志願兵が軍隊を満たした。ウィリアム・アレンは最初ホリス大佐の連隊に所属し、のちにスキッポン連隊に属したが、かれはサザァクのフェルト帽製造工でパティキュラー・バプテストであった。トーマス・シェパードは、ベッドフォード伯の騎兵隊に参加し、次に新型軍のアイアトン連隊に所属したが、かれはイートンの教会の厳格なセパラティストで、七つのパティキュラー・バプテスト派のコングリゲーションの一つを組織した。ウォーリィ連隊の騎兵ロバート・ロッキャー（Robert Lockyer）は、一六四二年一月にリチャード・ブラントから再受洗したロバート・ロッキャー（Robert Locker）と同一人物であると思われる。ほかにも活動的なロンドン出身者がおり、かれらは新型軍編成の際に高い階級に昇進した。(66)従軍牧師バクスターはこう書いている。「このように再編成された軍隊は、形式的にはサー・トーマス・フェアファックスの指揮下にあったが、実際にはオリバー・クロムウェルが握っていた…。この軍隊は…辞退条令によって解任された貴族や将軍や士官の嫉視と軽蔑をうけたが、しかしやがてその行動によって軽蔑をはねかえした。…クロムウェルの兵士たちのところへ来て、私は夢にも予想しなかった新しい事態を見出した。…多くの兵士や士官は正直でまじめで正しい信仰の人であり、ほかの者も従順で、真理に耳をかたむけ、正しい気持ちをもった人びとであった。だが若干の傲慢なうぬぼれの強い熱狂的な諸宗派の者が高い地位につき、クロムウェルの側近となり、その情熱と活動によって他の者を圧倒すか引きずる込んで、少人数であるが軍の中核となっていた。数からいえばこういう者は軍の約二〇分の一で、その主な勢力はクロムウェル、ウォーリィ、リッチの騎兵連隊と、各部隊の新任士官たちのうちにあった。…この連中が国王を専制君主であり敵であると考え、絶対にやっつけて支配してしまおうと考えているのが、わたくしにはわかった。…かれらが最もしばしば、しかも激しく議論したのは、いわゆる『信仰の自由』の問題であった。…かれらはオーバートンとかリルバーンといった連中のパンフレットをさかんにばらまくことによって、兵士たちの間に非常な悪影響を及ぼしたのであった。…かれらの狙いは異端的なデモクラシーであった」。[67]

新型軍編成のときに昇進したロンドン出身のセクトとしてヒューソン中佐（一六四五年に大佐＝連隊長となる）、プライド中佐（一六四七年に大佐＝連隊長となる）、オウキー大佐がいる。ヒューソンはラディカルな独立教会派として有名な平信徒説教師であった。プライドはデュッパの厳格なセパラティスト教会の会員であった。オウキーはジェシーのコングリゲーションの会員で、おそらくかれ自身バプテストであった。一六四七年にヒューソン連隊の少佐の職にあり、のちに中佐となるダニエル・アクステルは、ウィリアム・キッフィンのコングリゲーションの会員であり、リチャード・オーバートンによれば、元来ヘレフォードシャの行商人であった。フェアファックス連隊のボーモント大尉指揮下の中尉からヒューソン連隊の大尉となったアレグザンダー・ブレイフィールドは、パティキュラー・バプテスト派の会員であった。プライド連隊の大尉であったジョン・メイソンとジョン・ピムは、ジェネラル・バプテストであり、以前はロンドンの馬車馬の馬具製造人の徒弟であった。かれらは、のちにチャールズ・フェアファックス連隊に移動するけれども、ジェネラル・バプテスト派はプライド連隊のより低い階級にしっかりと根をおろしていた。オウキーの竜騎兵連隊のジョン・ガーランド大尉も活動的なジェネラル・バプテストであった。[68]

議会軍の急進主義を形づくるにあたって、ロンドン出身者と同じぐらいに重要な役割を果たしたのはクロムウェルの鉄騎兵連隊であった。周知のようにクロムウェルは敬虔な人びと、たとえばバプテストで経歴不明のウォーナー中佐、同じくバプテストのウィリアム・パッカー中尉を、宗派のいかんに関係なく補充した。[69] 他のバプテストや、すぐにバプテストになった者たちも、兵卒から出世していた。たとえば、ジョン・グラッドマンは一六四四年にクロムウェルの中隊の主任中尉となった。伍長の一人ピーター・ウォリスは一六四七年までに騎兵旗手となり、のちのアイルランドで連隊長となる。一六四四年にベリィ大尉の中隊に所属していたバプテストのウィリアム・ディッシャー中尉、騎兵旗手ウィリアム・マリンは、ともに最終的には大尉の地位に昇進した。もう一人のバプテスト、トーマス・エンプソンも一六四七年までに中尉になった。(70)

鉄騎兵連隊が新型軍編成に際して二分されたとき、前述のパティキュラー・バプテスト派は全員フェアファックス連隊となる部分へ残留した。それゆえ、この連隊はその後の革命期を通じて、パティキュラー・バプテスト派の本拠であり続けた。パッカーは少佐になり、事実上の指揮官として広範な影響力をもった。鉄騎兵連隊の残りの半分は、ウォーリィ大佐の指揮の下におかれた。ここでは、パティキュラー・バプテスト派はとるに足らぬ数であったが、ジェネラル・バプテスト派の見解が下級兵士の間に拡がっていた。とりわけヒュー・ベッセル少佐の中隊の者たちはラディカルであり、かれらは自由意志に賛同し、「直接ジェズイットの方向へと進んで」いたといわれる。一六四七年にこの騎兵連隊を代表するアジテーターとして選ばれたウィリアム・ラッセルはジェネラル・バプテストであった。(71)

軍隊の急進主義が高揚した理由として、一六四七年に軍隊が解散を拒否したとき多くの士官が離脱したために宗教的急進派が昇進の機会をえたことも挙げられている。たとえば、独立派左派のロバート・オーバートンは、ウィリアム・ハーバート歩兵連隊の連隊長となった。オーバートンの新しい五人の大尉のうち、ウィリアム・ノールズ、ウィリアム・ゴフ、ロバート・リードの少なくとも三人は、パティキュラー・バプテスト派であった。そして、さらに二人のバプテスト、つまりジョン・ガードナーとベンジャミン・グルームが、翌年大尉に任命された。同様なことがジョン・リルバーンの兄ロバート・リルバーンの連隊でも起きた。ロバートはバプテストの友人であり保護者であった。ポール・ホブソンは少佐（一六四九年に中佐）になり、リチャード・ディーンはすぐに出納官の一人に任ぜられ、パティキュラー・バプテスト派のエイブラハム・ホームズは大尉になった。ジョン・ターナーとナサニエル・ストレインジ（デボンシャのパティキュラー・バプテスト）は中尉になった。リチャード・ローレンス（パティキュラー・バプテスト）は一六四七年に軍馬担当官として仕えた。[72]

このようにして宗教的急進派が軍隊に勢力をはったが、次に兵卒に対するかれらの影響力についてみよう。それは、一六四七年に全軍会議に参加するために各連隊から選出された代表の中のバプテストの人数から推測できるであろう。騎兵連隊を代表して選出された士官の中には、フェアファックス連隊のトーマス・エンプソン中尉とピーター・ウォリス騎兵旗手、アイアトン連隊のヘンリー・プリティ大尉（ジェネラル・バプテスト派）、ウォーリィ連隊のチレンデン中尉、ソーンホー連隊のリチャード・クリード大尉がいた。騎兵の兵士代表の中には、クロムウェル連隊のウィリアム・アレン、アイアトン連隊のトーマス・シェパードがいた。歩兵連隊では、エイブラハム・ホームズ大尉とリチャード・ディーン大尉がリルバーン連隊の士官を代表し、アレグザンダー・ブレイフィールド大尉がヒューソン連隊で選ばれ、ジョン・メイソン大尉（ジェネラル・バプテスト）がプライドの連隊で選ばれた。歩兵の兵士代表としては、ラムバート連隊のジョン・ミラー（ジェネラル・バプテスト派）、サー・ハードレス・ウォラー連隊のロバート・メイソン（パティキュラー・バプテスト派）がいた。[73]

軍隊内の諸セクトのうちで、バプテスト派は中心的な存在であり、士官や兵士の不満を表明するためにつくられた自発的組織において指導的な役割を果たした。なかでもチレンデン中尉と騎兵ウィリアム・アレンの二人が、とくに活動的であった。チレンデンは、不満を述べる請願書を準備するために三月と四月に組織された士官と兵士の会議の双方に深く係わっていた。かれは、四月二七日に下院へ士官の『請願と弁明』を手渡した七人の士官のうちの一人であった。三週間後、かれはアジテーターのために政治的情報を確保すべくロンドンへ行った。かれは、議会が兵士と士官を分断しようとしているという噂を報告した。そしてかれは、士官に服従するよう兵士を説得せよとアジテーターたちに迫った。また、かれは三月に下院へ提出されたレベラーズの『大請願』の写しを軍隊に送った。五月二五日、議会が最初の連隊の解散命令を公にしたとき、かれはアジテーターのために政治的情報を蒐集すべく、再びロンドンに派遣された。このようにチレンデン中尉は、ロンドンとアジテーターの連絡役を果たしていた。一方、ウィリアム・アレンは、四月の騎兵八個連隊の組織化を指導した人物であった。クロムウェル連隊のアジテーターに選ばれたかれは、数ヵ月間、アジテーターたちの最もすぐれた代弁者であった。かれは、八騎兵連隊の最初の書簡を将官たちに手渡すために、トーマス・シェパードとエドワード・セクスビーと一緒にロンドンへ派遣された。そして四月三〇日、下院法廷でかれら三人が尋問されたとき、アレンは主要な代弁者としてふるまった。(74)

四　オルガナイザーたち

一六四七年四月二〇日付のサフォークからのレターによれば、「兵士のある者は、ためらうことなく議員を圧政者と呼び、リルバーンの書物を法典として引用している」。また、四月二六日付のサフラン・ウォールデンからのレターによれば、全軍隊は「まるでリルバーンでこりかたまっており、法律を受け取るよりも与えるよう」な状態であった。(75)これらの報告から、一六四七年春の「軍隊の危機」に際して、「レベラーの諸原理」の影響が新型軍に浸透しつつあったことは明らかであり、従来の諸研究は、新型軍の政治的結合をレベラーズの急進的イデオロギーが浸透したことの結果として理解してきた。(76)

しかしながら、四～五月における軍隊の政治化のもとで成立したアジテーター組織が「リルバーンでこりかたまって」いたこと、すなわちそれがレベラーズの組織であったことを示す証拠は見当らない。もともと兵士の組織化は、各連隊の不満をとりまとめる作業の中で生じたが、兵士代表が発表した最初のマニフェストは『兵士の弁明』(The Apologie of the Common Soldiers of Sir Thomas Fairfaxes Army. 五月三日)である。(77)これには、八騎兵連隊からそれぞれ二名づつ選出された、一六名の兵士代表《コミッショナー》[78]が署名している。兵士代表の名前と所属連隊は以下のとおりである。エドワード・セクスビー、トーマス・モア（フェアファックス連隊）。サミュエル・ホワイティング、ウィリアム・アレン（クロムウェル連隊）。アンソニー・ニクソン、トーマス・シェパード（アイアトン連隊）。ウィリアム・ジョーンズ、ジョン・ケースビー（フリートウッド連隊）。ニコラス・ロッキャー、ジョゼフ・フォスター（リッチ連隊）。ギースイングズ、エドワード・スター（シェフィールド連隊）。トーマス・ケンダル、ジョン・トーマス（ウォーリィ連隊）。タバイアス・ボックス、ジョン・ウィロビー（バトラー連隊）。[79]

『兵士の弁明』は、軍隊解散とアイルランド遠征に反対する兵士の確固たる決意を表明し、兵士の立場を支持するようフェアファックス将軍に訴えている。「このアイルランド遠征は新型軍を破滅させ粉砕する企みでなくて何であろうか。理性で判断して、明らかにそれは新型軍を破壊する企みにほかならない。そうでないとすれば、お尋ねしたい。われわれの国家（Country）を救済する道具（instruments）であった人びとこそ、再び用いられるに相応しい人びとであるとなぜ考えられないのか。言いかえれば、失策をおこなったために新型軍から追放された連中がどうして適任者だと考えられるのか」。アイルランド遠征の「企みは、最近権力の味を知り、そのために下僕という通常の地位を逸脱して今や主人になり圧制者に堕落しつつある連中の単なる隠蓑にすぎない。このことに閣下がお気づきにならぬはずはないとわれわれは確信している。それゆえ、われわれは、何か別の、又は将来の提案がわれわれのもとに送られてくる以前に、われわれの期待が満たされるよう閣下が最大の努力を払って下さることを切望してやまない。というのは、もし期待が満たされなければ、われわれ自身とわれわれの友人たちはともに悲惨に破滅させられるであろうからである。閣下、もしくは国家（State）の忠実な下僕である他の誰かがアイルランド遠征を命じられ、それを引き受けることがあるならば、われわれは、自分たちの願いが認められ、臣民の正当な権利と自由が擁護され維持されるまで、やむなく願望に反してアイルランド遠征に応じないと宣言せねばならない」。[80]

右の引用文から明らかなように、軍隊解散とアイルランド遠征に反対する兵士の政治的結合は、「臣民の正当な権利と自由」の擁護という大義に立脚しており、兵士の標的は「最近権力の味を知り、そのために下僕という通常の地位を逸脱して今や主人になり、圧制者に堕落しつつある」議会であった。この点は『兵士の弁明』に添えられた『兵士の第二弁明』（A Second Apologie of all the private Souldiers in his Excellencies Sir Thomas Fairfax his Army to their Commission Officers）[81]で繰り返し力説され、「圧制者」たる政治的長老派議員に対する共闘が士官全体に呼びかけられている。「勇敢なる指揮官たちよ。主は、貴下たちが誠実に踏みとどまって固守すべく、貴下たちの心に勇気のスピリットを植えつけ給うた。貴下たちは、その誠実さをわれわれ兵士に示してきた。それゆえ、われわれは貴下にこう宣言する。もし踏みとどまって固守しようとしない指揮官がいるならば、その人は国家（Country）の反逆者、軍隊の敵と呼ばれて、永久に汚名をきせられるであろう、と。読んで次のことを考えてみよ。議会は、最近提出された請願書をめぐって、われわれのことを『国家（State）の敵』と宣言したが、そのようなことをおこなった議会がこれまでにあったであろうか」。「われわれ兵士は、静かにおとなしくすべての命令や指揮に従ってきた。しかるに今や、われわれは正当な大義をもって、指揮官たちにこう訴える。もしわれわれの苦情が除去されなければ、神が……貴下の心とわれわれの心をまっすぐに保ち給うことをひとえに祈るばかりである、と」。このような訴えに続いて、次の六項目を“all the private Souldiers”の名において要求している。

一．あらゆる点において、とりわけ最近の請願に関して、この軍隊の栄誉が弁護されること。請願の推進者たちが償われ、また正当に扱われること。

二．戦争中の、また戦場でのあらゆる行為に対する免責の法令（Act of Indemnity）が制定されること。

三．戦死した兵士の妻子たち、不具となった兵士たちのために対策が講じられること。

四．現在の将軍の指揮下での未払給料（Arreares）がわれわれに支払われること。また他の将軍の指揮下にあったときの未払給料について、会計検査がおこなわれて正確に示され、そして支払いの保証が与えられること。

五．自由に議会のために奉仕してきたわれわれを、王国の外へむりやり追い払ってはならないこと。

六．臣民の自由（Liberty）がもはや奪い取られてはならないこと。古来の法にもとづいてこの国（Land）のいかなる卑しい臣民に対しても正義と公正がおこなわれるべきこと。(82)


以上の内容から明らかなように、兵士は、兵士としての立場（具体的な要求としては第一～五項）だけでなく、人民（臣民）としての立場（第六項）にたって、長老派が支配する議会を攻撃している。このことは、政治に対する兵士の視野が、軍隊の問題（兵士としての正当な要求）から国家の問題（人民の正当な権利と自由）へと拡大しつつあったことを意味するであろう。『兵士の第二弁明』は、「臣民の正当な権利と自由」を要求する根拠について、次のようなことを述べている。「われわれ兵士は、わが国（Native Land）と国民（Nation）をすべての専制と抑圧から解放するために進んで貴下たちの指揮下で働いてきた。しかも、われわれの現在の将軍であるサー・トーマス・フェアファックス閣下に現在の議会が与えた権限の助けだけでなく、かれの前任の将軍たちすべての下で、われわれ兵士は、いや兵士のすべては、国家（State）と貴下たちに忠実にかつ刻苦して奉仕してきた。それらの手段を用いて、神は共通の敵を追い散らすわれわれの戦いを勝利でもって報い給うた。それゆえ、すべての専制と抑圧が取り払われることをわれわれは希望してやまなかった。また、この国の法にもとづいて、正義と衡平が人民（People）に対しておこなわれるべきであった。どんなに卑しい臣民といえども、すべてのことにおいて、各自がその権利、自由、財産を完全に享受できるべきである。このことは、かつて議会が二、三の宣言において全世界に発表したはずである。それゆえ、議会はその宣誓、誓約、盟約、抗議書によって、これを果たすことをたびたび約束してきた。これに望みをかけて、われわれはこの国の人民（People）のためにいろいろ多くの自由と平和を勝ち取ってやろうと、あらゆる難局や危険をくぐりぬけてきた。しかるに、われわれは、自由と平和を得るどころか、非常に悲しいことに、かつてほど大きくないとしても、相変わらず大きな抑圧の下にあることを知っている。そればかりではない。抑圧は、議会とわれわれの真の友、すなわちこの国民（Nation）の正当な権利と自由の擁護者たちにも加えられている。友は、われわれと同様に、……侮辱され、鞭打たれ、牢獄に引っぱっていかれた。それどころか、かれらは財産をすっかり失ったり、命を失った。さらにまた、かれらとわれわれの最も良い、最も公平な意図と行動は、卑猥にかつ不公正に悪く解釈され、国家を乱す者とか国家の敵とか宣言されるまで貶められた」(83)

最後に、一六四七年春の「軍隊の危機」がもたらした兵士の政治化について小括しておこう。下士卒の『三月請願』は、内容を兵士としての不満の表明に限定している。また、五月中旬に諸連隊から議会委員に提出された不満報告書も基本的には同様であり、軍隊の栄誉に係わる諸問題が士官と下士卒を「共同一致」させる大義のシンボル（軍統一のためのシンボル）であった。それゆえ、一六四七年三月～五月上旬の段階では、兵士の政治化は、兵士としての政治的結合を意味するものであり、したがってレベラーズの要求と運動の間に直接の関係はなかったといえる。しかしながら、各連隊でおこなわれた不満調査は、兵士の政治的組織化のための「突破」（革命的契機）となった。というのは、不満を公式に取りまとめるためのパイプとしてアジテーター組織が形成されたからである。また、下士卒の『三月請願』が、レベラーズの『大請願』（および一連の市民請願）と同様に絞刑吏の手で焼却されるという共通の「侮辱」（抑圧）を経験するとき、兵士の不満と運動は、市民（中層・下層民衆）のそれと撚り合わされる契機をもつに至ったといえるからである。この点は、軍隊が国家の問題（政治）に介入することの正当性を訴えた兵士のレトリックとロジックから明らかである。それは次のように要約できるだろう。軍の「正当な大義」は、「わが国と国民をすべての専制と抑圧から解放する」こと、「この国の人民のためにいろいろ多くの自由と平和を勝ち取」ることにある。すなわち、兵士は、「この国の法にもとづいて、正義と衡平が人民に対しておこなわれ」、「どんなに卑しい臣民といえども、すべてのことにおいて、各自がその権利、自由、財産を完全に享受できる」ような国家をつくるための「道具」として戦ってきた。しかるに、この目標が達成されるどころか、兵士は「相変わらず大きな抑圧の下にあ」り、この抑圧は「われわれの真の友、すなわちこの国民の正当な権利と自由の擁護者たちにも加えられている」。このようなアピールから、「国民の正当な権利と自由の擁護者たち」であるレベラーズのレトリックとロジックを想起することは正当であろう。

註（1）一六四七年二月に国王チャールズ一世の身柄がスコットランド軍からイングランド議会へ引き渡されると、議会は国王との調停を求める一方、軍事費削減を理由に軍事的有用性を失った軍隊の解体を図ったのである。A. S. P. Woodhouse, ed., *Puritanism and Liberty. Being the Army Debates(1647-9)from the Clarke Manuscripts with Supplementary Documents*, 1951, repr. 1965, pp. [20]-[21].

（2）C. H. Firth ed., *The Clarke Papers. Selections from the Papers of William Clarke, Secretary to the Council of the Army, 1647-1649, and to General Monck and the Commanders of the Army in Scotland, 1651-1660*, Camden Soc., and Royal Hist. Soc., Camden series, 4vols., 1891-1901, repr. 1965, I, p. x. M. A. Kishlansky, *The Rise of the New Model Army*, 1979, p. 281. 新型軍は、法令的には一六四五年二月一五日の『ニュー・モデル条令』と、同年四月三日の『辞退条令』にもとづいて形成された。この当時新型軍はおよそ歩兵一四、四〇〇、竜騎兵および騎兵 七、〇〇〇から構成されていた。したがって、解散を予定された兵員は歩兵約 六、〇〇〇であった。S. R. Gardiner, *The History of the Great Civil War 1642-1649*, 3vols., 1891, III, pp. 32-3. 新型軍の成立過程と構成については、若原英明『イギリス革命史研究』I部四章、中岡三益「イギリス革命に於ける軍隊New Model Armyについて」（『歴史学研究』一五八号、一九五二年）を参照。

（3）多数の兵士は新型軍編成以前の給料についても完全支給されていなかった。Gardiner, *op. cit.*, III, pp. 39, 42, 65. 新型軍編成時点に、兵士の日給は歩兵８d.、竜騎兵1s. 6d.、騎兵2s. と定められていた。C. H. Firth, *Cromwell's Army. A History of the English Soldier during the Civil Wars, the Commonwealth and the Protectorate*, 1902, repr. 1921, p. 185. 松村赳「ピューリタン革命の急進運動についての一考察―レヴェラーズの実態について―」（『歴史学研究』二三三号、一九五九年）六頁。未払給料問題に関してはcf. I. Gentles, 'The Arrears of Pay of the Parliamentary Army at the End of the First Civil War', *Bulletin of the Institute of Historical Research* 48, 1975, pp. 52-63; do.,'Arrears of Pay and Ideology in the Army Revolt of 1647', in *War and Society*, ed. by B. Bond and I. Roy, 1976, I, pp. 44-66.

（4）Gardiner, *op. cit.*, III, p. 60. 内戦中に議会軍兵士がおこなった行為、とりわけ軍用馬や糧食の徴発、兵舎用家屋の接収は、免責を保証されなければ、戦闘の終結と同時に州の四季裁判所や巡回裁判法廷において犯罪と判決される危険が高く、その場合兵士に懲罰が加えられた。M. Kishlansky, 'The Army and the Levellers: The Roads to Putney', *Historical journal* 22, 1979, pp. 797-8; J. S. Morrill, 'The Army Revolt of 1647', in *Britain and the Netherlands*, ed. by A. C. Duke and C. A. Tamse, 1977, IV, pp. 57-8. do., 'Mutiny and Discontent in English Provincial Armies, 1645-47,' *Past and Present* 56, 1972, pp. 49-74. なお、議会による軍隊解散計画の背景については、中岡三益、前掲論文。若原英明、前掲書、第四章第五節を参照。

（5）四三名の士官が出席したこの会合で議会委員は、アイルランド遠征志願兵士には未払給料の六週分が支払われるという条件を提示した。Gardiner, *op. cit.*, III, p. 37. Kishlansky, *Rise*, pp. 187-8. 新型軍における士官の定員は次の表のとおりである。なお、（上級）士官とは士官会議の構成員、すなわち歩兵連隊の少佐以上、騎兵連隊の大尉以上である。つまり日給10s. 以上の者である。下士官とは歩兵連隊の大尉以下、騎兵連隊の中尉以下である。

	歩兵連隊	騎兵連隊	竜騎兵連隊	計
大佐	12	11	1	24
中佐	12			12
少佐	12	11	1	24
大尉	84	44	8	136
中尉	120	66	10	196
少尉	120	66	10	196
准尉	120	66	(10)	186(196)

※中岡、前掲論文、二一六頁より。

（6）四三名のうち①項については一二名、②項については七名が異論を唱えた。Gardiner, *op. cit.*, III, p. 37.
（7）*Ibid.*, pp. 37-8. Kishlansky, *Rise*, pp. 187-8.
（8）この請願書には作成者の署名が印されていないけれども、ナサニャル・リッチ連隊からフェアファックス将軍に提出されたであろうと推定されている。Kishlansky, *Rise*, p. 201. なお、この請願書は士官を通じてフェアファックス将軍に差し出されたのち、将軍の手で議会へ提出されるはずであったが、署名を集めるために兵士の間を回覧されていたとき、議会委員がその写しを入手して議会へ送った。そして後述するごとく、三月三〇日に議会は『宣言』を出して請願運動の即時停止を命令した。Kishlansky, 'The Army and the Levellers', p. 798.
（9）Firth, *Clarke Papers*, I, pp. x-xi.
（10）『三月請願』は、『四質問』が議会に確答を求めた未払給料・免責・アイルランド遠征兵士の給料の項目以外に、次の要求を掲げている。イングランド内戦における志願兵にはアイルランド遠征を強要しないこと（この項目は歩兵の大半を構成した強制募兵には適用されない）、戦死兵の遺族および負傷兵に年金を付与すること、議会側に加担した兵士の被った損失を償うこと、軍隊解体まで兵士の宿営費を現金で支給すること。

(11) Gardiner, *op. cit.*, III, p. 40n. Kishlansky, *Rise*, p. 190.

(12) ガードナーによれば、『三月請願』はまず下士卒によって起草され、その後士官によってまとめられた。Gardiner, *op. cit.*, III, p. 40n.

(13) Kishlansky, *Rise*, pp. 190-1, 202.

(14) *Ibid.*, pp. 188-9. cf. Firth, *Clarke Papers*, I, pp. 1-4. 議会の命令に対するフェアファックスの抗議についてはcf. J. Rushworth, *Historical Collections*, 8 vols., 1779, repr. 1969, PT. IV-I, p. 445.

(15) Gardiner, *op. cit.*, III, pp. 42-4. Kishlansky, *Rise*, p. 188.

(16) Gardiner, *op. cit.*, III, pp. 43, 45. Kishlansky, *Rise*, pp. 196, 281. 士官たちは、下院法廷において、『三月請願』との係わりを否認し、情報の出処を明らかにするよう求めたが、議会はこの要求を拒否した。この事件は、『宣言』に劣らず、士官と下士卒の間に議会の反軍的態度への重大な関心と反発を呼び起こした。Kishlansky, *Rise*, p. 197.

(17) *A New Found Stratagem framed in the old forge of Machivilisme and put upon the inhabitants of Essex to destroy the Army under Sir Thomas Fairfax, in certain animadversions upon a Petition.* The Thomason Tracts. E. 384. (11). 四月四日、ロンドンの政治的長老派はエセックス州に、議会による軍隊解体要求を含む請願文を送り、聖職者に託して回覧させようとした。それは、議会へのデモをおこなうため、四月一八日にウェストミンスターへ集合すべしとの、署名者に対する指令を含んでいた。これに対抗するごとく、同じ頃、同州宛てにオーバートンの『新発見の戦略』が配布され、議会委員会にも送付された。このパンフレットは、兵士に対するアピールをめざしたもので、次のようなことを訴えた——議会は現在イングランドの絶対的支配者になろうとしているから、人民の生まれながらの自由を保障する重要な手段としての軍隊に依拠しよう。新型軍はイングランドの安全と自由にとって不可欠である。「人民は等しく軍隊に依拠するべきである。正義の遂行と法と自由の確立のために。軍隊は所期の目的を達成すれば自ら解体する」。J. Frank, *The Levellers. A History of the Writings of Three Seventeenth-Century Social Democrats, John Lilburne, Richard Overton, William Walwyn,* 1955, pp. 118-9.

(18) Kishlansky, *Rise,* p. 214.

(19) *Ibid.,* p. 196. Gardiner, *op. cit.,* III, p. 59.

(20) Kishlansky, *Rise,* p. 193. 議会委員は、士官を個別に勧誘することにより、三月下旬には二八名の遠征志願士官を確保した、と議会へ報告している。その中にはリチャード・フォーテスキュー、エドワード・ハーリィ、トーマス・シェフィールド、サー・ロバート・パイの大佐四名が含まれていたといわれる。*Ibid.,* 173. Gardiner, *op. cit.,* III , p. 38. 他方、新型軍側の史料は次のように記している。「大尉以上の騎兵士官のうちで遠征に同意した大尉、少佐、大佐は六名にみたない…。歩兵士官については…佐官級ではハーバート大佐とケムプソン中佐だけであり、残りは大尉であるが、その数はわずかであり、いくらかの下級士官がいた」。Firth , *Clarke Papers,* I , pp. 12-3.

(21) これに対して、議会委員は、イングランドに残留する連隊名を明らかにし、また遠征軍司令官としてサー・フィリップ・スキッポン少将のほかにサー・エドワード・マスィ少将を任命することを伝達した。Kishlansky, *Rise,* p. 193. Gardiner, *op. cit.,* III, pp. 46-7.

(22) Kishlansky, *Rise,* pp. 192-3.

(23) *Ibid.,* pp. 193, 195.

(24) *Ibid.,* pp. 193-4, 202-3. 同様な叛乱がウィリアム・ハーバート連隊でも起きた。

(25) *Ibid.,* p. 202. Rushworth, *op. cit.,* PT. IV-I, p. 446.

(26) Kishlansky, *Rise,* pp. 200-2.

(27) *Ibid.,* p. 203. Rushworth, *op. cit.,* PT. IV-I, p. 468.

(28) Kishlansky, *Rise,* p. 203.

(29) *Ibid.*, pp. 203-4, 214. Gardiner, *op. cit.*, III, pp. 49, 58.

(30) Kishlansky, *Rise*, p. 204. Firth, *Clarke Papers*, I, pp. xix-xx

(31) シェフィールド大佐やハーバート大佐は、かれらの連隊のすべての兵を従軍させると約束していた。Kishlansky, *Rise*, p. 202. 議会委員の努力にもかかわらず、四月二五日時点で遠征軍兵員二一、四八〇名のうち二、三二〇名しか確保できていなかった。Gardiner, *op. cit.*, III, p. 58.

(32) Kishlansky, *Rise*, pp. 204-5. Firth, *Clarke Papers*, I, p. 33. Gardiner, *op. cit.*, III, pp. 59-60. 兵士委員選出のヒントを与えたのは四月中旬にノーフォークの四個連隊で開かれた下士卒の代表と士官の集会であった。Gardiner, *op. cit.*, III, pp. 51-2.

(33) Gardiner, *op. cit.*, III, pp. 59-61. Firth, *Clarke Papers*, I, pp. xii-xiii.

(34) Kishlansky, *Rise*, p. 205. 長老派が、軍の影響力を部隊の解散あるいは分割によって減殺しようと試みたとき、士官も兵士もともに、将来どうなってゆくかという不安から、軍隊そのものを独立的勢力にまで高めようとした。兵士層は自己の要求を貫徹するために「アジテーターズ」という完全な民主主義的制度を創設した。この名称は一六四七年四月、騎兵一〇個連隊のうち八個連隊が士官に宛てて要求書を提出した際に初めて用いられた。それは代弁者あるいは代表者、すなわち連隊全員の意思が実行に移されているかどうかを監視するために指名された人びとのことである。H. Holorenshaw, *The Levellers and the English Revolution*, 1939. 佐々木専三郎訳『レヴェラーズとイギリス革命』(未来社、一九六四年)、八〇頁。

(35) Gardiner, *op. cit.*, III, p. 61. Firth, *Clarke Papers*, I, p. xii. セクスビーはフェアファックス連隊、アレンはクロムウェル連隊、シェパードはアイアトン連隊に所属していた兵卒である。かれらの社会的出自、宗教的立場、経歴についてはcf. H. N. Brailsford, *The Levellers and the English Revolution*, 1961, p. 183. Firth, *Clarke Papers*, I, pp. 82-3n, 431. M. Tolmie, *The Triumph of the Saints. The Separate Churches of London 1616-1649*, 1977, p. 156. 大西晴樹・浜林正夫訳『ピューリタン革命の担い手たち』(ヨルダン社、一九八三年)、二八〇～一頁。大西晴樹『イギリス革

命のセクト運動』（御茶の水書房、一九九五年）第六章参照。

（36） Firth, *Clarke Papers*, I, pp. xvi-xvii, 21n, 33, 430-1. Rushworth, *op. cit.*, PT. IV-I, p. 474. Kishlansky, *Rise*, p. 207. Gardiner, *op. cit.*, III , p. 62.

（37） Kishlansky, *Rise*, p. 208. 下士官では、ウォーリィ連隊のチレンデン中尉、フェアファックスの近衛騎兵連隊のジョージ・ジョイス少尉などがこのレターに係わっていたようである。Firth , *Clarke Papers*, I , p. xvii.

（38） 下院は下士卒集団の単独行動が叛乱を結果することを恐れたが、この不安を強めたのは当時広まっていた噂、すなわち新型軍が旧国王軍との同盟を企んでいるという風説である。たとえば、五月の第一週に東部諸州を回覧されていたレターによれば、新型軍と国王の間に秘密交渉がもたれており、国王を軍司令部に招く請願書が国王のもとに送られ、軍司令部において兵士は「かれに戴冠するつもりである」。こうした噂が流れていたとき、喚問中の三人のアジテーターは、旧国王軍兵士に叛乱を扇動しようと図ったという嫌疑を受けて詰問された。また、五月三日にペムブルック伯は、ロンドン市会において、新型軍と旧国王軍兵士との同盟に関する噂を力説してシティの恐怖心を高め、未払給料支払いのために公債を取り付けようとした。Kishlansky, *Rise*, pp. 207-9. cf. Rushworth, *op. cit.*, PT. IV-I, p. 480. Firth, Clarke Papers, I, p. 26.

（39） Kishlansky, *Rise*, p. 208. Firth, *Clarke Papers*, I, pp. xiii, 21n. 下院は、兵士を懐柔するために、議会委員を通じて、決議事項（免責法案を直ちに提出すること、若干の未払給料を直ちに支払うこと、その残額については記名公債《デベンチャ》で支払うこと）を伝達した。Gardiner, *op. cit.*, III, p. 62. 中岡、前掲論文、一二三頁。

（40） Rushworth, *op. cit.*, PT. IV-I , p. 476.

（41） Kishlansky, *Rise*, pp. 209-10. cf. Firth, *Clarke Papers*, I, pp. 27-31. Rushworth, *op. cit.*, PT. IV-I, p. 480.

（42） Kishlansky, *Rise*, p. 210.

（43） Morrill, 'Army Revolt of 1647', p. 57.

（44） Kishlansky, *Rise*, p. 213.

（45）*Ibid.*
（46）*Ibid.*, p. 215.
（47）*Ibid.*, p. 214.
（48）一七五～六頁の表で示したように、モリルはニカルズ少尉の事件を免責事項に分類しているが、キシュランスキーはこれを批判している。かれの説によれば、ニカルズが「投獄されて非道な扱いを受けた」ことによってフェアファックス「閣下の権限と権威に侮辱が加えられた」ゆえに、この事件は新型軍の栄誉に対する侮辱にほかならなかった。Kishlansky, *Rise*, p. 214.
（49）本章註（38）参照。
（50）Kishlansky, *Rise*, pp. 210-1. 不満報告書には特殊な事項も含まれていた。たとえば、騎兵の場合には、「国家の馬が死んだとき」新規の軍馬を調達する費用の問題などがあり、歩兵の場合には、遠征軍徴募についての「多くの不安や羨望」が記載されていた。
（51）*Ibid.*, pp. 210-1.
（52）Kishlansky, *Rise*, p. 210. Firth, *Clarke Papers*, I, pp. xv, 88n.
（53）Gardiner, *op. cit.*, III, p. 64n.
（54）Firth, *Clarke Papers*, I, p. xv. Rushworth, *op. cit.*, PT. IV-I, p. 485.
（55）Kishlansky, *Rise*, p. 211.
（56）*Ibid.*
（57）*Ibid.*, pp. 210-1. このプロセスから士官のアジテーターが選出された。たとえば、ウォーリィ連隊のチレンデン中尉、クロムウェル連隊のジョン・レナルズ中尉らがアジテーターであったと推定されている。かれらは士官会議とのパイプ役を果たした。*Ibid.*, p. 334 n127. Firth, *Clarke Papers*, I, p. 85n.
（58）Kishlansky, *Rise*, p. 211.

(59) *Ibid.*

(60) *To the right honourable and supreme Authority of their Nation, the Commons in Parliament assembled. The humble Petition of many thousands, earnestly desiring the glory of God, the freedome of the Common-wealth, and the peace of all men*, in D. M. Wolfe, ed., *Leveller Manifestoes of the Puritan Revolution*, 1967, pp. 135-41.

(61) ハーリィ、ウォラーの連隊報告書は、宗教上の迫害に対する恐怖を表明している。また、クロムウェル連隊の報告書は、『厳粛な同盟と契約』への署名を公職保有条件として課すことに抗議している。しかし、この抗議は、騎兵三個連隊の共通一一項目の中には含まれていない。Kishlansky, *Rise*, p. 212.

(62) *Ibid.*

(63) 兵士の政治的活動が高揚すると、軍幹部や上級士官は下士卒の行動を黙認することができなくなり、なんらかの制御策を必要とした。だが当時の情勢からして、強圧手段をもってこれを押しつぶすことはできなかった。そこでかれらはひとまず懐柔の方法に訴えて、兵士の革命的エネルギーを自分たちの思う方向に導こうとした。つまり、六月五日の集会開催がそれである。この全軍総会では、まず『軍隊の厳粛な協定』（*A Solemn Engagement of the Army under the command of his Exellency Sir Thomas Fairfax, with a declaration of their resolutions as to disbanding and brief Vindication of their Princeples and intentions*）が発表されるが、それは兵站総監アイアトンの起草によるものである。それは、軍隊の要求が貫徹されるまでは全員が一致団結することを誓い、軍隊を「国賊、平和の攪乱者」と罵った議会を非難して、軍隊は「王国内の特定の党派もしくは利害」を目的とせず、「全国民のための共通で平等な権利・自由・安全の確立」をめざすものであることなどを明言している。それゆえ、議会に対して軍の立場を明らかにした点で意義深いものである。だが同時に、そこに述べられた軍隊の要求は、アジテーターの掲げていた広範な具体的要求に較べて限定されたものであった。このことは、兵士に対する軍上層の優位を確定していくうえで重要な意味をもつと言えよう。ところで、両者の力関係を決するうえに画期的な意義をもつ事件は、この『協定』にもとづいて全軍会議（‘General council of the Army’）が設置されたということである。それは、軍隊内の命令系統を確立することにより、高揚した兵士の直接行動を制御する目的をもつものであった。つまり、アジテーター制を公認して正式の軍機関とすると同時に、これと同数の上級士官を会議に加えて会議全体をフェアファックス将軍の直轄下におくことにより、軍幹部の統御下に組み入れようとしたものである。それにより、軍幹部は兵士の組織とエネルギーから独自性を奪い、かれらをレベラーズの影響から切り離そうとしたのである。士官会議の書記官ウィリアム・クラークの記録するところによれば、軍上層の意図は次のことにあった。つまり、「われわれ（士官）は、アジテーターが討論に参加することを承認するのが適当であると考える。というのは、アジテーターの兵士に対する影響力を考慮するなら、このことがまさしく必要だと思われるからである。士官であるわれわれは、アジテーターのうちの激越な輩の理論に対して、たとえこれを穏健ならしめることができないとしても、トーン・ダウンするよう働きかけることを希望する。…現在の士気を考慮に入れつつ、新たな人員を加えた全軍会議で意見の一致がみられるように対処することが、将軍や士官たる者の非凡な叡知なのである。かくして、善き調和が維持され、服従がたちどころに得られるのである」。こうした軍上層の意図は、かれらの代表者を規定以上に全軍会議へ送りこむことなどの手段によって急速に達成された。のちにリルバーンは、「全軍会議は……大佐、中佐、少佐その他（兵士によって）選ばれたのではない人びとでいっぱいになってしまった」と嘆くのであった。［本来、全軍会議は、将官全員と連隊長、各連隊により二名づつの上級士官、各連隊より二名選出されたアジテーター、から構成されるはずであった］。C. Hill, *The English Revolution 1640*, 1940. 田村秀夫訳『イギリス革命』（創文社、一九五六年）七一頁。C. Hill and E. Dell, ed., *The Good Old Cause, The English Revolution of 1640-1660, Its Causes, Course and Concequences*, 1949, p. 347. Woodhouse, *op. cit.*, p. [24] n1. 中岡、前掲論文、三〇～一頁。

(64) Richard Baxter, *The Autobiography of Richard Baxter* (Everyman's Library, 1931), p. 53. 以下に挙げる将官・士官・兵卒の軍事的経歴についてはC. H. Firth and G. Davies, *The Regimental History of Cromwell's Army*, 2vols., 1940が詳しい。

(65) チレンデン中尉は一六四七年に平信徒説教を擁護する本を出版した。また一六五一年にはジェネラル・バプテスト派になる。ウェッブ中尉は、一六四一年にはセパラティストとしてチレンデンとともに上院に出頭を命じられた。かれはその後パティキュラー・バプテストとなり、七教会の一を代表してロンドン『告白』第一版に署名した。また、かれは一六四六年にはエドワーズの『壊疽』第三部で攻撃された。Tolmie, *The Triumph of the Saints*, pp. 155-6. 邦訳、二七九〜八〇頁。

(66) *Ibid.*, p. 156. 邦訳二八〇〜一頁。ロッキャーは一六四二年に一六才のとき軍隊に入った。そして一六四九年にレベラーズの叛乱に関与した廉で処刑される。

(67) Baxter, *op. cit.*, pp. 47-50. 従軍牧師ヒュー・ピーターはこう述べている。「二つのことがどんな軍隊よりもかれらを立派なものにしている。それは団結と活動性だ。細かい点で判断が分かれても、けっして軍の動きを妨げたり抑えたりするような意見の対立は少しも見られない…。この軍隊でとくに目につくことが一つある。兵士というものは、たいてい相手側の市民の物さえ奪って使ってしまうのだが、ここでは兵士たちはどこにおけるよりも宗教的になり、精神的に豊かになっている」。Woodhouse, *op. cit.*, p. 387. 浜林正夫『イギリス市民革命史』(未来社、一九五九年) 一四六頁。

(68) Tolmie, *op. cit.*, pp. 156-7. 邦訳二八一〜二頁。

(69) クロムウェルの考えの原則は、一六四四年にクローフォード少将に宛てた書簡の中に述べられている。それは、クローフォード指揮下の中佐で、ほとんど経歴不明のウォーナーという名のバプテストのために差し出したものである。「閣下、国家は、国家に仕える人材を選ぶに当たって、かれらの意見に留意しません。もしかれらが忠実に国家に仕えてくれるなら、それで十分です」と、かれは言うのである。*Ibid.*, p. 157. 邦訳二八二頁。

(70) エンプソンは、戦士であるよりは、善き説教師であると言われた。この評判を聞いて、クロムウェルはこう書いている。「実を言えば、わたくしは、最もよく祈り、説教する者が最もよく戦うだろうと考えている」と。*Ibid.* 邦訳二八三頁。

(71) *Ibid.*, pp. 157-8. 邦訳二八三〜四頁。

（72）多数のバプテストが第一次内戦終結の際に軍隊を去ったが、一六四六年の後半（不寛容な長老派体制の確立が無気味に接近しつつあった頃）、再入隊した。また新規の入隊もあった。たとえばウィリアム・アレンは、一六四六年の中頃にクロムウェルの騎兵連隊に再入隊した。ポール・ホブソンも軍隊に戻って、やがてロバート・リルバーン連隊の少佐の地位に昇進した。バプテスト派の聖職者エドワード・ハリソンは、一六四七年に従軍牧師としてトーマス・ハリソン連隊に加わった。元国教会牧師でジェネラル・バプテストになったヘンリー・デンは騎兵旗手としてスクループ大佐の連隊に加わった。バプテストとなったジョン・ターナーはリルバーン連隊の中尉として一六四七年に登場した。すぐ後にバプテストとなるセパラティストのジョン・スペンサーも一六四七年七月に騎兵旗手として登場した。以上に挙げた人びとは全員がセクト運動の重要な指導者であった。かれらは、不寛容な長老派教会体制の確立が接近しつつあるという事態に直面して、この国の最終的な宗教上の解決を確保するために軍隊に再入隊（または入隊）し、なんらかの形で影響力を行使しようと考えたのであろう。*Ibid.* p. 158. 邦訳二八五頁。

（73）一六四七年秋に五騎兵連隊を代表して選ばれた、最もラディカルなアジテーターの中にも、少なくとも二人のジェネラル・バプテスト派（クロムウェル連隊のロバート・エバラード、ウォーリィ連隊のウィリアム・ラッセル）がいた。バプテスト派は「再洗礼派」の汚名を着せられているので、容易に確認することができる。だが、アジテーターの中には他のセクトの教会の会員も同じぐらい含まれていたように思われる。*Ibid.*, pp. 159. 邦訳二八六～七頁。

（74）*Ibid.*, p. 160. 邦訳二八七～八頁。

（75）*Ibid.*, p.〔23〕. Gardiner, *op. cit.*, III, pp. 52-61.

（76）たとえば、ウッドハウスは次のように論じている。「アジテーターを選出した最初の運動それ自体、レベラーの諸原理が軍隊内に浸透した結果であったことはありうる」. Woodhouse, *op. cit.*, pp.〔22〕-〔23〕.

（77）***A Declaration of the Engagements, Remonstrances, Representations, Proposals, Desires and Resolutions from His Excellency Sir Thomas Fairfax and the generall Councel of the Army.*** T. C., E. 409. (25), pp. 7-9 にリプリントされている。サフラン・ウォールデンの軍司令部の周囲に集結していた八騎兵連隊の兵士代表が『レター』を作成し、四月

二八日にこれを下院議員である三人の将軍(フェアファックス、クロムウェル、スキッポン)に提出したが、このレターは五月三日に出版された。そのタイトルが『兵士の弁明』である。A. Woolrych, *Soldiers and Statesmen. The General Council of the Army and its Debates, 1647-1648*, 1987, p. 57.

(78)『兵士の弁明』では兵士代表は'Commissioner'と称しているが、しだいにこのタイトルに代わって'Agitator (Adjutator)'または'Agent'という名称が用いられるようになり、たとえば、'agitators(agents). . . agitating in behalf of their several regiments'として署名している。'agitate'の意味は、'to do the actual work of (the affairs of)another, to manage, or act as agent'である。Gardiner, *op. cit.*, 1891, III, p. 60n. Woolrych, *op. cit.*, p. 57. 'agitate'や'agitator'の用語についてはcf. "*A Declaration of the Engagements. . .*" "*The humble Petition of the Soldiers of the Army*" in J. Rushworth, *op. cit.*, PT. IV-I, p. 498. "*Two Letters of his Excellencie Sir Thomas Fairfax*", T. C., E. 391. (2). "*Letter from the Troopers in Sir Robert Pies Regiment*", in Firth, *Clarke Papers*, I, p. 44.

(79) 一六名の兵士代表の中で指導的な役割を果たした人物はセクスビー、アレン、シェパードであった。かれらは下院に喚問され、四月二八日付のレターについて取調べを受けた。兵士代表の選出が騎兵連隊から始まった理由として、一般に騎兵は歩兵よりも識字力があったこと、歩兵の三倍支給されており、政治的な自覚をもちやすかったこと、分散宿営する部隊および連隊の間を馬で容易に連絡できたこと、などが考えられる。Woolrych, *op. cit.*, p. 61. なお一六名の騎兵兵士代表のうち、一六四七年秋にもアジテーターであった人物はセクスビー、ウィティング、アレン、シェパード、ジョーンズ、ロッキャー、ギースィングズ、ボックス、ウィロビーの九名である。*A list of the Names of the* [two] *Commission Officers and two Soldiers of every regiment in the army intrusted for the several regiments according to the Engagement of the Army*, in Firth, *op. cit.*, I, pp. 436-9. Woolrychはジョーンズ(Wm. Jones)とサムズ(Will. Somes)を同一人物とみなしている。Woolrych, *op. cit.*, , p. 58n.

(80) *A Declaration of the Engagements*, p. 8. 傍点は引用者、以下同じ。

(81) *Ibid.*, pp. 10, 11.『兵士の第二弁明』の抜粋はWoodhouse, *op. cit.*, pp. 396-8. これは'all the private souldiers'から

士官への呼びかけという形をとっており、セクスビーが（もしかするとアレン、シェパードあるいはロンドンの「友人」の助けをかりて）書いたと思われる。セクスビーは最も活動的なアジテーターの一人であり、兵士を組織化する運動の当初からレベラーズのリーダーであるジョン・リルバーンと結びついていた。なお、リルバーンのレターやメッセージを軍隊に運んだ人物としてエリザベス夫人のほかに、セクスビー、タリダ大佐、ジョン・ホワイト大尉、ティム・トレバーズなる人物などがいたと思われる。Woolrych, *op. cit.*, pp. 59n, 63. P. Gregg, *Free-Born John. A Biography of John Lilburne,* 1961, pp. 163-4. Tolmie, *op. cit.*, p. 160. 邦訳、二八八頁。Firth, *Clarke Papers,* I, pp. 82-3n.

（82）*A Declaration of the Engagements,* pp. 10, 11.

（83）*Ibid.*, pp. 9-10.

第六章　新型軍の叛乱とレベラーズ

はじめに

一六四七年三月に、新型軍の兵士とロンドンのレベラーズは、それぞれ請願運動を組織した。兵士の『三月請願』は、内容を兵士としての不満の表明に限定しており、レベラーズの『大請願』が掲げた広範な宗教的、社会的、法的改革のプログラムに触れていなかった。一方、『大請願』は軍隊の不満に言及していなかった。それゆえ、この時点では、これらの運動が直接の関係をもっていなかったことは明らかである。しかし、軍司令部がサフラン・ウォールデンからベリィ・セント・エドマンズに移り、ニューマーケット付近のトリプル・ヒースで軍総集会が開かれるまでの過程で起きたフェアファックス歩兵連隊やレインバラ歩兵連隊の叛乱とジョイス少尉による「国王誘拐」事件は、兵士の政治的結合を新たな局面に押しやった。本章は一六四七年五月〜同年六月はじめの新型軍アジテーターの運動を、レベラーズの運動の展開との関連で考察することにより、兵士の急進的運動の大義、組織、戦術上の特徴を考察する。

一　『三月請願』を乗り越える地平

一六四七年三月一〇日（異端と冒瀆を恥じる国民の日）以後の一週間に、ウィリアム・ウォルウィンとかれの支持者たちは、レベラーズのマニフェストたる『大請願』を、[1]「そのために特別に選ばれた多数の人びとによって作成し、討議し」、そしてロンドンの諸会衆の集会でその写しを回覧して署名を集めた。[2] 三月一四日、ジェネラル・バプテストのトーマス・ラム教会の定例の日曜集会に潜り込んだボイスなる人物が、回覧中の写しを入手し、翌日これを下院に差し出した。下院は直ちに長老派のエドワード・リィ大佐を議長とする委員会でこの請願書の内容を検討させ、作成者が誰であるか調査させた。委員会はこれを誹謗文書であると宣言し、至当な請願書とはみなされないと断定した。[3] 三月一八日に、ラムが委員会に召喚されたとき、「多数の良心的な人びと」が「至当な請願書」であることを証明する文書をもって委員会に押しかけたが、かれらは室外退去を命ぜられた。そのとき、ニコラス・チューがこれを朗読したために即座に捕えられ、さらに翌日、理由の聴取もなしにアレクサンダー・タリダ少佐が投獄された。[4] チューは二年前からレベラーズの指導者リチャード・オーバートンの仲間であり、タリダ少佐はジョン・リルバーンの友人であった。[5] 三月二〇日、『大請願』の支持者たちは、チューとタリダ少佐に対する委員会の不当な扱いに抗議する請願行動を組織した。この『第二請願』は、チューとタリダ少佐の釈放の要求のほかに、請願権の承認と『大請願』の受理を訴えたが、議会はこれを無視した。タリダ少佐は三月二六日に保釈されたけれども、[6] チューは放免されなかった。四月三日と五月四日に、ウィリアム・ブラウンなどの請願者たちが議会に押しかけ、回答を待った。[7] 五月四日、「議会の命令と指令をうけて、議長は、議会の嫌悪ゆえにこの請願書を承認することはできないとかれらに通達した」。五月二〇日、ブラウンが逮捕され、下院で尋問されたとき、請願の支持者たちは再びウェストミンスターに参集して『第三請願』を提出したが、議会はこの請願書をはねつけ、そして『大請願』と一連の請願書を絞刑吏の手で焼き捨てることを九四票対八六票で決定して、五月二二日に請願書の焼刑が執行された。[8]

ところで、『大請願』は、もともとロンドンの急進的な諸勢力（「正直な仲間たち」）全体のデモンストレーションとして計画された。ところが、請願の内容をめぐって、ウォルウィンの支持者と反対者の間に激しい対立が生じた。すなわち、ラム、セイバイン・ステアズモア、サミュエル・ハイランド、デイビス、クーパーなどの多数のセパラテストとジェネラル・バプテストの指導者たちは『大請願』を支持したけれども、ジョン・グッドウィン教会の俗人説教師ジョン・プライスなどの「最高位の独立派の大部分は、離れて傍観した」。また、パティキュラー・バプテストの牧師たちも、この政治的行動に表だった支持を与えるのをさけた。[9] しかし、これらの独立派の人たちは、ロンドン民兵隊をめぐって生じた危機の下で、その態度を変えざるをえなかった。次のような事態が生じたからである。

『大請願』がロンドンのコングリゲーションの間を回覧されていたとき、シティの指導者たちはこれに対抗する請願書を作成して上院に提出した。その中でかれらは、ロンドン民兵隊の統率権を議会からシティ当局に移すことを要求した。この請願にもとづいて、議会の長老派は四月一五日、新規の民兵委員を任命する権限をシティ当局に与える法令を可決した。[10] これによって、四月二七日、民兵委員会から市参事会員アイザック・ペニントン、市参事会員ジョン・フォーク、ジョン・エストビック、プレイア大佐などの独立派と、ロバート・ティチボーン大佐[11]などの独立派が追放され、代わりに長老派の人びとが任命された。[12] 五月四日には、下院はシティ当局が任命した新しい民兵委員会に権限を付与する法令を議決し、こうして約一八、〇〇〇名のロンドン民兵は長老派の支配下に置かれることになった。そして、新民兵委員会は権限を行使して、ウィリアム・シャンブルック中佐[13]など多数の独立派士官を民兵隊の指揮権から排除しはじめ、そうした追放は数週間続いた。このようにして、シティの保守派が新型軍との武力衝突をもくろんでいることが明らかになると、レベラーズの請願活動はロンドンの急進的勢力の全体から支持を得ることになった。[14]このことは、請願書の焼却をめぐる議会の票数が接近していた事実からもうかがえるであろう。下院の独立派はレベラーズによる急進主義運動のイニシァティブの掌握を暗黙のうちに認めたのである。こうして危機が深まると、プライスですら情況を直視するようになった。ウォルウィンによれば、「あらゆる立場の人びとの眼が、請願者に対する何週間も続くこの騒がしく不親切な扱いと、まことに至当で必要な請願書を焼却したことによって」見開かされたのである。最初この請願書の内容に反対していたプライスと独立派の人たちは、「われわれの動議に賛成しはじめ、かれらとわたくし（ウォルウィン）は互いに少しづつ接近するようになり、合同の会合と討論をもったのである」。[15]

このようにしてロンドンの急進的勢力（独立教会派を含む諸セクト）はレベラーズの政治行動の下に結集し、ここにレベラーズのイニシァティブによって、ロンドン民兵隊を掌握して新型軍に対決せんとする長老派に対する共闘組織が形成された。以上のようなロンドン民衆史の脈絡と関連させて『兵士の弁明』（Apologie）・『兵士の第二弁明』（A Second Apologie）のロジックを読むならば、それは、アジテーターと兵士が急進的な方向へ突き動かされつつあったことを意味しているといえよう。ロンドン民兵隊が長老派の支配下におかれることになった五月四日に、リルバーンと結びついていたアジテーターの一人エドワード・セクスビーがサフラン・ウォールデンから『軍会議運営通告』（Advertisements for the managing of the Councells of the Army）を出していることは、この点を象徴的に示しているであろう。

『軍会議運営通告』は、兵士の運動に対する作戦指令書である。まず、次の二項目が注目に価する。「一．軍隊の指揮・命令遂行をスムーズにするために協議会（Councell）を設置すること」。「五．公然と、または密かに取って代わろうとする敵から身を守るために、とりわけ、国王の身柄が移されるか奇襲によって奪われることのないように、警戒を怠らないこと」。第一項は全軍会議（General Council of the Army）の設立として、また第五項は「国王誘拐」事件というかたちをとって、まもなく兵士代表（アジテーター）のイニシァティブによって達成される。これらの点に関してはのちに考察することにし、ここでは民衆との連帯を訴えた次の項目に注目したい。「二．オックスフォードならびに軍隊に有能なペン・メンをもち、印刷機を用いて民衆を満足させ、真実を悟らせること」。「三．兵士および王国諸州の“well affected people”と通信しあうこと。そうすることによって騒ぎを阻止し、諸党派を調停し、不満分子に武器を捨てさせ、突出した党派たる長老派の連中の身柄を確保すること」。「四．人民の幸福（good）のため、また迅速に分裂を避け、流血を回避するために、公の大義（public grounds）のもとにすべての事を遂行すること」。[16] これらの指令は、民衆へのプロパガンダ、民衆との共同戦線の形成を訴えたものである。それゆえ、ここに、兵士としての不満だけに眼を向けていた『三月請願』を乗り越える地平が、換言すれば兵士としての立場にたつ政治的結合から、人民としての立場にたつ急進的結合への新たな局面が、切り拓かれつつあった。

しかし、兵士の運動の急進化は緒についたばかりであり、兵士にとって最も重要で、かつ緊急な課題は、軍隊解散とアイルランド遠征を士官と「共同一致」して阻止することであり、そのためには「分裂」行動を避けねばならなかった。この点は以下の諸項から確認できるであろう。「六．諸君自身および他の兵士のために任命された受託者（trustees）が合意した要求の諸項目を記して署名し、それを将官に提出すること」。「九．決意がしぼみ勇気が冷えることのないように、軍隊がながくためらったり、秘密交渉にたよりすぎるのを許してはならない」。「一〇．これらの嵐が去り、臣民の自由が確保され、この王国に安定が回復され、犯罪者が見つけだされて処罰され、兵士と苦悩者が満たされ償われるまでは、将官を説得して軍隊を離脱させないこと。これらの点のすべてにおいて、これまで将官の行為は取るに足りないものであり、将官が軍隊に向けた関心は有用でなかった。しかし、現在、将官の任務はとても重要であり、われわれの保護の完成に役立つし、戦争全体がもたらしたことを（平和裡に、実際に）

確立することによってすばらしい結末をつけることができる」。[17]

従来の研究では、アジテーターと士官の対立の側面が一方的に強調されてきたが、右の引用文や『兵士の弁明』・『兵士の第二弁明』から窺えるように、アジテーターは軍幹部、士官との共闘を呼びかけている。この点は、士官の中に急進的な人物がいたこと、かれらが軍隊の政治的結合の当初からアジテーターと結びついていたこと、を意味するであろう。次節では、士官と兵士のパイプ役を務めた下士官チレンデン中尉の役割について考察する。

二　チレンデレン中尉とアジテーター組織

ロンドンには連絡員（Correspondents）がいて、議会の決議をすばやく軍隊に伝えていた。アジテーターは連絡員と緊密に結びついており、その情報と指示にもとづいて行動していたようである。五月一八日、ウォーリィ騎兵連隊のチレンデン中尉はロンドンから軍司令部所在地サフラン・ウォールデンのアジテーター組織に次のように書き送っている。[18]「…かれら（議会における多数派―引用者）は、兵士に未払給料の全額を支払うことを決める一方で、士官には侮辱を加えようと図っている。そうすることによって、兵士を士官から切り離そうとしているのである。かれらはこの策略を最後の手段として企んでいる。それゆえ、諸君は全力を尽くして諸連隊、騎兵諸部隊、歩兵諸部隊に働きかけ、兵士を正しく導け。兵士に未払給料が支払われ、正義がおこなわれることを保証する法令がだされようとも、兵士が士官から離れぬように力を尽くせ。士官は兵士にくっついているのであるから、ぜひとも士官を支持するよう、兵士に期待してやまない。そのために最善の努力をせよ。これ以上諸君に言うことはない。わたくしは、市民の請願書をいくつか諸君のもとへ送ったが、市民たちはわれわれの共同一致（unanimity）をとても喜んでいる。…諸君の確かな盟友より」。[19]　チレンデン中尉の入手した情報によると、デンジル・ホリスを指導者とする議会の長老派は、未払給料の支払いと免責の保証を約束して兵士を懐柔する一方、士官には「侮辱」を加え、そうすることによって両者を分断しようとしていた。それゆえ、チレンデン中尉は兵士を説得して士官に服従させ、士官と兵士の「共同一致」でもって議会に対抗するようアジテーターに指示した。

同日（五月一八日）、下院が軍隊の解散を正式に決定すると、チレンデン中尉は直ちにアジテーター宛てのレターを書いている。内容は以下のとおりである。「今日、下院の決議によって、いよいよ軍隊は解散されることになった。解散の方法・日程・場所の検討はダービィ・ハウス委員会に委ねられた。わたくしの知るかぎりでは信頼できる情報だが、それによるとこうである。まず歩兵が、次いで騎兵が解散される予定である。しかも連隊別に、四〇マイルの間隔をおいて解散されることになっている。親愛なる同士諸君よ、われわれは今や非常に積極的に行動せねばならない。騎兵および歩兵の諸連隊に人を遣って、破滅のおそれがあることを認識させねばならない。どうか諸君よ、上記の指令にしたがって諸連隊に人を遣って、直ちに手段を尽くして諸連隊を指導せよ。…親愛なる友人諸君よ、軍隊全体が危ないのだから、積極的に行動せよ。以上が昨夜話された作戦（stratagem）である。どうか諸君よ、奮起してくれ。この王国全体の幸福（good）と保全は諸君の掌中にあるのだ。神の名において、それを王国の幸福のために増進させてくれ」。[20]

チレンデン中尉のレターを受け取ると、直ちに八騎兵連隊と五歩兵連隊（軍司令部の周辺に宿営していた）のアジテーター一三人が回状（circulate letter. 五月一九日付）を作成して署名し、これを諸連隊に回した。全文は以下のとおりである。「ジェントルマンと兵士の仲間たちよ、われわれは諸氏に心からの挨拶を送る。われわれは今日ロンドンから、レターを受け取ったことを知らせねばならない。それによると、依然として軍隊を分裂させ破滅させようとする企てが進められている。かつて諸君は、士官といっしょでなかったとき、標的として狙われた。かつて士官は、滅亡を運命づけられた情況の下で諸君と会談するのをいやがった。だが今はそうではない。士官は諸君のために語り、行動すると思われる。だが士官が来て諸君のために語るやいなや、士官は諸君の代わりに標的となる。現在、諸君と士官を分裂させる事柄が進行中である。つまり、諸君に未払給料を支払うことによって。諸君を士官から切り離すならば、士官を破滅さす。諸君と連帯しようとする士官の企図に従え。諸君の受け取る金は諸君にとってほとんど有用たりえないであろう。つまり、諸君がお金を受け取り、解散させられるやいなや、諸君はアイルランドへ追っ払われるか、それとも、請願を推進したという理由で、またはアイルランド行きを拒否したという理由で、イングランドにおいて絞首刑に処されるであろう。このことをわれわれは疑わない。われわれの多くは有罪とされるであろう。ある人はすでにこう言っている。もし諸君が解散させられるならば、そしてもし諸君がアイルランド行きを拒むならば、かれらは諸君を犬のように引っぱって連れて行くであろう、と。兵士諸君よ、要約するとこうである。もし諸君が決起するならば、そして軍隊全体の同意を得ずに何かを認めたりおこなったりしなければ、諸君は、諸君自身、諸君の士官たち、この王国全体に幸福をもたらすことになろう。士官とともに起て。そうすれば士官も諸君も、ともに恐れる必要はない。もし諸君が士官と割れるならば、すべてを破壊することになる。もう一度言おう。兵士諸君よ、自分自身の幸福を考慮すると同様に、われわれすべての人の幸福を考慮せよ。士官と一体になってこれらの事柄を達成せよ。抜けがけしてお金を受け取ったり、行軍することをしない、と決意せよ。とにかく諸君のすべての行動を連帯しておこなえ。どこかの連隊に対して、残りの軍隊から離れて行軍せよという命令がでたとしても、軍隊の残りと協議するまでは行軍してはならない。他の軍隊と一緒に協議するまでは、いかなる命令にも従わないように注意せよ。活動的たれ。そして共同一致して行動せよ。諸君が残りの軍隊といっしょに行動するならば、全軍が諸君を援助するであろう。自分自身の安全だけのために事を起こしてはならない。諸君自身のためだけでなく、諸君の本当の誠実な士官の安全のために決起せよ。士官のためということは諸君のためになることであり、諸君のためということは士官のためになることであると信じよ」。回状の最後には、「諸君に代わって助言し協議するために選ばれた、諸君ならびに王国の忠実な下僕より…われわれの確かな友人・仲間へ」と記されており、各連隊一名のアジテーターが署名している。署名者は、『兵士の弁明』を作成した騎兵連隊のセクスビー、アレン、シェパード、ロッキャー、ケンダル、ボックスのほかに、トーマス・ディゲルス（シェフィールド連隊）、ジョーンズ（フリートウッド連隊）と、歩兵連隊のジョン・ニューソン（フェアファックス連隊）、ロバート・メイソン（ウォラー連隊）、グレイズ、ロバート・プリチャード、ローンディである。[21]

以上の内容から明らかなように、アジテーターはチレンデン中尉の助言にもとづいて、諸連隊、諸部隊の兵士間の、そして兵士と士官の、「共同一致」行動を訴えている。「活動的たれ。そして共同一致して行動せよ。諸君が残りの軍隊といっしょに行動するならば、全軍が諸君を援助するであろう」。この檄文の具体的な意味は何であろうか。それは、「諸君自身のためだけでなく、諸君の本当の誠実な士官の安全のために決起」すること、すなわち「本当の誠実な士官」でない士官に対する叛《ミューティニィ》乱を暗示しているであろう。しかも、叛乱は「諸君自身、諸君の士官たち、この王国全体に幸福をもたらすこと」にほかならない、と力説されている。情況は、次にみるように、いよいよ切迫していた。

五月二五日、下院は軍隊の不満の「相当部分」を解決することを決定すると同時に、連隊を別々に解散する方式と、実施する日程と場所を定めた一連の議案を可決した。このニュースはチレンデン中尉によって即刻ベリー・セント・エドマンズのアジテーター組織に伝えられた。[22] かれのレター（五月二五日付）の全文は以下のとおりである。

「拝啓。わたくしは懸命に馬をとばして、今日午後四時にロンドンに着いた。下院は、連隊ごとに別々に新型軍を解散することを決議した。来週火曜日にはフェアファックス将軍の歩兵連隊がチェルムスフォード教会で武器を納めねばならない。下院は、諸君のもとへ再度上院議員と下院議員の委員を派遣して、これを実施しようと意図している。未払給料の二カ月分以上が支払われることはない。われわれを解散したのちに、貸借を正式に記入してみて、あとは消費税によって支払おうとしているのだ。これは議会に都合のよい決議であり、見かけの保証にすぎない。どうか諸君よ、昼夜馬を走らせてくれ。われわれは、ここロンドンで諸君のために昼夜行動する。あらゆる手段をとって、"all the Souldiers"の名における請願書を作成し、それを諸君アジテーターズの手で将軍に差し出せ。そうすることによって、名誉・正義・正直でもって、将軍を味方につけ、そして将軍の命令でスキッポンと他の不正な士官たち全員が軍隊を去ることを願ってやまない。今や行動を起こし、三〇名ないし四〇名の騎兵を派遣してジャクソン、グッディ、すべての無用な者たちを去らせよ。まちがいなくスキッポンの兵士たちを掌握せよ。スキッポンは兵士を売り、虐待するであろう。というのは、かれはこれまでそうしてきたし、八週間分の未払給料支払いでもって兵士を売り払おうとしてきたからである。上記のこと、つまり諸君がこれを遂行してかれらを新型軍から追放せよという命令は、［59］と［89］から受けている。もし諸君が期待を裏切ってこの［68］の連隊を解散させることになれば、諸君は計画全体の首を折ることになる。以上のことは［59］と［89］の判断である。それゆえ諸君よ、命令を守ってくれ。［52］は［42］の近くにいるが、わたくしは諸君にその写しを送る。［41］と、［54］にいる［52］は、とても勇敢だと伝えておきたい。神よ、願わくばわれわれも、かくありたい。ところで、若者諸君よ、もしわれわれが兵士らしく働くならば、われわれはうまくそれを［52］に渡らせるであろう。すべての［44］をせきたてて、［55］で［43］が至急召集されるよう試みよ。あらゆる手段を尽くし、事を遅らすな。また必ず諸州を奮起させて、住民の権利を守るべく［55］に助けを求めさせよ。諸君は、次のときまでに、わたくしが伝えることのできるすべてを知りえるであろう。敬具。死にいたるまで、諸君の味方である［102］より。［51］から。夜一一時」。(23) 暗号数字は具体的に何を意味しているであろうか。フェアファックス歩兵連隊のジャクソン、グッディなど「すべての無用な」士官たちを「追放せよ」という命令をだした［59］・［89］が誰であるかはわからない。［68］はフェアファックス将軍を意味するであろう。［52］・［42］・［41］・［54］は不明である。［44］はagitators、［43］は

a rendezvous、［55］はthe army、［102］はChillenden、［51］はLondonを意味するであろう。[24]

チレンデン中尉の助言にしたがってアジテーターたちはフェアファックス将軍宛ての請願書"The humble Petition of the Soldiers of the Army"[25]を作成した。それは、五月二五日の議会決定、とくに「一連隊づつ切り離して別々に解散するという奇妙で先例のない、異常なやり方」に抗議し、「速やかに、軍隊の総集会《ランデブー》を定めること。われわれの悲しむべき差し迫った苦情を議会が聞き入れて、苦情を十分に取り除くまで、軍隊が解散されないよう全力を尽くすこと」を訴えた。[26]この請願書は、五月二九日の士官会議（Council of War）にかけられた。士官会議は、五月二七日の議会の決議を伝えるために開かれたが、討議ののち表決にはいり、軍総集会の開催を将軍に要求するという提案を賛成八四票、反対七票（欠席九）で決定した。また同日、アイアトンを議長とする委員会において、軍隊解散に反対する抗議書"The opinion and humble advice of the Council of War"[27]が作成されたが、これを将軍に提出することが賛成八二票、反対四票（欠席一三）で決定された。[28]

士官会議に参集した士官たちが軍総集会の開催に賛成したのは、士官と兵士が共同一致して軍隊解散に抵抗するためであると同時に、兵士を統制下においておくためであった。[29]しかし軍幹部と士官が兵士を思いどおりに制御するのは困難になっていた。同時期に議会が群衆を制御するのも困難になっていた。先述の兵士の請願書は次のように言明している。「われわれは、軍隊の解散に先だって上記のこと（速やかに軍総集会を開くこと、そして軍隊解散に全力を尽くして抵抗すること—引用者）が達成されなければ、自ら不穏当な手段（inconvenience）に訴えざるをえないのであり、それはこの場合やむないことである、と考える。阻止しなければ軍全体が破滅する場合、破滅を回避するためにわれわれは（不本意であるが）自らの手でそのような手段をとらざるをえない。もし閣下が、かしこくも、軍全体の破壊を阻止しようと決意なさるならば（われわれの正当な主張を承認することによって—命令を通じて）われわれはこれを大いに喜び、誓いを立てよう」。[30]この宣言から明らかなように、今やアジテーターは、「軍全体の破滅」を回避するために自らがイニシァティブをとる（「不穏当な手段」に訴える）準備を進めていた。次節では、兵士の叛乱の経緯を跡づけることにしよう。

三　兵士の叛乱

すでにみたように、チレンデン中尉は五月二五日付のレターで、軍隊解散とアイルランド遠征を支持する士官を追放するよう指示していたが、かれは五月二八日金曜日夜一一時に再びアジテーターに宛てて次のように書いている。「書簡を［92］に送る。わたくしのもとに使いを遣せ。そうすれば貴下は、貴下自身の兵営にとって十分な火薬五〇〇樽を得るであろう。それには一ペンスもかからないであろう。火曜日（六月一日―Firth）に、その方法と場所をお知らせする」。(31)「拝啓。七、〇〇〇ポンドのお金がチェルムスフォードに運ばれつつある。それは月曜日の夜に届くであろう。ウオリック伯、ディワン卿（デ・ラ・ウエア卿―Firth）、下院議員のアンズリー、サー・ギルバート・ジェラード、サー・ジョン・ポッツ、グリムストンがわれわれの解散を実施する委員としてやって来る。それゆえ諸君は、何を成すべきかおわかりでしょう。レインバラ大佐が自分の連隊のもとに駆けつけるはずである。かれの連隊はオックスフォードの付近にいる。(32)また、竜騎兵の部隊がお金と議会委員を護衛して来るはずであるが、その人数はわからない。The honest partieのすべての者は、諸君の勇気を知れば、ことのほか喜ぶであろう。他方、the other partieは、たいそう脅しにかかり、大口をたたくことであろう。それゆえ、かれらがその歩兵連隊（フェアファックス連隊―引用者）のもとに到着する以前に、慎重に騎兵を用いてお金と議会委員を押さえさせるよう、わたくしは願う。もし諸君がジャクソンとかれの仲間を、あの（フェアファックスの―引用者）連隊から追放できるならば、諸君は任務を果たせるであろう。わたくしはそう確信している。ジャクソンをロンドンに逃がすな。あの連隊のだれもロンドンへ行かすな。そうすれば、諸君は任務をうまく遂行できるであろう。直ちに騎兵二名をオックスフォードのレインバラ大佐のもとへ派遣せよ。計略の裏をかかれぬようくれぐれも用心せよ。最も骨の折れる部分をやってのけよ。そうすれば、諸君は成功するであろう。諸君よ、今、最大の努力をせよ。騎兵一、〇〇〇名から成る a good partie をむだに扱うな。スパイをもち、前もって情報を得よ。騎乗馬を一晩休ませよ。夜間に行軍せよ。神の御加護がありますように。敬具。［102］より」。(33) 引用文中の暗号数字［92］はジョイス少尉、［102］はチレンデン中尉を意味すると思われる。(34)

このレターは、五月末から六月はじめにかけて起きる諸叛乱に対する作戦指令書といえるであろう。次に、実際に起きた叛乱の経緯をみることにしよう。五月三一日夕刻、フェアファックス歩兵連隊の解散を実施するために、議会委員が未払給料の支払金を護送する竜騎兵隊とともにチェルムスフォードに到着したが、(35) 連隊はそこにいなかった。この日、チェルムスフォードではフランシス・ホワイト大尉らに指導されて叛乱が起こり、(36) アイルランド遠征を支持していたトーマス・ジャクソン中佐やサミュエル・グッディ少佐が追放されていた。そして議会委員が到着した約二時間以前に、叛乱兵たちはブレイントリー（Braintree）の近くのレイン（Rayne）に向けて出発していた。議会委員は直ちにジャクソン、グッデイ、トーマス・ハイフィールド大尉を送って叛乱を鎮めようと試みたが失敗した。士官たちがレインに着いたとき、叛乱兵たちは「われわれの敵が来た」と叫び、ジャクソン中佐が議会の決議の写しを提示したとき、「われわれのもとに二ペンスのパンフレットを持って来て、いったいどうしようというのか」と嘲笑した。また、ある兵士は、アジテーターの指図に従って行動したと公言して、叛乱の正当性を主張した。しかし、大部分の兵士の関心は未払給料の問題だけにあり、かれらは四カ月分の支払いを受け取れば満足であると言った、といわれる。叛乱兵はレインで集会を開いた後、軍総集会の開催予定地であるニューマーケットに向けて行軍した。(37)

叛乱によってフェアファックス歩兵連隊は解散をまぬがれたが、それと前後してトーマス・レインバラ大佐の歩兵連隊でも叛乱が起きていた。この連隊は、ジャージー島征服を命じられていたので、乗船のためにポーツマスに向かっていたとき、兵士が決起した。[38] かれらはアジテーターの命令にもとづいて、議会の政策を支持する士官たちを追放したのち、弾薬庫と砲兵隊を確保するためにオックスフォードへ向かった。当時オックスフォードはリチャード・インガルズビィ大佐の歩兵連隊[39]によって守備されていたが、六月一日頃この連隊を解散するために議会委員と護衛の竜騎兵隊がやって来た。そのとき、オール・ソールズ・コリッジの近くのハイ・ストリートで、レインバラ連隊の叛乱兵が馬車を襲い、未払給料支払いのためのお金三、五〇〇ポンドを奪った。[40]

さらに、アジテーターは、オックスフォードの弾薬庫と砲兵隊を確保するために五〇〇名（または一、〇〇〇名）の騎兵を集めていた。[41] そして、アジテーターの指令にもとづき、フェアファックス騎兵連隊のジョージ・ジョイス少尉（旗手）がこれらの兵を率いて六月一日にオックスフォードに到着した。ジョイスは、オックスフォードでの任務を果たしたのち、二日の夕刻、五〇〇名余りの兵士を率いて、四八マイル北のホームビィに向けて出発した。目的は、ホームビィ・ハウスに拘留されていた国王の身柄を確保することであった。[42]

ところで、ジョイス少尉の「国王誘拐」事件は、アジテーターの指令によるものであったのか、それともクロムウェル中将の指令によるものであったのか、謎につつまれている。同時代人に証言をもとめるならば、ジョン・ハリスの“**The Grand Designe**”（一六四七年一一月）は次のように明言している。「一六四七年の聖霊降臨祭の前日の夜（五月三一日、月曜日）にクロムウェル中将の家で、かれ自身がいるなかで、幾人かの人びとが次のことを決めた。ホリスとかれの一派が、国王を別の軍隊の統率者にするために、国王をどこか勢力のある場所へ密かに移そうと決意していることはありうるから、できるだけ迅速に、かつ秘密にジョージ・ジョイス旗手をオックスフォードに派遣して、ホリス一派に奪われないように守備隊、弾薬庫、輜重隊を守れという命令を伝えさせること。ジョイスは直ちに、自分の率いる騎兵部隊を都合のよいように集めること。そして、だれかの手で国王の身柄がどこかへ移されることのないように、国王を確保するか、あるいは反逆の一派といわれる前述の連中の企てを阻止するために、ジョイス自身が必要だと判断するならば国王をもっと安全な場所に移すこと。以上のことはクロムウェル中将の承知のもとで、また、かれの承認を得て、決められた。クロムウェルは、後になって（ずるい狐のように）このことを認めようとしなかったけれども」。(43)

ハリスは、オックスフォードの印刷屋で、一六四七年の夏頃からアジテーターのためにパンフレットを印刷する人物であるが、(44)かれのこうした証言から判断するならば、クロムウェルがジョイスに与えた命令の内容は、ホリス一派によって「国王の身柄がどこかへ移されることのないように」、国王をホームビィにおいて確保するか、またはジョイス自身が情況をみて「必要だと判断するならば国王をもっと安全な場所に移すこと」、であった。この点について、ロバート・ハンティンドン少佐は以下のようなことを述べている。「国王の身柄をホームビィから他所へ移すか、あるいは議会委員の任命した衛兵でない兵士たちによって国王をホームビィで監禁しておくようにという助言が、クロムウェル中将とアイアトン兵站総監によって与えられた。この計画は、軍隊の一般兵士によって実行されるのが最も適当であると考えられた。そしてそれは各連隊のアジテーターによって推進された。かれらの第一の任務は、オックスフォードの守備隊とそこの鉄砲や弾薬を確保することであり、また前述の助言にしたがってオックスフォードからホームビィに向けて行軍することであった。この任務は騎兵旗手ジョイスによって遂行された」。ハンティンドンは次のようにも述べている。「ホームビィから国王を連れて来たのでフェアファックス将軍は不機嫌であると言われたとき」、ジョイスは、「わたくしがホームビィとオックスフォードへ行ったのはクロムウェル中将がロンドンで命じたからであると答えた」。(45)

以上の証言から、クロムウェルが国王の身柄を確保するようジョイスに命じたことは明らかであろう。では、クロムウエルは、国王をホームビィから他所に移すことを命令していたであろうか。ジョイス自身は、事件の経緯を次のように説明している。六月三日木曜日の早朝、自分はホームビィ・ハウスを占拠し、これを部下の兵士によって守備させた。「グレイブズ大佐が逃げたというニュースが入るまでは、陛下の当面の安全は問題なかった。[46]そのうえ、グレイブズは有罪であるということが支持されていた（かれ自身、有罪であることを知っていた）。そうでなければ、かれはそこに留まったであろう。誰も、グレイブズがどこへ逃げたかを話すことができなかった。かれの威勢のよい若者たちの幾人かは、一隊を連れ戻ることを誓っていた。その一隊を新型軍の中から連れて来ることはできなかったので、どこか他の場所から連れ戻るにちがいなかった。それゆえ、混乱と流血を避けるために、そして王国の平和のために、全員が一致して次のことを宣言した。命令に反して、国王をこっそり、やけっぱちで連れ去ることのできる人びとから切り離し、他の場所で国王の安全をはかることが最も適切であるとわれわれは考える、と」。こうして、同日夕刻、ジョイスは国王と会見したとき、国王の身柄を移すことを決意した。同日「夜一〇時、兵士たちはジョイスを委員のもとへ行かせた」。ジョイスは委員たちの反対を押しきって、ベッドに入っていた国王に会い、かれを他の場所へ移す意志を伝えた。「翌朝六時、国王は約束どおり来た。国王は、すべての兵士がかれとともに行軍すべく騎乗して待機しているのを見出した。国王は、行軍する前に、昨夜少尉に話したことを兵士に問いかけることを望んだ。それは、少尉が約束したこと（傷つけないこと、良心に反することを強要しないこと、召使いを連れていくことなど──引用者）を兵士たちが心得ているかどうかを確かめるためであった。兵士たちは異議なく同意した。次に国王は、自分の身柄を確保するのに、どのような委任状を持っているのかと兵士の前で尋ねた。少尉はこう答えた。もし議会が、軍隊によって国王の身柄が確保されてはならないという命令をだしていたならば、自分はこのようなことを敢えてすることはなかったであろう、と。さらに少尉はこう言った。陛下を連れ去る企みがあるという情報を得ており、これを阻止しなければ再び戦争が起こり全王国を流血に捲き込むと考えたからであり、われわれが陛下の身柄を確保しようとした理由は他にない、と。以上のような少尉の返答は国王を満足させなかった。国王は、繰り返して、どのような委任状を持っているのかと尋ねた。わたくし（少尉―引用者）は、軍隊の兵士の委任状を持っている、さもなければこのようなことを敢行しなかったであろう、と陛下に答えた。…国王は、何の委任状を持っているのかと尋ねた。少尉は『ここにわたくしの委任状がある』と答えた。『どこに』と国王は言った。『ここに』と少尉は答えた。国王は『どこに』と問い返した。少尉は騎乗した兵士を指して、『わたくしの背後に』と答えた」。[47] こうしたやり取りののち、ジョイスの部隊は国王を連れてホームビィを出発するが、行き先は定まっていなかった。ジョイスは、最初にオックスフォードを、次にケンブリッジを示して国王の意向を聞いたが、国王はそれらを拒み、自らニューマーケットを希望した。[48]

以上のような事件の経緯から、国王の連行（強奪）がジョイスの決断によるものであったことは明らかであろう。もし国王の連行がジョイスに命令されていたのであれば、行先も決められていたはずであるからである。こうして、軍隊は、アジテーターのイニシァティブによって国王を議会から強奪して政治の指導権を掌握したのである。

四　新型軍の政治化から急進化へ

「軍隊の危機」（議会による軍隊解散とアイルランド遠征の政策）のもとで新型軍の政治化が促進されたが、政治的結合のイニシァティブをとったのは兵士のアジテーター組織であった。兵士の組織化は騎兵連隊に始まり、五月中旬までにすべての連隊がアジテーターをもつに至り、ここに「兵士の全体」を代表するアジテーターの組織ができあがった。軍隊の危機が深化する過程で、アジテーター組織は強力なイニシァティブをとることができた。フェアファックス歩兵連隊とレインバラ歩兵連隊の叛乱は、アジテーターの指令にもとづいたものであり、ジョイス少尉による国王強奪はそうした叛乱の頂点に位置づけられる事件であった。また六月四日、五日の軍総集会も、兵士の圧力によって実現された。兵士たちは、もしフェアファックス将軍が軍総集会の開催を拒否するならば、「不穏な手段」（直接行動の手段）に訴えてでもこれを開く手はずを整えていたからである。

このように、軍隊の政治化はアジテーター組織のイニシァティブによるものであったが、軍幹部は、兵士としての立場にたつ（軍隊の不満を表明する）「共同一致」行動である限りにおいて、アジテーターたちの組織と行動を容認してきた。また、軍幹部は、「軍隊の栄誉」を擁護するという大義を掲げて、これを軍統一のためのシンボルとして兵士を統制下においてきた。しかし、軍隊の危機が深まる過程で、アジテーター組織は、兵士としての立場をこえて、人民としての立場にたつ傾向を強め、また士官の肩ごしに直接行動を起こす戦術をとるに至った。そして、兵士の急進化の正当性を訴えるかのごとく、六月三日に軍総集会に提出された兵士の“An Humble Representation of the Dissatisfactions of the Army”は、「軍隊の栄誉」という大義を、人民としての立場から捉え直し、「軍隊全体」の名において次のようにアピールしている。「われわれ兵士が自分らの当然受け取るべきもの（due）のために自由に請願する権利を否定されるならば…今後同じことか、もっと悪いことがわれわれに対して起きるのみならず、（われわれ兵士は解散させられるならば、private and single manとして請願をおこなうのだから）この国のすべてのfree-born Peopleに対して起きることになる」。「軍隊の栄誉を傷つけ、議会の特権を乱用した人びとの調査と譴責が全くおこなわれていない。また、われわれ兵士の正当な請願に対する議会の処置について何もなされていない。その張本人は依然として信任され、権力の座についている。それゆえ、われわれはすべてのreasonable menにこう問いかける。今後、これと同様な事態が生じたとき、われわれ兵士は、そして（解散させられたのち）private manは、権利や安全に関してどんな希望をもちえるであろうか、と。すべてのhonest English menは胸に手を当ててわれわれのケースを考えてみよ。そして、われわれのケースを自分自身のそれとして受け止めよ。（その結果として）われわれのためと同時に自分自身のために判断せよ」。[49]

人民つまり“Free-born People”の立場にたつ右のアピールの中にレベラーズのレトリックとロジックを読みとることは正当であろう。また、兵士としての不満だけを表明した『三月請願』を乗り越えて、「臣民としての権利と自由」を擁護した『兵士の弁明』や『兵士の第二弁明』のアピールや、全軍会議（General Council）の設立と国王の身柄の確保に言及した『軍会議運営通告』の作戦指令から、レベラーズのイデオロギーと戦術を嗅ぎ取ることも許されるであろう。しかしながら、これらの文書が一貫して士官との「共同一致」行動を訴えているかぎり、兵士の政治的結合はたやすくレベラーズ運動に糾合される性格のものではなかった。また、士官との「共同一致」という基本的な枠組内にあるかぎり、士官、とりわけ士官会議とのパイプ役を果たした急進的士官が、兵士の運動に及ぼした影響と役割は大きかったといえよう。ウォーリィ連隊の士官アジテーターであるチレンデン中尉は、[50]連絡員としてロンドンからアジテーターに情報と作戦を与えていた。ホワイト大尉はフェアファックス歩兵連隊の叛乱を扇動した。国王強奪の主役ジョイス少尉はフェアファックス将軍の騎兵連隊（司令部）に所属しており、全軍会議が設立されたのち、アジテーターとして活動している。さらにまた、兵士アジテーターの中で最も活動的であったセクスビー、アレン、シェパードがそれぞれフェアファックス、クロムウェル、アイアトンという大物将官の連隊に所属していたという事実も、「共同一致」行動という性格に関連するものであり、またこの基本的性格を規定したといえるであろう。

すでにみたようにレベラーズは、一六四七年三月の『大請願』の失敗を転機にして、軍隊との同盟（したがって軍隊幹部への譲歩）を基盤にして革命のイニシァティブ掌握を企図した。しかし、（同年夏に至っても）軍隊急進派のイニシァティブを握ることはできなかった。リルバーンによれば、クロムウェルは「不正な巧妙さと変化する策略によって、正直で勇敢なアジテーターの権力と権威をすべて奪った」。[51]つまり軍幹部は、急進運動の自発性と独自性を奪い直接行動を制御する機関として、全軍会議を操縦したからである。一六四七年七月に、レベラーズの指導者オーバートンは『堕落した代議体を越えて、自由民への訴え』（An Appeale from the degenerate Representative Body）の中で、アジテーターに次のように警告する。「士官であれ兵士であれ、たとえどんなに信仰が篤いように思われようとも、明らかに軍隊と王国の幸福のために行動すること以上に、人を信頼するな。すなわち、諸君をまごつかせ、諸君に反対する者に注意せよ。かれらがどんな口実を用いようとも、かれらの忠告は破壊的なのだ」。(52)この警告は予言的であった。同年夏から秋にかけて、軍隊急進派内部に、つまりセクトの士官とレベラーの兵士との間に、深い亀裂があらわれるのである。この混乱は、軍隊急進派のイニシァティブをめぐる軍幹部独立派とレベラーズとの確執に由来するものであった。そして同年秋、軍隊におけるセクト士官とレベラーズの勢力が遊離し、レベラーズが軍隊急進派の代弁者として突出するのである。(53)

最後に、「軍隊の危機」を契機とする兵士の政治化と急進化の過程と構造を、レベラーズとの関係に焦点を合わせて小括しておこう。一六四七年春の「軍隊の危機」に際して、レベラーの「諸原理」（民主主義イデオロギー）の影響が新型軍に浸透したことは明らかである。しかしながら、兵士の政治的結合を牽引したアジテーター組織がレベラーズの組織であったことを示す証拠は見当らない。ロンドンとの連絡係でもあったチレンデン中尉、シェパード、アレンはレベラーではなかった。五月にロンドンと軍隊を往復したアレンは、議会が兵士と士官を分断しようとしているという風評を報告し、兵士に士官への服従を説得するようにアジテーターを指導しているのである。最も活動的であった士官と兵士のうちでレベラーとして確認できる人物は、この時点では、フェアファックス連隊のアジテーターであったセクスビー（セクトの会員でなかった）だけであり、他の多くの者は、「最もよく祈り、説教する者が最もよく戦うだろう」とクロムウェルが称えたセクトに属する人たちであった。それゆえ、かれらから成るアジテーター組織が達成した政治的結合は、あくまでも兵士としての「共同一致」の次元に止まるものであった。

しかしながら、議会の長老派の強硬政策に抗して決起した兵士の叛乱は、その枠組を乗り越えた。その結果生じた事態は、七月にオーバートンがアジテーターたちに与えた警告が示すように、アジテーター組織内部のセクトとレベラー分子の間に生じることになる亀裂であった。それは、「軍隊の名誉」を大義・シンボルとする兵士と士官の「共同一致」行動（政治化）のもつ基本的な性格に由来する破局であったといえる。それゆえ、議会エリートが群衆を統御できなくなっていた時期に軍隊でも生じた兵士の叛乱という「同様なケース」は、理念・イデオロギー・戦略戦術を与えられれば、「庶民《ピープル》（民衆の中層と下層）としての権利」を目標とするレベラーズの政治運動に糾合される契機となりえるものであった。

註

（1）『大請願』の正式なタイトルは“*To the right honourable and supreme Authority of this Nation, the Commons in Parliament assembled. The humble Petition of many thousands, earnestly desiring the glory of God, the freedom of the Common-wealth, and the peace of all men*”である。D. M. Wolfe, ed., *Leveller Manifestoes of the Puritan Revolution*, 1944, pp. 135-141.

（2）Tolmie, *op. cit.*, p. 153. 邦訳二七六頁。G. E. Aylmer, ed., *The Levellers in the English Revolution*, 1975, pp. 22, 75.

（3）Tolmie, *op. cit.*, p. 153. 邦訳二七六頁。Wolfe, *op. cit.*, p. 133. p. Gregg, *Free-Born John*, 1961, pp. 155, 159. S. R. Gardiner, *The History of the Great Civil War 1642-1649*, 3vols., 1891. III, p. 72. M. A. Kishlansky, “The Army and the Levellers: The Roads to Putney”, *Historical Journal*, 22-4, 1979, pp. 803-4.

（4）Kishlansky, “Army and Levellers”, p. 804. Gardiner, *op . cit.*, III, p. 74. W. Haller and G. Davies, ed., *The Leveller Tracts 1647-1653*, 1964, pp. 355-6. T. C. Pease, *The Leveller Movement. A Study in the History and Political Theory of the English Great Civil War*, 1965, p. 160.

（5）『大請願』とその後の一連の請願運動の組織的基盤はロンドンのセクト勢力であり、とりわけジェネラル・バプテスト会衆が中心的な位置を占めていた。すなわち、ラム教会の会員であるチューと、かれに結びついていたタリダ大佐たちが、ジェネラル・バプテストでもあるレベラー指導者オーバートンを通じて『大請願』にコミットしたことにより、セクト勢力はレベラーズのリーダーシップの下に政治活動へと組織されたのである。オーバートンは、ジェネラル・バプテストの代弁者でこそなかったが、はやくも一六四四年にはこの宗派の会員である非合法の印刷・出版屋チューとともにコールマン街で地下出版活動をおこなっており、同宗派の牧師や会員に頼って、公認の書籍販売人によっては安全に扱えないかれのパンフレットを配布していた。たとえば、一六四四年一二月にチューの印刷機で刷られたオーバートンのパンフレットを配布した一人がラムであり、チューは一六四五年一月に非合法出版の罪で逮捕投獄された。また、オーバートンは、チューとの地下出版活動を通じてリルバーンやセパラテストの非合法印刷・書籍販売人ウィリアム・ラーナーと接触していた。ラーナーは早くからリルバーンと結びついており、一六四一年一二月には“The Christian Mans Triall; or a True Relation of the first apprehension and severall examinations of John Lilburne”の第二版を出版している。一六四五年にウィリアム・プリンは、リルバーンのパンフレットを配布する人物の一人としてラーナーの名前をあげている。Tolmie, *op. cit.*, pp. 151, 153, 160. 邦訳二七三〜四、二七六、二八七頁。Gregg, *op. cit.*, pp. 116, 136. H. R. Plomer, “Secret Printing during the Civil War”, *The Library*, Vol. V. (2nd Series), 1904, p. 377.

(6) 新型軍少佐タリダがすばやく釈放された理由は、議会の指揮者デンジル・ホリスがこの出来事を軍隊の問題にしたくないと考えたからか、あるいはそれ以上に、この事件を、請願書そのものよりもむしろチューを支持した行動とみなしたからである。Kishlansky, “Army and Levellers”, p. 804n.

(7) 四月三〇日付の軍隊へのニューズ・レターは「インデペンデントと名づけられた」『第二請願』に関して、請願者やそのおおぜいの仲間はかれらの請願を復活させるために毎日下院へ通うであろう」と伝えている。Tolmie, *op. cit.*, p. 153. 邦訳二七六頁。C. H. Firth, ed., *The Clarke Papers, 1891-1901*, repr. 1965, p. 3.

(8) Kishlansky, “Army and Levellers”, p. 804. Tolmie, *op. cit.*, p. 153. 邦訳二七六頁。Gregg, *op. cit.*, pp. 156-7.

Haller and Davies, *op. cit.*, p. 356. Gardiner, *op. cit.*, III, pp. 75-6. Pease, *op. cit.*, pp. 160-1. J. Rushworth, *Historical Collections*, 8vols., 1779, repr. 1969, PT. IV-I, p. 478.

（9）プライスはこう述べている。ウォルウィンの綱領は「それじたい願わしいものであり、（もし達成できたなら）正直な人びとの繁栄とこの国の利益にとって望ましく、希望を与えられるものであるけれども」、時宜を得ていない、と。この主張は、「インデペンデント」（独立派）が代わってイニシァティブをとることはできないということを明らさまにしている。Tolmie, *op. cit.*, pp. 152-4. 邦訳二七四～八頁。Haller and Davies, *op. cit.*, pp. 307-8, 356.

（10）M. A. Kishlansky, *The Rise of the New Model Army*, 1979, p. 189. I. Gentles, "Arrears of Pay and Ideology in the Army Revolt of 1647", in *War and Society*, ed. by B. Bond and I. Roy, 1976, I, p. 47. Tolmie, *op. cit.*, p. 154. 邦訳二七七頁。Gardiner, *op. cit.*, III, p. 67. Pease, *op. cit.*, p. 159.

（11）ティチボーン大佐は、リルバーンのいう"gentlemen Independents"の一人であり、ニコラス・ロッキャーの会衆教会の会員であった。Tolmie, *op. cit.*, p. 154. 邦訳二七七頁。

（12）V. Pearl, "London's Counter-Revolution", in G. E. Aylmer ed., *The Interregnum; The Quest for Settlement 1646-1660*, 1972, p. 44. Gardiner, *op. cit.*, III, p. 67. Kishlansky, *Rise*, p. 169. Tolmie, *op. cit.*, p. 154. 邦訳二七七頁。Gentles, *op. cit.*, p. 47.

（13）シャンブルック中佐は、ヘンリー・ジェシーの教会の会員であり、「かれは特定のコングリゲーションに属している」という理由で指揮権を失った。Tolmie, *op. cit.*, p. 154. 邦訳二七七頁。Firth, *op. cit.*, pp. 118, 152ff.

（14）Tolmie, *op. cit.*, p. 154. 邦訳二七八頁. Gardiner, *op. cit.*, III, pp. 67-8. Gentles, *op. cit.*, pp. 47-8. Gregg, *op. cit.*, p. 157. Firth, *op. cit.*, p. xxxviii.

（15）Tolmie, *op. cit.*, p. 154. 邦訳二七八頁。Haller and Davies, *op. cit.*, p. 356.

（16）Firth, *op. cit.*, pp. 22-3.

（17）*Ibid.*, pp. 23-4.

(18) Firth, *op. cit.*, p. xvi. チレンデンは，一六四七年春における兵士の組織化の最初の段階から活動的であった。かれは、兵士の不満を述べた請願書を準備するために三月と四月に組織された士官と兵士の双方の会議に深く係わっていた。かれは、四月二七日に下院へ士官の『請願と弁明』(Petition and Vindication)を手渡した七人の士官のうちの一人であった。三週間後、かれは、兵士によって選出されたアジテーターに対して政治的情報を確保するためにロンドンにいた。Tolmie, *op. cit.*, p. 160. 邦訳二八七頁。

(19) Firth, *op. cit.*, pp. 84-5. 引用文の最後にみられるように、チレンデンはこの機会を利用して、三月に下院へ提出されたレベラーズの請願書の写しを軍隊に送っている。

(20) Firth, *op. cit.*, pp. 85-6.

(21) *Ibid.*, pp. 87-8.

(22) *Ibid.*, pp. 108, xiv. 五月二五日、軍隊の司令部はサフラン・ウォールデンからベリィ・セント・エドマンズに移された。この決議によって、各連隊は別々の場所で総集会を開き、アイルランド遠征か解散かのどちらかを選ぶように強制されることになった。この計画は二七日、上院によって採択された。Gardiner, *op. cit.*, III, p. 79.

(23) Firth, *op. cit.*, pp. 100-1.

(24) *Ibid.*, p. 100n.

(25) 正式のタイトルは“To his Excellency Sir Thomas Fairfax, Knight, Captain General of the Forces raised by the Authority of Parliament, The humble Petition of the Soldiers of the Army, presented to his Excellency at a Council of War, held at St. Edmunds-Bury, on Saturday, May 29, 1647”である。Rushworth, *op. cit.*, PT. IV-I, p. 498. 一〇騎兵連隊と六歩兵連隊を代表する三一人のアジテーターが署名している。署名者は以下のとおりである。エドワード・セクスビー、エドワード・テイラー（フェアファックス騎兵連隊）。ウィリアム・アレン、サミュエル・ホワイティング（クロムウェル騎兵連隊）。トーマス・シェパード、アンソニー・ニクソン（アイアトン騎兵連隊）。エドワード・トイッグ、トーマス・ジョーンズ（フリートウッド騎兵連隊）。トーマス・ケンダル、ウィリアム・ヤング

（ウォーリィ騎兵連隊）。エドワード・スター、エドワード・ギースィングズ（シェフィールド騎兵連隊）。ジョン・ウィロビー、タバイアス・ボックス（バトラー騎兵連隊）。トーマス・ブラウン、バートル・ウェドロック（サー・ロバート・パイ騎兵連隊）。ジョージ・スチューソン、リチャード・ソルター（グレィブズ騎兵連隊）。ニコラス・ロッキャー、ジョン・ブラーマン（リッチ騎兵連隊）。エドワード・ボーン、ジョン・ニューソン（フェアファックス歩兵連隊）。ロバート・メイソン、ヘンリー・アンダソン（ウォラー歩兵連隊）。ニコラス・アンドルーズ、ラルフ・プレンテス（ハーロゥ歩兵連隊）。ハーバート・フィールド、トーマス・ウォールスタン（リルバーン歩兵連隊）。エドワード・ガーン、ダニャル・ヒンクスマン（ヒューソン歩兵連隊）。ウィリアム・ベイカー（ラムバート歩兵連隊）。"A Declaration of the Engagements," p. 16. Rushworthの史料には署名は付されていない。

（26）Rushworth, *op. cit.*, PT. IV-I, p. 498.

（27）正式のタイトルは"The Opinion and humble Advise of the Councell of Warre, convened at Bury, 29. May. 1647. In relation to the votes of Parliament , communicated to us by your Excellency, and the desires of our advice thereon." である。"A Declaration of the Engagements," pp. 12-5. 委員会のメンバーは、アイアトン兵站総監、リルバーン大佐、オウキー大佐、リッチ大佐、ハリソン大佐であった。Rushworth, *op. cit.*, PT. IV-I, pp. 497-8.

（28）士官会議での討議の記録についてはFirth, *op. cit.*, pp. xxi, 108-11. Rushworth, *op. cit.*, PT. IV-I, pp. 497-8. A. Woolrych, *Soldiers and Statesmen*, 1987, p. 102.

（29）Gardiner, *op. cit.*, III, p. 81.

（30）"A Declaration of the Engagements," p. 16. Rushworth, *op. cit.*, PT. IV-I, p. 498. Woolrych, *op. cit.*, p. 102.

（31）以上の文章は同封文《インクロージャー》であり、それはアジテーターに宛てたメッセージであると思われる。Firth, *op. cit.*, p. 105n.

（32）チレンデンはレインバラ歩兵連隊とも連絡をとっていた。Woolrych, *op. cit.*, p. 101.

（33）Firth, *op. cit.*, pp. 105-6.

（34） *Ibid.*, p. 105n.

（35） フェアファックス歩兵連隊（約一、〇〇〇名から成る）は、軍隊解散・アイルランド遠征の問題をめぐって真っ二つに分裂していたために議会への抵抗が弱かった。それゆえ、五月二五日の議会決議によって、最初に（六月一日に）解散される予定になっていた。Firth, *op. cit.*, pp. xxi-ii. Gardiner, *op. cit.*, III, p. 181. Kishlansky, *Rise*, p. 218.

（36） ホワイト大尉は、アジテーターと親密な関係にあった。かれは五月一五日にサフラン・ウォールデンで議会に兵士の苦情書を提出したが、その後もアジテーションをおこない、その積極的な活動で名前を知られていた。「この仕事に最も積極的な人物としてホワイト大尉なる人物がいる。かれは、あたかも中佐であるかのように命令を出す」と記されている。なお、かれは六月の新型軍再編成の際に少佐に昇進する。R. L. Greaves, ed., *Biographical Dictionary of British Radicals in the Seventeenth Century*, 3 vols., 1984, Vol. 3, p. 310. Woolrych, *op. cit.*, p. 106. Kishlansky, "Army and Levellers", p. 807.

（37） Gardiner, *op. cit.*, III, pp. 81-2. Woolrych, *op. cit.*, pp. 105-6. Firth, *op. cit.*, pp. xxii-iii.

（38） Woolrych, *op. cit.*, p. 101. Firth, *op. cit.*, p. 105n.

（39） インガルズビィ連隊は六月一四日にウッドストック(Woodstock)で解散させられることに決まっていた。軍司令部の近くに宿営していた諸連隊の兵士代表が作成した請願書の中にはこの連隊のアジテーターの署名がないが、この連隊は当時最も急進的であった。Firth, *op. cit.*, p. xxiii. Kishlansky, *Rise*, p. 229.

（40） Gardiner, *op. cit.*, III, pp. 82-3. Kishlansky, *Rise*, p. 229. Firth, *op. cit.*, pp. xxii-iii. Woolrych, *op. cit.*, pp. 105-6. 五月三一日、ダービィ・ハウス委員会は、オックスフォードの砲兵隊と弾薬(五〇〇樽)をロンドンおよびロンドン塔に移すことを命じた。この命令は砲兵解散の第一歩を装っていたが、長老派による反革命の準備とみなされた。アジテーターは、ダービィ・ハウスの命令よりもいちはやく、レインバラ連隊に対してインガルズビィ連隊の援助を指示した。レインバラ大佐自身はこの叛乱に係わっていなかったと思われる。Woolrych, *op. cit.*, pp. 101, 106.

Firth, *op. cit.*, pp. xxiii-iv, xvi, 105n. Gardiner, *op. cit.*, III, p. 83. V. Pearl, "London's Counter-Revolution", pp. 44-6. Kishlansky, "Army and Levellers", p. 807n. C. H. Firth and G. Davies, *The Regimental History of Cromwell's Army*, 2 vols., 1940, pp. 374, 420.

（41）新聞"Perfect Weekly Account"(no. 24. 六月二一—九日)の報道によると、これらの騎兵は主としてグレィブス連隊、パイ連隊、ロシター連隊の兵士から成っていた。ホームビィで国王を守っていた諸部隊がこれらの連隊の兵士であったことは注目に価する。Woolrych, *op. cit.*, p. 107.

（42）Firth, *op. cit.*, pp. xxiv, xvi. Gardiner, *op. cit.*, III, p. 88. Kishlansky, *Rise*, p. 230. ジョイスはフェアファックスの近衛部隊の少尉であった。近衛部隊は、もともとフェアファックス騎兵連隊を構成する六部隊の一つであり、一一一名の士官と兵士から成っていた。この近衛部隊は、アイルランド遠征をめぐってひどく内部分裂していた。ジョイスの上級士官であるヘンリー・ホール大尉やアンドルー・グドール主任中尉《キャプテン・レフテナント》はアイルランド遠征に賛成していたが、かれらの意に従う兵士は三分の一にすぎなかった。したがって、ジョイスがアイルランド遠征に反対する兵士を集めて、かれらを中核とする部隊を率いてオックスフォードに向かったと思われる。Woolrych, *op. cit.*, pp. 107-8. Gardiner, *op. cit.*, III, pp. 86-9. Firth and Davies, *op. cit.*, I, pp. 45, 47-8, 374.

（43）リルバーンの"Impeachment of High Treason against Cromwell and Ireton"(1649) の中にも、「ドルーリー・レィン(Drury Lane)にあるクロムウェル自身の庭で、チャールズ・フリートウッド大佐がそばにいる中で」命令がジョイスに対して出されたと記されている。Firth, *op. cit.*, pp. xxvi-vii.

（44）ハリス（一六六〇年没）はオックスフォードで印刷をやっていた。そして一六四七年の夏頃からアジテーターのためにパンフレットを印刷しはじめる。たとえば、"The Humble address of the Agitators, 14 Aug. 1647", "The Resolutions of the Agitators of the army"などを印刷している。一六四七年一一月頃からレベラーズと結びつくようになり、レベラーズのパンフレット類を出版する。また、かれ自身、Sirrahnihoのネームで、"The Grand Designe", "The Royall Quarrell"を書いている。レベラーズの新聞"Mercurius Militaries or the Army's Scout"(Mercurius Impartialis, 5-12 Dec. 1648)はハリスによって印刷されたのかもしれない。Greaves, *op. cit.*, Vol. 2, p. 60. Firth, *op. cit.*, p. 86n.

(45) ハンティンドンは、誰が国王を移せという命令を出したのかとフェアファックス将軍が尋ねたとき、アイアトンは次のように答えたと述べている。「自分（アイアトン）は、国王をそこで（ホームビィ―引用者）で監禁せよとだけ命じたのであり、そこから連れ去ることは命じなかった。そのときロンドンから到着したクロムウェル中将がこう言った。もしこのことがなされなかったとしたら、国王は議会の命令でもって連れ去られたか、さもなくば委員の助言でグレィブズ大佐が国王をロンドンに移したのち、連行した行為への支持を議会に求めたであろう、と」。Firth, *op. cit.*, pp. xxvii-viii.

(46) この段階では、ジョイスは、ダービィ・ハウス委員会の命令で国王が他所へ移されるのを阻止しようとしていただけであり、国王をホームビィから連れ去ることは考えていなかった。しかし、かれは、逃亡したグレイブズがロンドンから軍隊を連れて戻って来るかもしれないことを恐れていたし、またホームビィから五〇マイル以内のブロムズグローブ（Bromsgrove）に駐屯していた軍隊（アイルランド遠征軍）が国王をロンドンに護送するために呼ばれること、スコットランド軍がこれを支援するかもしれないことを恐れていた。Woolrych, *op. cit.*, pp. 106-7, 111. Rushworth, *op. cit.*, PT. IV-I, p. 519.

(47) “A true Impartial Narration, concerning the Armies preservation of the King: By which it doth appear, that the Army doth intend the Good Life, Property and Liberty of all the Commons of England”, in Rushworth, *op. cit.*, PT. IV-I, p. 514. またジョイスは“A Narrative of the Causes of the late Lord General Cromwell's Anger against Lieut-Col. George Joyce”(1659)の中で、かれとクロムウェルの口論（一六四八年）について記しているが、それによると、その衝突のとき、クロムウェルは「何度もわたくしのことを悪党と呼んだ。また、かれは“The Grand Designe”への反論を書けとわたくしを脅し、かれを弁護させようとした。というのは、この本はジョイスがホームビィの国王のもとへ行く前にクロムウェルがジョイスに対して取った態度について、多くのことを明らかにしているからである。

のちに、クロムウェルは、神も照覧あれ、わたくしは何も知らない、と述べているけれども」。Firth, *op. cit.*, p. xxviii.

(48) Rushworth, *op. cit.*, PT. IV-I, pp. 516-7. Firth, *op. cit.*, p. xxix.

(49) Rushworth, *op. cit.*, PT. IV-I, pp. 508, 509.

(50) かれは五月中旬に諸連隊の不満報告書が作成されたとき、士官のアジテーターとし選出された。Kishlansky, *Rise*, p. 334n. 127. Firth, *op. cit.*, p. 85n.

(51) Lilburne, *Johahs Cry out of the Whales belly, Or, Certaine Epistles writ by Lieu. Coll. John Lilburne*, July, 1647. T. C., E. 400(5), p. 9.

(52) "An Appeal from the degenerate Representative Body," in Wolfe, ed., *op. cit.*, p. 187.

(53) cf. Tolmie, *op. cit.*, pp. 162-4. 邦訳二九一～四頁。

第Ⅲ部　レベラーズの政治運動と革命思想

第七章　パトニー選挙権論争における自然権のレトリック

はじめに

第二部において、レベラーズの政治運動の担い手がセクト（セパラティスト、パティキュラー・バプテスト派、ジェネラル・バプテスト派、そして独立派）であったことを明らかにしたが、第三部では、セクトを政治的な「共同一致《ユニテー》」（連帯）行動に導いたレベラー指導者（リルバーン、オーバートン、ウォルウィン）が依拠した「自然権」の理念とレトリック、「党派」組織、戦略と戦術を考察することによって、民衆運動としてのオリジナリティを探りたい。

絶対王制に反対して、また長老派や独立派に対抗して革命を闘ったレベラーズの自然権思想は、ロックの自然法思想、つまり普遍的人権の存在を前提としたうえで国家がそれを保護する役割を担うと考える民主主義思想とは本質的に性格を異にしている。レベラーズは自然権を論拠として世界史上はじめて人民主権を唱えたといわれるが、それは国家制度の基礎を説明するための抽象的な理念ではなく、「自然に訴える」実践運動の原理でもあった。そして、「自然に訴える」レベラーズの政治運動のクライマックス（革命の分水嶺）が、一六四七年一〇月末ロンドン郊外パトニーで開かれた全軍会議であった。「人民の同意」（署名）をもとめて『人民協定』が提出されたからである。

ところで、C・B・マクファーソンは、「パトニー討論」についての新解釈（レベラーズの自然権思想の基底には、選挙に関する生得権（自然権）は失われえるものであるという暗黙の仮定があったという解釈[1]にたって、レベラーズを、一貫して"non-servant franchise"を主張した急進的自由主義者であったと結論した。けれども、この見解は、J・C・デービスやA・L・モートンが批判しているごとく、[2]レベラーズの理論的指導者ではないペティの発言を論拠とする不安定な立論である。また、本章で示すように、この解釈によっては選挙権論争の現実の展開を説明しえないと思われる。パトニー会議に参加したレベラー・スポークスマンたちのうちで、選挙権の範囲とその排除の基準に関する具体的な見解を表明したのはペティだけであり、しかも選挙権論争じたい、単なる選挙権の数的な範囲をめぐって展開しているのではないからである。論争は、主権の帰属する"People"の概念内容、Representative の構成と People との関係、Constitution と Property の関係についてのパースペクティブの根本的な対立を基調にして展開しているように思われる。以上のような観点から、本章では、独立派（主としてアイアトン）の People 観、Representative 観、Constitution 観に対抗するレベラー・スポークスマン（レインバラ、ペティ、ワイルドマン）のそれを討論の文脈に即して分析することによって、選挙権＝「自然権」（個人の政治参加）の理念およびレトリックの内実を考察する。[3]

一　People 観

「パトニー討論」[4]第二日（一六四七年一〇月二九日）の選挙権論争における基本的な争点は、『人民協定』第一条に規定された「the people of England は、議会における自らの代表者《デピュティズ》の選出に関して、州・市・都市選挙区によって現在きわめて不平等に配分されているので、the inhabitants の数にしたがって、より公平に配分されねばならない」[5]ことの意味、すなわち、議会に「自らの代表者」を選出する"the people of England"（政治的意味での People 観念＝「政治的国民《ポリティカル・ネーション》」）が“the inhabitants”（言葉の一般的意味での People 観念＝「国土《ランド》に居住する人間《マン》」）と連結されていることの意味、であった。(6)

（一）アイアトン

かれは、『人民協定』の審議冒頭に、この二つの People 観念の関係を質問すると同時に、自らの見解を次のように述べている。「それ（人民協定—筆者）に対する異議はこの点にある。すなわち、かれら（the People of England—筆者）は the inhabitants の数にしたがって配分されると書かれているが、この規定は、an inhabitant であるあらゆる人間《マン》が平等に考慮されて、代表者《レプリゼンターズ》、即ち代議体《ゼネラル・レプリゼンタティブ》メンバーの選出に平等な発言権をもつことを意味する、とわたくしには受け取れる。もしそのような意味であれば、わたくしには異論がある。しかし…ノルマン征服以前の、記憶を絶した過去の国家制度《コンスティテューション》によって選挙人《イレクターズ》に定められた人びとが選挙人であることを意味するにすぎないのであれば、わたくしには異論がない」(7)（五二頁）。「わが王国に恒久的な固定した利害《パーマネント・フィクスト・インタレスト》(8)をもたない人びととは、国事に係わったり、われわれを統治する法律の内容を決定する人びとの選出に関与する権利をもたない。わが王国の真の恒久的な利害が何であるかを、ともに集まって理解しえる人びとこそが、代表される者《ザ・レプリゼンテッド》であり、それゆえに代《レプ》表者《リゼンター》を構成する」（五三〜四頁）。「人間がイングランドに生まれたという理由だけでは、イングランドの土地やその他すべてのものを処分する権力に関与しえることの十分な根拠にならない。…わが王国を統治する法律の制定者である代表者を選出する人びととは、ともに集まって王国の地方的《ローカル》な利害を構成する人びと、すなわちすべての土地を包括する人びとと、すべての商取引《トレーディング》を包括する自治都市《コーポレーション》に属している人びとである」（五四頁）。「かれら（選挙人—筆者）は、わが王国に恒久的な利害をもち、ともに集まってわが王国の恒久的で地方的な利害の総体を構成する人びとである。わたくしは、『恒久的で地方的な』という言葉によって、その利害が他の地域に移転できないことを意味している。たとえば、自由保有地《フリーホールド》の所有者がそうであり、自由保有地はわが王国から持ち出されえないのである。また、市場と商取引の特権をもつ自治都市の自由人《フリーマン》がそうであり、もしこの特権がすべての地域に平等に認可されるとすれば、いかにして王国の平和を維持しえるであろうか。国家制度が市場都市を少数しか認可していないのはこの理由によるのである。さて、古来の国家制度によって、自由保有地を所有するPeopleと自治都市の自由人が王国の恒久的な利害を構成するとみなされてきた。というのは、第一に、そうした自治都市において、他の地域では行使できない商取引の自由に基づいて生計をたてている人たちは、かれらの生計がそこに依拠しているゆえに、その地域に結びつけられているからである。第二に、かれらは、そこに恒久的な利害をもち、これに基づいて、自由人として独立した生活を営みえるからである。わが王国の国家制度は、これらの点に意を払ってきたのである」（五七〜八頁）。「わたくしは、それ（選挙人の範囲―筆者）を現行の比率どおりに制限しようと言っているのではない。それを、わが王国に地方的で恒久的な利害をもつ人びと、すなわち自由人として生活できる利害をもつ人びと、一定の地域に固定し、他所に同一のものを見出しえないような利害をもつ人びと、に制限しておこうと言っているのだ。たとえば、ある人間が一年か二年期限あるいは二〇年期限の契約で搾出地代《ラック・レント》を払って生活するan inhabitantであるならば、かれが固定した恒久的な利害をもつとは考えられない。というのは、かれは、その土地の価値ぶんの地代を支払い、その土地から収穫する物以外に利益をもたなければ、わが国に限らず外国でも人間として同様の利害をもちえるからである」（六二一〜三頁）。

右の引用文から、われわれは、二つのPeople観念の関係についてのアイアトン自身の論点を、①原理論と②制度論に大別し、次のように要約できるであろう。①「人間がイングランドに生まれたという理由だけでは」、「国事に係わったり、われわれを統治する法律の内容を決定する人びとの選出に関与する権利をもたない」。すなわち、「代表される者であり、それゆえに代表者を構成する」People（政治的国民。以下においては〈国民〉と記す）は、

「an inhabitant であるあらゆる人間」としての People（国家領域の住民＝地域国民《ネーション》。以下においては〈人民〉と記す）から原理的（範疇的）に峻別される別個の実体である。②国家制度《コンスティテューション》（およびその根幹としての実定法体系）が〈国民〉を〈人民〉から制度的（法的）に区別している基準は、イングランド王国に「（恒久的な、地方的な）固定した利害をもつ」こと、すなわち年収四〇シリング以上の自由土地保有と、そのアナロジーとしての市場・商取引特権所有である。したがって、〈人民〉から制度的（法的）に区別される〈国民〉の範囲は、議会に「ともに集まって王国の地方的な利害を構成する人びとと、すべての商取引を包括する自治都市に属している人びと」（土地所有者と都市自由人）に限定されるべきである。[9]

（二）レインバラ

連隊長の地位にありながら、アジテーターおよび市民レベラー（ワイルドマン、ペティ）の先頭に立ってクロムウェル、アイアトンと対決したトーマス・レインバラ大佐は、『人民協定』第一条における二つの People 観念の関係を次のように論じている。「わたくしは、それ（人民協定―筆者）に誓約《エンゲージ》した人びとが含まれることを望んだ。というのは、イングランドの最も貧しい者といえども、最も偉大な者と同様に生きるべき生命をもつからである。それゆえ、政府の下に生きるあらゆる人間《マン》がまず自分自身の同意《コンセント》に基づいて政府の下に身を置くべきであることは明らかである。また、イングランドの最も貧しい者といえども、わが身を置くための発言権をもたない政府に対しては、厳密な意味では服従の義務をもつはずがない」（五三頁）と。

右の引用文から、われわれは、レインバラの論点を以下のように要約できるであろう。「生きるべき生命をもつ」個人、すなわち国家領域の「あらゆる人間」＝「an inhabitant であるあらゆる人間」が、「まず自分自身の同意に基づいて」「政府の下に身を置くべきである」（〈国民〉を構成すべきである）。なぜならば、本来、政治的自由の主体（国民）と居住する自由の主体（人民）とは、原理的、範疇的に区別される別個の存在ではなく、一つの統一的実体すなわち“freeborn people”が有する二つの側面であるからである。(10)

それゆえ、レインバラの論理は、アイアトンの People 観と原理的に対立するものであり、このことは論争の文脈のうちに明らかである。すなわち第一に、かれの People 観に特徴的な原理は、アイアトンによって、「絶対的自然権」原理として捉えられ、次のように反駁されている。「『the inhabitants の数にしたがって』とは、そのような意味であるのか。もしこれを規範とするならば、諸君は絶対的自然権（an absolute natural right）に訴えることへ逃げ込んで、すべての実定的諸権利《シビル・ライト》を否定しなければならないにちがいない。結果においてそうなることは確かである」（五三頁）と。第二に、かれは、「an inhabitant であるあらゆる人間」の範疇に含まれるであろう在留外国人に関するアイアトンの質問(11)に対して、「イングランドに生まれたあらゆる人間」という表現を用いることにより、在留外国人を〈国民〉の範囲から除外する意向を明らかにするが、同時に、「絶対的自然権」原理（失いえない生存権としての平等原理(12)）にアクセントを置くことによって、「イングランドに生まれた」外国人に関しては除外しない旨を暗示しているように思われる。(13) すなわち、「イングランドに生まれたあらゆる人間は、かれがその下に生死するところの法律を制定する人びとを選出することから除外されえないし、また除外されてはならず、このことは神の法や自然法の示すところである」（五六頁）。第三に、かれは、使用人に関するリッチ大佐の妥協案や、被救恤人に関するクロムウェルの提案に対して、譲歩の姿勢を示していない。(14) かれは、クロムウェルの発言には直接応答せず、またリッチの提案に対しては、「絶対的自然権」の立場から次のように反駁している。「わたくしは、窓辺のジェントルマン（リッチ―筆者）の言葉をはっきり記憶している。すなわち、人口の六分の五を占める貧しい人たちは現在政治的自由から排除されているが、もしかれらにこの自由を認めるならば、所有権《プロプライエティ》は存在しなくなるであろう、とかれは言った。これに対して向こう側の人(15)は、かれらにそれを認めなければ、富める者だけが選ばれることなるだろう、と言った。だから、人口の六分の一が他の六分の五に薪を切らせたり、水を汲ませたりすることになり、地域国民《ネーション》の大部分が奴隷になる、とわたくしは主張したい」（六七頁）。

以上のような論争の文脈から、レインバラのPeople観は明らかであろう。かれは、「絶対的自然権」原理に立脚して、アイアトンの論点①そのものを原理的に峻拒している。したがって、論点②に関するかれの立場は、〈国民〉の範囲を「イングランドに生まれたあらゆる人間」に拡大すること（＝成年男子選挙権）にあり、政治的自由から排除する基準については言及されていないのである。

（三）　ペティ

『人民協定』第一条において二つのPeople観念が連結されていることの意味についてのアイアトンの質問、すなわち「an inhabitantであるあらゆる人間が平等に考慮されて、代表者すなわち代議体メンバーの選出に平等な発言権をもつことを意味する」のかとの質問に対して、マクシミリアン・ペティが直ちに次のように答えている。「生得権を失っていないすべてのinhabitantsが選挙に平等な発言権をもつべきであると思う」（五三頁）と。

右の引用文で留意すべきは、マクファーソンが指摘するように、「生得権《バースライト》を失っていない」という箇所である。つまり、この表現は、「an inhabitantであるあらゆる人間」のうちのある部分にとって、政治的自由に関する「生得権」（自然的権利）が失われえることを暗示しているのである。[16] したがって、この暗黙の前提に立つペティは、選挙権論争のはじめから一貫して、アイアトンの論点①よりもむしろ論点②を争点としていたのであり、このことは論争の文脈のうちに明らかであろう。すなわち第一に、在留外国人に関するアイアトンの質問に対して、かれは、「イングランドのan inhabitantであるあらゆるイングランド人が代表者を選出し、かれらを通じて発言権をもつべきである」（六一頁）と述べることによって、在留外国人を〈国民〉の範囲から除外する意向を明らかにしている。

第二に、かれは、アイアトンとレインバラの「両極端」の見解を調停するためのナサニャル・リッチ大佐の提案を支持している。リッチの提案とペティの発言は次のとおりである。リッチ――「兵站総監閣下（アイアトン―筆者）が最後に強調なさった反論には重みがあると思う。というのは、わが王国において恒久的な利害をもたない者の割合は、それをもつ者の五倍だからである。ある者は一〇人、ある者は二〇人、ある者はそれ以上か以下の使用人をもっている。もし主人と使用人とが平等の選挙人になるならば、わが王国に利害をもたない者が、同じく何の利害ももたない者を選出するにちがいないことは明らかである。そうすれば、多数派が法律によって混乱もなく所有権《プロパティ》を破壊するという事態が起こるかもしれない。財貨や土地を平等化する法律が制定されるかもしれない。両極端、すなわち土地に関する利害をもたない者は選挙に関する利害をもつべきでないとする立場と、平等に選挙に関する利害をもつべきであるとする立場は、ともにやっかいな事態を避けられなくするであろう。何も持たない者に平等な発言権を与えるということより、もっと公平な分割と配分がありえるであろう。つまり、富める者の代表者と同様に貧しい者の代表者も存在して、どちらかをすべて排除することのない別の方法が考えられるべきである」（六三―四頁）。ペティ――「富める者は、貧しい者によって物事が決められるのを好まないであろう。しかし、富める者が貧しい者の事を決めるのも、貧しい者が富める者の事を決めるのも、理屈からいえば同じことである。つまり、理屈にはならないということだ。したがって両者ともに等しい権利があるべきだ」（七八頁）。第三に、使用人に加えて被救恤人に関するクロムウェルの提案に対して、かれはこれらのカテゴリーを〈国民〉の範囲から除くことに賛成し、しかも最終的には“non-servants”（マクファーソン）のために「何か一般的な方法が取られる」ことで満足している。クロムウェルの提案とこれに対するペティの返答は、次のとおりである。クロムウェル――「使用人たちは、使用人である間は含まれない。では、諸君たちは施しを受ける人びとが除外されることに同意するか」（八二頁）。ペティ――「われわれが徒弟、使用人、施しを受ける人びとを除外しようとする理由は、かれらが他人の意思に従属し、他人のきげんを損ねるのを恐れるだろうからである。使用人と徒弟に関しては、かれらはかれらの主人に含まれるのであり、戸口から戸口を回って施しを受ける人びとの場合も同様である。他人の意思に拘束されない人びとのために何か一般的な方法が取られるならば、それで結構である」（八三頁）。

以上のような論争の文脈から、ペティのPeople観は明らかであろう。かれは、自然権思想に立脚しているけれども、論争のはじめに、失われえる「生得権」（自然権）を暗示することにより、論点①よりもむしろ論点②を争点としてアイアトンに対抗している。それゆえ、かれは、「何も持たない者に平等な発言権を与えるということより、もっと公平な分割と配分」、すなわち「富める者の代表者と同様に、貧しい者の代表者も存在して、どちらかをすべて排除することのない別の方法」をもって歩み寄るべきだとするリッチの提案に同意を与えて、最終的には、他人の意思からの自由を基準として、〈国民〉の範囲を"non-servants"に限定拡大する「方法が取られるならば、それで結構である」と述べ、妥協的な立場を表明したのである。

（四）ワイルドマン

ジョン・ワイルドマンは、『人民協定』第一条における二つのPeople観念の関係についてのアイアトンの質問に対して、またリッチの妥協案とクロムウェルの提案に対しても、直接返答していないが、在留外国人に関するアイアトンの質問には次のように論じている。「the native inhabitant と外国人では事情が異なる。つまり、外国人がわが国の an inhabitant として認められる場合、かれは natives と同様にその統治形態に従うであろうが、この特殊な場合においてのみ、外国人は natives と同じ権利をもつ。現在のわれわれの場合は、われわれが隷属の下に置かれてきたことを考慮されるべきである。そのことは、すべての人びとによって認められているのである。ほかならぬわれわれの法律は、征服者によって制定されたものである。…しかし、われわれは、今やわれわれの自由のために誓《エン》約《ゲージ》している」（六五〜六頁）。

かれによれば、生来のイングランド人とともに共通の国法の下に生活する帰化外国人は、〈国民〉の範囲から除外されるべきではない。それゆえ、この点と、政治的自由から除外する基準を言及していない点、および後述のRepresentative観、Constitution観の特徴を併せて考えるならば、かれはペティよりもむしろレインバラのPeople観を支持していたと思われる。

二 Representative観

レベラー・スポークスマンたちの自然権思想にみられるニュアンスの相違は、アイアトンのRepresentative観（Representativeの構成とPeopleとの関係）批判における力点の違いを帰結する。

（一）アイアトン

彼の論点は、People観の論点①、②に対応して、①原理論と②制度論に大別しえるであろう。

原理論――「もしそれ（国家制度―筆者）がrepresentersに与えられる権力の基礎を、わが王国に恒久的で地方的な利害をもち、いっしょに集まって王国の全体利害を構成する人びとに置かなければ、それは王国の利害に合致しないことになる。したがって、次のことには最高の論拠と正義がある。つまり、もしわたくしが、ある王国に居住する外国人であるか、またはある王国に居住し、恒久的な利害をもたないのであれば、そして外国人として空気を吸い、公道を自由に通行し、法律の保護を受けることなどを欲するか、またはその王国に自由の身に生まれた者《ワン・フリー・ボーン》としてそれらを要求するのであれば、わたくしは（その王国に恒久的な利害をもたなければ）、いっしょに集まって王国の全体利害を構成する人びとが定める法律や法規範に従わねばならず、このことには最高の正当性がある」（五五頁）。「人間は、自分自身によって、あるいはだれかを選出することによって法律に同意を与えなくとも、法律に従う義務をもつ。この点を明らかにしたい。もしある外国人がわが王国に渡来し、そして地方的な利害をもたないかれがわが王国に居住する自由をもつならば、かれは、人間として、空気を吸い、公道を通行し、法律の保護を受けることなどを本来認められて当然である。われわれは、かれを国外に追放したり、われわれとともに生活することを拒んだり、殺したりしてはならない。なぜなら、かれは、わが国土に渡来し、川をさかのぼり、あるいは海岸に到来しているからである。そうした人間をわれわれの仲間として受け入れることは人情というものだ。しかし、かれは、われわれの仲間として受け入れられるならば、国法、つまりわが国に固定した所有権をもつPeopleの制定する法律に従うことで満足して当然であろう。かれは、わが国のPeopleから保護を受けるならば、自分自身およびアダム以後の自分の先祖たちがわが国の国家制度に同意を与えなかったとしても、われわれとともに生活するかぎり、法律に従うべきであり、また法律によって拘束されるべきであろう。したがって、私の見解は以下のとおりである。人間は、自分が同意を与えなかったとしても、法律には従わねばならない。というのは、国法に従うことに不満であるならば、外国に移ればよいのであり、このことが留保されているからである。そしてわたくしの理解によれば、この理屈は、わが王国に恒久的な利害をもたない人間についても妥当するであろう。というのは、かれが金銭を持っていようとも、金銭は外国でもわが国におけると同様の価値をもつからである。かれは自分をわが王国の一定地域に固定《ローカリー・フィックス》させる何ものも持っていないからである。したがって、そうした人間には、わが王国に住み、われわれの間で商取引に従事するのであれば、わが王国の利害をもつPeopleの制定する法律に従うべきである。わたくしはあらゆる王国において、法律を制定し、何が国法であるかを決定する権力の源泉《オリジナル》がPeopleにあるとう諸君の主張する大前提《マクシム》を認める。ただし、Peopleという言葉によって、恒久的な利害をもつ人びとが意味されるならば、である。しかし、この利害に関係のない人間は、他国の人間と同然であるから、その国土に住む人間の所有権に対して敬意を払うべきである」（六六—七頁）。以上の引用文から、われわれは、Representative の構成と People との原理的関係についてのアイアトンの論点を次のように要約しえるであろう。

① わたくしは、「法律を制定し、何が国法であるかを決定する権力の源泉が People にあるという諸君の主張する大前提を認める」。しかし、問題は、「People という言葉によって、恒久的な利害をもつ人びとが意味される」か、それとも「an inhabitant であるあらゆる人間」が意味されるか、である。わたくしの見解はこうである。「権力の源泉（基礎）は「恒久的な利害をもつ人びと」＝「固定した所有権をもつ People」にある。すなわち、主権は、"the general Representative"（五二頁）に「集まって、王国の全体利害を構成する人びと」（Representative に包摂される〈国民〉——議会即〈国民〉）に帰属する。それゆえ、「an inhabitant であるあらゆる人間」＝〈人民〉は、「自分自身によって、あるいはだれかを選出することによって、法律に同意を与えなくとも」（Representative と直接の関係をもたずとも）、「法律に従う義務をもつ」のであり、しかもこの支配・服従論＝議会即〈国民〉主権論には「最高の論拠と正義がある」。なぜならば、〈人民〉は、「人間として、空気を吸い、公道を通行し、法律の保護を受ける」ことを本来認められており、「国法に従うことに不満であるならば、外国に移ればよいのであり、このことが留保されているからである」。

制度論——「わたくしは、（この国の People の—筆者）全体《オール》が平等に配分されるべきであるということに同意を与えた。しかし問題は、それがすべての人びとに配分されるのか、それとも現在の選挙人の間で平等に配分されるのか、である」（五七頁）。「われわれの意見の対立がどこにあるかを考えてみよう。われわれは、Representative が統治すること、そしてこの Representative ができるかぎり平等であることの点で意見が一致している。しかし問題は、この配分が、すべての人びとに対して平等におこなわれるのか、それともイングランドの利害をもつ人びとの間でのみ平等におこなわれるのか、である」（七〇頁）。以上の引用文から、われわれは、Representativeの構成とPeopleとの制度的関係についてのアイアトンの論点を次のように要約できるであろう。

②「われわれは、…Representativeができるかぎり平等であることの点で意見が一致している。しかし問題は、この配分が、すべての人びとに対して平等におこなわれるのか、それともイングランドの利害をもつ人びとの間でのみ平等におこなわれるのか、である」。わたくしの見解はこうである。議会は、「イングランドの利害をもつ人びと」＝〈国民〉を包摂することによってこそ平等なRepresentativeたりえる。なぜならば、議会即〈国民〉としてのRepresentativeは、「（恒久的、地方的）固定した利害」（年収四〇シリング以上の土地所有と、そのアナロジーとしての市場・商取引特権所有）をユニットとする「地方的利害」＝選挙区利害の総体を構成することにより、究極において、イングランド王国の「真の恒久的利害」（五四頁）すなわち全体としての一つの共通利害を構成する、からである。

ところで、右の制度論＝代議論に特徴的なパースペクティブは、「固定した」利害（土地所有利害）→「地方的」利害（選挙区利害）→「真の恒久的」利害（王国の共通利害）という三段論法による“représentation matérielle”観[17]であるが、さらに注意すべきは、その論理的帰結である。つまり、議会即〈国民〉は、「固定的→地方的→恒久的」利害を構成（統合）する意味において、究極的には、〈人民〉（在留外国人を含む）の総体を間接的に代表する、という暗黙裡の論理がそれである。[18]

（二）　レインバラ

「イングランドの最も貧しい者といえども、わが身を置くための発言権をもたない政府に対しては、厳密な意味では服従の義務をもつはずがない」（五三頁）。「王国の最も卑しい者が最も偉大な者と同様に発言権をもつことを禁じるのは、神の法か人間の法かどちらかのはずである。ところが、わたくしは、神の法の中には、貴族が二〇人の議員を選び、ジェントルマンが二人を選び、貧しい人間は一人も選べないということを見出しえない。また、自然法や諸国民の法の中にも見出せない。わたくしは、すべてのイングランド人がイングランドの法律に従わねばならぬことを承知しているが、同時に、すべての法律の基礎がPeopleにあることを認めぬ人はいないと確信している。それゆえ、法律の基礎がPeopleにあるのであれば、わたくしは発言権の差別を除外することを求めたい」（五六頁）。

以上の引用文から、われわれは、Representativeの構成とPeopleとの関係についてのレインバラの論点を次のように要約できるであろう。「すべての法律の基礎」は、私的所有（物的利害）ではなく、「Peopleにある」。それゆえ、権力の基礎は、「an inhabitantとしてのあらゆる人間」による、政府の下に「わが身を置くための発言権」にある。なぜならば、発言権をもたない政府や法律に対しては、「イングランドの最も貧しい者といえども…厳格な意味では服従の義務をもつはずがない」からである。

右の論理は、〈人民〉が真の主権者であることを意味する〈人民〉主権論の表明にほかならない。[19] それゆえ、それは、Representativeの構成とPeopleとの原理的関係（主権原理）を論じたものであり、力点は〈人民〉の主権性に置かれているのである。

(三) ペティ

「the Representative of the nationを改革すること、Representativeを選出する人びとの数を増やすことについては、われわれのすべてが（現在のrepresentationよりも平等なそれを望んでいたすべての人が）同意している、とわたくしは確信している。というのは、今日では、年収四〇シリング以上の自由土地保有権をもつ人びとだけが選出するからである。ある人は年収一〇〇ポンドの定期借地権《リース》をもち、またある人は三代の契約で借地権をもっているが、かれらには発言権がない。イングランドの an inhabitant であるあらゆるイングランド人が representatives を選出し、かれらを通じて発言権をもつべきである…。あらゆる人間は自然的に自由である…。そして、あらゆる人間が直接発言できないほどの人口になったとき、人びとは representatives を選出するようになった…。人びとは私的所有を保全するために、ある形態の政府の下に帰属することに同意したのである。われわれが政府を創設するとき、閣下は『おまえたちは年収四〇シリングの自由土地保有権をもたないから発言権がない』とおっしゃるのかどうか伺いたい。政府が創設される以前には、あらゆる人間が発言権をもっていた…」（六一～二頁）。

　以上の引用文から、われわれは、Representative の構成と People との関係についてのペティの論点を次のように要約できるであろう。「イングランドの an inhabitant であるあらゆるイングランド人が representatives を選出し、かれらを通じて発言権をもつべきである」。なぜならば、「あらゆる人間は自然的に自由」であり、「政府が創設される以前には…発言権をもっていた」けれども、「直接発言できないほどの人口になったとき、人びとは representatives を選出」して、「ある形態の政府の下に帰属することに同意した」、からである。

　右の論理から明らかのように、ペティは、Representative の構成と People との原理的関係（主権原理）よりもむしろ制度的関係（代議制度）を論じている。つまり、かれによれば、議会は、土地所有をユニットとする物的利害の総体（王国全体の共通利害）を統合するのではなく、「イングランドの an inhabitant であるあらゆるイングランド人」の選挙権（直接民主制度の代替）をユニットとして人的構成の総体（地域国民《ネーション》）を代表する“the Representative of the nation”でなければならない。［ただし、使用人、被救恤人および徒弟は、「主人に含まれる」、または「他人の意思に従属する」ゆえに、選挙権をもたずとも、間接的に、すなわち主人を通じて、Representative に代表される」。[20]それゆえ、ペティの Representative 論に特徴的なパースペクティブは、アイアトンの論点②に対抗する“représentation personnelle”[21]（代表民主制度）観であり、したがって Representative の構成と People との関係についての力点は、Representative の代表性に置かれているのである。

（四）ワイルドマン

「われわれの法律は、われわれの征服者によって制定されたものである。年代記について多くのことが語られているが、わたくしはそのいくらかには信用を置けないと思う。なぜならば、われわれの領主であり、われわれを領臣たらしめた人びとは、年代記に記入されることになんの煩いもしなかったであろうからである。われわれは、今やわれわれの自由のために誓約している。議会の目的とは、すでに定められている事を制度化することではなく、統治の正しい規範に準拠して立法することである。イングランドのあらゆる人びとが最も偉大な者と同様に自らの representative を選出する権利をもつことは明らかである。すべての統治が people の自由な同意に基づくことは、統治に関する否定しえない大前提《マクシム》である、とわたくしは思う。この原則に誤りがなければ、その理由ゆえに、人びとは自らの自由な同意によて政府の下に身を置くのでないかぎり、なんぴとであれ正しい政府の下にあるとはいえないし、また正当な意味で、自分自身の政府をもっているともいえない。政府に対して同意を与えていなければ、どうしてそういえようか。それゆえ、この原則にしたがうならば、イングランドには選挙に発言権をもたない者がいてはならないのである。あのジェントルマン（レインバラ―筆者）が言うように、このことが真実であるならば、正義の厳密性と厳格性においていかなる意味でも、自分が同意を与えた人びとによって制定されたのでない法律によって拘束されることはありえぬはずである。…自分に代わって法律を制定すべき人びとであることに同意を与えていなければ、どうして法律によって正当に拘束されえるであろうか」（六五〜六頁）。

右の引用文から、われわれは、Representative の構成と People との関係についてのワイルドマンの論点を次のように要約できるであろう。「イングランドのあらゆる人びと」＝〈人民〉は、「正義の厳密性と厳格性においていかなる意味でも、自分が同意を与えた人びとによって制定されたのではない法律によって拘束されることはありえぬはずである」。なぜならば、「すべての統治が people の自由な同意に基づくことは、統治に関する否定しえない大前提である」からである。以上の論理は、レインバラの主張をフォローしたものであり、[22] またワイルドマン自身が執筆したといわれる『正確に述べられた軍の主張』に明記された〈人民〉主権論の表明にほかならないであろう。すなわち、「すべての権力は、本源的かつ本質的にこの国の people の全体にある。かれらの自由な選択またはかれらの representers による同意が、すべての正当な政府の唯一の本源であり、基礎である」。[23]

三　Constitution 観

レベラー・スポークスメンの自然権思想にみられるニュアンスの相違は、アイアトンの Constitution 観（Constitution と Property の関係）批判における力点の違いを帰結する。

（一）アイアトン

「人間がイングランドに生まれたという理由だけでは、イングランドの土地やその他すべてのものを処分する権力に関与しえることの十分な根拠にならない。もしわれわれがわが王国の本源的な constitution のうち（だれの目から見ても）至上であり、最も根源的で基本的であるものについて考慮するならば、そしてもし諸君がそれを否定するならば、だれも土地、財貨、civil な利害をもちえなくなるにちがいない。それはこういうことである。つまり、わが王国を統治する法律の制定者である代表者を選出する人びとは、いっしょに集まって王国の地方的な利害を構成する人びと、すなわちすべての土地を包括する人びとと、そべての商取引を包括する自治都市に属している人びとである、ということだ。このことは、わが王国の最も基本的な constitution であり、もしそれを認めなければ何も認めないことになる。この constitution が選挙における発言権をこれらの人びとだけに制限し、定めているのである」（五四頁）。「わたくしは（その王国に恒久的な利害をもたなければ）、いっしょに集まってその王国の全体利害を構成する人びとが定める法律や法規範に従わねばならない。もしわれわれがこれを否定しようとするなら——civil constitution の基本的な部分を否定するならば——相続による土地や獲得による財産その他に対する property と利害のすべてを否定することになるのは明らかである」（五五頁）。

右の引用文から明らかのように、アイアトンの People 観、Representative 観は、Constitution（国家制度とその根幹としての実定法体系）[24]の根本的変革は許されないという絶対命題に基礎づけられているが、Constitution の否定が Property（私的所有）の否定と等置されていることの意味は何か。次の発言を見よう。「わたくしが弁護する主要なことは、property に着眼したいということにつきる。わたくしは、われわれが勝利をえようとして互いに争うことのないように希望する。…すべての property を取り去る方向に進まないように考慮を払ってほしい。というのは、この点に王国の constitution の最も基本的な実体があり、もしこれを取り去るならば、すべてを取り去ることになるからである」（五七頁）。「われわれは、既存の constitution を保持せねばならない。なぜならば、それは civil constitution であり、われわれのもつ最も基本的な constitution であるからであり、またそれには最高の正義、論拠、慎慮があるからであり、それを変革する場合には、それを継続する場合以上にはるかに多くの害悪がもたらされることを、わたくしは確信をもって証明できるからである」（七〇～一頁）。「この（constitution の—筆者）変革を動議する諸君の論拠とする原理、または変革を強要する根拠が、すべての種類の property、あるいは human constitution によって人間が有するすべてのものを破壊するならば、わたくしはそれに同意できない。というのは、神の法や自然法がわたくしに property を与えているのではなく、property は human constitution によって基礎づけられるものだからである。わたくしは property を持っており、それを享受できる。constitution が property を基礎づけているのである」（六九頁）。

Constitution と Property の関係についてのアイアトンの論点は、次のように要約されるであろう。「property は human constitution によって基礎づけられるもの」であるゆえに、「わたくしは property を持っており、それを享受できる」。つまり、Constitution は、実定的諸権利とりわけ Property の原理的、制度的「基礎」であり、その意味において「最も根源的で基本的」であり、「それには最高の正義、論拠、慎慮がある」。

ところで、かれは、右の Constitution ＝絶対命題[25]に立って、レベラーの自然法（権）思想を次のように批判する。「諸君はいかなる権利に依存して、すべての人民が選挙権をもつべきであると主張するのか。この点をいっしょに考えてみたい。自然権に依ってであるか。その論拠として自然権を掲げるのであれば、すべての property をも否定せねばならないことになり、この点にわたくしの反対理由がある。つまり、諸君は、自然権とかいうもの（それが何であろうと）を論拠にして、統治者の選出に関して人間は平等の権利をもつと主張できるのであるが、同じこの自然権を根拠にして、人間は目に入るあらゆる物品――肉、飲料、衣服――を生命維持のために奪い取って使用する平等の権利をもつことになるからである。人間は、あらゆる土地に対して自由権をもち、地面を奪い取って、使用し、耕す自由をもつことになる。人間は、他人が property を有していると思っている物に対して、平等の自由権をもつことになる。諸君が、（わたくしが論じてきたところの）civil constitution の最も基本的な部分に反対し、自然法に依拠して、人間は移転しえる利害しかもたず、この国に恒久的な利害をもたずとも、国法を決定する人びとを選出する権力をもつべきである、と主張するならば――つまり、自然権に依って、われわれは自由であり、平等であるから、人間は平等に発言権をもたねばならないとすれば――同じこの自然権（それは自然を維持するために必要ではないけれども）によって、なぜわたくしは諸君の property を奪い取ってはならないというのか。平等の発言権をもつことと他人のpropertyを奪うこととの間に、いかなる相違があるというのか。それは、わたくしのより良い生存、あるいはこの王国のより良き安定のために必要であろうか。そうではあるまい。わたくしは、この王国に恒久的な利害をもつ人びとほどには、王国の平和に現実の係わりをもたないであろう。わたくしは、今日ここにいる者、明日参集する者がそうした恒久的な利害をもっているとは思わない。諸君は自然法に依拠する以外に、あるいはより良き生存のためという以外に、それを主張できないし、より良き生存ということの意味は不確かで、しかも他人に対して破壊的であるから、もし諸君がこれを根拠にし、すべてのconstitutionsに優って自然法を維持するならば、諸君の根拠の止まる限界はどこか。また、なぜすべてのpropertyが取り去られないというのかを説明してほしい」(五八頁)。「わたくしは、代議制度を全く拡大しないと言っているのではない。それがわが王国の最も基本的なconstitutionから逸脱しないこと、つまり王国に地方的で恒久的な利害をもたない者がこれをもつ者と平等に選挙に係わるべきではないことを言っているのだ。もしこの法の範囲を越えて、息をしているだけの人間に選挙権が与えられるならば、すでに述べたようにして、propertyは破壊されるであろう。こうしてpropertyを破壊することになるであろう。つまり、地方的で恒久的な利害をもたない人間が選出されるであろうし、少なくともかれらの多数が選出されるであろう。これらの人間がどうしてすべてのpropertyに反対する票を投じないであろうか。また、ひとたび外国人がこの国に居住することを許されるならば、かれらはこの規定によって選挙権を与えられるであろう。その結果、土地に利害をもつ人びとは投票によって土地から追い出されるであろう。こうしてpropertyが破壊されるであろう。ここに諸君の基づく規範が存立するのである。諸君は、人間の自然的な権利を根拠にして、これが人民すなわちあらゆる住民の権利であることを主張している——それは生命の保全にとって必要なものではないが。それゆえ、諸君は最も基本的なconstitutionを覆そうとしているのである。この規範によって、つまり同じ自然権によって——それは人の生存にとって必要ではないけれども——どうして他人の持つものを使用してはならないのか尋ねたい。人間のpropertyを擁護するために諸君がどこで止まるかを示してくれ」[26]（六二三頁）。

右の引用文から、われわれは、アイアトンの自然法（権）批判を、〝①原理的観点からの批判と、〝②制度的観点からの批判に大別し、以下のように要約できるであろう。

〝①Constitutionを否定して、自然法＝自然権原理に依拠して平等の選挙権（自由権）を主張するならば、その論理的結果として、すべての実定的諸権利とりわけPropertyの「基礎」原理を否定せねばならない。なぜならば、「自然権を根拠にして…人間はあらゆる土地に対して自由権をもち…他人がpropertyを有していると思っている物に対して、平等の自由権をもつことになる」からである。つまり、自然法の下では、すべての物は共有であるからである。それゆえ、「諸君が…すべてのconstitutionsに優って自然法を支持するならば…なぜすべてのproperty（私的所有原理—筆者）が取り去られないというのかを説明してほしい」。

〝②Constitutionの規定する「範囲を越えて、息をしているだけの人間に選挙権が与えられるならば…propertyは破壊される」。なぜならば、その現実的結果として、「息をしているだけの人間」の多数が選出され、かれらは「すべてのpropertyに反対する票を投じ」、「土地に利害をもつ人びとは投票によって土地から追い出されるであろう」からである。それゆえ、Propertyの制度を保障するために「諸君の根拠の止まる限界はどこか…を説明してほしい」。

（二）　レインバラ

かれの立脚する自然法＝「絶対的自然権」原理はいかなる意味において「絶対的」であるのか。次の発言をみよう。「全能の神が人間に理性を与え給うた主要な理由は、人間が理性を活用するためであり、また、神が理性を与え給うた目的と意図のために理性を用いるためである。人間が飢えているとき、半分のパンでも有れば無いよりはましである。property を持たずとも理性を賦与されているということは些細に思われるかもしれないが、神が人間に与え給うたもののうちで、他人が奪ってよいものは何一つないはずである」（五五〜六頁）。「人間は財産《エステイト》を所有するのであれば法律制度に参与できるが、財産を所有しなければそれに参与できないのか。そうであれば、人間は、自分の家族を扶養するために所持するものを失わざるをえないばかりか、神と自然から与えられたものを失わねばならぬことになる」（五六頁）。

右の引用文から明らかなように、「絶対的自然権」は、自然と理性に基礎を置く政治的平等原理＝〈人民〉主権を意味し、それは究極的には、「事物の平等性（条理性、正当性）」に基礎づけられている。[27] したがって、かれは、People 観、Representative 観におけると同様に、「絶対的自然権」原理＝「事物の平等性」命題に立脚して、アイアトンの Constitution 観を原理的に批判している。たとえば次の発言をみよう。

「あなた方は、ある人びとがアナーキーへの傾向をもっていると信じているだけでなく、すべての人びとにそう信じさせようとしている。自然権を根拠にしてあらゆる人間が発言権をもつと主張すれば、同一の論拠によってすべての property を破壊することになる、と閣下はおっしゃるけれども、それは神の法を忘れた発言である。property の存在については、神の法が認めるところである。そうでなければ、なぜ神は、汝盗むなかれという法を作り給うたのか。わたくしは貧しい人間であり、貧しいがゆえに、抑圧されねばならない。つまり、わたくしは、わが王国に利害をもたなければ、すべての法律――それが正しかろうと不正であろうと――によって抑圧されねばならない。いや、こうである。あるジェントルマンが州に住んでいて、数カ所の領地を所有しているとしよう。実際、そのような人びとがいる（神は、領地がどのようにして手に入れられたかをご存じである）。議会が召集されると、かれはきまって議員になる。そして、ありそうなことだが、貧しい人びとが目にとまる。かれらは、このジェントルマンのそばに住んでいる。ジェントルマンは、貧しい人びとを滅ぼすことができるのだ。わたくしは侵害の例を知っている。かれは貧しい人びとを土地から追い立てたのだ。富者の権勢がこうしたことをおこなっていないかどうか、また地上で考えられるかぎりでの最大の専制《ティラニー》の下に貧しい人びとを置いていないかどうかをお尋ねしたい。これで、所有の問題には十分に答えられたと思う。すなわち神は、汝盗むなかれという法でもって、propertyに関する事を書き留めているからである。それゆえ、わたくしはそのような（ある人びとがアナーキーに傾いているという─筆者）考えに反対であるから、われわれがアナーキーを目指しているなどと世間に信じさせないでほしい」（五九頁）。この引用文から明らかなように、レインバラによれば、既存のConstitutionは、「地上で考えられるかぎりでの最大の専制」（階級支配）を結果している。なぜならば、「わが王国に利害をもたなければ、すべての法律──それが正しかろうと不正であろうと──によって抑制されねばならない」からである。つまり、ジェントリ領主層の囲い込みによるテナントの追放という悲惨な事実が示すように、政治的不平等に基づく権力支配は盗みを必至とするからである。

ところで、ここで留意すべきは、後述のペティ場合と異なって、Propertyの原理と制度が「汝盗むなかれ」（モーゼの戒律）に基礎づけられ、護られるべきものとして主張されるにとどまり、その保全が積極的にアピールされていない点である。つまり、かれは、PropertyをConstitutionから切り離すことによって、Propertyの原理的、制度的「基礎」をConstitutionにもとめるアイアトンの絶対的命題を峻拒している。しかし、かれは私的所有＝経済的不平等の存在を容認するかぎり、これと〈人民〉主権＝政治的平等は原理的にも現実的にも両立し難い（アナーキーを結果する）というアイアトンの論点〝①、〝②に対して有効な答を出しえず、[28]最終的には次の発言にみられるごとく理論的に敗北する。「すべてのpropertyを否定しないかぎり、自由をもちえないことがわかりました。もしそれが規範として規定され、そして閣下がそれを告げられるならば、それは当然そのとおりのはずでございます」（七一頁）。自然権の平等に力点を置く議論は、[29]経済的不平等との適合関係を説明できなかったのである。

（三）ペティ

「人民を自由にしていない constitution があるならば、それは無効にされるべきである。現在定立されている constitution は年収四〇シリング以上の自由土地所有者のための constitution であり、これは人民を自由にしていない」（七八頁）。「主張されている最大の論拠は、『王国の constitution、王国の至上の constitution』であり、『この constitution を破壊するならば、property は存在しない』ということである。constitutions がすべての人間をこうした性格で拘束するならば、それは非常に危険である、とわたくしは思う」（七九頁）。

右の引用文から明らかなように、ペティはアイアトンの Constitution テーゼに反対する点ではレインバラと同一の立場に立っている。しかし、選挙権論争のはじめから、失われえる生得権を暗黙裡の前提とするペティは、パトニー討論の全体を通じて、レインバラの「事物の平等性」＝絶対命題をフォローしていない。このことは、かれが、People 観、Representative 観におけると同様に、Constitution 観の場合も、原理論よりむしろ制度論を基本的争点としてアイアトンに対抗したことを意味するであろう。すでに引用した箇所と重複するが、次の発言をみよう。

「property という言葉に関して一言付け加えたい。アナーキーという言葉がこのように多く語られているのには何か理由があるのであろうが、わたくしはこの文書（人民協定—筆者）からアナーキーということを引き出せるとは少しも考えていない。…わたくしは、国王と貴族院の権力が打倒されるとしても、所有が保全されることを希望する。…イングランドの住民であるあらゆるイングランド人が代表者を選出し、かれらを通じて発言権をもつべきであるという主張に対して、そのようなことになればすべての property が破壊されるという議論があったが、わたくしはそうは思わない。それどころか逆に、すべての property を保全するための唯一の方法であると考える。あらゆる人間は自然的に自由であるからである。そして、あらゆる人間が直接発言できないほどの人口になったとき、人びとは代表者を選出するようになったのであるが、代表者を選出した理由は、かれらがすべての者のpropertyを保全するためであった。それゆえ、人びとはpropertyを保全するために、あらゆる形態の政府の下に帰属することに同意したのである。…政府が創設される以前には、あらゆる人間が発言権をもっていたけれども、その後この理由のために種々の形態の政府の下に帰属したのである。それゆえ、あらゆる人間に発言権を与えることは、propertyを破壊することにならない」（六一〜二頁）。この引用文から、われわれは、ペティの論理を以下のように要約できるであろう。「あらゆる人間に発言権を与えることは、propertyを破壊することにならない」。「それどころか逆にすべてのproperty」すなわち貧者と富者のpropertyのすべてを制度的に「保全するための唯一の方法である」。なぜならば、「人びとはpropertyを保全するために、あらゆる形態の政府の下に帰属することに同意」するからである。

ところで、ここで留意すべきは、所有の保全を積極的にアピールすることによって、かれが基本的にアイアトンと同じ側に立っている点である。ただし、アイアトンが〈国民〉の範囲を所有エリートに限定することによって私的所有（土地所有・商取引特権所有）を制度的に保障しようとしたのに対して、ペティは、〈人民〉の「同意」すなわち『人民協定』に基づく基本的自由権の一つとして私的所有（小所有を核心とするすべての所有）が制度的に保障されることを論じているのである。[30] しかし、かれは私的所有＝経済的不平等の存在を容認し、その保全を積極的にアピールするかぎり、私的所有制度を保障するために「止まるべき限界」（私的所有制度に適合する代議制度）を要求するアイアトンの論点〝②〟に応答しなければならなかった。それゆえ、かれは最終的には、他人の意思からの自由を基準として、使用人、被救恤人および徒弟を政治的自由から排除することに同意したのである。つまり、平等よりも自由（またはproperty）に力点を置く議論は、[31] 事実上一種の財産制限選挙制度の容認に転化しえたのである。

（四）ワイルドマン

かれは、アイアトンのConstitution＝絶対命題と、それに立脚する自然法（権）批判に対して、次のように反駁している。「もしわたくしが重大な思い違いをしていなければ、われわれは最初の問題からずいぶん逸脱していると思う。つまり、われわれは、何が正当であるかという最初の論題をはずれて、予言に気を取られ、どうした事態が結果するかにのみ注意を向け、結果でもって事物の正当性（the justness of a thing）を判断している、とわたくしは考える。わたくしは、それ（人民協定－筆者）が正当であるかどうかの問題に立ち返ることを希望する。人民協定に反対する根拠は、その結果の問題ともう一つの理由――それが基本法に反すること、議会によって処分されるべき土地を所有しない者が議員を選出するのは適当でないから選挙人は恒久的な利害の所有者であるべきこと――の二点に整理できるであろう」（六五頁）。

右の引用文から明らかなように、かれは、「結果でもって事物の正当性を判断」するのではなく、「正当であるかどうかの問題に立ち返ることを希望する」。したがって、かれの議論は、レインバラと同様に、究極的には「事物の正当性」に基礎づけられており、この絶対命題に立脚して原理的観点からアイアトンのConstitution観をこう批判しているのである。「われわれは、今やわれわれの自由のために誓約している。議会の目的とは、すでに定められている事を制度化することではなく、統治の正しい規範に準拠して立法することである」（六六頁）。

この発言で留意すべきは、アイアトンの自然法（権）批判〝①および〝②に対して、かれが「結果」（アナーキー）の問題よりも「正当性」の問題に立ち返ることを強調することによって、〈人民〉主権＝政治的平等の原理と私的所有＝経済的不平等の現実とのアンチノミーの難問を回避しようとした点である。[32] つまり、かれも、レインバラと同様に、自然法（権）と私的所有の適合関係の問題に有効に答えられなかったのである。

四　「絶対的自然権」の意味

W・ハラーが指摘するように、われわれは、パトニー討論の資料から、それが意味する以上に過大な意味を読み取らぬよう注意しなければならないが、[33] 選挙権論争のフレームワークを既述のように捉えることは許されるであろう。では、レインバラとペティの自然権思想にみられたニュアンスや論点の相違[34]は何を意味するのか。また、ワイルドマンとペティのどちらが（あるいは両方が）市民レベラーの立場を代弁したのか。これらの疑問に対する解答をパトニー選挙権論争の文脈だけから引き出すことはできないけれども、最後に、『人民協定』をめぐる攻防という基本的な争点を考慮して、パトニー論争の展開を捉え直してみよう。

選挙権論争は、アイアトンとペティの間ではなく、アイアトンとレインバラの間で、「両極端」の原理をめぐって平行線を辿ったために、ジョン・クラーク大尉の発言[35]にあるように、「剣によってしか決せられない」（七五頁）デッドロックに乗り上げた。そうした展開を考慮するならば、ペティが最終的に表明した'non-servant franchise'の立場は、『人民協定』の審議・採択の途を閉ざされぬための発言であったと解釈されるであろう。しかし、ペティとレインバラ、ワイルドマンの自然権思想にみられるニュアンスと論点の違いは、政治的な配慮の問題のみに還元できないであろう。それは、パトニー選挙権論争の主役である『人民協定』のオリジナルな意味（意図ならびに実現方法）をめぐるレベラーズ内部の見解のあいまいさや不統一を反映するものではなかろうか。次にこの観点にたって、選挙権論争におけるレベラー・スポークスマン内部の論点や力点の相違について整理してみよう。

レインバラとワイルドマンは、「絶対的自然権」のレトリックを用いることによって、政治的平等を論じたが、その正当性を、「政府の下に生活するすべての人びとが政府を選択する権利をもつ」という人民主権原理（急進的民主主義〉によって裏付けているのである。それゆえ、「絶対的自然権」は「自然状態」から政治体を構築《コンスティテュート》するへ人民の協定＝同意〉（署名）の原理そのものを意味したのであり、アイアトンもそう受けとめていた。換言すれば、レインバラとワイルドマンにとって、〈人民の協定＝同意〉は人民相互の契約行為＝政治体の構成化《コンスティテューション》を意味したのである。

一方ペティは、『人民協定』第一条の意味内容の説明にほぼ限定して議論している。それゆえ、『人民協定』についてのかれの見解を読み取ることは難しい。しかし、かれが『人民協定』を「すべてのpropertyを保全するための唯一の方法」と強調しているのは示唆的である。この点に留意するならば、〈人民の協定＝同意〉についてのかれの力点は、政治体の構成化よりも、政治体による人民の基本的自由権の制度的保障＝制度化《コンスティテューション》（憲法）におかれているように思われる。

クロムウェルが鋭く見抜いているように、『人民協定』でもって構成化される政治体がスイスのカントン制をモデルとするものであったのであれば、「絶対的自然権」の原理は、支配型統治（国家＝教会体制）にとって代わる参加型統治（社会＝国家体制）を構成化する革命原理であるといえる。第一『人民協定』は、オリジナルな意図を次のように記している。「なぜわれわれがこれらを生得権であると宣言して人民と協定において連帯しようと望むのか、なぜ議会に対して権利を求めて請願しないのかと誰かが尋ねるならば、理由ははっきりしている。議会の法令は不変ではないし、不変でありえない。それゆえ、ある議会の定めた法は、別の議会が腐敗してしまえば、腐敗した議会の決議からあなたがたやわれわれを無傷で救い出すための十分な保障にはなりえないのだ。しかも議会は、権力と信託の範囲を、信託を与えた人びとから指示されるべきである。したがって、人民は議会の権力と信託の内容を宣言すべきであり、それを宣明することこそがこの協定の意図するところである。毎年議会が開かれるので、たくさんの議会制定法ができているが、それでもあなたがたは生得権を奪われており、それがないために奴隷化されたままである。それゆえ、あなたがたの幸福にとって欠くべからざるこれらの自由を確保する必要と、戦争が終わっても上述の確かな解決がないために引き伸ばされているさまざまな悲惨で嘆かわしい経験、この両方のゆえにこの協約が必要とされるのである」。[36]

いかなる議会制定法も不変なものではありえないから、議会が腐敗した場合、人民はその権利を保障されない。また、議会は主権者たる人民から一定の権力と信託とを受け取るべきものであるから、人民は議会の権力と信託とを宣明すべきである。要するに、人民主権という前提の下に議会の権力と信託の範囲を限定し、その限定を通じて、恒常的に議会を人民のコントロールの下におこうというのが『人民協定』の骨子である。『人民協定』が、「議会によってさえも変更できない」成文憲法のかたちをとったことの理由を、リルバーンは次のように述べている。「人民協定が議会から発せられることは適当ではない。なぜなら、議会から出されると、他の場合以上に命令的になるから。…それは命令ではなく、自発的なものでなければならない。…ある議会によってなされることは、次の議会では実施されないかもしれない。しかし、人民の間で始められて完成される人民協定は、議会がけっして破壊できるものではない」。[37]

註

（1）C. B. Macpherson, *The Political Theory of Possessive Individualism. Hobbes to Locke*, 1962. (Chap. iii, 'The Levellers: Franchise and Freedom') 藤野・将積・瀬沼訳『所有的個人主義の政治理論』（合同出版、一九八〇年）。

（2）J. C. Davis, 'The Levellers and Democracy', *Past and Present*, No. 40, 1968. A. L. Morton, 'Leveller Democracy-Fact or Myth?' in his *The World of the Ranters*, 1970. 拙稿「最近におけるレベラー研究の動向」（『山口大学教育学部研究論叢』二二巻一部、一九七三年）、浜林正夫『イギリス市民革命史（増補版）』（未来社、一九七一年）参照。

（3）パトニー討論を扱った邦語文献は数多い。次の諸研究を参照。浜林正夫「独立派とレヴェラーズ――ウッドハウスの資料集を中心として」（『商学討究』三巻二号、一九五二年）。糸曽義夫「ピューリタン革命における保守主義」（『駿台史学』八号、一九五八年）。今井宏「独立派の政治理念」（水田洋編『イギリス革命――思想史的研究』御茶の水書房、一九五八年、所収）。川村大膳『人民協約の研究――イギリス清教徒革命の立憲運動』（弘文堂、一九六二年）。渋谷浩『ピューリタニズムの革命思想』（キリスト教夜間講座出版部、一九七三年）第四章第二節。小池正行『変革期における法思想と人間』（木鐸社、一九七四年）第二章。山本隆基「イギリス革命とレヴェラーズの人民協定思想（一）、（二）」（『広島法学』四―三・四、五―一、一九八一年）。林喜代美「イギリス市民革命期の憲法思想研究Ⅲ――『パトニー論争』」（『徳島大学教養部紀要（人文・社会科学）』一六巻、一九八一年）。大澤麦『自然権としてのプロパティ――イングランド革命における急進主義政治思想の展開』（成文堂、一九九五年）。なお、パトニー討論の待望の翻訳書が刊行された。大澤麦・渋谷浩訳『デモクラシーにおける討論の生誕――ピューリタン革命におけるパトニー討論』（聖学院大学出版会、一九九九年）。

（4）パトニー討論（Putney Debates）とは、ロンドン西郊に位置し、当時議会軍司令部の所在地であったパトニーで開かれた全軍会議での討論をさす。参加者は、軍幹部のクロムウェル中将（フェアファックス大将が病欠のため議長格であった）、アイアトン兵站総監、高級士官たち、であった。一方、兵士側の主要人物にはトーマス・レインバラ大佐、エドワード・セクスビィらがおり、それにジョン・ワイルドマン、マキシミリアン・ペティという二人のロンドン市民（レベラー）が参加していた。議会軍の元中佐でレベラーズの指導者であるリルバーンは、当時上院侮辱罪でロンドン塔に収監されていた。オーバートンも同じく収監の身であった。この全軍会議は、士官と兵士の代表から成る民主的構成で、しかも討論形式でおこなわれる、画期的なものであった。「一六四七年という早い時点に、一般兵士が指揮官に向かって自分の理性を主張することができたような国がほかにあったであろうか」。（A. S. P. Woodhouse. ed., *Puritanism and Liberty, being the Army Debates (1647-9)*, 1951, repr. 1965, p. [97].）

「パトニーにおける全軍会議は憲法制定会議のような役割を引き受け、そこで一般兵士またはその代表者が上官と同じ条件で国家の将来の構造を論じたのである」(W. Haller, *Liberty and Reformation in the Puritan Revolution*, 1963, pp. 297-8.)。けれども、この会議は、実際には、兵士を下院とし、士官を上院とするようなもので、両者の間には和解しがたい対立があった。レインバラはこう述べている。「われわれ二人（アイアトンとレインバラー筆者）の間には数多くの見解の相違がある。欲しい物のすべてを手に入れた人ならば、その人は静かに座していたいと思うだろう。しかし、わたくしの場合は、闘いとろうとしたものをまだ何も勝ち得ていないと考えるから、貴下のように議論を打ち切りたいなどとは思わない」(Woodhouse, *op. cit.*, p. 78)。セクスビィもこう言っている。「かれら（兵士）は、かれらがそのために闘ったところの生得権《バースライト》を要求している」(*Ibid.*, p. 70)。

(5) **D. M. Wolfe, ed.,** ***Leveller Manifestoes of the Puritan Revolution*****, 1944, p. 226.** 傍点は筆者。以下における傍点もすべて同様。この頃の議員選挙（一六四〇年一〇月の長期議会選挙など）は、ヘンリー六世治世時（一三九九～一四一二）以来の伝統的な規定にもとづいて実施されており、選挙権は年収四〇シリング以上の自由土地保有者と、一定の市民税を納める都市の自由民に限られていた。また選挙区は、州・都市・大学にわかれ、若干の例外はあるが各々均等に二名づつ選出されることになっていた。こうした選挙制度は、レベラーズや兵士にしてみれば公正な制度とはけっして考えられなかった。というのは、選挙区の規定が不合理であった。レインバラはこう批判している。「ささやかな自治都市《コーポレーション》が国王の特許によって二人の議員を選出するのに、耕作する五〇〇人の人びとが一人の議員も送り出さないとき…イングランドの人民が自由を有するとは言えないと思う」(*Ibid.*, pp. 56-7)。それに、価格変動にもかかわらず、年収四〇シリング以上という選挙権制限を依然としておこなっているのは無意味であった。ニコラス・コーリングは次のように指摘している。「なぜ選挙権は年収四〇シリング以上の自由土地保有者だけに与えられるのか。四〇シリングとは、現在では、せいぜい四〇ポンドに値するにすぎないではないか」(*Ibid.*, p. 64)。さらにかれは、選挙権が自由土地保有者と特定都市自由人に限定して与えられていることの不合理さを次のように攻撃した。「田舎町には、物は持つが選挙権はないといった人たちがいる。スティンズ(Staines)には三、〇〇〇ポンドに値する物を持つ製革業者がおり、一方レディング(Reading)にはたった三枚の馬の鞣し革しか持たない人がいる。後者が選挙権を有しているのに、前者は有していない」。ペティもこう言っている。「ある人は年収一〇〇ポンドぐらいの借地を持ち、ある人は三代にわたって借地を持つ。しかし、かれらには選挙権がない」。他方、軍幹部にとっても、現行の選挙制度は合理的なものとは考えられなかった。かれらは、すでに『提案要綱』において、「繁栄している都市も、衰頽に向かっている都市も一様に議席が分配されている」点を批判していた。だが、要は、どのように改めるか、つまり「住民の数にしたがって」（『人民協定』）か、「平等または比例の原則にしたがって」（『提案要綱』）・「国家の共同の費用と負担とに占めているそれぞれ（各州・区）の比率にしたがって」（『軍宣言』）か、であった。なお、パトニー討論でのアジテーターたちの主張は、自然権思想よりも、いわゆる「ノルマン・ヨーク」の視点にたつものであるから、本章では直接にはとりあげない。

（6）cf. M. H. Brack, '1647: une assemblée constituante dans l'armée révolutionnaire anglaise', *Schweizerische Zeitschrift für Geschichte*, Bd. 23, 1974, pp. 457, 466. M. Gralher, *Demokratie und Repräsentation in der Englishen Revolution*, 1973, p. 163. 本章は、とくにBrack論文から多くの示唆をえている。

（7）Woodhouse, *op. cit.*, p. 52. 本章本文中の引用文は、明記したものを除き、すべて本書のページ数を示す。

（8）'interest' の概念内容については cf. Gralher, *op. cit.*, p. 165. Brack, *op. cit.*, p. 458.

（9）〈国民〉の定義として、アイアトンは次の表現も用いている。'those that were fixed men, and settled men, that had the interest of this kingdom [in them]' (p. 72). 'the fixed and settled people of this nation'(p. 77).

（10）'freeborn', 'freeborn people', 'freeman', 'free commoners' などのタームはレベラーが用いた常套語である。選挙権規定における一例を挙げれば、「二一歳以上のすべての freeborn が選挙人であり…」（『正確に述べられた軍の主張』（Wolfe, *op. cit.*, p. 212.）。パトニー選挙権論争においても 'freeborn Englishmen' (p. 64. レインバラ)、'[native] freeborn men' (p. 67. トーマス・レインバラの弟ウィリアム) などの発言がみられる。これらのタームは当時の議論における一般的なレトリックの一つであるが、レベラーの特徴的用法については cf. K. Thomas, 'The Levellers and the Franchise', in *The Interregnum: The Quest for Settlement 1664-1660*, ed. by G. E. Aylmer, 1972, pp. 73-5. なお、マクファーソンはレベラーの 'free', 'freeborn' というタームを「依存（従属）」・非自由人から峻別される「独立（自営）」・自由人の意味に解しているが、このタームは厳密な法律用語というよりもむしろ広範な政治的アピールのレトリックとして理解されるべきであろう。

（11）アイアトンはこう言っている。自分の立脚する原理以外の論拠では、イングランドに「渡来する外国人―渡来するであろう、あるいは力づくで定住するであろう、または少なくとも、われわれの許可の下に生存するであろう多くの外国人―が他の人びとと同等に選挙権を要求してはならない理由を説明できない、とわたくしは確信する」（p. 54）。

（12）「絶対的自然権」の意味内容については後述。

（13）Brack, *op. cit.*, p. 463.

（14）リッチおよびクロムウェルの発言については、本章二四四頁の引用文を参照。

（15）「向こう側の人」とは、リッチの発言をさえぎった人物を指すが、それが誰であるかは不明。Woodhouse, *op. cit.*, p. 63. n.

（16）Macpherson, *op. cit.*, p. 122. 邦訳一三八頁。

（17）Brack, *op. cit.*, p. 470.

（18）*Ibid.*, p. 466.

（19）*Ibid.*, p. 467.

（20）*Ibid.*, p. 460.

（21）*Ibid.*, pp. 469, 470.

（22）*Ibid.*, p. 467.

（23）Wolfe, *op. cit.*, p. 212.

（24）'constitution'（および 'constitute'）概念については、たとえば次の文献を参照。H・アレント著、志水速雄訳

『革命について』（中央公論社、一九七五年）一五三頁。E・バーカー著、堀・藤原・小笠原訳『政治学原理』（勁草書房、一九六九年）一一九頁。

(25) この絶対命題に立って、アイアトンは『人民協定』そのものを真正面から批判した。なぜならば、軍幹部にとって内戦は、「一人の人間の意思」が法となることを終らせるための戦闘にすぎなかったから（p. 72）。それゆえ従来の国王専制支配が終結した現在、王権の制限という条件を国王が承認しさえすれば、速やかに現在の非常事態を解消して国王を王座に復帰させようと考えていたのである。（この秋クロムウェルはチャールズ一世と秘密交渉を続けてきた。それは一〇月一一日に決裂した）。であるから、兵士側の提示した『人民協定』は、かれらにとっては当然、「王国の統治そのものの極めて重大な変革」、「徹底的な混乱」、「この上ない荒廃」を引き起こすものとしか考えられなかった（pp. 7-8）。かれら軍幹部は、『人民協定』を支えている信念は「卑しい空想、卑しい推論にすぎない」とまで極言し、繰り返し次のことを主張した。「われわれがお互いに約束を守るということを、わたくしは正義の基礎であると考える。それなくしては、人と人の間に正義は全く存在しない」。「おそらく、わたくしたちはそれを破棄すれば不正であるような約束のもとにある。…万が一、それらが不正な約束であるとしても、状況を考慮せずに破棄をいそぐのは賢明なことではない。今は不正な約束であってもそれを破棄してはならぬ状況であろう」（pp. 8, 26, 16）。それゆえ、軍幹部は、「目的において善いことを提案したり、このモデルはすばらしいものでイギリスが受け入れるにふさわしいと考えるだけでは不十分である。結果を考え、またやり方を考えることこそ、クリスチャンとしての、また人間としてのわたくしたちの義務である」と主張し、「いかなる義務がわれわれに課せられているのか…またわれわれはそれにどこまで拘束されており、どこまで自由なのか」を、この討議の出発点とするようにと何度も提案するのであった（pp. 8, 9）。つまり、クロムウェルとアイアトンは、これまでの軍の契約・宣言の拘束性（絶対性）を強調することによって、兵士たちをあくまでも『軍宣言』と『提案要綱』の線に服従させようと努めたのである。かれらの最大の関心は、伝統体制の存続、その範囲内での安全の確保にあった。アイアトンはこう言っている。「わたくしが望んでいるのはただ安全を尊重しようということだけだ。すなわち、われわれの肉体に対する安全、資産に対する安全、自由に対する安全、を。それを最高法《ロー・パラマウント》としよう。そしてこれらの安全に一致する限り、実定法体制《ポジティブ・コンスティテューション》を認めることにしよう」(p. 121)。その発言から明らかなように、Constitution ＝絶対命題は、究極的には国家の「安全」(法秩序の維持)を意味する。それゆえ、王政の廃止など思いもつかぬことであった。アイアトンは、「王国の共通の権利と安全に一致する限り、国王の肉体と貴族の肉体とかれらの権利を保存せしめよう」と述べた。またかれは、「国王の政府または貴族による政府は…この世の最も正しい政府である」から、法律は単に下院だけによって制定されるのではなく、それが発効するためには国王と上院の同意が不可欠である、と論じた。要するにかれは、これまでの伝統的な国家体制(国王、上院、下院の三者による統治＝混合王政)を根本から覆すような変革は避けねばならないと繰り返したのである。(pp. 88, 122, 91, 111, 119)。

(26) 同様な自然法(権)批判については *Ibid.* pp. 60, 71, 73.

(27)「われわれが繰り返して打ち砕いてきた constitution にもとづくのではなく、事物の平等性と条理性(the equality and reasonableness of the thing)を考慮すべきである」(pp. 120-1)。「人民が常にその下に暮らしてきた法であっても、それがかれらのような自由人にふさわしいものではないことを人民が悟ったならば、…かれらがその下に生活している政府よりも優れた政府を勝ち取るために、あらゆる手段でもって努力することをためらうべき理由をわたくしは知らない。…考慮されるべきことは、なんといっても事物の正当性(the justness of the thing)である」(p. 14)。「事物の正当性(平等性)」の命題は、理性を信じることを前提としている。一七世紀のすべての人がそうであったように、レベラーズにとっても神は正義の源泉であった。神はすべての人間をその本性において等しいものとして造り給い、これに理性を賦与し給うた。だから人間はその理性によって神の正義を認識することができる。もしもある一人の人間が他の者を支配する権威をもつならば、それは人間の本性としての平等に反することとなり、それゆえに正しくない。しかし、もしも他の者が、各々かれら自身の理性の光によって、この権威を必要と認め、これに同意するのであれば、このように他の者に優る一人の人間の権威も正当なものとなるであろう。しかし、もしかれらがこれに同意しないとすれば、その権威は正しくない。このように考えたレベラーズは、すべての正当な権威（神に受け入れられるようなすべての権威）は人びとの同意から引きだされなければならない、と結論したのである。B. Manning, 'The Levellers', in *The English Revolution 1600-1660*, ed. by E. W. Ives, 1968, p. 145. 越智武臣監訳『英国革命一六〇〇～一六六〇』（ミネルヴァ書房、一九七四年）二六〇～一頁。

(28) モーゼの戒律に依拠する反論に対するアイアトンの反批判については Woodhouse, *op. cit.*, p. 60.

(29) Brack, *op. cit.*, pp. 462-3.

(30) Manning, *op. cit.*, p. 156. 邦訳，二七八～九頁。

(31) Brack, *op. cit.*, p. 473.

(32) これに対するアイアトンの反批判については Woodhouse, *op. cit.*, pp. 66-7.

(33) W. Haller, *Liberty and Revolution in the Puritan Revolution*, 1955, p. 298.

(34) アイアトンとクロムウェルはこの点をはっきり自覚して議論を展開している。これについては cf, Brack, *op. cit.*, p. 463. Gralher, *op. cit.*, p. 164.

(35) クラークは自然権思想に立脚して、人民主権の原理、主権原理と私的所有の適合関係について論じている。「自然法にもとづいて選挙権は王国のすべての人の property である。この自然法がすべての constitution の基礎となる法である。property が constitution の基礎であって、逆に constitution が property の基礎ではない。というのは、もし constitution が存在しなくても、自然法がすべての人に他人のものとは異なる、かれ自身のものの property の原理を与えるのだから」（p. 75）。「すべての人民、すべての国民は、もしその constitution が弱体だとさとるならば、それを変更する自由と権力を有している、とわたくしは考える。ところで、もしイングランドの人民がその constitution にこうした弱体さを見いだすなら、人民はそれを好きなように変更してよい」（p. 80）。クラーク以外のアジテーターたちの発言は原理的なものではなかったが、軍隊の契約（規律）の厳守を力説するアイアトン［註25参照］に対して、次のように反論している。ある兵士代表（'Bedfodshire Man' とのみ記録されている。おそらくウェーリ騎兵連隊の代表であったと思われる。cf. Woodhouse, *op. cit.*, p. 17. n.）は、いかなる契約も「人民からその権利を奪い取る」ことはできないのであり、もしそれが不当に侵害されているならば、「その契約は破壊されてよい」とし、必要とあれば政府の変更も許される、と述べている（p. 18）。'Buff-Coat' と記録されている一兵士も、次のように、契約が破棄されうることを主張している。「契約が不正だとわかるとき、しかも自分の良心にとってそう思えるとき、人はそれを破棄することができる。わたくしは、たとえどのような期待や義務を負っていようとも、もし後になって神が御自身を現わして啓示し給うならば、日に百の契約だって、すぐさま破棄してしまうであろう」（p. 34）。Buff-Coat とは騎兵の服装（歩兵は Redcoat を着用した）で、この人物はクロムウェル連隊のロバート・エバラードであるといわれる。Woodhouse, *op. cit.*, p. 6. n. かれらの主張を支持して、ワイルドマンもこう述べている。「人は一度契約を結んだなら、それが不正なものと思えても座して忍びたえねばならず、…われわれが議会のつくる法律に従うことを契約しているなら、たとえ議会が不正な法、不義な法をつくろうとも、それに服従することを誓わねばならない」という原則は、「きわめて危険である」（p. 24）。さらに、兵士代表たちは、反ノルマン主義（ノルマン・ヨーク説）の見地から、アイアトンの絶対視する伝統的な基本法体制を批判している。「ノルマン・コンクェスト以来、王国の大部分の者が奴隷化の下におかれてきた」（p. 53. ニコラス・コーリング）。「いつの時代でも権利を回復したのは剣だけであったし、剣が人民の権利を回復したということを神の言葉の中で読んだことがある。わたくしたちの先祖は、現在アイルランド人が憎んでいると同じような奴隷状態の下に（かれらイングランド人が）あったとき、剣によってデーン人やノルマン人から自分らの権利を回復していた」（p. 96. コーリング）。こうした反ノルマン主義はワイルドマンやレインバラの発言でも表明されている。「われわれの法は、われわれの征服者によって制定されたものである」（p. 65. ワイルドマン）。「もしも書かれたものが真実であるならば、イングランドの正直な人びとと、この正直な人びとに暴政をおこなった者との間には多くの闘争があった。そして、もしわたくしの読んだことが真実であるならば、イングランドの人民が服されねばならないような正当で公正な法は一つもなく、ただ、人民がかつて享受していた諸権利に対する支配者の侵害だけがあった」（p. 14. レインバラ)。これらの主張から、レベラーズと兵士を結合させたのは、原理(自然権原理=レベラーズの原理)の共通というよりも、むしろ共通の敵である「征服者ノルマン人の後裔」をもっていたこと、であるといえよう。ウッドハウスは次のように論じている。「兵士の間には反ノルマン主義の波がたっており、エドワード懺悔王(一〇〇四~六六)はピューリタンの英雄となった」。「最も急進的な人たちでさえ、過去と全く絶縁することは好まなかった。そこでかれらは、理性の要求にもっと一致するような新しい過去(アングロ・サクソン時代の想像)を案出し」、それをノルマン・コンクェスト以降の歴史に対置した。「反ノルマン主義の意義」は「理性の要求に歴史を適応させるための、また…抽象的な権利に具体的で原初的な形をまとわせるための、想像の努力」であったという点にある。「それ(反ノルマン主義)は、ピューリタン左派の諸グループが一時的に結合できた理論(自然法)の目だった実例を供給したのである」(pp. [96], [97])。

(36) *An Agreement of the People* (1647), in Wolfe, *op. cit.*, p. 230.

(37) *Lilburne, The Legall Foundamentall Liberties of the People of England* (1649), in W. Haller and G. Davies, *The Leveller Tracts 1647-1653*, 1944, repr. 1964, p. 426.

第八章　レベラーズの社会的抗議と自然権のレトリック

はじめに

パトニー討論の考察から明らかになったように、自然権は自分の自由・財産・生命に関して自分自身が享受できる「自然的な property」を意味した。それゆえ、自然権のイデオロギーは、レベラーズが代弁した民衆（中層・下層）に、抑圧された「庶民」としてのアイデンティティを付与する理念であった。この章では、自然権に依拠する要求の内容を手がかりにして、レベラー運動の社会的基盤について考察し、かれらがセクトたちのための単なる政治的別動隊ではなかったことを明らかにしたい。

一　反独占闘争の経済的・社会的背景

一六四〇年の革命議会（長期議会）成立とともに、これまで政治の世界の外側に在った民衆が歴史の表舞台に登場するが、その中核を構成したのは俗人牧師型教会のセクトたち（メカニック・プリーチャーと呼ばれた職人説教師や、少数ではあるが女説教師を擁したバプテストやセパラティストなどの分離派）であった。かれらは今や公然と集会を開き、また革命議会を支持して路上に現われた。そして、第一次内戦の終わり頃から、レベラーズと呼ばれる政治的急進グループの「大衆請願」運動（多数の署名を付した請願書の議会提出とデモンストレーション）の下に結集する。しかしながら、レベラーズは単なるセクトの政治的別動隊でなかったことは、以下にみるような「独占」（富・地位・権力のセクターにみられる不平等）に対する抗議から明らかであろう。

レベラー指導者の眼からみると、一七世紀イングランドにおける社会諸階層の基本的な区分線は、「ジェントルマン」と「民衆の中層・下層」（'the middle and poorer sort of people'）との間にあった。かれらはこの裂け目を、経済的分裂としては「富者」（'the rich'）と「貧者」（'the poor'）のタームで、また社会的分裂としては「大物（有力者）」（'great man'）と「小物（弱者）」（'small man'）のタームで表現している。手先の労働をせずに生活できる「富者」、社会の上位者（名望家）として名声と影響力をもつ「大物」について語るとき、それは領主（貴族とジェントリ）、僧職者、法曹、富裕な商人を意味した。自分の手で働いて暮らしをたてる「貧者」や「小物」について語るとき、それは手工業者（小親方、職人）、小商人、農民（自由保有農、謄本保有農）を意味した。(1)

民衆（people）とりわけ都市民衆の味方であったレベラー指導者は、民衆を「中層」（'the middle sort'）と「下層」（'the poorer sort'）に区分している。「中層」とは、自分の手で働き、生産品を売る独立生産者としての手工業者や農民であり、「下層」とは、労働じたいを売り、賃金のために働く労働者、賃金取得者であった。しかし、こうした区分をしてはいるが、レベラー指導者は「富者」、「大物」に反対して「貧者」、「小物」の利害や幸福を主張するとき、常に民衆の中層と下層を一体のものとして代弁した。というのは、中層を下層から分離する線は、中層を「富者」から分離する線ほど重大でないと考えていたからであろう。実際に、民衆の中層は、資産を持ち、しばしば労働を雇っていたけれども、中層と下僕の間の裂け目は大きくなかったようである。リチャード・バクスターはキダーミンスター（Kidderminster）の小親方織工について、こう書いている。「親方職人《マスター・ワークメン》の大部分は、かれらの職人《ジャーニーメン》とあまり違わない程度で生活（手から口へ）している。ただ総じてそれほど激しく労働しなかっただけである」。(2)

それゆえレベラー指導者は、民衆の中層と下層を結束させてその支持を得ることで、かれらが革命の目標と考える諸改革を達成しようとしたのである。

レベラー指導者が、主に支持を得ていたのは民衆の中層、つまりリルバーンの著作の中にたびたび登場する織元、帽子製造人、石鹸製造人といった人たちであった。レベラー指導者は、これらの人たちの肩に重くかかっていた消費税に反対して、次のように訴えている。「その生計費を朝早くから晩遅くまで重く激しい労働で儲ける貧しい帽子製造人たちは、材料の全部、使用する火、自分が食べるパン、自分の飲料、自分の着る衣服に対する消費税を負担するけれども、なおかれらは帽子をつくり、夜に日をついで激しい労働と苦しみでもって可能な限りのことをするとき、かれらはほかならぬ自分の労働から、再び消費税の支払いを強要されるのである」。(3) リルバーンはこう不満を述べている。石鹸製造業で「働く人たちの背または腹に」「属するもので、消費税がかからないものは、ほかならぬ水を除けば、ほとんどない」。「にもかかわらず、石鹸はつくられ、他に多くの思いがけない災難とか、鍋の破損や破壊、石鹸価格の下落、あるいは全く売れないような不運に出くわしても、かれの額の汗じたいや指先の勤勉と労働から支払わされる消費税は一バーレルほどもあるにちがいない」。(4)

このように、レベラー指導者は、「額に汗して」働く民衆の中層・下層を犠牲にした富の獲得に攻撃の鉾先を向けたが、とりわけ、独占カンパニーを通じて取引と産業を支配すると同時に都市行政を牛耳っていたシティの大商人の富を非難した。「われわれ自身と下僕《サーバント》が、極度の注意、搾取的な信用貸、激しい労働でもって製品をつくったとき、諸君（＝裕福な商人）はなんという残酷な仕打ちをしたことか。しかもなおわれわれの窮乏を左右し、われわれの窮状にもとづいて自分自身を富ませ、しばしばわれわれの経費、材料価格以下で（諸君が知っているように）われわれの製品の買取りを申し出る。諸君たち、富裕な市民の多くは、貧者の膏血を絞り、われわれの没落を踏台にして上昇し、富を獲得した。諸君は、非良心的な手段でもって貧しい家族が破滅させられることに対して、いかなる自責の念もキリスト教徒としての同情もなく、憐れにも泣き叫ぶ幼児の口からパンを奪って、財をなしたのである」。(5)「貧しい営業者たち《トレーズメン》」(手工業者)を搾取し犠牲にして、大商人の「コップは溢れ流れ」、かれらの「豊富さ」は「自負と奔放」を招くのである。(6)

ところで、大商人に対する社会的な抗議は、国王派と議会派の争いとは別の根、つまり民衆中層・下層自身による内戦以前からの「民主化闘争」と「反独占闘争」に根をもっていた。それゆえ、個人をユニットとした都市型のレベラー運動が生まれるとともに、ロンドンでは革命の全期間にわたって、大小さまざまなカンパニーにおいて、下級構成員(小親方、職人層=民衆中層・下層)を中核にして、広範な民主化闘争が展開したのである。この下級構成員たちがレベラーズであったことを証明するのは難しいけれども、レベラーズとかれらの間に何らかの関連があったことは、闘争中に出されているアピールの表現やレトリックから読み取れるであろう。たとえば、一六四七年の『正確に述べられた軍の主張』(The Case of the Army truly stated)をもじったパンフレット“The Case of the Commonalty of the Corporation of Weavers of London truly stated”は、自然権や人民主権の理念を用いて、「相互契約が履行されなければ…いったん譲渡させられた権限は、その最初の源泉たる人民に戻る」というレトリックを用いて、(7)カンパニー役員の民主的選挙を要求しているのである。そうしたカンパニー行政の民主化の要求は各カンパニーに共通してみられるが、機構や制度への不満は、カンパニー内部の対抗関係を映し出すものであった。

一五世紀以降、前貸問屋制度の支配の下でギルドの合併や再編成がおこなわれて成立したカンパニーは、リバリー(カンパニー役員の選挙権をもつ特権層)による寡頭支配体制を形成していた。リバリーは商人や織元によって構成され、そのうちでも外国貿易に関係の深い一二のカンパニーのリバリーは大特権組合《リバリー・カンパニー》を組織していた。これに対して、問屋制支配下にある小親方層(平組合員)は、およそ二つの形態をとって、つまりカンパニー内部にかれらだけの組織(ヨーマンリー組織)を形成するか、別個の特許状を獲得して独立して(スチュアート・コーポレーションの結成によって）抵抗していた。それゆえ、こうしたカンパニー内部の（または親ギルトとの間の）対抗関係に立脚してギルド民主化運動の性格を考えるならば、それは、問屋制商人資本の支配下にあった直接生産者層による商人的要素の支配からの解放運動として規定されるであろう。その典型は、金細工組合内部における問屋制商人への反抗や、出版業組合の支配に対する印刷業組合の反抗にみられるであろう。後者についてみるならば、一六四二年に'masters and workmen printers'が、印刷と書籍販売の両方からの儲けを独り占めしていた出版業組合の下請的存在からの脱却を議会に請願している例がある。しかし同時に、'master'（雇主）と'workmen printers'との間に対抗関係が存在していたということを見落してはならない。'poor freemen and jouneymen printers'の一請願書は、「親方が適当と考えるような条件と賃金と時間で、少数の金持に全生命をささげる終身的な奴隷」にされていることを訴えているのである。[8] それは資本・賃労働関係の形成を物語っているであろう。同様の例は洋服仕立業組合や仕上業組合などにもみられ、これらの場合には、ヨーマンリー組織内に、その役員（相当な規模で小手業者を雇用している、かなり富裕な手工業者）とそれ以外の手工業者という対抗関係が現われている。これは、ヨーマンリー組織の事実上の分解、小親方層の両極分解を意味している。まさに当時は、資本家対賃金労働者という労使関係が形成されつつあった時期である。[9] 次に、以上の対抗関係を踏まえて、ギルド民主化運動が具体的には、何の変革をめざしていたかという問題を検討しよう。

ギルド民主化運動の背景は、市政民主化運動のそれとしても、ほぼ当てはまる。市政府は市長、市参事会員による寡頭支配体制を形成し、とくに市長が独裁的な権力をふるっていたが、これらの要職は大特権組合のメンバーによって独占されていたのである。それゆえ、カンパニーにおける闘争は、必然的に市政の改革運動へと繋がったわけである。[10] それでは、ギルド民主化運動の場合と軌を一にして制度改革を求めたこの運動がめざしたのは何であったであろうか。

リルバーンは、一六四六年の『ロンドンの特許状』（The Charters of London; or, the Second Part of Londons Liberty in Chain discovered）において、「唯一の合法的立法権は本源的に人民に具わっており、派生的にかれらの委員――人民の共通の同意によって選出される――に具わっている…。しかしながら、市長と市参事会員はけっしてロンドンの庶民によって選ばれたのではない」と主張して、人民主権の原理にもとづいて、市の「特権的行政官」を批判している。さらに、「議会は、最近の布告書において、国王は立法権を有していないと述べたが、これが真実であるならば、国王はそうした権力を市長や市参事会員に与えることはできない」と攻撃している。(11)

ところで、ロンドンにおけるギルド・市政の民主化闘争がめざした最大の変革目標は、独占問題（不可避的に失業問題や賃金問題などの死活問題を随伴する）であった。一六四六年のリルバーンの『鎖につながれたロンドンの自由』（Londons Liberty in Chains discovered）とその第二部『ロンドンの特許状』は、内戦勃発によって〈伝統的な国《コンス》家体《ティテューション》制は崩壊した〉（自然状態に復帰した）というレトリックを用いて、およそ次のように論じている。かつて政治上の独占は、産業上および商業上の独占をもたらした。というのは、ロンドン市政府の‘craft and policy’によって、多くの特許が公共の利益を口実にしてもち込まれたからである。それゆえ、独占的組合をつくった‘prerogative power’が崩壊している現在、当然そうした組合は解体されるべきである、と。(12)

さらにリルバーンは、パンフレット“A Postscript”の中で、「特権的行政官」（市長および市参事会員）と「ロンドンの特権的特許状所有者」とを等置して、およそ次のように論じている。営業の権利は「イングランドのあらゆる自由人の、つまり最も偉大なジェントルマンや貴族だけでなく、最も卑しい靴直しや鋳掛屋の共通した生得権《バースライト》と遺産であるのに」、市長らは営業権をすべて奪い取ってしまった、と。(13)

市の「特権的行政官」が奪った民衆の営業権とは、具体的にはどのような権利であったであろうか。次の事件がその一例を示している。一六四八年にリルバーンは、議会で織布工（レース、リボンの製造を職とする）を代弁して、民衆の営業に制約を課すロンドン市長、市参事会員の独裁的権力を批判したが、かれの訴えはおよそ以下のとおりである。織布工と妻たちは旅篭を回って、ロンドンを訪れる近在の人びとや地方の人びとにその製品を売り歩いていた。ところが市長と市参事会員が、これを禁ずる不法な命令を出した。そのために織布工たちは、今や顧客と直接に取引することができなくなり、その全製品を商店主に売るよう強制されている。これはまさに奴隷の状態である、と。[14]

それゆえリルバーンは、ロンドン市政を掌握している「特権的特許状所有者」（富裕な商人層）の拠点であった冒険商人組合（イングランドの基軸産業である羊毛、毛織物の輸出の大部分を担っていた）に対して終始鋭い批判を加えている。たとえば、一六四五年の『イングランドの生得権の擁護』（England Birth-Right justified）は、「ネーデルラントへ送られるすべての羊毛製品の輸出貿易を一手に独占している冒険商人組合は、イングランドの自由人からかれらの生得権を奪っている。羊毛は王国の staple commodity であるから、それを取引する自由はイングランドのすべての自由人に許されねばならない」と論じている。[15] つまり、リルバーンは、営業の自由（独占なしに売買し、生産する自由）は自然権であるという革命の理念とレトリックを民衆の反独占闘争に与えているのである。

営業の自由の要求は、一六四八年の『一月請願』では次のような条項として掲げられている。「すべての種類の独占は、この高貴な議院（下院）によって、国の基本法に反すると宣言されてきたし、また営業のそうした制約は、その結果自由ばかりでなく財産（estates）をも損なうから、いかなるものであれ、すべての独占、とくにあの抑圧的な冒険商人組合は、直ちに廃止され、そして自由な営業が回復されるべきこと」。[16] 同年の『九月請願』も、「カンパニーその他の方法によるすべての独占からあらゆる営業と取引を解放すること」を要求している。[17]

独占廃止と営業の自由の確立の要求は、レベラーズのすべての綱領文書に見出される。レベラーズは、議会が意図した個別的な独占廃止ではなく、全般的な独占廃止を終始一貫して求めたのである。とりわけ、冒険商人組合その他の特権的貿易カンパニーの廃止を強く要求している。レベラー指導者、なかでもリルバーンは、毛織物業の紡毛・織布・仕上工程の手工業者が冒険商人組合をはじめとする特権的貿易カンパニーによっていかに犠牲にされているかを繰返し指摘している。たとえば、一六四七年の『大請願』は、冒険商人組合その他の独占カンパニーが「人民の自由をいちじるしく妨げ、毛織物仕上げその他の毛織物製造によって生計をたてている勤勉な人びとに非常な迷惑を及ぼし、あらゆる職人層や水夫に妨害や不利益をあたえ、海運を妨げている」と批判している。[18] また、一六四九年に出されたリルバーンの『イングランドの新しい鎖』(England's new chain discovered)も、独占カンパニーが「毛織物製造や仕上業や染色業、その他飢餓に瀕している数千の貧乏人に仕事を与える有用な職業の妨害者であり、破壊者である」ことを激しく攻撃している。[19]

こうした批判は、商人の独占カンパニーと毛織物手工業者との間の利害上の矛盾関係を意味するものにほかならない。ロンドンの毛織物手工業者は、およそ仕上工と織布工から成っており、かれらは白布未仕上毛織物(old drapery)が独占的商人カンパニーをとおして外国へ輸出されることによって、その仕事を奪われていたのである。それゆえ、織元と織布工たちが一六四七年に提出した一請願書は、白布未仕上毛織物の輸出を毛織物業衰退の原因とみなし、「そうした商品の輸出を阻止し、羊毛を未加工のままで売買することを禁ずる法律を施行する」ことを求めているのである。[20] しかし、織物業の衰退の原因はこれだけではなかった。毛織物の輸出が不振であったということが根本にあるし、また革命期の経済不況によるものでもあった。ところが、この請願書は、織物業衰退の原因として、「この王国の法律に違反して、徒弟を経ない多数の人たち、たとえば農民の息子や織物業以外の trade を本職とする者が、この trade をやっている」ことも指摘している。そしてかれらは、このために「自分らの労働の儲けが奪われ、かつ自分らの子供がこの trade の徒弟になれない」ことを問題にして、徒弟制度の強化を要求しているのである。[21] この点は次のようなかたちでもみられる。一六四九年に洋服仕立業組合の仕立工が、「自分らの

trade の金持連中は非常に多くの徒弟を使うことによって貧しい自分らを苦しめている」と訴えている。また印刷業組合においても印刷工が、「親方は多数の徒弟を使っている。そしてわれわれ印刷工の間に分配されるべきはずの仕事をそうした徒弟に与えることによってわれわれを圧迫している」と非難している。[22] そしてこれらの場合にも、かれらは共通して徒弟制度の強化を要求しているのである。つまり、レベラーズの社会的基盤であるギルドの下級構成員は、独占の問題といわば不可分に結びついているギルド的特権や徒弟制度については本質的な批判を加えないで、逆にそうしたギルド規制の強化を要求しているのである。したがって、レベラーズの反独占闘争は、自由競争の確立をめざしてではなく、小経営に固執する姿勢（非資本主義的姿勢）で闘われているのである。それは、初期資本主義の奔流の中にあって、賃金労働者の地位に下降しつつあった小生産者の姿を映す鏡であったといえるであろう。[23] かれらの上層は、「現金によって、そして一部分は信用によって、原料を買うことができ…どうにか満足してやってゆける」が、もっと貧しい職人大衆は「毎日なさけないほど没落しており、あまりに貧乏なので顔をあげることもできない」のであった。『貧しい職人大衆の悲しい叫び』（The mournfull Cryes of many thousand poor Tradesmen. 一六四八年）は、独占と不可分な関係にある低賃金の問題について、「われわれの製品を買う金持は、われわれにごくわずかの賃金しかくれない…。かれらはわれわれの生血を吸ってぜいたくに暮らしている」と訴えているのである。[24]

二　僧職者批判と「真の宗教」

前節でみたように、大商人に対するレベラー指導者の批判の焦点は富の「独占」に合わされていたが、攻撃の矛先は僧職者の富にも向けられた。僧職者の受け取る十分の一税が貧しい人びと、とくに貧しい農民にとって重い負担であったからである。レベラー指導者たちは、十分の一税が「貧しい農村民衆」には耐え難い重荷であり、「…農村工業への大抑圧、耕作への妨害物…」、「そのため、耕作者は自分の労働の果実を食べることができない…」と不平を述べた。[25] さらに、かれらは、僧職者が国民の富のあまりにも大きすぎる分け前を専有していることに抗議した。「…十分の一税の支払は、市民感情では、不公正で不平等なことである。王国内の住民のその他の者千人につき一人にもあたらない僧職者が、一人の人間（その子供たちを除く）が持つあらゆる物の十分の一の部分、いや七分の一を持つのは…世界じゅうで最も不公正なことであり、ひどく耐え難く抑圧的な重荷であるから、またイングランドの自由な民衆はそれに耐えられないから…」。[26] バッキンガムシャの急進的なレベラーズの請願書は、十分の一税を「あらゆる層の民衆、とりわけ貧しい耕作者たちにとって過度に圧迫的で腹だたしい…」としている。[27] このように、レベラーズは、貧者とりわけ「貧しい農村民衆」に重くかかる十分の一税を問題にして社会的抗議をおこなったが、次に聖書主義と反僧職者主義に焦点を合わせて、かれらが力説する「真の宗教」の意味内容を考察しよう。

レベラーズの指導者たちは、宗教上の見解を異にしていたが、[28] 宗教に対する基本的な態度において一致したので、連帯して行動した。共通した宗教上の立場とは、聖書主義と反僧職者主義であり、かれらは主教や監督派僧職者ばかりでなく、ピューリタンを含むあらゆる職業牧師を激しく非難した。かれらは、「ノルマンの軛」説を用いて、あるいは体験を踏まえて、およそ以下のように教会・社会批判を展開している。

既成教会の僧職者はノルマン征服王によって導入された。征服王ウィリアムとその後継者らは、「恍けた偽善者の一団にきちんとした衣服をつけさせ、諸君を偽く目的で、かれらは諸君にすべてのことを正しく理解させる人たちだと語った…」。[29]「かれら坊主どもは、欺きたぶらかし騙して、かれらの魔術といっしょに暴君どもの手中に諸君を売り渡した…。そして国王は至高の主、信仰の擁護者、神によって聖別された者であり、諸君が国王の権力に抵抗するならば、諸君は神の命令に抵抗することになる、と説教した。今やこれらすべては諸君の顎にかかる手綱、諸君の眼をおおう眼隠しにすぎず、諸君は教会に支配されなければならない。かれらは諸君の敵である。諸君はかれらを信じなければならない。諸君自身、自分たちの君侯へのよき服従を保たねばならない。状況は善である。すべてこれらの、さらに千のトリックにより、かれらはこの五百年間、それ以上の期間、諸君を隷属状態に陥れたばかりである。このやり方で、国王とその手先どもは諸君の財産、人身、労働に関して諸君を虐げた。坊主どもは諸君の良心と魂を支配し、諸君を全くの無知と悪意にとどめた。そうすることで諸君の坊主どもは君侯であり、支配を身につけたのだ…」。[30]国王へのこのような奉仕のかわりに、かれらは自分たちの「豊かな利益」と、あらゆる独占のうち最悪なもの、すなわち「…欺くために黒と緋の上衣を着けるような人びとにのみ神の言葉の説教を独占させる特許」を与えられ、「主教から、同様に教皇から、結果的には悪魔から、教会の聖職叙任を与えられてきた…」。[31]それゆえ民衆は、法律上の勧告を法曹に頼ったように、精神上の勧告を僧職者に頼ることを余儀なくされた。僧職者は、人が「自分の教育にあたって友人の処置によるか、そのような営業をもつ機会を自分でつくるか、そのどちらかで商人、書籍販売人、仕立屋などになるようには」僧職者になれない。「いや、この仕事に何か精神的なものがあるに相違ない。神の掟がもたらされるにちがいないし、使徒たちからの継承があるにちがいない…。かれらの関心は、自分自身を他の人びとよりも神に近い関係にある特定の種族たらしめることにある…」と主張した。これは、民衆を畏怖させ、かれらをして「牧師の語ったことはなんであれ、神がかれらの内で語ったかのように、牧師からする事物を信用」させることであった。かれらの関心は、民衆をして自分自身の判断と理解を信頼させず、大学で勉強し、学芸・言語・神学の知識をもった牧師の助けなしには福音書を推し測ることはできないと信じさせることにあった。ちょうど法曹がその弁護の独占維持のために故意に法をあいまいにし複雑にしたように、僧職者はかれらの説教独占を維持するため、故意に宗教をあいまいかつ複雑にした。[32]かれらは、「福音の明白な流れ」を混乱させ、かれらが「大寺禄、領主権、領地」を独占でき、「…貪欲で野望的で迫害的な僧職者の精神に適合するもう一つの福音」を導入することができるように「イエス・キリストの真の福音」を曲解し、「使徒たちの素朴さと謙虚さ」を軽蔑した。かれらは徒党に陥り、「互いに他を排斥し、民衆自身の利益追求から民衆をそらそうとする…」努力にはまり込んだ。かれらは僧職者同志の喧嘩を続けるため、国家と民衆を戦争に巻き込んだ。かれらはイングランドの内戦に大きな責任をもち、「主な張本人であり、依然としてわれわれの現在の悲惨さの大教唆者である…」。(33) イングランドを分裂させたのは、二党派への僧職者の分裂であり、双方側で民衆を戦うべく扇動したのは僧職者たちであった。次いで、議会側僧職者は長老派と独立派の二党派に分裂し、議会派を二分させた。「黒衣を着た者」の狙いは、「議会に心を寄せる者たちの間に徒党と分裂を育て、それによってかれら自身の利益を推進する」ことにあった。「かれらの利益とは怠惰・自負・貪欲・支配であった…」。(34) かれらは宗教・自由・民衆の幸福を顧慮しなかった。というのは、僧職者の関心は、かれら自身の党派の利益と権力を前進させ、人びとの魂と良心に対するかれらの支配を確立して、「かれらの寺禄と高位」を保つことだけにあったからである。(35)「…僧職者はひどく食い意地の張った犬である…。だからかれらはけっして食い飽きることがない…。かれらは富か利益がもたらされるはずの宗教ならばどれでもよかったし、確かにかれらの太い腸を満たし詰め込む利益をもたらさない宗教を避け、憎むであろう…」。(36)

以上の引用文からレベラーズの職業牧師批判の要点を整理すると次のとおりである。僧職者は、神の言葉の説教を独占することによって、また説教独占を維持するため故意に宗教をあいまいかつ複雑にすることでもって、「諸君（民衆）の良心と魂を支配し、諸君を全く無知と悪意にとどめ」てきた。僧職者は（かれらの背後には貴族やジェントリがいたが）、王制と結びついて、「かれら自身の利益（怠惰・自負・貪欲・支配）」を推進することによって民衆を虐げ、民衆の利益を顧慮しなかった。

このような厳しい職業牧師批判は、レベラーズの指導者のうちでもとくにウォルウィンの教会・社会批判の土台をなしている。かれは、僧職者や神学者による聖書解釈の独占を激しく非難してこう述べている。「博学な律法学者・高級僧職者・法律学者たちは、自分たちこそが聖書を最もよく理解していると思い込んでいる。なんと高慢で図々しいことか。キリストの弟子、使徒として選ばれたのはかれらではなく、貧しい無学な漁夫やテント製造職人であった」。「われわれの理解力の啓発、あるいはわれわれの心の平安のために」必要なことは、すべて聖書の中にとても平易に述べられているので、「どんなに能力の低い者でも、それを正しく理解することは十分に可能である」。[37] 聖書を難しいものとして、俗人の理解のとどかないところにおいてきた僧職者たちの企てこそ、今日の宗教対立の原因となっているものである。本来すべての人は、僧職者や神学者に頼らずとも、聖書をみずから読み、みずから理解し、判断してこれに従うべきであるし、またそうする能力をもっている。

こうしたウォルウィンの主張は、聖書の解釈を個人にゆだねる宗教的個人主義の思想にほかならない。かれはこう述べている。「人は、自分に自信をもちさえすれば、また自分自身の理解力に疑いを抱かなければ、すべての必要な知識を容易にもつことができ、自分自身でそれを得られるということをほどなく知るであろう…」。[38] すなわち、キリスト教の本質的原理は「平易」なものであるから、すべての個人が自分自身で理解する（良心によって正しい礼拝の方法を知り、理性によって正しい宗教上の見解をもつ）ことができる。それでは、「どんなに能力の低い者でも…正しく理解」できるキリスト教の本質とは何か。リルバーンはこう書いている。「神が人間をこの世に送り出した大きな目的は、その時代の人びとに対して善をおこなうことであり、そのことによって、その時代における神の栄光を称えることである」。[39] つまりキリスト教の本質とは、「善いこと」の実践（'good works', 'works of righteousness'）である。その実践とは具体的にはどのような行為をさしているであろうか。ウォルウィンは次のように書いている。「見まわすがよい。あなたの周囲にはこの苦しい日々に、数千のみじめな、困窮し飢え投獄されたキリスト教徒がいる。かれらはどんなに青ざめ、暗い顔をしていることか。かれらの衣服はなんと寒々しく粗末で不健康なことか。一週間でもかれらの貧しい家にかれらとともに住み、起居食事をともにするがよい。そして同時に、病める妻と飢えた子供たちのための、あの貧しい食事をとるがいい…」。僧職者たちは、「貧者の肉体や財産について、そんなものは自分たちの知ったことではないと言う。けっしてあわてて貧しい隣人の家に駆けつけてやることもない。何が足りないのか。ベッドに寝ているか。ベッドもないか。掛けぶとんがあるかどうか。寒さや飢えで死にかけてはいないか。過労に陥ってはいないか。病んでいないか。足萎になってはいないか。そうしたことを見てやる気持など全然ない。…貧困に苛まれて、結局は牢獄行きになり、そこで飢えようと死のうと知らんぷりである。かれら僧職者たちは、こんなことには、かれらのよしとせぬ教会や集会に出席したというときなどの半分も心を動かさない。そのかわり、もし貧しい人が他の教会へでも行こうものなら、たちまち猛然として熱をあげ、監視する、スパイする、告発する、密告する、それこそたいへんな騒ぎだ。しかも、それがみんな貧者の霊魂のため、神の栄光のためと称するのだ」。「滋養になり、種子を蔵しているのは、葉ではなくて果実なのだから、諸君の信仰を諸君の行為によって示してもらいたい。もし信仰だけがあって愛がなかったら、ただ鳴る鐘や響くシンバルにすぎないだろう。信仰が生きて働くとすれば、それは愛によって働くのだ」。[40]

右の引用文から明らかなように、ウォルウィンは、聖者であると自称する僧職者たちが貧しい者、抑圧された者に対する「愛」を欠いていることを激しく批判している。注目すべきは、かれが「内的な信仰」（'faith'）よりも「外的な信仰」（'works'）を強調している点である。かれのいう「敬虔」（'religious'）とは実践的な敬虔さであり、「愛」の実践を伴わない信仰は「ただ鳴る鐘や響くシンバルにすぎないだろう。信仰が生きて働くとすれば、それは愛によって働くのだ」。すなわち、貧しい隣人に対する「愛」の実践こそが「真の宗教」（'true religion'）つまり「実践的キリスト教」（'practical Christianity'）の本質であり、「愛」をおこなわない僧職者（国教会、長老派教会などの大教会の僧職者）のキリスト教は、「誤れる宗教」（'false religion'）である。[41] そうした区別は、レベラーズの指導者たちの一六四九年の『宣言』（A Manifestation）では、「宗教の実践的で最も真の部分」（'practical and most reall part of Religion'）と「礼拝の形式的で儀式ばった部分」（'formall and ceremonial part of [God's] Service'）として表現されている。(42)

以上のことから明らかなように、レベラーズの指導者たちは、教会と職業牧師の背後には国王・貴族・ジェントリがいるという認識にたち、宗教を二つのタイプに峻別していた。次に、レベラー指導者の法と法曹への批判に焦点を絞って、かれらの言う「真の宗教」（宗教的急進主義の原理）と「真の法」（政治的急進主義の原理）の絡まりを考察しよう。

三　法曹批判と「真の法」

貧しい隣人に対する「愛」の実践が「真の宗教」（実践的キリスト教）であるという信念は、レベラー指導者をして、貧困を中心とする社会問題への批判者たらしめたのみならず、政治上の抑圧（専制）に対する闘いへと駆りたてた。リルバーンは法廷でこの闘いを貫き、かれを支持する人びとの輪がレベラー運動という連帯行動を生んだ。レベラー指導者たちは、「ノルマンの桎梏およびあの不幸な征服以来制定されたあらゆる不条理な法から」の解放を主張して、(43) 以下のように述べている。

法と法曹は、ノルマン征服によって民衆に押しつけられた。「…征服王は…ノルマン法を導入した…」。それゆえ、法はアングロ・サクソンの「独立《フリーダム》」に関する残存した証拠ではない。法は敵となり、ノルマン主義のシンボルとなった。またウィリアム征服王は、「紛争解決のためのノルマンのやり方」、悪人ばらの措置のためのノルマンの方式を導入した。「征服王はかれ自身の非良心的な相場で、かれの思いのままのときに正義と不正を売るため、裁判官と弁護士という営業を始めた。その腐敗はわれわれに、われわれの継続する貧窮化と苦痛に、跡をとどめている…」。(44) 征服王は裁判所をハンドレッドと州からロンドンに移し、民衆をして「ウェストミンスターで裁判を求めるため、王国のあらゆる場所から来」させた。征服王は、裁判所の訴訟の開期、役人と組織を設け、法律にあらゆるあいまいさと不確実性を導入した。当時、法律と法手続はラテン語やフランス語で書かれていたので、普通の者には理解できなかった。しかも、それはひどく複雑あいまいであり、また法曹が故意にそうしてきたので、大衆は令状さえ理解できず、自分自身の訴訟を処理することができなかった。それゆえ法制度民主化のための第一歩は、法律と法手続の英語への翻訳、法手続の錯雑さの除去であった。かれらはこう訴えている。「それはわれわれ自身の言葉ではない」。「それゆえ、貧しくて惨めな民衆は、騙され欺かれ零落させられた」。諸々の裁判所における「すべての記載事項と訴訟手続」には「わたくしの知らない、わが土着の人間千人のうち一人もわからない言葉」であるラテン語が用いられた。法の解釈は裁判官の自由裁量に任せられた。

しかし、裁判官たちは「ノルマン征服王に同伴した闖入者にほかならない。事実、陪審員が満足すれば、陪審員の判決を申し渡すだけのつまらぬ連中にすぎない」。陪審員は、事実に関する裁判官であると同様に、法律に関する裁判官であるべきである。裁判官たちは、支配階級のメンバーであったから、政府と密接な関係をもっているか、おのずから人民大衆に敵対する感覚をもって、法の解釈にあたった。また征服王は、民衆に対して「…自分自身の訴訟を自分で弁護するのを許さず…弁護士に弁護させるよう」強いた。これは、「…われわれが心で考えうる他のあらゆる個々の事柄に自由であるとしても、なおわれわれはこの一事によって奴隷であるような…鉄のノルマンの軛である…」。(45)

王政と法曹の関係についてみるならば、王政は法曹を支持し、法曹はお返しに王政を擁護した。「…すべての法曹は国王に依存し、国王の利益を弁護し…」、国王の「下働きであり、かれらの屁理屈と策略によって哀れな民衆を欺き」国王に「隷属させつづける」。[46]法曹はチャールズ一世の専制を支えた主要な柱であり、内戦の張本人であった。「船舶税の予定された判決ほど、法・自由・財産に加えられたあれほど絶望的な傷がかつてあったであろうか。その打撃を加えたのは誰か。裁判官である。裁判官とは何者であったか。裁判を卸で買い、小売する盗賊、国王の威厳という特権をもった盗賊である。誰がかれらに助言したか。法曹である。法曹は船舶税に反対するかれらの依頼人の弁護（多くの場合、ある事を口実にして他の事をする）に従事し、愛顧と昇進をうるためにだけ、その訴訟を敵に売ったのだ…」。下院には多数の法曹がおり、その仕事はかれらを選出した市参事会員、富裕な商人などの特権的党派の利益のを擁護することであった。そしてかれらは、その数に符合する影響力を下院にもった。「図太く口数の多い人間」であったかれら法曹は、委員会委員長のポストを獲得し、法体系の改革を妨むのに、その権力を行使したからである。[47]そうした法曹はまさに支配階級の道具であり、また法体系は階級支配の手段にほかならない。

以上の引用文からレベラーズによる法・法曹批判の要点を整理するとこうである。法や法手続はノルマン式フランス語やラテン語で書かれており、民衆には理解できない。そのために民衆は「騙され欺かれ零落し破滅させられた」。法の解釈は裁判官の自由裁量に任せられた。法曹は王政と結びついて、有産階級の財産と社会の既存秩序の擁護者でありつづけた。法と法体系は、少数の特権者のための自由を守るためのものであり、民衆にとっては自由の保証どころか、奴隷の軛である。

それゆえレベラーズの指導者たちは、法が英語に翻訳され、さらに法典に編集されて「確実に、短く、かつ平明にされる」ことを欲した。「（ラテン語またはフランス語で書かれているので、普通の能力の人間には手の届かない）この国のあらゆる法は、英語に書きかえられるべきである。そのうえ、すべての記録・命令・被告召喚状・令状およびその他すべての訴訟手続は何であれ、英語で書かれ発布されるべきである。ローマ字体あるいは手書体と呼ばれる、この国における最も普通の共通の字体が用いられるべきである。ラテン語、フランス語の言い回しまたは用語は全廃されるべきである。また、言語のいかなる省略簡約もされるべきでない。そうすれば、自分らの言葉で書かれたものしか読めない最も下積みのイングランドの平民であっても、自己の法律上の訴訟手続を十分に理解できるであろう」。(48) レベラーズによると、法曹は法を複雑にして、かれらだけが理解できるものとして独占することによって、「真の法」の本質を包み隠してきた。「…したがって、平民の正直で賎しい人間にとって、諸君富裕な人びとの誰かに反対して、どんな条理、衡平または正義を期待してもむだである…」。(49) 法曹は、法をかれら自身の個人的利益のために利用するばかりでなく、法体系を富者や有力者に都合よいように歪めるからである。

レベラー指導者によると、「真の法」の本質的原理は「条理、衡平または正義」であり、それはキリスト教の原理に合致すべきものである。一六四七年の『大請願』は次のことを要求している。「紛争・訴訟を決するために正しい、迅速な、平明な、煩わしくない方法を定め、すべての法をキリスト教に最も近いように一致させ、英語でそれを公布すること。読むことのできる者が、自己の訴訟をよりよく理解できるために、すべての訴訟手続が正しく、かつ英語で記され、省略なく、最も普通の字体で書かれること。すべての裁判官、法官、弁護士、ひいてはこの国のすべての行政官、役人の義務が規定されること。かれらの報酬は厳しい罰則を設けて制限し、すべての人が知り、かつ見ることができるように印刷して公表されること。こうした正しい公平な方法によって、国民は現議会によってこれまで取り除かれてきたすべての抑圧よりも厄介で苦難に満ちた抑圧から永久に解放されるであろう」。(50) ウォルウィンはこう述べている。「わたくしは、共通の正義を推進することが真の宗教の高度な部分であると考える」。「…暴君や圧制者が暴力によって、すべての法と人びとの間の契約を歪め、神の真理をねじまげて虚偽たらしめようとするとき…これらのことはあなたの熱情をかりたて、あなた方すべてを雄々しく神の闘いに加わるよう立ち上らせる。…真のキリスト教徒はすべての人びとのうちで、祖国の正しい自由の最も勇敢な擁護者であり、真の宗教の最も熱烈な保持者である。…真のキリスト教徒とは、専制、圧迫、欺瞞、残忍、虚偽その他あらゆる腐敗を憎み、

嫌悪する。真のキリスト教徒はそれらを最も公平に、最も厳しく罰する者である」。(51)

レベラー指導者にとって、正義（条理、衡平）の原理は「真の宗教の高度な部分」であり、正義の源泉は神であった。それゆえ神の正義とは、「真の宗教の最も熱烈な保持」であるのみならず、「祖国の正しい自由の最も勇敢な擁護」であった。レベラー指導者が神について語るとき、それは自然の神、正義の神であり、かれらが民衆の心に叩き込もうとしたのは、教会の教義《ドグマ》的諸問題ではなく、キリスト教はいかにあるべきかという問題、キリスト教徒たちはいったい何をなすべきかという実践の問題であった。かれらはこう訴えている。「わたくしは、自分に関するかぎり、全く罪深い者であり、個人的に欠点のある者であることを告白する。このことに関して、自分自身の身の証しをたてたり、自分自身を正当化する気はない。しかしながら、社会や、人類の利益、わが国の安全、自由・平静・隣人の幸福と繁栄、自分が隣人からしてもらいたいことを自分も隣人に対して為すこと、そして宗教的な人びとの自由と保護のために役立つと自分の分別が教えるすべての事柄についての自分の誠実さと正しさについては自信がある。これらのことに関しての（自分の分別と判断という乏しい尺度にしたがって）わたくしの誠実さは、（神の御力によって証を立てるべく）、自分の生命を惜しげもなく捧げるほどのものである」。(52)

ここで注目すべきは、黄金律（'golden rule'）と言われる章句「隣人からしてもらいたいことを、自分も隣人に対して為せ」（マタイ伝第七章第一二節、ルカ伝第六章第三一節）である。それはキリストの命令であるが、同時に自然法とも見なされている。このことは、黄金律が、良心あるキリスト教徒を縛る宗教の本質的原理であるにとどまらず、神が万人に賦与した理性の原理であること、キリスト教徒および万人に社会的・政治的正義の実践を促す行動規範であること、を意味した。第二『人民協定』は、「思慮分別のある読者に対して」次のことを訴えている。「この協定は、共同の善を念頭におき、すべての人びとがそれによって縛られ、将来この国に設ける必要があると考えられる自由の基礎、統治の法則を包含するものである。それゆえ、わたくしは（すべての人びとが、それが決定される以前に、それに関する正義にについて考察し、その内容のいずれかについて異論を申し立てる機会をもつことができるように）国民のまえにそれを公刊することが、正しく、合理的であると判断する。それは、われわれが公けにする原理、すなわち、隣人からしてもらいたいことを自分も隣人に対して為すという原理に合致するものであるから、最も強固な誹謗者の反対があるにもかかわらず、その正義が持続されるであろうことを信頼するものである。とくに、すでに幾度も論じられた明白な保留条件、すなわち宗教問題について行政権力が強制ないし制限すること、法に規定のない国事犯に対して、人びとを処罰する議会の専制権力行使について、これら二点については、いかなる人も、暴君たらんとする者以外は、その実施を求めることができず、またいかなる人も、奴隷たろうとする者以外は、それに組みすることはありえないと自信をもって断言することを明らかに諒解できるからである」。(53) リルバーンはこう訴えている。「おお、イングランド人よ、諸君の自由はどこにあるのか。諸君が、血と財産の大きな犠牲を払って今まで闘ってきたところの諸君の自由と特権はどうなったのか。…遅くならないうちに慎重に考慮し、そして、諸君の貪欲・卑劣・臆病によって次代の諸君の子供たちが奴隷とされたために、子供たちが諸君を呪うようなことをひき起こすな。それゆえ、一人の人間として立ち上がれ。そして、諸君の自由を敵の手に渡そうとする連中の責任を、正当かつ合理的な方法によって問わねばならない」。(54) オーバートンも、「理性は存在しうる人間活動のための最高度の確証と権威である」という理性の原理を明確に述べたうえで、議会に対する抵抗の正当性と抵抗の義務について民衆にこう訴えている。「おお、恥じて諸君の目をこすり開けよ。諸君の勇気を奮い起こし、諸君の力と権威を諸君自身の手に取り戻せ。あれらの死にもの狂いの圧制者と反逆者を否認して、捨てされ。そしてかれらを汚物、糞または味を失った塩のように諸君の信託から排出せよ。かれらには議会の席よりも絞め綱、絞首台のほうがふさわしい。…諸君は強大で勢力のある有徳の軍隊さえもっており、この軍隊は、あれらの人間性にもとる圧制者、略奪者から諸君を安全にし、保護することを最も勇敢に実直に引き受けてきた。また軍隊は、諸君および諸君の子供たちが、かれらの虐待の恐怖と害から救い出されて、平和で安全に居住し、諸君の労働の代価を享受し…諸君が諸君自身の物の絶対的な君主、所有者となるように、そして本当に真の自由人にされるために、かれらを諸君の権威の席から取り除いて、処罰することを引き受けている。それゆえ、軍隊の援助と保護のもとに入り、諸君に偽誓をおこなった反逆的なウェストミンスターの受託者をもはや信頼せず、あの呪うべき不正の時期から諸君自身を救え。今やその好機だ。ぐずぐずするな。諸君が少しでも破壊されるなら、それは諸君自身に関することだ。わたくしは諸君に対する私の受苦の信託（全く諸君のためのものであるところの）を果たしてきた。わたくしの良心は、わたくしの心が諸君の保全と安全のために正直で廉直であることの証人である。…わたくしは、たった一人の人間であって、諸君に対する一人の人間の義務のみを果たすことができる。もし諸君が、諸君自身、諸君の法・諸君の自由が征服されて破壊されるのを黙って許すならば、わたくしはそれを助けることはできない。それは諸君自身の義務であって、わたくしの義務ではない。わたくしはこれまで自分の持分を果たしてきた。諸君は諸君の持分を果たせ。そうすれば仕事はじきに成就するであろう」[55]。

四　領主・ジェントルマン批判

僧職者や法曹の背後には、国王、貴族、ジェントリといった大領主がいた。レベラー指導者は、その莫大な富と権力を非難した。領主は謄本保有農の保有条件を変更したり、かれらから保有地を後継者に渡す権利を取り上げたり、登録手数料と地代を増額したり、共有放牧地を囲い込んで、富を脹らましたからである。それゆえ、オーバートンは、領主に向かって、貧しい者から盗んだ共有地や荒蕪地をもとに戻すよう、次のように訴えた。共有地や荒ぶ地の共有的利用は、貧者の相続財産であるから、「古く貧者のため共有にされたのに、今では個人に専有され、囲い込まれ、垣をめぐらされたすべての農地は、直ちに（たとえ誰の手中にあろうとも）吐き出され、貧者の自由にして、共有の利用とかれらの利益のために、再び解放されるべきである」。[56] ウォルウィンは、十分の一税の受取人になっていたジェントリらを次のように非難した。「…自分の十分の一税と利益を増やすためにあらゆる手段を弄する人たちは、富みかつ豊かに供給される。しかも、かれらは、貧しい民衆、その腸じたいがそれなしではすまされない人たちからさえ無理取りをする。かれらの必需品はかれらの手で満たされるべきである。しばしばそうであるように、あれほど不条理に貧しい人びとから搾り取られたかれらの労働の果実によって満たされてはならない。労働の果実は、その大部分が周知のように、それほどむだに消費され、または貪欲に貯えられた」。[57] バッキンガムシャの急進的なレベラーズはこう宣言した。「われわれ民衆の下層は、暴君の意志のままに奴隷にさせている。その理由は、法と法曹が「領主、ジェントルマン、収取的荘園領主のような大物たち」の「無慈悲な諸特権」と「農奴的役務を条件とした保有」、登録手数料、借地相続料（借地人の死にあたっての支払）、免疫地代および十分の一税、教会財産の俗人移管、コーポレーションのような「あらゆる邪悪な慣習」を擁護し、「…不正邪悪で圧制的な慣習を、あるいはそれが誰であれ、暴君の不条理な迫害を正当化し維持する立場をとるであろう」からである。[58]

レベラー指導者が領主その他のジェントルマンの富を非難したのは、それが「われとわが手で働いた」、「額に汗して儲けた」富ではなかったからである。つまり、領主やジェントルマンの富は民衆中層・下層の肉体、「労働の果実」（生産と製品）から搾り取られたもの、「盗まれた」ものだからである。それゆえレベラー指導者は、富める者は貧しき者の「労働の果実」に寄食するという結論を抽き出した。かれらはこう論じた。「…諸君、富みかつ余裕ある人びとは…われわれの資産すべてを諸君の手中に奪い収めた。それはわれわれが額に汗して大いに犠牲を払って儲けたものである…」。バッキンガムシャの急進的なレベラーはこう抗議している。「…諸君は他人の勤勉に頼って生き、しかもかれらに籾殻を食べろと与える。諸君の仲間の生物に極端な地代と租税を強要する」。「人がその労働によってパンすなわち必需品を入手したとき、それはかれのパンである。今や全く汗を流さぬ他人が、この人をしてその労働から料金、租税、地代などを納めさせるのであるが、それは盗みである…。意地汚いけちん坊どもよ、このことを銘記せよ。諸君は、ある人が必需品を盗んだ廉で絞首する。諸君自身が仲間の同胞からあらゆる土地、家畜などを盗んだとき…、まず諸君の囲い込みと不当な圧迫という大盗奪の廉で諸君自身を吊せ。そのあとで、諸君は諸君の哀れな同胞を、羊や穀物などのような小さな盗みの廉で吊すことができる」。(59)

このようにレベラー指導者の攻撃の鉾先は領主その他のジェントルマンの富に向けられたけれども、それは富の平均化の要求ではなく、私有財産の廃止でも万物の共有の要求でもなかった。それは、人間社会の「階層《オーダーズ》と位階《デグニテーズ》の区別」(60)の廃棄の要求でもなかった。かれらのジェントルマン攻撃は、富者が政治権力と特権を独占し、それを貧者への圧迫に用いていることに向けられた。つまり、かれらは、富の不平等に対してではなく、「国じゅうの普通の平凡な民衆を貧窮化し、ひどく奴隷化するために富者と強者《マイティ》との間に同盟」(61)があること（富と政治権力の結合）に抑圧の根本原因を見出したのである。パトニー討論でレインバラはこう発言している。「わたくしは貧しい人間であり、貧しいがゆえに抑圧されねばならない。つまり、わたくしは、わが王国に利害をもたなければ、すべての法――それが正しかろうと不正であろうと――によって抑圧されねばならない。いや、こうである。あるジェントルマンが州に住んでいて、数カ所の領地を所有しているとしよう。実際そのような人びとがいる（神は、その領地がどのようにして手に入れられたかをご存じである）。議会が召集されると、かれはきまって議員になる。そして、ありそうなことだが、貧しい人びとが目に留まる。かれらは、このジェントルマンのそばに住んでいる。ジェントルマンは貧しい人びとを滅ぼすことができるのだ。わたくしは侵害の例を知っている。ジェントルマンは貧しい人びとを土地から追い立てるのだ。富める者の権勢がこうしたことをおこなっていないかどうか、また地上で考えられる限りでの最大の専制《テラニー》の下に貧しい人びとを置いていないか、お尋ねしたい」。(62)

民衆は「貧しいがゆえに抑圧されねばならない。…すべての法律…によって抑圧されねばならない」。なぜならば、政治権力を独占する富者や有力者は、その権力と特権を用いて抑圧（囲い込みなど）をおこない、貧しい隣人の小財産を盗み破滅させることができるからである。また、既存の国家体制《コンスティテューション》とコモン・ローの下では、「人口の六分の一が他の六分の五に薪を切らせたり、水を汲ませたりすることになり、国民の大部分が奴隷となる」ゆえに、それは「地上で考えられる限りでの最大の専制」（階級支配）にほかならないからである。(63) それゆえ、大商人による貿易の独占、法曹による法律の独占、僧職者による説教の独占の廃止を訴えたレベラー指導者は、領主、ジェントルマンによる政治権力の独占の打倒を闘争の最大目標とした。

パトニー討論会でクロムウェルが、レベラーたちはイングランドをスイスのような自治カントンの連合体にすることを欲しているのかと非難したとき、それは核心を突いた批判であった。レベラー指導者は法制度の改革を要求して次のような提案をおこなっている。法手続期間を六カ月に限定すること、法と法手続を英語に翻訳すること、民衆に自分の訴訟を弁護するのを許すこと、地方（州、ハンドレッド、町、自治都市）において「法施行に当たるあらゆる種類の公職」を民衆によって選出すること。「生命、身体、自由、財産」に係わるあらゆる裁判は、毎月開かれるハンドレッド裁判所で、「毎年ハンドレッド内の自由民が選出する」「近隣の誓約した一二名の陪審員によるべきこと。かれらは、見つけだされ、押しつけられるのではなく、従来多くの場所でおこなわれたように…自由な方法で民衆によって選ばれること」。(64)「次期の代議院は、害虫、毛虫、すなわちこの貧しい国民に主たる害毒を与える法律家をこの王国から追い払うことをしきりに催促されている。それゆえ、各ハンドレッドに法廷を設け、ハンドレッドで生じたあらゆる問題を処理するために、ハンドレッドの自由民によって毎年選ばれる一二名が、この国の最高権威たる代議院によってつくられた、英語で記された明白な規則にもとづいて、判断を導きだすべきである」。(65)「宣誓した隣人一二名によるという方法以外に、生命、身体、自由、財産について判断し判決を下す方法を定める法律を代議院は継続してはならないし、作成してもならない。その一二名は、人民によって自由な方法で選ばれ、次期代議院が閉会する以前に任命され、しかも現在まで多くの地方でみられるような、拾い出され押しつけられた者であってはならない」。[66]バッキンガムシャの急進的なレベラーズは、「すべての紛争が」「各町や村において」「ノルマン征服以前に」そうであったように、「民衆の選出する」「われわれ自身の近隣の二名三名または一二名の人びとによって」結末をつけられることを欲した。さらに、かれらは、個々の人間の争いには裁判所は全く必要でなく、そうした争いは隣人たちの調停でもって解決されえるとさえ信じていた。「…あらゆる紛争は、法曹によってこのように裏切られるよりも、なぜ手慣れた衡平の規則にしたがって、われわれ自身の近隣の人びとの調停でもって決着がつけられないだろうか」。[67]

もともと地方共同体には、紛争解決のための非公式で伝統的な共同体機構が存在した。つまり、共同体の中で尊敬され信用されている人たちによる調停という仕組みがあった。農民や職人大衆が法曹や裁判所に対して厳しい敵意を抱いていた理由の一つは、そうした地方社会の伝統的な裁判機構が掘り崩されつつあったことにある。したがって、かれらの敵意は、紛争を公式の裁判所にもち込むようにしむける人びと、またそうする資力のある富者、有力者に向けられた。貧者が富者や有力者に対して自分の言い分を譲るよう余儀なくされていたからであり、また裁判所で争うならば、貧者は経費のために争いを放棄せねばならなかったからである。さらには、裁判官や裁判所が富者や有力者に好意的に偏っていると、貧しい人たちが感じていたからである。それゆえ、かれらは、隣人たちによる裁判を希望したのである。[68]

以上のことから明らかなように、レベラー指導者は、富を権力と特権的地位から切り離す政治上憲政上の改革のうちに経済的社会的問題の解決をみていた。それゆえ、かれらの政治的急進主義は、関心が政治的変革にしかなかったということではなく、権力問題の解決が経済的社会的圧迫の解決になると強く意識していたことを意味する。権力の独占、すなわち寡頭支配型統治の打倒にかれらが成功したならば、人口の大部分を占める農民や手工業者や小店主などの民衆中層・下層の手に政治権力をゆだねる参加型統治が樹立されたことであろう。しかし現実には、レベラーズの政治運動は敗北したのであり、この敗北がイングランドに二つの国民（ジェントルマンとノン・ジェントルマン）を固定化することになったといえる。

註

（1）近世イギリス社会の階層秩序を、中層に焦点を合わせて論じたものとして次の研究がある。J. Barry and C. Brooks ed., *The Middling Sort of People*, 1994. 山本正監訳『イギリスのミドリング・ソート——中流層をとおしてみた近世社会』（昭和堂、一九九八年）。拙稿「イギリス革命における内戦の勃発と民衆『中層』」（広島大学総合科学部紀要『地域文化研究』第二二巻、一九九六年）参照。

（2）*Reliquiae Baxterianae* (1696), quoted in B. Manning, *The English People and the English Revolution*, 1976, p. 313.

（3）Lilburne, *Englands Birth-Right Justified* (1645), in W. Haller, *Tracts on Liberty in the Puritan Revolution*, *3vols.*, 1933, repr. 1965, III, pp. 302-3.

（4）Lilburne, *The Legall Fundamentall Liberties of the People of England* (1649), in W. Haller and G. Davies, *The Leveller Tracts*, 1944, repr. 1964, pp. 438-9.

（5）*Englands Troublers Troubled, Or the just Resolutions of the plaine-men of England, Against the Rich and Mightie* (1648), T. C., E. 459 (11) . pp. 6-7.

（6）*The mournfull Cryes of many thousand poor Tradesmen* (1648), in D. M. Wolfe, *Leveller Manifesteoes of the Puritan Revolution*, 1944, p. 276.

（7）M. James, *Social Problems and Policy during the Puritan Revolution, 1640-1660*, 1930, p. 216.

（8）田村秀夫『イギリス革命思想史』（創文社、一九六一年）一七頁。

(9) cf. James, *op. cit.*, pp. 193-223. G. Unwin, *The Gilds and Companies of London*, 1966. pp. 329-51. do., *Industrial Organization in the 16th and 17th Centuries*, 1904, pp. 126-95, 242-5.

(10) 市政民主化運動については cf. James, *op. cit.*, pp. 223-40.

(11) Unwin, *The Gilds and Companies*, p. 340. 田村、前掲書、一五頁。

(12) J. Frank, *The Levellers, A History of the Writings of Three Seventeenth-Century Social Democrats: John Lilburne, Richard Overton, William Walwyn*, 1955, p. 100.

(13) Wolfe, *op. cit.*, p. 118. 第七章でみたように、このレトリックはパトニー討論でレインバラが用いている。

(14) Frank, *op. cit.*, p. 107.

(15) M. A. Gibb, *John Lilburne, The Leveller, A Christian Democrat*, 1947, p. 134.

(16) Wolfe, *op. cit.*, p. 268.

(17) *Ibid.*, p. 150.

(18) Wolfe, *op. cit.*, p. 137.

(19) M. Dobb, *Studies in the Development of Capitalism*, 1946. 京大近代史研究会訳『資本主義発展の研究Ｉ』(岩波書店、一九五四年)二四九頁。

(20) James, *op. cit.*, p. 171.

(21) *Ibid.*, p. 175.

(22) *Ibid.*, p. 176.

(23) 反独占闘争については cf. James, *op. cit.*, pp. 131-92.

(24) Dobb, *op. cit.*, p. 136. 邦訳一六九頁。Wolfe, *op. cit.*, pp. 275, 278.

(25) Lilburne, *The Juglers discovered* (1647), pp. 11-2. *The Case of the Armie truly stated* (1647), in Wolfe, *op. cit.*, p. 216. Lilburne, *Englands New Chains Discovered* (1649), in Haller and Davies, *op. cit.*, p. 159. Lilburne, *The Legall*

Fundermentall Liberties of the People of England (1649), in Haller and Davies, *op. cit.*, p. 436.

(26) Lilburne, *Englands Birth-Right Justified* (1645), in Haller, *op. cit.*, III, p. 271. Walwyn, *The Compassionate Samaritane* (1645), in Haller, *op. cit.*, III, p. 83.

(27) *The Moderate* No. 32 (12-20 Feb. 1649), quoted in Manning, *op. cit.*, p. 291.

(28) リルバーンはE・ロウジァ教会の会員であった。かれはロンドンのラスバリーにあった居酒屋「風車亭《ウィンドミル》」でセパラティスト仲間と一緒に集まり、かれらに政治綱領を与えた。ウォルウィンは教条主義に懐疑的で、強い反僧職者イデオロギーをもっていた。かれは、政治的独立派の理事会には必ず出席していた。オーバートンはジェネラル・バプテストであり、T・ラムの教会のN・チューと地下出版所を営んでいた。M. Tolmie, *The Triumph of the Saints. The Separate Curches of London 1616-1649*, 1977. 大西晴樹・浜林正夫訳『ピューリタン革命の担い手たち』(ヨルダン社、一九八三年) 六章参照。

(29) *Mercurius Populus* (1647), quoted in Manning, *op. cit.*, p. 274.

(30) *Light shining in Buckingham-shire* (1648), quoted in Manning, *op. cit.*, p. 274.

(31) Lilburne, *Englands Birth-right justified against all Arbitrary Usurpation* (1647), in Haller, *op. cit.*, III, pp. 266-7.

(32) Walwyn, *The Compassionate Samaritane, unbinding the Conscience and powering only into the wounds which have been made upon the Separation* (1644), in Haller, *op. cit.*, III, pp. 75-80. *The Vantie of the present Churches and Uncertainty of their Preaching discovered* (1649), in Haller and Davies, *op. cit.*, pp. 262, 269.

(33) Walwyn, *The Compassionate Samaritane* (1644), in Haller, *op. cit.*, III, pp. 77, 82, 83.

(34) Lilburne, *A. Copie of a Letter to Mr. William Prinne Esq.* (1645), in Haller, *op. cit.*, III, p. 182.

(35) Walwyn, *The Compassionate Samaritane* (1644), in Haller, *op. cit.*, III, pp. 77, 82, 83.

(36) Lilburne, *Englands Birth-right justified* (1645), in Haller, *op. cit.*, II, p. 271.

(37) Walwyn, *The Compassionate Samaritane* (1644), in Haller, *op. cit.*, III, p. 81; *The Power of Love* (1643), in Haller,

op. cit., II, p. 282.

(38) Walwyn, *The Compassionate Samaritane* (1644), in Haller, *op. cit.*, III, p. 77.

(39) Lilburne, *An Impeachment of High Treason against Oliver Cromwell and his Son in Law Henry Ineton* (1649), T. C., E. 508 (20), p. 23.

(40) Walwyn, *The Power of Love* (1643), in Haller, *op. cit.*, II, p. 274. *A Still and Soft Voice from the Scriptures, witnessing them to be the World of God* (1647), in D. M. Wolfe, *Milton in the Puritan Revolution*, 1963, pp. 369, 374.

(41) B. Manning, 'The Levellers and Religion,' in J. F. McGregor and B. Reay ed., *Radical Religion in the English Revolution*, 1984, repr. 1986, p. 76.

(42) *A Manifestation from Lieutenamt Colonel John Lilburn, Master William Walwyn, Master Thomas Prince, and Master Richard Overton (now prisoners in the Tower of London) and others, commonly (though unjustly) stiled Levellers* (1649), in Wolfe, *Leveller Manifestoes*, p. 393.

(43) Overton, *A Remonstrance of Many Thousand Citizens and other Free-born People of England, to their owne House of Commons* (1646), in Haller, *op. cit.*, III, p. 369.

(44) Overton, *A Remonstrance*, in Haller, *op. cit.*, III, pp. 124-5. *An Alarum to the House of Lords, against their Usurpation of the Common Liberties in their tyranicall Attempts against Lieutenant-Col. John Lilbrne, Defender of the Faith* (1646), T. C., E. 346 (8), p. 8. *Mercurius Populus* (1647), quoted in Manning, *op. cit.*, p. 271.

(45) Lilburne, *The Just Mans Justification, or a Letter by way of Plea in Barre* (1646), T. C., E. 340 (12), p. 11. *Regall Tyrannie discovered, or a Discourse shewing that all lawfull instituted power by God amongst men is by common agreement* (1647), T. C., E. 370 (12), pp. 15, 25.

(46) Major Francis White, *The Copy of a Letter sent to his Excellencie Sir Thomas Fairfax* (1647); *More light shining in Buckingham-shire* (1649), quoted in Manning, *op. cit.*, p. 272.

(47) Lilberne, *Englands Birth-right justified* (1645), in Haller, *op. cit.*, III, pp. 293, 294; *A declaration of the wel-affected in the country of Buckingham-shire* (1649), quoted in Manning, *op. cit.*, p. 273.

(48) Overton, *An Appeale from the degenerate Representative Body the Commons of England assembled at Westminster. To the Body Represented The free people in general of the several Counties, Townes, Burroughs, and places within this Kingdome of England, and Dominion of Wales* (1647), in Wolfe, *Leveller Manifestoes*, p. 192.

(49) *Englands Troublers Troubled* (1648), T. C., E. 459 (11), p. 6.

(50) *To the right honourable and supreme Authority of this Nation, the Commons in Parliament assembled* (1647), in Wolfe, *Leveller Manifestoes*, p. 139.

(51) Walwyn, *A Whisper in the Eare of Mr. Thomas Edowards* (1646), in Haller, *op. cit.*, III, p. 325. *The Power of Love*, in Haller, *op. cit.*, II, pp. 298-9.

(52) *The Picture of the Councel of State, held forth to the Free people of England by Lieut. Col. John Lilburn, Mr. Thomas Prince, and Mr. Richard Overton, now Prisoners in the Tower of London, or, A full Narrative of the late Extra-justicial and Military Proceedinhgs against them* (1649), in Haller and Davies, *op. cit.*, p. 230. 傍点は引用者で以下同様。

(53) *Foundation of Freedom, or an Agreement of the People* (1648), in Wolfe, *Leveller Manifestoes*, p. 294.

(54) Lilburne, *Englands Birth-right justified* (1645), in Haller, *op. cit.*, III, pp. 269-70.

(55) Overton, *An Appeale* (1647), in Wolfe, *Leveller Manifestoes*, pp. 172-3.

(56) Overton, *An Appeale from the degenerate Representative Body* (1646), in Wolfe, *Leveller Manifestoes*, p. 194. *The Case of the Armie truly sated* (1647), in Wolfe, *Leveller Manifestoes*, p. 216.

(57) Walwyn, *The Compassionate Samaritane* (1645), in Haller. *op. cit.*, III, p. 83.「イングランドの宗教改革は国教会を国王に従属させたばかりでなく、教区を地主たちに従属させた。ジェントリは修道院のあとをついで地主となっただけでなく、十分の一税の受取人となり、僧禄の授与者ともなった。宗教改革ののち、イングランドの九千の教区のうち約四千は俗人の手にはいった――すなわち、十分の一税は俗人の教区牧師《レクター》へ支払われ、牧師《ヴィカー》や副牧師《キューレット》にはわずかな俸給しか支払われず、しかもこれらの人びとも地方の地主の任命によることが多かったのである。ここで巨大な富と影響力とが手に入ったこととなる」。C. Hill, *Reformation to Industrial Revolution, A Social and Economic History of Britain 1530-1780*, 1967. 浜林正夫訳『宗教改革から産業革命へ』（未来社、一九七〇）、三九頁。

（58）*A declaration of the wel-affected in the Country of Buckinghamshire* (1649), quoted in Manning, *op. cit.*, p. 274.

（59）*More light shining in Buckingham-shire* (1649); *Light shining in Buckingham-shire* (1648), quoted in Manning, *op. cit.*, p. 218. W. Schenk, *The Concern for social Justice in the Puritan Revolution* (1948), p. 71.

（60）A. *Manifestation* (1649), in Wolfe, *Leveller Manifestoes*, p. 391.

（61）*Englands Troublers Troubled* (1648), p. 2.

（62）A. S. P. Woodhouse, *Puritanism and Liberty, being the Army Debates*, 1951, repr. 1965, p. 59.

（63）*Ibid.*, p. 67.

（64）*An Agreement of the Free Peoole of England* (1649), in Wolfe, *Leveller Manifestoes*, pp. 406-8. *Foundations of Freedom* (1648), in Wolfe, *Leveller Manifestoes*, pp. 301-3.

（65）*Foundations of Freedom* (1648), in Wolfe, *Leveller Manifestoes*, p. 303.

（66）*An Agreement of the Free People of England* (1649), in Wolfe, *Leveller Manifestoes*, p. 408. cf. *Reagall Tyrannie discovered* (1647), T. C., E. 370 (12), p. 25. Lilburne, *The Just Mans Justification* (1646), T. C., E. 340 (12), p. 15. Overton, *An Appeal from the degenerate Representative Body* (1647), in Wolfe, *Leveller Manifestoes*, p. 190. *The Case of the Armie truly stated* (1647), in Wolfe, *Leveller Manifestoes*, p. 216.

（67）*More light shining in Buckingham-shire* (1649), quoted in Manning, *op.cit.*, p.304.

（68）Manning, *op. cit.*, pp. 304-5.

第九章　レベラー運動の組織化とアジテーション

はじめに

前章では、自然権の理念とレトリックにもとづくレベラーズの社会的抗議を、ロンドン民衆の経済的（反独占）・政治的（民主化）闘争の脈絡の中で、またその担い手の社会的基盤との関連で考察した。この章では、革命の深化に大きな役割を果たしたレベラーズの自然権思想の実践的な側面、つまり民衆へのアジテーションと組織化のイデオロギーとしての側面を捕捉するとともに、「大衆請願」に焦点を合わせて第三の「党派」（民衆派）としての組織の実態を探る。

一　活字と民衆

革命への民衆中層・下層（middle and poorer sort of people）の参加は、議会による情報の開示によって蓋然的になり、請願書の印刷によって現実的になった。はじめにイギリス革命における印刷物の役割についてみておこう。一七世紀の初期において、「公衆を教育し、目覚めさす最も効果的な手段」は説教であったが、[1]一六四〇年代に入る頃から、急激に活字の重要性が高まった。P・グレッグによれば、一六四〇年四月に短期議会でのピムの演説が印刷され、それを国じゅうのジェントルマンが貪るように手に取ったとき、闘争における印刷物の重要性がおそらくはじめて実感されたのであり、翌年には、長期議会開会以降の議会での演説や決議文が集められて出版され、新聞が出現し、各党派の宣言書や各地からの請願書、報告書を複写したパンフレット類もその数を増している。(2)

印刷物は、説教の場合と違って、貧乏人や無学文盲の人びとにまでは広まらないという弱点をもってはいたが、(3)内戦の勃発と進展につれて、民衆への事実伝達およびプロパガンダの手段として重要性を増し、民衆の政治意識の向上や「世論の機能と理論の発達に重要な役割を果たした」。(4)一六四一年一二月に、下院が作成したチャールズの政府に対する包括的な告訴状である『大抗告』(The Grand Remonstrance) が印刷されて民衆の間に配布されたのは、まさにプロパガンダという目的のためであり、それは議会外の世論に訴える「新しい技術」であった。(5)

ところで、長期議会の時代には、パンフレット以上に民衆を鼓舞し、政治的意思を表明させるものとして、また民衆を組織化する重要な手段として、多数の民衆によって署名された「大衆請願」がひんぱんに現われるようになった。それは、民衆自身が設けた委員会によって作成され、可能なだけ多くの人びとの署名を集めたのち、代表が議会へ持って来た。そして、一つの請願書が議会に提出されると、それを支持してロンドン以外の地方からも次々に請願書が提出され、たいてい多くの請願書が自由に、即刻に印刷されて民衆の間に回覧された。(6)そうした「大衆請願」(mass petition) の例を一つ挙げるならば、一六四〇年一二月一一日に議会へ提出された『根と枝』請願 (The First and Large Petition of the Citie of London and other Inhabitants thereabouts: For a Reformation in Church-government, as also for the abolishment of Episcopacie) がある。これは、監督制度の根絶を求めたもので、ロンドン市参事会員ペニントンと、とっておきの晴れ着をまとった一、五〇〇人の市民によって提出されたのであるが、報告書によると、一五、〇〇〇人の署名がそれに付され、しかも議員だけが原文のコピーを持ってよいという議会の命令にもかかわらず、ほどなく印刷されて民衆の間に回覧された。(7)そして、それに続いて翌年一月には、同趣旨の一連の請願書が、ケント、エセックス、サフォーク、ヘレフォードシャ、ベッドフォードシャ、サセックス、サリィ、チェシャ、ウォリックシャ、ケンブリッジシャ、グロスターシャ、バッキンガムシャ、ノーフォークの一三州から、いずれも多数の署名を付して提出されたのである。(8)

請願活動には多くの利点があった。たとえば、古来の慣習として是認されていたことや、印刷物に対する諸規制を避ける比較的容易な方法であったことなどが挙げられる。(9)次に、「大衆請願」の機能と役割について考えてみると、それは以下のようにいえるであろう。署名は、民衆が政治的意思を表明する重要な手段であり、そうした意味で、世論を形成する是認された唯一の方法であった。そして、請願書の回覧および議会への提出は、民衆の不満を明確にして、大規模な示威運動を組織する最も有効な方法の一つとして役だったのである。(10)

さて、民衆に、そして民衆がアピールする手段としての請願活動とパンフレット類の流布について概略を述べてきたが、そうした政治的アピールやプロパガンダは、内乱の勃発とともに一段と盛んになった。(11)「一六四三年のパンフレット戦争は、世論が公生活における決定的なファクターとして出現したことをはっきりと示し」、(12)諸政治勢力は、民衆の支持を獲得しようと努めたのである。しかし、その中にあって民衆の支持を最も必要としたレベラーズのアピールは特異であった。「国王派の定期刊行物が警告を発し、改変に対する抵抗、左派の甘言に対する無関心を説くことができ、長老派が反動の恐怖を引き起こすことができた」のとは違って、「レベラーズのアピールは、ふつう消極的な理解よりも積極的な理解を求めていた」。(13)つまり、「活動的で巧妙なプロパガンデスト」(14)であるレベラーズは、パンフレット類で終始一貫して、また熱狂的に民主主義を唱え、そして請願書や『人民協定』で綱領を示して、その「積極的なプログラムを支持するに十分なほど活動的な賛同者を獲得せねばならなかった」のである。(15)レベラーズの「戦術の中心」(16)であった「大衆請願」による政治的結合は、リルバーン自身の言葉で表現すれば、「われわれ全員の傷や病気を直すための、また、あらゆる党派、利害の純真な人たちの心を結合させるための膏薬」[17]であり、「民衆がそれを聴き、読み、それについて論じるとき、かれらに理解力と知識を生ぜしめるであろう」。[18]

民衆の力の尖端となって、革命の深化と発展に大きな役割を果たしたレベラーズの急進主義運動において、「大衆請願」はどのような意義をもっていたであろうか。革命期に「安価な印刷と民主主義の騒ぎとが組み合って、イギリス史上はじめて公衆の耳が利用できるようになり、重要となった」[19]といわれるが、まずレベラー運動の生成期のアジテーションの特徴をみることにしよう。

二　政治綱領とプロパガンダ

レベラーズの組織的な運動の起点をどこに求めるかは難しい問題であるが、三人の指導者（リルバーン、ウォルウィン、オーバートン）が実質上の協力関係に入るのは一六四五年の初めから半ばにかけての時期であったと考えられる。[20]それは、戦局の転回によって生じたプリン（長老派）の転向に対するかれら三人の攻撃を契機にしていたが、その後まもないリルバーンの投獄（六月）に際しては、ロンドンでかれを支援する請願やデモがウォルウィンらによって組織されている。たとえば、八月二六日には、かれの釈放を求めて二、〇〇〇人ないし三、〇〇〇人の署名を付した請願書が下院に提出されている。[21]そしてその後も、リルバーンの釈放を訴えるパンフレットとそれに呼応するデモが響き合うが、そうした情況の中で、リルバーンの『イングランドの生得権の擁護』（Englands Birth-Right Justified against all Arbitrary Usurpation. 一〇月）とウォルウィンの『イングランドの悲しむべき隷属』（Englands Lamentable Slaverie. 一一月）が出版された。前者は、すべての専制支配に対する自由人の社会的抗議として書かれ、法律の英語化、宗教的自由、独占・出版統制・十分の一税・消費税などの廃止、ロンドン市政の民主化、現議会の解散・新議員の毎年選挙・普通選挙権・裁判の公正と迅速化の要求など、後のレベラーズの綱領に掲げられる具体的な改革項目の大半を提示している。[22] 一方、後者は「人民の安全と自由に最も適すように社会形態を変更する」[23] ことを「理性」の要請とみなし、「理性」に基礎をおく新しい憲章の必要性を主張している。[24] こうした政治綱領と革命の原理は、のちに『人民協定』として結実するのであるが、その起点となったのは一六四六年五月のリルバーンの再投獄と同年六月の第一次内戦終結であった。上院によってニューゲートへ投獄されたリルバーンは、直ちに『自由人の自由の擁護』(The Free-Mans Freedome Vindicated) を書いて、「すべての信託された権力は信託者の幸福のため」のものであるから、「イングランドのすべての庶民が選び信託した代表として、そこ(＝下院)にのみ(正当に)イングランドの形式的かつ合法的な最高権力が存在する」として、下院の至高性を強調した。[25] そして、ほどなくかれは、上院に対する抵抗の決意を明らかにしている。「わたくしは、イングランドの自由人であるのであるから、上院によって奴隷や臣下として扱われるべきでない。…わたくしは、自分の自由に対する叛逆者となることなしに、上院法廷にごきげん取りに出かけることはできない。わたくしは、良心に誓って神、自分自身、自分の家族、国に対する義務として、上院の侵害に対して死ぬまで抵抗せねばならない。わたくしは、この義務を神のお力によって果たそうと決心している」。[26]

リルバーンの呼びかけに応えるべく、ロンドンでは、民衆に対するアジテーションが盛んになった。ウォルウィンは、『鎖につながれた正義の人』(The Just man in bonds or . . . John Lilburne close Prisoner in Newgate by order of the House of Lords. 七月) を著わして、リルバーンの勇気を称え、かれの裁判事件をすべてのイングランド人のテスト・ケースであるとして、次のような警告を発した。「この尊敬すべき紳士のケースはわたくしのケースであり、すべての人のケースである。われわれは、今は捕われの身でないが、もし上院がその気になれば、明日にはニューゲートに投ぜられるかもしれない。それゆえ、このことを心に留めたうえで、われわれの心と首をこの隷属に堪えるべく適合さすのか、それとも隷属からわれわれ自身ならびに子孫を解放するために迅速で効果的な手段を考えだすのかという問題は、全く等しくイングランドのすべての民衆に係わることではなかろうか」。[27] またウォルウィンは、『堕落のとどろき』（*A Pearle in a Dounghill or . . . Lieu. Col. John Lilburne* in Newgate. 七月）を著して、「民衆は賢明で、分別ある民衆となっている。苦悩が民衆を賢明にした…。もし議会が真理と行動において民衆を真に救うならば、民衆は議会を愛すであろうし…そうでない場合には議会を嫌うであろう。なぜならば、民衆が議会によって、また開会中に、奴隷化されることは、恰も人が自分自身の父に裏切られ、殺害されるようなことであるから」と述べて、[28] 下院に信託の履行を訴えている。

このように、上院によるリルバーンの投獄事件と、かれのケースを下院がどう取り扱うかという問題に焦点を合わせたアジテーションの中で、「レベラーズがはじめて断固として民衆を代弁した」政治綱領が発表された。[29] つまり、七月七日にオーバートンの『イングランドの幾千人もの市民と他の自由民の、かれら自身の下院に対する抗議』（**A Remonstrance of many Thousand Citizens, and other Free-born People of England, To their owne House of Commons. Occasioned through the Illegal and Barbarous Imprisonment of the Famous and Worthy Sufferer for his Countries Freedoms, Lieutenant Col. John Lilburne**）が出されたのである。この抗議書は、国王を「あらゆる抑圧の本源である」と断定し、[30] 国王と上院の廃棄をはじめ、多くの具体的要求が掲げられているが、基本原理として人民主権と抵抗権の主張が明確に示されている。「われわれが諸君を議員に選んだのは、諸君がわれわれをあらゆる束縛から解放し、国家に平和と幸福を実現するためである。それを成し遂げるためにわれわれは、われわれ自身に存する権力でもって諸君を所有した。…われわれが諸君の原理（Principalls）であり、諸君はわれわれの代理人（Agents）である」。[31] 代理人の越権行為は略奪、圧迫であって、人民の「正当な自由」に反するのであるから、その場合、民衆は代理人の手から当然の権力を取りもどすことができる。「諸君はわれわれを解放し、理性と共通の公正に適った自然で正当な自由の中にわれわれをおくために選ばれている。というのは、たとえわれわれの先祖が何であったにせよ、かれらがなし、また苦しんだところが何であったとしても、あるいは何に対して屈服を余儀なくされたのであろうと、われわれは現代の人間であり、あらゆる種類の異常、妨害あるいは恣意的な権力から絶対に自由であるはずだ」[32] レベラー指導者にとって、これまでの戦闘は人民の自由（理性と共通の公正に適った自然で正当な自由）を獲得するためのものであり、議会軍の勝利は「この六〇〇年間望まれてきたが、到達できなかった機会、この国民を真に幸福で全く自由な国民たらしめる機会」の到来であった。[33]

人間の本質は絶対的な「自由」であり、人間は「すべて生まれつき平等で、権力、品位、権威、尊厳さにおいて等しいのであり、なんぴとも他人に対して生まれつき権威や支配権や命令権をもつことはない。人はただ制度または贈与によって、すなわち相互の利益と安楽のために相互の同意と協定によって与えられ、得られ、引き受けられた協定または同意にもとづいてのみ、権力をもち、権力を行使することができる」[34]（人民主権および社会契約の思想）。それゆえ、レベラー指導者は、人民の「代理人」である下院に対して、人民の声（世論）に耳を傾けることを要求して、次のように訴えた。「諸君よ、すべての策謀を捨てされ。諸君の考えをわれわれに隠すな。われわれを激励して、その考えを諸君に打ち明けさせよ。賛否双方のすべての見解に耳を傾けよ。印刷の自由を認めて、すべての人の考えが容易に知らされ、確かめられるようにせよ…」[35]

三　自然・理性への訴え

下院に対するレベラー指導者の期待に反して、リルバーンの『自由人の自由の擁護』などのパンフレットの焼却が命ぜられ、八月には『イングランドの幾千人もの市民と他の自由民の、かれら自身の下院に対する抗議』の著者オーバートンも投獄され、そして九月には異端取り締まり法案が上程された。[36] それゆえ、レベラー指導者は、一六四六年後半から翌年初めの時期に、人民主権の原理や自然権の思想にもとづいて、議会に強く抗議した。たとえば、九月にオーバートンは、獄中から『すべての専制簒奪者に対する反抗』(A Defiance Against All Arbitrary Usurpations) を出して、上院に媚びて「かれら自身とかれらの子孫からその正当なる生得権と自由を奪いとることを名誉とみなしている」[37] 長老派を攻撃し、およそ次のよう述べている。

民衆は代々の狡猾な略奪者(国王、貴族、僧職者)の有害な巧妙さに騙されてきたために、その理解力は獣のようにされている。民衆は、人間であることから堕落さえしているほどに、自分自身および自分の自然的な特権(immunities)について無感覚で、ひどく無知になっている。宗教、理性のみならず自然そのものが、自由、財産、生命に関する自己の権力にしたがって行為すること(人は自分だけのために生まれているのではないから、どんな危険や災難が起ころうとも)をすべての人に義務づけている。この原理にしたがって、民衆と民衆を騙す連中との間に大胆に身をおく人間がいなければ、民衆は、神が生来何について、またどの程度、人間を自由にしてきたのか識別するだけの能力をもたず、そのために理性の使用を欠く。[38]

右のロジックから、「民衆と民衆を騙す連中との間に大胆に身をお」いて、自由に関する権利と責任を民衆に自覚させ、そのために理性を使用させる(現在および今後の政治決定に積極的に参加させて、意思を表明させる)というオーバートンの使命感を読み取れるが、かれは『すべての圧制者と圧制に対して放つ矢』(An Arrow Against All Tyrants and Tyranny, shot from the Prison of Newgate into the Prerogative Bowels of the Arbitrary House of Lords. 一〇月)では、自然権のレトリックを用いて権利のための闘争を次のように訴えられている。「すべての個人には、誰にも侵害されず略奪されない個人の property が与えられている。というのは、すべての人は、自分自身であるがゆえに、自己の propriety をもっている。さもないと自分自身たりえない…誰もわたくしの権利と自由に対して権力をもたず、そして、わたくしは他人のそれに対して権力をもたない。わたくしは一人の個人であり、自分自身および自分のpropriety を享有する。…生来すべての人は等しくpropriety と自由を享有するように生まれついている。われわれはこの世に自然の手によって神からつかわされているのだから、すべての人が自然的で生得の自由とpropriety をもっている。…すべての人は、生来かれ自身の自然の領域と範囲においては、国王、僧職者、予言者であり、いかなる他人もかれ自身の代理、委任、自由な同意によらずに関与することはできない」。[39]

つまり、「すべての人は、自分自身であるがゆえに、自己のpropriety（誰にも侵害されず略奪されない）をもっている。さもないと自分自身たりえない」。他人を寄せつけない（同意、協定の場合を除いて、他人を排除する）個々人の自然的なpropriety が、つまり個々人の他人からの自由が、人を人間たらしめるのである。[40] しかし、同時にこのことは、個々人のpropriety がけっして放棄されえないものであり、自己のために、さらには他人のためにアクティブに用いられねばならないということを意味しており、またそのことを前提としている。[41] 自然的propriety の行使は、各人の権利であり、それの侵害に対する防衛や抵抗は義務、つまり創造主（神）、自分自身、さらには「社会に対する個々人の暗黙のうちの責任」であった。[42]『すべての圧制者と圧制に対して放つ矢』の出版と同時期に、リルバーンが投獄から出した『鎖につながれたロンドンの自由』（Londons Liberty in Chains discovered）は、ロンドン民衆と全国民に対して次のように訴えている。

ロンドンで『抗議』（Protestation）が作成され、コーンヒル（Cornhill）の時計屋ウォンジーの指導のもとで、市政民主化を要求する運動が展開された。現在「わたくしは諸君の『抗議』を持っている。わたくしは、もはやそれを隠さないで、諸君の共通の幸福のために公にすることこそがわたくしの義務であると考えた。わたくしは、諸君が自分たちの自由のために自由に闘い、自分たちの自由を擁護することを誓ってきたように…（今後も）何もせずにじっと座していないことを、また暴力と不正な行為によって諸君の主人となる人たちのそのような不法行為を不問に付すことがないように希望する。諸君が諸君の『抗議』をいつまでも固守し、諸君の権利を要求しつづけることを、わたくしは希望する。『これらの者は、自分たちの自由と権利を所有する勇気をもたず、また所有しようとしなかった父たちであった。これらの者は、自由な議会が開かれていたとき、それに服従して、かれらの子孫を進んで奴隷の境遇の中においた人びとであった』と後々の時代に言われることがないように、不正に強奪された、諸君の正当で否定すべからざる自由と特権を、勇気と決意をもって保持せよ…。もし諸君が、諸君の自由を取りもどし、諸君の生得権（法）を回復するための好機を、また諸君に提供されたこの利点を無視するならば、その損失は取り返しのつかないものであり、諸君および諸君の全市に確実な破壊と、避けがたい隷属をもたらすであろう。…われわれが、自分自身や子孫のことを意に介さず、臆病に沈黙することによって、自分自身を敵の手に渡し、子供たちを（われわれがそうした手段を取ったために）奴僕、奴婢、さらには奴隷として生きるような事態に陥らせるならば、それは言い表わされない悲惨であり、この国にとりつく酩酊の状態である」。[43]

レベラー指導者は、個々人の平等な自然権を唱えることによって、パンフレットや請願文の書き手と読み手が、あるいは男性市民（夫、主人）と女性（妻）、若者（子供、徒弟）が、権利に関して互いに「生まれつき平等である」とし、[44]「社会に対する共通の責任」意識、連帯意識を高め、権利と自由のために立ち上がることを訴えているのである。かれらの主張によると、権利のための闘争に参加することは、権利者としての自分自身に対する義務であるだけでなく、家族と社会に対する義務であり、同胞の政治的未来に対する共同責任であった。

こうした権利の平等意識を紐帯とするレベラー運動は、「自然状態における自己保全」というレトリックを用いたアジテーションによって高揚する。たとえば、一六四七年二月末にオーバートンとリルバーンが共同執筆したといわれる『抑圧された庶民の絶叫』（The out-cryes of oppressed Commons）は、「圧制者の欲望と意志の臣下や奴隷にならないことを決心している王国のすべての理性的で、理解力のある人びと」に向けて、次のように訴えている。

すべての権力は「信託者」（人民）の幸福のためのものである。しかし、受託者（議会）は、人民がかれらにおいた信託を失っているので、今や「人民はこれまでの服従や従属から解放され、合法的に自分自身の保全のために最善を尽くすことができる」。[45]つまり、個々人は「最善を尽くして自分自身を保全し防衛する本源的な自然法」に依拠すべきである、[46]と。

「最善を尽くす」とは、人民の幸福に反する現議会に抵抗する権利と義務を意味しており、[47]今や（実際には一六四七年三月のレベラーズの『大請願』が拒否されてから）レベラーズは現議会という制度を通しての改革から方向転換して、主権者たる人民の意思宣言にもとづく新政府の樹立（革命）を志向するのである。『抑圧された庶民の絶叫』に先だつ一六四七年一月末に、リルバーンはこう決意している。「わたくしは…もはや抜け目がない人びとの破壊的に行動する時節を待つことはせず、即刻イングランド王国、ウェールズのすべての庶民に正式に訴え…請願書を二〇、〇〇〇部印刷する金を手に入れて、それら（＝印刷した請願書）を全州に無料で送ろうと、神のお力によって今や決心している」。[48]

四　プロパガンダから組織化へ

一六四六年の秋に出版されたリルバーンやオーバートンのパンフレットは、相当部数が流布してレベラー勢力の結集に大きな役割を果たした。当時、レベラーズのパンフレットは、ふつう一、五〇〇部刷られ（なかには一〇、〇〇〇部刷られたものもある）、[49]一部がおよそ一〇人に回読されたといわれるから、[50]ロンドン住民の約三〇人に一人の割合で読まれたことになる。[51]ロンドンの市政民主化やギルド民主化の運動は、こうしたパンフレットの影響下に展開されたのである。[52]

一方この時期に、牢獄の外において、実際に民衆の政治運動の指導にあたっていたのはウォルウィンであった。[53] 後の『ウォルウィンのたくらみ』（Walwins Wiles. 一六四九年五月）の著者によると、ウォルウィンは請願文を作成したり、請願活動を指導することに非常にたけていたとのことであるが、[54] かれは一六四六年一〇月にエドワーズ（高長老派）を批判するパンフレットを書いたのちは、一六四九年五月の『誹謗の基礎の発見』（The Fountain of Slaunder Discovered）まで、一、二のパンフレットしか発表しておらず、この期間じゅう、請願活動による民衆勢力の結集に力を尽くしていたのである。たとえば、一六四七年二月一〇日に、バッキンガムシャとハートフォードシャの住民が、一〇、〇〇〇人の署名に支持された請願書（かれら自身の苦情の除去、リルバーンやオーバートンらの釈放を要求する）を持って議会へ来ているが、[55] それはウォルウィンによるところが大きかったといわれる。[56] そして同年三月には、再びウォルウィンの指導のもとにレベラーズの『大請願』（To the right Honourable and Supreme Authority of this Nation. The Commons in Parliament Assembled. The humble Petition of many thousands, earnestly desiring the glory of God, The freedome of the Common-wealth, and the peace of all men）が作成されたのである。

『大請願』は、請願のかたちで示された政治綱領（具体的な一三箇条の改革プログラムを掲げている）であって、署名を呼びかけてロンドンとその近辺に回覧された。[57] しかし、先のバッキンガムシャとハートフォードシャの住民から提出された請願書の場合と同様に、議会はこれを受け取ることを拒否し、絞刑吏の手で焼き捨てさせた。そのため、この請願じたいは成果を生まなかったが、この請願を頂点として、四つの請願書を一〇週間に六回も議会へ訴えたことによって、[58] 請願のオルガナイザーと請願支持者との結束は一段と強まった。ここに、レベラーズは、個々の指導者のプロパガンダ活動をこえて、一つの政治勢力として否定しがたい存在となった。請願の提出をめぐって議会と衝突を繰り返していること、リルバーンとウォルウィンがそれぞれ『信頼できない軽率な誓い』（Rash

Oaths unwarrantable. 五月)、『焼刑された請願の再生』(Gold tried in the fire, or the burnt petition revived. 六月)を出して請願書の内容や事の経過を民衆に広く発表したことは、この時期にレベラーズが少なくとも基本的な組織をもっていたことを暗示しているのである。[59]

このように、パンフレット類の広汎な流布と大衆請願の推進によって、ロンドンのレベラー勢力が結集するのであるが、この時期にレベラー指導者たちは、軍隊解散計画を打ち出して以来議会との対立を先鋭化していた新型軍の一般兵士、下士官への働きかけを積極的に推進していた。たとえば、四月上旬にエセックス州に配布され、軍隊でも回覧されたオーバートンの『新発見の戦略』(A New Found Stratagem)は、住民に向けて、また兵士へのアピールを意図して、およそ次のように呼びかけている。

議会はイングランドの「絶対的支配者」となろうとしている。「すべての民衆は、自由の身に生まれたイングランド人を奴隷にしようとする、この長老派の軛に気をつけよう」。「現状では、諸君(=人民)の自由を守り、維持し、諸君と諸君のものを突然の隷属と屈従から守る主要な手段」である軍隊に依拠しよう。[60]

一方、新型軍では、すでに第二部でみたように、同年四月から五月はじめの時期に、各連隊から二名の兵士代表=「アジテーター」を選出して、兵士の不満を集約して、議会に解決を求めていた。アジテーターは、「兵士としての」要求を取りまとめるという範囲内で活動していたが、ロンドンのレベラー指導者との連携を図るともに、宿営地では住民へのプロパガンダ活動を展開して、フェアファックス将軍に軍支持の請願書を提出させた。たとえば、エセックス州の一、〇〇〇人以上の住民はトリプル・ヒースでの軍隊総集会において、フェアファックス将軍に請願書を提出している。この請願書は、「今やノルマンの諸法と、国の野心ある党の特権的毒手によって、われわれは奴隷化されるだろう」と述べ、レベラーズの『大請願』が焼却されたことに抗議するとともに、「あなた方は軍隊を解散する前に、自由の身に生まれたイングランドの民衆に起こりそうな悲しい情勢をよく考えてください」、「われわれのために議会と交渉してください」と懇願している。[61] そして、同じような請願書がノーフォーク州、サフォーク州（一、四〇〇名の署名を付して）、ノリッジ市とその近辺などから提出されている。また、ハートフォードシャでは、アジテーターが民衆を扇動して、十分の一税、エンクロージャーなどに反対する請願を組織させている。[62]

こうした軍隊の政治化と兵士の急進化は、レベラー指導者に戦術転換を促すことになったが、それを決定づけたのは、議会による『大請願』の焼却とそれに抗議した一連の請願書への返答拒否という事件であった。リルバーンは、「今や全王国と軍隊にアピールすることをとても真剣に決心した」。それゆえ、かれは「諸君自身を防衛し、諸君自身、諸君の財産と自由、国、子孫を、抜け出られない隷属と取り返しのつかない破滅から保全するために」軍隊に依拠せよ、と檄を飛ばすのであった。[63] オーバートンも、『堕落した代議体を越えて、自由民への訴え』（An Appeale from the Degenerate Representative Body of the Commons of England assembled at Westminster）を出版して、「理性は、有りえる人間活動についての最高度の確証と権威である」[64] という理性原理を明確に掲げたのち、現議会に抵抗することの正当性と義務について論じ、兵士と民衆の連帯を求めて次のように訴えている。

おお、恥じて諸君の目をこすりあけよ。諸君の勇気を奮い起こし、諸君の力と権威を諸君自身の手に取りもどせ。死にもの狂いのあれらの圧制者と反逆者を否認して、捨てされ。そしてかれらを汚物、糞、または味のなくなった塩のように、諸君の信託から排除せよ。かれらには、議会の席よりも絞め綱、絞首台のほうがふさわしい。…諸君は強大で勢力のある有徳の軍隊さえもっている。この軍隊は、あれらの人間性にもとる圧制者、略奪者から諸君を安全にし、保護することを最も勇敢に、そして実直に引き受けてきた。また軍隊は、諸君および諸君の子供たちが、虐待の恐怖と害から救い出されて、平和で安全に居住し、諸君の労働の代価を享受し…諸君が諸君自身の物の絶対的な君主、所有者となるように、そして本当に真の自由人にされるために、かれらを諸君の権威の席から取り除いて、処罰することを引き受けている。それゆえ、かれら（＝軍隊）の援助と保護のもとに入り、諸君に偽誓をおこなった反逆的なウェストミンスターの受託者をもはや信頼せず、あの呪うべき不正の時期から諸君自身を救え。今やその好機だ。ぐずぐずするな。諸君が少しでも破壊されるなら、それは諸君自身に関することだ。わたくしは諸君に対するわたくしの受苦の信託（全く諸君のためのものであるところの）を果たしてきた。そしてわたくしは、諸君の幸福のための何ものからも手を引いていない。わたくしの良心は、わたくしの心が諸君の保全と安全のために正直で廉直であることの証人である。…わたくしは、たった一人の人間であって、諸君に対する一人の人間の義務だけを果たすことができる。もし諸君自身、諸君の法、諸君の自由が征服されて破壊されるのを諸君が黙って許すのであれば、わたくしはそれを助けることはできない。それは諸君自身の義務であって、わたくしの義務ではない。わたくしはこれまで自分の持分（share）を果たしてきた。諸君は諸君の持分を果たせ。そうすれば仕事はじきに成就するであろう。[65]

右のアジテーションは、前節でみたように、アクティブな理性原理にもとづく各人の自己保全（「人類は地上において保全されねばならず、この保全については、すべて人の子は生まれながら等しい権原（title）をもち、それに対する敵でないかぎり、なんぴともそれを奪われることがない」[66]）を訴えたものであるが、オーバートンはさらに次のように主張している。

人間存在（humane subsistance）に対して敵対的でない人が、その人間存在を奪われるようなことがあれば、それは自然と理性の根本法に反する。社会生活（neighbourhood; cohabitation; humane society; fellowship）に適していて、自由にこれに応じ従うであろう人は、それを少しでも奪われるべきではない。これを否定し、反対し、逆らう者は、人類に対する敵と同じで、最高の種類の反逆を犯すものであって、石を投げつけられるに値する、と。[67]

今やレベラーズは、各人が「一人の人間」（理性的人間）として自己保全のために立ち上がることを、具体的には、軍隊の力を利用して個々人の「生来の properties から、かれらのよりよい存在、紀律、政府、財産、安全のために選ばれた代理人への共通の伝達が人びとの間に存在」すべきこと（社会契約の実現）を志向するのである。[68]

民衆と兵士の連帯の呼びかけは、リルバーンもおこなっている。かれは一六四七年七月下旬に『鯨の腹の中からヨナは叫ぶ』（Jonahs Cry out of the Whales belly; Or, Certaine Epistles writ by Lieu. Coll. John Lilburne）において、「自然状態」の論理を軍隊に適用して次のように訴えている。「軍隊は、今や国王あるいは両院からの委任にもとづいて行動する軍隊ではない。軍隊は、国王と議会、真のプロテスタント宗教…王国の法と自由（両院の恣意ではなく）を擁護するためにウェストミンスターの上院と下院の布告によって編成されたのであるが…現在フェアファックスとかれの軍隊は、両院の邪悪で支配的な党派がかれらを破壊し、全王国を奴隷化することを懸念するゆえに、両院の命令に反対し、さらには…積極的に反抗している。そのため、軍隊は今や本源的な自然法の中に解体しているから、かれら自身の保全と安全のために剣を取り…自然、理性、正義から発し、かれら自身の共通の同意と相互の協定によって誓約した安全の諸原理にしたがって行動せよ。…騎兵であれ歩兵であれ、すべての兵卒が自由に発言権をもち、代表を選ぶべきである」。[69]

このロジックによると、議会が召集した命令秩序としての軍隊は、議会に対抗していることによって「自然状態」へ復帰しているのであるから、現在兵士は相互の同意または協定にもとづいて行動することだけを正当とされている、のである。この論理は、軍隊命令系統の否定（軍幹部の指導権への挑戦）であり、[70] 同意（協定）を組織原理とする「新しい種類の組織」[71] であるアジテーター組織を基盤にして、軍隊と国家を「自然状態」から再構築しようと図る実践運動の理論的表現にほかならない。それゆえ、ここに、革命の方式とイニシァティブをめぐって、市民レベラーと軍隊レベラーが、軍幹部（独立派）と真っこうから直接対決する事態が出現することになった。すなわち、軍幹部の政治綱領である『提案要綱』（The Heads of the Proposals agreed upon by his Excellency Sir Thomas Fairfax and the Coucil of the Army. 八月）に対抗して、一〇月一五日に『正確に述べられた軍の主張』（The Case of the Armie Truely Stated）が出された。そして、『軍の主張』で提案した多くの事柄の中から「共通の自由に関する諸原理」が抽出され、『人民協定』（An Agreement of the people for a firm and present peace, upon grounds of common right and freedom）として、一〇月末にパトニーで開かれた全軍会議へ提出された。『人民協定』は、人民主権にもとづく社会契約として、つまり「軍隊の共通の同意をとりつけることによって、イングランドのすべての自由な庶民の連帯合意を得るべく提案された」のである。(72)

五　「大衆請願」による政治的結合——集会・署名・デモ

パトニー会議では、『人民協定』の選挙規定をめぐって白熱した討議が展開したが、結局レベラーズは『人民協定』への「軍隊の共通の同意をとりつけること」に失敗した。それゆえ、同年一一月のはじめに、軍隊レベラーズは、『人民協定』が軍隊全体の同意を得たかたちで採択されることを企図して、全軍総会の開催を要求した。しかし、軍幹部は、三つの集会に分散させてこれを回避し、アジテーターを所属部隊に戻した。そして軍幹部は、一一月一五日にハートフォードシャの町ウェア近隣（コークブッシュ・フィールド）で開かれた集会で、『人民協定』を支持する兵士に対して弾圧手段を取った。(73) こうして軍隊内の分裂は決定的になるが、一一月一一日の国王のワイト島逃亡事件と、反革命勢力の台頭という情勢を契機にして、両者の間に一応和解が成立した。

一方ロンドンでは、一〇月には“London Agents”と称する人びとが集まって協議しており、『人民協定』への署名集めがおこなわれた。(74) 『人民協定』の支持者の一人であるジョン・ジュブス中佐は、国じゅうから百万人の署名を集めることをめざしていたが、それは莫大な数のコピーを印刷し、使者を派遣することを意味していた。[75] また、一一月のノッティンガムシャからの一書簡は、その地の民衆が『人民協定』に署名し、その署名をロンドンの Saracen's Head へ送るよう扇動されている、と議会に知らせている。また、ラットランド州の僧職者も、一一月にその州に入って来たアナバプティストの説教師が『人民協定』への署名を集めている、と不平を訴えている。[76] こうした報告を受けた下院は、一一月九日に『人民協定』を焼却し、一一月二〇日には 'London Agents' の活動を調査するために上院と下院の合同委員会をつくって、レベラーズの組織を調べはじめた。[77]

そうした情況のなかで、レベラー指導者はひとまず『人民協定』の実施を断念し、『一月請願』(To the Supream Authority of England, the Commons Assembled in Parliament. The earnest Petition of many Free-born People of this Nation) の作成に取りかかった。[78] 一六四八年一月一七日に「ウォッピング内の、またはその近くのウェル・ヤード (Well-Yard) の庭師ウィリアムズの家」で開かれた会合で、リルバーン、ワイルドマンは、再び議会に対する請願活動に転じる理由を次のように説明したといわれる。「われわれは、当分の間、目に見える権威をもたなければならない。さもないと、われわれは破滅と混乱へともたらされるであろう。しかし、われわれが民衆に勇気を奮い起こさせたとき…われわれはかれら(=議会)にわれわれが欲することを腕ずくで認めさせるであろう」。[79]

こうして、「大衆請願」(集会・署名・デモ)が再開されるのであるが、一六四八年一月の請願キャンペーンの際には、ロンドンと近郊諸州に党派組織と呼びうるような実体が存在していた。組織づくりの経緯は以下のように要約されるであろう。

『一月請願』の作成者は、署名を集める必要から、また国民的な規模の運動を展開するために、アジテーター制をモデルにして組織づくりをおこない、一六四八年一月から三月の時期に、かれらの運動における最高度の政治組織をつくった。[80] まず、請願を推進するために、ロンドンで一二人の中央委員(Commissioners)が選出された。その一人はリルバーンであった。中央委員会（Committee）は、請願書の作成・推進を指導すると同時に、エージェント（Agents）を諸州の市、町、教区に派遣することを計画した。エージェントの任務は、各地で請願書への署名を集めるだけでなく、人びとに自由と特権の内容を教えることであった。中央委員は、毎週月曜、水曜、金曜の夕方に、ロンドンの王立取引所（Exchange）の裏にある酒亭ホエールボーン（Whalebone 鯨骨亭）で例会を開き、そして他の週日にはサザァク、ウォッピングその他で、「友人」と一緒に例会を開いた。シティの各区（Wards）と郊外（out Parishes, Suburbs）で、小委員会（separate committees）がつくられた。請願を積極的に推進するために小委員会は、自由のための活動家（active men）を委員（Trustees）に任命して、特別に開かれる大衆集会で請願書を読み上げさせ、署名を集めさせた。そして、ロンドンをモデルにした組織づくりに取りかかることを奨励するレターが、ケント、ハートフォードシャ、バッキンガムシャ、オックスフォードシャ、ケンブリッジシャ、ラットランドその他の州に送られた。これらの州で請願書が配られる日には、ロンドンからエージェントが派遣される予定であった。たとえばケントでは、ダートフォード（Dartford）にエージェントが来て、同州のグレイブズエンド（Gravesend）、メイドストーン（Maidstone）その他の“choice townes”の委員たち（エージェント）から請願の推進状況を聞く予定であった。請願書を印刷したり、エージェントを派遣したり通信するのに要する資金を調達するために、トーマス・プリンス、サミュエル・チドレーらを会計委員（Treasurers）に選んだ。また、寄付を集めるために、集金人（Collectors）を任命した。毎週二ペンスから三、六ペンス、一、二シリング、半クラウンまで、「かれらとともに活動する」人たちから財力に応じて募金を集めた。(81)

以上が、大衆の支持を動員するための組織づくりの概要であるが、この組織化についてのレベラー指導者の「指令」は、独立派のウォルター・フロストが議会に提出した次の文書から知ることができる。“A Declaration of some Proceedings of Lt. Col. John Lilburn, And his Associates: With Some Examination, and Animad version upon

Papers lately Printed, and scattered abroad."（一六四八年二月一四日）(82)

このパンフレットは、レベラーズの大衆動員計画に対する反駁書であった。それは、反駁の裏付けとして一月請願のほかに、（一）スミスフィールド（East Smithfield）地区ウオッピングでの集会（一六四八年一月一七日付）についてのジョージ・マスターソンのレポート、（二）ケント州の人びとに宛ててレベラー指導者が出したレター、を復刷している。(83) われわれは、この（一）・（二）の文書から、中央委員が請願を推進するために各地の支持者に出した組織方法についての「指令」を知ることができる。

（一）George Masterson, "At a meeting in Well-Yard, in, or neer Wapping, at the house of one Williams a Gardiner, on Monday the 17 of January. 1647."

ケントへのレターを入手した人物であるマスターソンは、スミスフィールド地区集会で、非合法なランプ議会に請願するという戦術を採る理由について、リルバーンが次のような演説をおこなったという情報（information）を一月一八日に両院へ通報した。その情報によると、リルバーンは、「われわれは、当面、なにか目に見える権威（visible Authority）をもたねばならない。さもないと、われわれは、滅亡と混乱に追い込まれるであろう。しかし、王国全体の民衆のスピリットを奮い立たせたとき、（議会が "Impression of Justice" を受けとるのに、今後九日かかろうと、一カ月あるいは三カ月かかろうとも）われわれは、議会をして、われわれの望む事柄を認めさせるであろう」と述べ、「民衆に各自の自由と特権を教えるために、王国の各州の市・町・教区にエージェントを送り込む」ことを指示した。(84)

リルバーンが指示したといわれる言葉、つまり「議会をして、われわれの望む事柄を認めさせる（We shall force them to grant us those things we desire）」という発言は、武力等による「力づく」ではなく、民衆の請願（popular Petitions）を組織することによって、つまり「民の声」、「世論」の力によって、議会に圧力をかけるという意味である。[85]

（二）ケントの“Worthy Gentlemen, and dear Friends”宛のレター。[86] このレターは、ケントの「友人たち」に対して、ロンドンの組織をモデルにして、請願を推進する（大衆を動員する）ための組織をつくることを指示するとともに、ケントのダートフォード（Dartford）での集会開催について協議したい旨を伝えたものである。[87] すなわち、「諸君は、諸君の州の各区で会合を指定し、この会合で、“faithfull men of publick spirits”を選出すること。選出された人（エージェント）は、各町の最も活動的な人びとの手に請願書が届けられるように注意すること。その目的のために、すなわち共通の権利について要望をおこなうために町の人びとを連帯させる（unite）こと。人びとの署名を集めること。諸君は、この一月二三日（主の日）にダートフォードで集会するために、できるだけ多くの人を任命すること。われわれは、諸君の平和、共通の福利と自由に関する事柄について、諸君と協議したい」。[88]

このように、レベラー指導者は、大衆請願（集会・署名・デモ）をロンドンに限定せず、全国的な国民運動にまで拡大するために、エージェントを任命して地方工作に当たらせた。地方工作の実効については明らかでないが、次章でみるように、一六四九年にレベラーズが国民会議によって『人民協定』を採択する方式を企図していることから、一定の成果を想定することは許されるであろう。また、全国的な規模での組織化には成功しなかったが、世俗的な大衆的基盤に立つ政治的結合＝「共同一致行動」の試みはユニークであったと評価される。というのは、当時民衆はまだ自分の存在をタテの関係で、つまりジェントルマンが支配する共同体の下部構成員として考え、共同体内部のステータスを強烈に意識していたために、同一の利害を有するヨコの社会関係にはあまり気づいていなかったからである。この点に着目して、レベラー運動のオリジナリティ（民主主義）を探るならば、その組織化運動は、寡頭支配体制化した諸共同体（カンパニー、都市、州）の支配型統治に置き換わるべき新しいタイプの共同体、すなわち民衆の「同意」を基礎とする参加型＝自治的コミュニティの実体を創り出す運動であったと言えないであろうか。この観点にたつとき、エージェント（あるいはアジテーター）組織は、自治＝分権（人民主権）を基盤とするナショナル・ユニティの具体的形態であったと考えられる。

註（1）J. Frank, *The Levellers, A History of the Writings of Three Seventeenth-Century Social Democrats, John Lilburne, Richard Overton, William Walwyn,* 1955, p. 89.

（2）P. Gregg, *Free-born John, A Biography of John Lilburne,* 1961, pp. 93-4. 新聞の発達に関しては、J. Frank, *The Beginnings of the English Newspaper,* 1620-1660, 1961. を参照。

（3）H. N. Brailsford, *The Levellers and the English Revolution,* 1961, p. 25.

（4）W. Haller, ed., *Tracts on Liberty in the Puritan Revolution 1638-1647,* (3vols., 1965), vol. I, p. 28.

（5）C. Hill, *The English Revolution 1640,* 1940. 田村秀夫訳『イギリス革命』（創文社、一九五六年）五八頁。

（6）W. Haller, *Liberty and Reformation in the Puritan Revolution,* 1963, p. 16.

（7）*Ibid.,* pp. 16-7.

（8）W. H. Shaw, *A History of the English Church during the Civil Wars and under the Commonwealth 1640-60,* (2vols., 1900), vol. I, pp. 21, 26.

（9）Frank, *The Levellers,* p. 89.

（10）cf. Frank, *The Levellers,* p. 89. H. N. Blailsford, *op. cit.,* p. 189. D. W. Petegorsky, *Left-wing Democracy in the English Civil War. A study of the Social Philosophy of Gerrard Winstanley,* 1940, p. 112. D. M. Wolfe, ed., *Leveller Manifestoes of the Puritan Revolution,* 1944, p. 72. W. Clyde, *The Struggle for the Freedom of the Press from Caxton to Cromwell,* 1934, p. 171. W. K. Jordan, *The Development of Religious Toleration in England,* (4vols, 1932-40), vol. IV, p. 355.

(11)

年	パンフレット	新　聞	計
1640	22	-	22
1641	717	4	721
1642	1,966	167	2, 133
1643	1,091	402	1, 493
1644	692	673	1,365
1645	694	722	1,416
1646	804	503	1,307
1647	1,058	407	1,465
1648	1,408	612	2,020
1649	777	554	1,331
1650	481	284	765
1651	402	356	758
1652	427	494	921
1653	598	460	1,058
1654	526	483	1,009
1655	443	350	793
1656	402	104	506
1657	306	25	331
1658	282	103	385
1659	652	253	905
1660	976	164	1,140
1661	218	53	271
1662	-	35	35
1663	-	8	8
計	14, 942	7, 216	22, 158

G. K. Fortescye, ed., *Catalogue of the Pamphlets, Books, Newspaper and Manuscrips collected by George Thomason,* (2vols., 1908), vol. I, p. XXI.
今井宏「クロムウェルの言論統制（一）」（東京女子大学論集一四―二）二〇頁。

(12) Haller, *Tracts on Liberty*, I, p. 46.

(13) Frank, *The Levellers*, p. 258.

(14) Wolfe, *op. cit.*, p. 1.

(15) Frank, *The Levellers*, pp. 257-8.

(16) *Ibid.*, p. 149.

(17) J. Lilbune, *An Impeachment of High Treason against Oliner Cromwell and . . . Henry Ireton*, 1649, in Wolfe, *op.*

cit., pp. 72-3.

(18) J. Lilburne, *A Whip for the present House of Lords,* 1648, cit. in M. A. Gibb, *John Lilburne the Leveller, a Christian Democrat,* 1947, p. 165.

(19) Frank, *The Levellers,* p. 60.

(20) *Ibid.*, p. 55. W. Schenk, *The Concern for Social Justice in the Puritan Revolution,* 1948, pp. 36-7.

(21) Frank, *The Levellers,* p. 60.

(22) cf. Haller, *Tracts on Liberty,* III, pp. 258-307. P. Gregg, *op. cit.*, pp. 131-2.

(23) Haller, *Tracts on Liberty,* III, p. 316.

(24) cf. Wolfe, *op. cit.*, p. 7.

(25) Frank, *The Levellers,* pp. 78-9.

(26) *Ibid.*, p. 79.

(27) *Ibid.*, pp. 79-80.

(28) *Ibid.*, p. 80.

(29) Wolfe, *op. cit.*, p. 109.

(30) *Ibid.*, p. 116.

(31) *Ibid.*, p. 113.

(32) *Ibid.*, p. 114.

(33) *A Manifestation from Lieutenant Colonel John Lilburne, Master William Walwyne, Master Thomas Prince, and Master Richard Overton . . . and others, commonly . . . stiled Levellers,* 1649, in W. Haller and G. Davies, eds., *The Leveller Tracts 1647-1653,* 1964, p. 277. C. Hill, *The Norman Yoke,* 1958. 紀藤信義訳『ノルマンの軛』（未来社、一九六〇年）七〇頁。

(34) Gibb, *op. cit.*, pp. 171-2.

(35) Wolfe, *op. cit.*, p. 128.

(36) Haller, *Liberty and Reformation*, p. 217. S. R. Gadiner, *History of the Great Civil War, 1642-1649*, (3vols, 1893), III, p. 139.

(37) Wolfe, *op. cit.*, p. 11.

(38) Frank, *The Levellers*, p. 88.

(39) R. Overton, *An Arrow against all Tyrants and Tyrany*, T. C., E. 356 (14), pp. 3-4.

(40) cf. C. B. Macpherson, *The Political Theory of Possessive Individualism, Hobbes to Locke*, 1965, pp. 141-2.

(41) cf. Macpherson, *op. cit.*, p. 142.《Englands Birth-Right Justified》においてリルバーンは、国民の敵（生命、自由、財産を脅かす）に抵抗しないことは「自らを破壊することではなく、保存することを教えている自然法に反する」ことである、と述べている。Haller, *Tracts on Liberty*, III, p. 265.

(42) Frank, *op. cit.*, p. 96.

(43) J. Lilburne, *Londons Liberty in Chains discovered*, T. C., E. 359. (17). pp. 9-10.「おおイングランド人よ、諸君の自由はどこにあるのか。諸君が血と財産の大きな犠牲を払って今まで闘ってきたところの諸君の自由と特権はどうなったのか…。遅くならないように慎重に考慮し、そして諸君の貧慾、卑劣、臆病によって次代の諸君の子供たちが奴隷とされたために、子供たちが諸君を呪うようなことを引き起こすな。それゆえ、一人の人間として立ち上がれ。そして、諸君の自由を敵の手に渡そうとする連中の責任を正当かつ合法的な方法によって問わねばならない」。J. Lilburne, *Englands Birth-Right Jusitfied*, in Haller, *Tracts on Liberty*, III, pp. 269-70.

(44) cf. Frank, *The Levellers*, pp. 257-8.

(45) *Ibid*., p. 107.

(46) *Ibid*., p. 106.

(47) *Ibid.*, p. 107.
(48) *Ibid.*, pp. 103-4.
(49) ウォルウィンの《A World in Season》(四六年)は一万コピー、《A Manifestation》(四九年)および《An Agreement of the Free People of England》(四九年五月)は二万コピー刷られたといわれる。Frank, *The Levellers,* p. 95. T. C. Pease, *The Leveller Movement, A Study in the History and Political Theory of the English Great Civil War,* 1965, p. 361.
(50) レベラーズのサミュエル・チドレーは次のように記している。「もし一人の人が一、五〇〇部印刷すれば、おそらくそれは一五、〇〇〇人の人びとに広まり、かれらのすべてを摑めるであろう」。*The Dissembling Scot,* 1652, cit. in Pease, *op. cit.*, p. 361.
(51) 当時のロンドンの人口は約四五万人で、約一〇万世帯であったと推定される。Brailisford, *op. cit.*, p. 574. cf. Gibb, *op. cit.*, p. 208. n. 1.
(52) ロンドン市政の民主化を要求する主なパンフレットとしては、リルバーンの《Englands Birth-Right Justified》(四五年)《Londons Liberty in Chairs discovered》(四六年)、《The Charters of London, or the second part of Londons Liberty in Chairs discovered》(四六年)などがある Gregg, *op. cit.*, pp. 147-8. cf. James, *op. cit.*, pp. 223-40. ギルド民主化運動については cf. James, *op. cit.*, pp. 193-223. Unwin, *The Gilds and Campanies,* pp. 329-51.
(53) Frank, *The Levellers,* p. 110. Haller, *Tracts on Liberty,* I, pp. 115-6.
(54) Haller, *Tracts on Liberty,* I, p. 117. Pease, *op. cit.*, p. 252.
(55) Gregg, op, cit., pp. 154-5.
(56) Frank, *The Levellers,* p. 306. n. 6.
(57) Wolfe, *op. cit.*, p. 133.
(58) Haller, *Tracts on Liberty,* I, p. 116.

(59) Frank, *The Levellers*, p. 111. Wolfe, *op. cit.*, p. 134.
(60) Frank, *The Levellers*, pp. 118-9.
(61) Brailsford, *op. cit.*, pp. 189-190.
(62) *Ibid.*, p. 190.
(63) Gregg, *op, cit.*, pp. 157-8.
(64) Wolfe, *op. cit.*, p. 158.
(65) *Ibid.*, pp. 172-3.
(66) *Ibid.*, p. 178.
(67) *Ibid.*, pp. 182-3.
(68) *Ibid.*, pp. 162-3.
(69) J. Lilburne, *Janahs Cry out of the Whales belly*, T. C., E. 400. (5), p. 13.
(70) このアピールは民主的選挙にもとづく士官選出の要求を包蔵しえたであろう。cf. Brailsford, *op. cit.*, p. 579.
(71) Haller and Davies, *op. cit.*, p. 35. 回覧（契約）にもとづく組織化という論理は、キリスト者の自発的結合としての教会という諸宗派の論理の政治の論理への転化であった。cf. A. D. Lindsay, *The Modern Democratic State*, 1943. 紀藤信義訳『現代民主主義国家』（未来社、一九六九年）一五七〜六三頁。A. D. Lindsay, *The Essential of Democracy*, 1929. 永岡薫訳『民主主義の本質』（未来社、一九六四年）第一二章。J. W. Gough, *The Social Contract. A Critical Study of its Development*, 1936, chap. 7.
(72) Wolfe, *op. cit.*, p. 225.
(73) A. L. Morton, *The World of the Ranters*, 1970, pp. 206-7.
(74) Pease, *op. cit.*, p. 232. Brailsford, *op. cit.*, p. 312.
(75) Brailsford, *op. cit.*, pp. 312-3.

（76）Pease, *op. cit.*, pp. 232-3.

（77）*Ibid.*, p. 232.

（78）Pease, *op. cit.*, p. 233.

（79）W. Frost, *A Declaration of Some Proceedings*, 1648, in Haller, *Liberty and Reformation*, p. 315.

（80）Brailsford, *op. cit.*, p. 313. Frank, *The Levellers*, p. 147.

（81）レベラー組織については以下の研究を参照。Haller and Davies, *op. cit.*, p. 14. Gibb, *op. cit.*, pp. 215-6; Gregg, *op. cit.*, pp. 229-31; Brailsford, *op. cit.*, pp. 309-18; N. Carlin, 'Leveller Organization in London', *Historical Journal*, 27, 4, 1984, pp. 955-960; Wolfe, *op. cit.*, p. 259; J. Frank, *The Levellers*, pp. 147-158.

（82）フル・タイトルは次のとおりである。*A Declaration Of some Proceedings of Lt. Col. John Lilburn, And his Associates: With Some Examination, and Animad version upon Papers lately Printed, and scattered abroad. One called The earnest Petition of many Free-born People of this Kingdome: Another, The mournfull Cries of many thousand poor Tradesmen, who are ready to famish for want of Bread, Or, The Warning Tears of the Oppressed. Also a Letter sent to Kent. Likewise a true Relation of Mr. Masterson's, Minister of Shoreditch, Signed with his owne hand. Published by Authority, for the undeceiving of those that are misled by these Deceivers, in many places of this Kingdom. London, Printed for Humphrey Harward, and are to be sold at his Shop, the Crown and Bible at Budge-Row-End, near Canning-street.* E. 427 (6) . Haller and Davies, *op. cit.*, pp. 88-134. 著者フロストはダービー・ハウス委員会 (Derby House Committee) の秘書官であった。

（83）Frank, *The Levellers*, p. 155. ほかに次のパンフレットを収録している。*The mournfull Cryes of many thousand poor Tradesmen, who are ready to famish through decay of Trade. or, The warning Tears of the oppressed.*

（84）Haller and Davies, *op. cit.*, p. 98. 一月一七日、スミスフィールド地区の私宅でおこなわれたこの会合に潜入したジョージ・マスターソンなる人物は、ショーディッチ (Shoreditch) 教区の長老派聖職者であった。Carlin, *op. cit.*,

p. 955. かれはトーマス・エドワーズの弟子で、急進主義者に対する過激な敵対者であった。この報告は、後にマスターソン自身によって、ケントへのレターを付して、次の小冊子として出版された。*The Triumph stain'd. Being an Answer to Truths Triumph by Mr. John Wildman.* Feb. 10, 1648. E. 426 (18). マスターソンの議会への報告は、リルバーン、ワイルドマンに対する迫害の根拠になった。まず一月一九日に、マスターソンとリルバーン、ワイルドマンが下院法廷に召喚された。その後、リルバーンはロンドン塔に、ワイルドマンはフリート監獄に、反逆罪で収監された。獄中からリルバーンとワイルドマンは、マスターソンの報告に対して、それぞれ次のパンフレットを著して反発した。Wildman, *Truth's triumph; or, Treachery anatomized. Being an impartiall discovery of the treacherous information of M. Masterson. Jan. 18, 1648. E. 520 (33). Lilburne, A Whip for the present House of Lords; or, the Levellers Levelled. An Epistle to Mr. Frost, Secretary to the Committee at Darby House in answer to a lying book said to be his called A Declaration.* Feb. 27, 1648. E. 431 (1). また、スミスフィールド集会に出席していたレベラー支持者のジャブ・ノリス (Jab. Norris) が、マスターソンのパンフレットを非難して次のパンフレットを著した。*A Lash for a Lyar; or, the Stayner stayned. Being an answer to a pamphlet entitled The Triumph Stayned, by George Masterson.* Feb. 22, 1648. E. 428 (8).

(85) Carlin, *op. cit.*, pp. 955, 958. Haller and Davies, *op. cit.*, p. 88.

(86) このレターには、"John Lilburn, Wildman, John Davies, Richard Woodward" の署名がある。日付は "Dartford, this 9. of Jan. 1647." と印刷されている。

(87) 大衆行動を組織するための「指令」が、実際にどの州にだされたかについては不明である。

(88) Haller and Davies, *op. cit.*, pp. 103-104. 匿名のパンフレット "The Case of The King Stated" (一六四七年一一月一八日) は、レベラーズが各州、市、教区に向けて出した次のような内容の「指令」を印刷している。「一、文書類は用心深く、かつ、積極的に遂行するであろう信頼できる人に手渡されること。一、その人びとは、かれらが住んでいる市または町村の署名を集めるのに最も都合のよいと思われる場所で会合するのが望ましいこと。一、できるだけ早く集めた署名をロンドンのフライディ・ストリート（Friday Street）にある Saracen's Head に持って来るために、適当と判断される一人ないしそれ以上のエージェントが任命されること。Saracen's Head には、署名を受け取るエージェントがいるか、あるいはその家の主人が…署名の受け取り場所を指示するであろうこと。一、現在取りかかっている仕事に益することをおこなうために、前記のごとく、一人ないしそれ以上の活動的で信頼できる人物が、各州、市または町村のために任命されること」。ここで言う「文書類」は『正確に述べられた軍の主張』を意味すると思われる。Pease, *op. cit.*, p. 255.

第十章　レベラー運動の戦略と戦術

はじめに

　前章では、レベラーズの自然権思想（実践的な「自然への訴え」）と運動の組織および形態との関連を考察することによって、レベラー運動の歴史的な性格を探ったが、本章では、戦術・戦略の観点から、運動の基調を明らかにしたい。すなわち、王政の問題に対するレベラーズのプラクティカルな態度に着目して、政治的実体としての統一性、一貫性を探る。

　レベラーであったといわれるヘンリー・デンはこう書いている。「われわれは、互いに非常に異なった部分からなり、互いに両立しがたい諸原理にもとづいた異質的集団であった」、と。(1) この記述は、レベラーズの社会的基盤である小ブルジョアジー（宗教的には諸セクト）が、当時階層分化の過程にあったために、社会的経済的利害が必ずしも一致しない、組織しにくい人びとであったことを意味している。しかしながら、階級的視点だけでは、十分の一税問題などにみられるレベラーズの多様な態度は理解できない。レベラーズの綱領にみられる多様性や妥協性の問題は、戦略、戦術の視点から掘り下げることが不可欠であり、その作業を踏まえてレベラーズの歴史的な性格と意義を考察したい。

一 反国王闘争から反長老派闘争へ

一六四六年六月のオックスフォード陥落をもって第一次内戦が終結すると、議会の多数派である長老派は、事態の速やかな安定化によって自らの権力を保持するために、『ニューカースル提案』(The Propositions of the Houses sent to the King at Newcastle)を示してチャールズ一世と和平交渉を再開するが、この交渉は組織的な政治勢力(党派)としての「レベラーズ」が出現するバックグラウンドになった。(2) 七月七日にオーバートン、ウォルウィンらが、「幾千人もの市民」を代弁して「かれら自身の」下院に抗議した『イングランドの幾千人もの市民と他の自由民の、かれら自身の下院に対する抗議』(A Remonstrance of Many Thousand Citizens, and other Free-born People of England, to their owne House of Commons)は、人民主権の原理と、議会権力の人民主権への従属の思想を、挑戦的な言葉で次のように論じているのである。「われわれが諸君を議員に選んだのは、諸君がわれわれをあらゆる束縛から解放し、国家に平和と幸福を実現するためであった…。このことを成し遂げるためにわれわれは、われわれ自身に存する権力でもって諸君を所有した。…われわれが本人《プリンシパル》であって、諸君はわれわれの代理人《エージェント》である」。(3)

レベラー指導者によれば、すべての権力は人民に由来し、人民の信託《トラスト》にもとづく下院にのみ国家の最高権力が存在する。下院は、「イングランドの全庶民から選ばれ、信託された委員《コミッショナー》として、そこにのみ(正当に)イングランドの形式的で合法的な最高権力が存在する」。(4) したがって、長老派が固執する伝統的な政治形態である混合王政(国家権力を国王、上院、下院で分有する体制)は否定されて、王政と上院の廃止(一院制の共和制樹立)が主張され、チャールズの裁判と処刑の要求がほのめかされている。「われわれは、諸君が…チャールズの不正を公表し、国王の政府をもつことの堪えがたい不便さを説き…チャールズを敵であると宣言するよう…期待する。…これがなされるまでは、われわれは、あらゆる抑圧の本源である国王に正しく対処されたとは考えないであろう。諸君は、上院に関しても適切に対処しなければならない…。諸君だけが、われわれ人民によって選出されている。それゆえ、諸君にのみ、法律の制定、変更、廃止によって国民を拘束する権力がある。…われわれは、諸君が…上院の拒否権からわれわれを解放することを望む」。[5]

こうした反国王（反王政）の立場は、その後、オーバートンの『すべての圧制者と圧制に対して放つ矢』（An Arrow Against All Tyrants And Tyranny. 一六四六年一〇月）、『スコットランドとイングランドの不幸な勝負』（An Vnhappy Game At Scotch And English. 一六四六年一一月）でも明らかにされ、[6] リルバーンの『国王の圧制の発見』（Regall Tyrannie discovered. 一六四七年一月）では国王の処刑が要求されている。[7] しかし、レベラーズは理論的（アカデミック）な共和主義者であったのではない。[8] ショーに従えば、「レベラーズは、長老派とチャールズとの交渉が継続されていることをよく知っており、近くありそうな取り決めに結束して反対するために当然取った手段が、国王への不信表明であった」。[9] また、反国王的文書の中で、「王政を原理的に否定している」のは『イングランドの幾千人もの市民と他の自由民の、かれら自身の下院に対する抗議』だけであり、[10] 一六四七年の『大請願』（To the Right Honorable and Supreme Authority of this nation, the common in Parliament Assembled. The humble petition of many thousands, earnestly desiring the glory of God, the freedom of the commonwealth and the peace of all men ）の場合は、国王、上院の廃止を要求せず、「それらの拒否権を奪うことで満足している」からである。[11] 「諸君は、いかなる人あるいは人びとの拒否権による侵害から、諸君の正当な権威を保全するために、最大の注意を払うべきである」。[12]

ウォルウィンの指導の下に作成された『大請願』は、下院を「この国の最高権威」と称することによって、下院の多数派である長老派が依然回復しようと図っていた議会内国王主権《キング・イン・パーラメント》に挑戦している。[13] しかし、レベラーズは、下院の権力が国王と上院によって制限される政治体制（混合王政）を否定することで、下院の絶対的な権力の確立るとみなしていたのである。[14]

を提案したわけではなく、それどころか、下院の至高性は国王と上院の拒否権が取り除かれるならば十分確保され

長老派議会に対する抗議闘争の中で形成されたレベラーズの中心的な関心は、ウェストミンスター権力の人民主権への従属であり、すでに『イングランドの幾千人もの…抗議』はその制度的保障として、「諸君（＝下院）があらゆる種類の専制政府を禁止する法」[15]を制定するよう要求していた。この法は、レベラー指導者自身が作成する憲法である『人民協定』を予告するものであるが、法が議会の発する法律としてでなく、人民主権にもとづく「協定」のかたちで提案されることを正当づけた論理は「自然状態」の仮説である。一六四七年二月にリルバーンとオーバートンは、「王国のすべての理性的で理解力のある人びと」に対して次のようにアピールしている。議会が人民からの信託を失っているので、「人民は（議会に対する）服従、従属から解放され、合法的にかれら自身の保全のために最善を尽くすことができる」。人民各人は、「最善を尽くして自分自身を保全し防衛する本源的な自然法の中に解体している」。[16]

かれらのロジックによれば、唯一の合法的権威である下院が人民の信託を失っている現在、イングランドの伝統的政治体制は崩壊して、契約以前の自然状態に復帰した。したがって、新体制構築のイニシァティブは「合法的」に主権者である人民にあり、「専制的支配者」である長老派議会を解散またはパージする闘争を国民的規模で組織することが「最善」であった。チャールズがスコットランドからイングランド議会へ引き渡される直前の一六四七年一月末にリルバーンは、「もはや抜け目がない人びとの破壊的に行動する時節を待つことはせず、即刻イングランド王国、ウェールズのすべての庶民に正式に訴え…請願書を二万部印刷する金を手に入れて、それら（印刷した請願書）を全州に無料で送ろうと決心している」。[17] レベラーズは、議会による「上からの」（国王との交渉にもとづく）事態収拾を拒否して、主権者（民衆および新型軍の兵卒）への直接アピールに方向転換し、民衆の政治参加を基盤と

する「下からの」（社会契約による）新体制構築を志向しはじめたのである。

二　『大請願』から第一『人民協定』へ――議会長老派との闘争

このように、パンフレット類の広汎な流布[18]と「大衆請願」[19]を基盤にして、ロンドンと周辺諸州（Home Counties）の急進的な民衆が結集して、一六四七年の春には組織的な政治勢力としてのレベラーズが存在したが[20]、かれらは『大請願』に失敗すると、戦術を転換した。議会の軍解体決議（二月）で動揺していた新型軍に積極的に働きかけ、四、五月には、軍隊内の民衆的要素である下士卒（分散宿営していた連隊の騎兵および歩兵中隊が代表を選び、その中から各連隊二名の「アジテーター」を選出して自発的なヨコの連携組織を形成していた）との結びつきを強めたのである。[21]

一方、レベラーズの影響をうけた新型軍では、アジテーターのイニシァティブの下に、六月四日に騎兵少尉ジョージ・ジョイスがチャールズを捕えて軍の監視下に移した。そして翌日、既存の軍中枢たる軍会議（Council of officers）に代わって全軍会議（General Council of the Army――連隊から選出された各二名の士官と兵卒の代表および全将官で構成）が設立された。これは、軍隊が議会に対抗する政治的勢力になったことを意味する。[22]六月一四日の『軍宣言』（A declaration, or representation from His Excellency Sir Thomas Fairfax, and of the Army under his command, Humbly tendered to the Parliament）は、その政治的立場を次のように表明している。「われわれは、国家の専制的な権力に奉仕するために雇われた傭兵ではなく、われわれ自身と人民の正当な諸権利および諸自由を擁護するために、議会の諸宣言によって召集されたものである」。[23]

こうして軍隊内の急進運動は、レベラーズのイデオロギーや戦術をとりこみ、一般人民との提携の下に高揚する。[24]

つまり、アジテーターはロンドンのレベラー指導者と緊密な連絡をとり、宿営地で住民に対するプロパガンダ活動を展開してフェアファックス将軍への請願を組織させているのである。[25] 一方、レベラー指導者は、「現状では諸君（人民）の自由を守り、維持し、諸君と諸君の家族を突然の隷属と屈従（長老派の軛）から守る主要な手段」[26]である軍隊と民衆との連帯（反長老派同盟）をアピールした。[27] リルバーンは、クロムウェルに宛てた書簡（六月）で、長老派のイニシァティブを阻止する観点から、チャールズとの緊急な交渉を次のように促している。「お願いしたい第二点は、あなたが率直に国王を理解しようと努めることであり、また国王に理解されることである。…現状では、あなたは、賢明さ、誠意、良心の点で国王にならわねばならない。それなくして王国の平和は実現できない。議会は圧政をおこなってきたから、廉直な人びとから悪魔のごとく嫌悪されている。あなたあるいは王国が将来の幸福、安全、保全のために国王から望み得ることを、国王は聞き入れるであろう、と確信しなさい」。[28] 同様な政治的配慮は、オーバートンの『堕落した代議体を越えて、自由民への訴え』（An Appeale from the Degenerate Representative Body of the Commons of England Assembled at Westminster、一六四七年七月）にもみられる。[29] かれは、王権の内容を明確にするよう主張し、[30] その具体的な改革プログラムの中に、国王と上院の拒否権を廃止する要求を掲げていないのである。それゆえ、国王・王政に対する市民レベラーズのこうした態度の背景に、軍隊の同盟（したがって軍幹部への譲歩）によって革命のイニシァティブを掌握しようと狙った戦術的な配慮を読み取ることができるであろう。けれども、アジテーター（兵卒）と士官、軍幹部との急進的な同盟は実現されなかった。軍幹部が全軍会議を、急進主義運動の独自性を奪い、直接行動を制御する機関として操縦したからである。[31] リルバーンの表現によれば、クロムウェルは「不正な巧妙さと、変化する策略によって、正直で勇敢なアジテーターの権力と権威をすべて奪った」のである。[32]

　軍幹部は、アジテーターの要求（ロンドン進撃、議会のパージ、国王との交渉の打ちきり）を抑えて、議会との決定的な対立を避けていた。[33] それゆえ、失われたアジテーターのイニシァティブを回復することが、急進主義運動の緊急な課題であった。七月一六日、兵士たちはレディングで開かれた全軍会議において、あくまでも議会との決定的な決裂を避けようとする軍幹部に対して、「どんな提案もロンドン進撃なくしては無益である」と強硬な態度を示した。[34] かれらはもはや議会を信頼せず、自らの手で新しい議会を創設しようとしていたのである。

レベラー指導者は兵士に檄を飛ばし、イデオロギーを供給した。七月の下旬にリルバーンは、「自然状態」の論理を用いて、次のようにアピールした。「軍隊は、今や国王あるいは両院からの委任にもとづいて行動する軍隊ではない。かれらは、国王と議会、真のプロテスタント宗教…王国の法と自由（両院の恣意ではなく）を擁護するためにウェストミンスターの上院と下院の布告によって編制されたけれども…現在フェアファックスとかれの軍隊は、両院の邪悪で支配的な党派がかれらを破壊して、全王国を奴隷化することを懸念するゆえに、両院の命令に反対し、さらには…積極的に反抗している。そのため、軍隊は今や本源的な自然法の中に解体しているのであるから、かれら自身の保全と安全のために剣を取って、自然、理性、正義から発し、かれら自身の共通の同意と相互の協定によって誓約した安全の諸原理にしたがって行動せよ。…騎兵であれ歩兵であれ、すべての兵卒が自由に発言権をもち、代表を選ぶべきである」。[35]

議会が召集した、命令秩序（支配型のタテの位階組織）としての軍隊は、議会に対抗する存在であることによって、「自然状態」に復帰しているから、現在兵士は相互の同意または協定にもとづいて行動することのみを正当とされている。この論理は、命令系統としての軍隊の否定（軍幹部の指揮権への挑戦）であり[36] 同意（協定）を組織原理とする「新しい種類の組織」（ヨコの連携組織）[37] としてのアジテーター組織を基盤にして、軍隊と国家を「自然状態」から再構築しようと図る実践運動の理論的表現にほかならない。ここに、イニシァティブと革命方式をめぐって、ロンドンの市民レベラーズや宿営地の民衆と結びついた軍隊レベラーズが、軍幹部（独立派）と対決する事態が出現したのである。[38]

事態の切迫は、以下にみるようなロンドンの諸事件によって促進された。七月二三日、議会は、軍隊の圧力に屈して、強力な独立派の代表を擁する古い民兵委員会を再建した。七月二六日、シティの保守派（高長老派）は一部の市民、徒弟たちを動員して議会に圧力をかけた。この暴徒の脅威により、議会は先の決定をくつがえし、保守派の民兵委員会を復位させた。こうして今や、新型軍に対してロンドン民兵隊を用いることが不可避になった。下院は三〇日までの休会を決議した。両院議長と、主だった独立派議員が軍隊に避難した。この事態に対処するためと称して、軍隊はロンドンへの進軍を開始し、八月四日、サザァク民兵隊が門を開いてレインバラ大佐を迎え入れた。八月六日、フェアファックス将軍がシティに入り、議会両院は再開された。[39]

一六四七年の夏から秋にかけて、市民レベラーズは、軍隊の急進分子に対する指導権の掌握を企図して、積極的に軍隊工作をおこなった。その結果、一〇月のはじめに兵士は、リルバーンの忠告にしたがって、軟化したアジテーターを解任して各連隊から新たに二名づつのアジテーターを選出した。それはまずクロムウェル連隊、アイアトン連隊をはじめとする騎兵五個連隊で始まり、ひき続き同四個連隊、歩兵七個連隊でおこなわれた。[40]そして、一〇月一五日、ジョン・ワイルドマンが筆をとり、騎兵五個連隊の新アジテーターが署名した『正確に述べられた軍の主張』（The Case of the Armie Truely Stated）[41]が発表されるに至った。さらに、かれらは、『正確に述べられた軍の主張』で提案された多くの事柄の中から「共通の自由に関する諸原理」を抽出し、それを『人民協定』（An Agreement of the people for a firm and present peace, upon grounds of common right and freedom）として、一〇月末にパトニーで開かれた全軍会議に提出した。[42]

長老派や独立派の革命方式（国王との直接交渉による事態収拾）に対抗して、人民主権にもとづく社会契約として「軍隊の共通の同意のもとに、イングランドのすべての自由な庶民の連帯合意を得るべく提案[43]」された『人民協定』は、「議会によっても変更できない」成文憲法（“law paramount”）[44]のかたちをとっていた。「人民協定が議会から発せられることは適当でない。なぜなら、議会から出されると、他の場合以上に命令的になるから。…それは命令ではなく、自発的なものでなければならない。…ある議会によってなされることは、次の議会では実施されないかもしれない。しかし、人民の間で始められて完成される人民協定は、議会がけっして破壊できるものではない」。[45]

憲法としての『人民協定』は、議会の支配の外にあってのみ、議会権力を制限することができる。「議会は、その権力の範囲と信託を信託者から受け取らねばならない。それゆえ、人民はかれらの権力と信託の内容を宣言せねばならず、そのことがこの人民協定の目的である」。[46]第四条は、個人に保障された基本権である「生得の権利《ネイティブ・ライツ》」によって議会権力を制限し、その範囲を明記している。「四、現議会およびこの国民の将来のすべての代表の権力は、かれらを選出した人びとの権力のみに劣り、他のいかなる人または人びとの同意あるいは承諾なしに、法律の制定・改廃、官職・法廷の廃立、あらゆる職階の行政官・官吏の任命・解雇・審問、宣戦と講和、外国との条約締結、その他一般にいかなることをもおこないうるが、選挙民が明示的または暗示的に自らに留保する以下の項目にはその権限が及ばない」。[47]

ところで、右の引用文から明らかなように、議会（下院）権力は選挙民の権力にのみ劣る（人民主権への従属）ので、国王と上院の拒否権や同意権は否定されている。このことは、事実上、王政と上院の廃止を要求するものであるとみることができるが、[48]注意すべき点は、「国王の職務について考える前に（人民協定によって――引用者）人民の諸権利と諸自由を確保」[49]せんとするレベラーズの政治的な配慮である。この戦術の意味については次節で扱うはずであるが、ここで一事件に言及しておかねばならない。リルバーンやオーバートンは、七月頃からアジテーターと兵卒に対して、士官と軍幹部のイニシァティブ掌握への警戒を訴えていたが、[50]リルバーンは一〇月のはじめに獄中で国王派の囚人サー・ルーイス・ダイブと接触し、国王と交渉したいという意向を伝え、レベラーズの代表を派遣することを申し込んでいる。ダイブは、リルバーンとレベラーズが「クロムウェルの党派を抑えるために、また現議会を解散させるために、力の限りを尽くそうと決意している」と国王に報告している。[51]

このように、かつて反長老派同盟を志向する立場から軍隊に依拠し、軍幹部に国王との交渉をせきたてたリルバーンは、逆説的であるが、軍隊に対するレベラーズの影響力が最高頂に達するとき、懸念される軍事独裁出現を阻止する手段として、秘かに国王との交渉（『人民協定』にもとづく）を企図していたのである。[52]

三 『一一月請願』から最後の『人民協定』へ——軍隊独立派との闘争

パトニー会議後、一一月のはじめに、軍隊レベラーズは、『人民協定』が軍隊全体の同意を得たかたちで採択されることを意図して、全軍総会の開催を要求した。しかし、軍幹部は三つの集会に分散させてこれを回避し、アジテーターを所属部隊に戻し、コークブッシュの集会（一一月一五日）では『人民協定』を支持する兵士に対して弾圧手段を取った。[53]

こうして軍隊内の分裂は一時決定的になるが、国王の逃亡（一一月一一日）とその後の反革命勢力の再抬頭という情勢を契機にして、両者の間に和解が成立した。つまり、ウィンザーの軍会議（一二月一五日）で、軍隊レベラーズは軍紀違反を詫びて、以後繰り返さないことを誓い、一方軍幹部は逮捕していた兵士を釈放し、過去の行為に恩赦を与えた。そして更に軍幹部は、パトニー会議でレベラーズが迫った国王との交渉の打ち切り要求を受け入れ、クロムウェルがこれを下院に動議して（一六四八年一月三日）、武力を背景に通過させたのである。[54]

ところで、このように軍幹部の左傾（レベラーズの主張への接近）を基盤にして軍隊の統一が回復されたのであるが、市民レベラーズは、軍隊レベラーズと違って、軍幹部のこの政策変更を受け容れなかった。[55] かれらは、コークブッシュの集会で軍隊レベラーズが制圧されて『人民協定』に対する軍隊の一致した支持を獲得するのに失敗すると、活動の中心をロンドンに戻し、議会への請願活動を再開するが、一六四八年一月中旬の会合でリルバーンとワイルドマンは、クロムウェルが国王と密議し、国王から伯爵の身分を贈られようとしていることや、クロムウェルが国王に「以前と変わらぬ高い地位を約束している」ことを集まった支持者に訴え、クロムウェルのこうした策動を阻止するために「大衆を奮起させ」、かれに反対する請願書への署名を集めることを提案しているのである。(56)

軍隊から切り離された市民レベラーズは、戦術的な配慮にもとづき、反長老派議会から反独立派軍隊へと闘争の重点を移した。ショーの指摘に従えば、「グランディーズ（軍幹部）がかれらの敵であるならば、長老派に対して懐柔的ゼスチュアをすることが必要であった。この請願（一六四八年の一月請願）からは十分の一税が抜かされ、長老派との論争の火種であった宗教的寛容の問題は簡単に言及されただけである」。(57) かれらは再び請願活動に転じる理由を次のように説明したといわれる。「われわれは、当分の間、目に見える権威をもたねばならない。さもないと、われわれは破滅と混乱へともたらされるであろう。しかし、われわれが民衆に勇気を奮い起こさせたとき…われわれはかれら（＝議会）にわれわれの欲することを腕ずくで認めさせるであろう」。(58)

このように市民レベラーズは、パトニー会議で『人民協定』に対する軍隊の一致した支持を獲得するのに失敗すると、「大衆請願」を再開するけれども、パトニー討論で敗北して以降、軍事支配の危機のもとでレベラーズの請願の用法と目的は大きく変化した。第一に、レベラー指導者は、議会に提出する以前又は以後に、請願者に対する「指令」を付した請願書を大量に印刷した。「指令」は、署名を集めることや請願推進集会を開くことについての指示であった。第二に、請願は、苦情の救済を嘆願するという伝統的な目的のためでなく、政治的宣伝と抗議行動を基本的な目的とした。つまり、大衆請願を組織して議会に圧力をかけることによって、『人民協定』にもとづく新政府の樹立を図ったのである。リルバーンはこう述べている。「請願書を持っていつも議員の尻を追っかけたり、人民の幸福と自由にとって必須といえる政策を獲得するために議員を頼みとすることは、国民にとって不当であり、うんざりする無駄なことであると人民は考えるから、われわれの諸要求を人民協定に盛り込もうとしています」。[59]

リルバーンを中心とする『一月請願』(To the Supream Authority of England, the Commons Assembled in Parliament. The earnest Petition of many Free-born People of this Nation)の作成者は、署名を集める必要から、また国民的な規模の運動を展開するために、アジテーター制をモデルにした組織づくりに着手し、前章でみたように、一六四八年一月から三月の頃にはレベラー運動における最高度の政治組織を創り出した。中央委員会は、運動をロンドンに限定することなく、国民的な規模に組織するために、近郊諸州に書簡を送ってロンドンをモデルとして組織づくりを激励し、また大衆請願推進のエージェントを任命して地方工作に当たらせることを意図していた。こうした地方工作の実効については明らかでないが、のちにレベラー指導者が「国民代表者会議」によって『人民協定』を採択する方式をもち続けた背景には、その一定の成果を想定してよいであろう。[60] 再び政治情勢に目を転じることにしよう。

一六四八年八月に国王派の敗北で戦乱が収まると、議会は同年一月に可決した「国王との交渉打ちきり決議」を撤回し、ワイト島で国王と取り引きを再開するが、そうした情勢の下で軍幹部は、長老派と国王派の結びつきを阻止して反革命の可能性を粉砕するために国王を内戦の責任者として裁判にかけること、議会を解散させること、上院を廃して一院制の共和国とすることを決意した。[61] そして、この軍幹部の急進的なプランは、軍隊レベラーズから積極的に支持され、[62] また反革命の脅威と軍幹部の左傾に刺激されて、再び軍隊との同盟を意図した市民レベラーズからも支持された。『九月請願』(To The Right Honorable, the Commons of England in Paliament Assembled. The humble Petition of divers wel affected Persons inhabiting the City of London, Westminster, the Borough of Southwark, Hamblets, and places adjacent)は、『一月請願』[63] にみられた長老派への譲歩的な姿勢を捨て、議会の速やかな解散を要求し、国王の裁判(処刑)を支持しているのである。[64]

しかし、九月請願は、それらの点でレベラーズのオリジナルな主張に戻っているにもかかわらず、王政と上院の問題については（その拒否権を否定してはいるが）[65] 両者の存置を暗に認める、これまでのプログラムにない二項目を掲げている。「一九、諸君は王職の政務内容を宣言し、…これまでの歳入の増減額を確かめること」。「二四、諸君は…上院の政務内容を宣言し、その地位を確かめること」。[66] こうしたレベラーズの王政に対する態度の右傾は、ウォルウィンの『血の計画』（The Bloody Project, or a discovery of the New Designe, in the present War. 一六四八年八月）にもみられるが、[67] われわれはそれらの真意をリルバーンの『イングランド人民の基本的自由』（The Legall Fundamentall Liberties of the People of England revived, asserted and vindicated. 一六四九年六月）から知ることができるであろう。かれはおよそ次のように記している。

一六四八年一〇月末のレベラー指導者との会合で、クロムウェルが、「軍隊によってまず第一になされるべき主要な事は、国王の首…をはねることであり、議会が解散しないならば、武力で徹底的にパージすることである」と述べたとき、わたくしやワイルドマンは「それらのすべてに反対」した。理由はこうである。「国王と議会のほかに、この王国には軍隊に対抗する均衡権力はない。したがって、われわれの関心は…公正を装っている圧政者（クロムウェル）がわれわれにどのような自由を与えるのかはっきり知るまでは、他の圧政者を存続させて、これに釣り合わすことにあった。それゆえ、わたくしは、人民の間に人民協定を回すことを繰り返し要求し、これがなされるまでは他の考えをいっさい拒んだ。この考えは、わたくしの見解であるだけでなく、わたくしが絶えず交わっていた友人たちの一致した考えであった…」。[68]

軍幹部が国王の処刑と議会のパージを最終的に決意したとき、レベラーズの指導者が『九月請願』で与えた支持を撤回したのは、軍幹部のイニシァティブによる共和制への移行を、軍隊の権力掌握と軍事独裁の出現であると見通したからである。パトニー会議後、反クロムウェル闘争に重点を移していた市民レベラーズでは、先にみた情勢下の『九月請願』でこそ動揺を示しているが、かれらの基本的な立場は、「法」（人民協定）によって軍事独裁を阻止することにあり、それが達成されるまでは「目に見える権威」（議会）と国王を、武力装置に対するカウンター・バランスとして存続させることを意図していたのである。

ところで、このように急進的プランをめぐり市民レベラーズの反対にであった軍幹部（独立派）は、かれらから少なくとも暗黙の、あるいは一時的な支持を得るために、独立派とレベラーズが各四名の代表を出して人民協定の草案を作成することに同意し、起草委員会が設置された。(69) そして、この委員会がレベラーズの提案、つまり軍隊の代表と各州の "well affected people" の代表で構成されたいわば「国民代表者会議」で人民協定を作成し、それを各州の "well affected people" に提示して同意を求める方式の提案(70)を受け入れたとき（一一月一五日）、急進運動に最後のチャンスがあるかに思われた。しかし、その後ほどなく軍幹部がロンドン進撃を決定したことによって、議事は中断する。そして、軍隊がロンドンに入り（一二月二日）、「プライド・パージ」によって長老派議員が追放され（一二月六日）、独立派の議会支配が実現し、チャールズ一世は処刑されるのである（一六四九年一月三〇日）。さらに軍幹部は、国王の処刑につづいて三月には王政と上院を廃止した。そして五月には、「イングランド…の人民は…今後、共和国、自由国家として、この国の最高権威である議会における人民の代表と、人民の福祉のために議会の下に任命される行政官および官職者によって、国王や上院なしに統治されるであろう」と宣言され、(71) 国務会議（Council of State）を中枢機関とする中央集権体制が確立された。(72)

ところで、このようにして権力を掌握した軍幹部にとって、レベラーズはもはや役に立つ同盟者ではなかった。そこで、三月には四人のレベラー指導者が逮捕され、次いで、かれらが五月一日に獄中から発表した最後の『人民協定』（An Agreement of the Free people of England. Tendered as a peace-offering to this distressed nation, By Lieutenant colonal John Lilburne, master William Walwyn, master Thomas Prince, and master Richard Overton, Prisoners in the Tower of

London）を支持して起こされた軍隊の叛乱が五月一四日にバーフォードで制圧され、この時点で「危険な政治勢力」としてのレベラーズは壊滅した。[73]

四　シー・グリーン色の記章を付けた男性市民・女性・若者の「大衆請願」

すでにみたように、一六四八年から翌四九年の時期にレベラー指導者のプロパガンダは最高潮に達したが、この節では、かれらのアジテーションに呼応して『人民協定』を承認し支持した、シー・グリーンを象徴の色とする男性市民・女性・若者や徒弟の「大衆請願」行動を跡づける。

レベラー指導者が監獄にあり、その上セクトの支持を得られぬことが決定的になっていた一六四九年四月―五月に、男性、女性、若者を各ユニット（世俗的な基盤）として大衆請願が組織されている。はじめに、“a company of honest men”が請願を組織して、レベラー指導者に対する抑圧（専制の証し）を非難するとともに、『人民協定』による新政府樹立を訴えた。次いで、婦人が請願行動を起こしたが、それは妻として夫（市民）の請願に呼応するものであった。さらに、若者や徒弟が、親ないし主人（市民）の請願に呼応して行動集団を構成した。こうして今や、セクトを基盤とする請願に替わって、“household”を単位とする請願、つまり「人民の共通の利害」を基盤とするヨコの社会関係にたつ請願でもって、「世論」が組織され表現されることになったのである。具体的に跡づけると、およそ以下のとおりである。

一六四九年四月二日と四月一六日に、「人民の共通の利害を断固擁護する」“a company of honest men”[74]が、リルバーンらの釈放を求める請願を組織し、それぞれ一万人の署名を付して議会に提出したといわれる。[75] 前者の請願は“divers Persons, Inhabitants of London, Westminster, the Borough of Southwark, Hamlets, and places adjacent”から提出された。[76] 後者の請願は次のものと思われる。"To the Supreme Authority of the Nation, the Commons. The Petition of divers persons of London in the behalf of Lieut. Coll. John Lilburn, M. William Walwin, M. Thomas Prince, and M. Richard Overton, now prisoners in the Tower"（一六四九年四月一七日）。この請願の推進者たちは、四月一八日にレベラー指導者の釈放を求めて議会の法廷に現われたが、解散させられた。[77] かれらは、次のように、レベラー指導者たちの信念と闘争を称え、軍事支配に抗議している。「かれら（ロンドン塔に投獄されているレベラー指導者たち）は、軍隊の利害よりも人民の正当な利害を優先させるために、そして軍事権力（Military power）を市民的権威（Civil Authority）に対して真に従属させるべく縮小するために、努力してきた」。「人民協定によって設立される、平等で正当な政府のもとで、あなた方が迅速な解決に着手することによって、われわれが元気づけられるよう切望します。この議会において、これまでの友人たちの間にあった不一致、敵意、不満が急速になくなって、新たに平等な代議体が成立することを切望します」。[78]

これらの市民請願は、国務会議と軍事権力に抗議するとともに、『人民協定』の採択を迫ることによって、議会に圧力をかけた過激な文書である。その点は、この請願書がシー・グリーン色の記章を付けた市民のデモをともなって提出されたことに象徴されている。[79] また、市民請願に呼応してロンドンで数千人の婦人たちが、デモとともに次の請願を組織したことからもわかるであろう。"To The Supream authority of this Nation, the Commons assembled in Parliament: The humble Petition Of divers wel-affected Women inhabiting the Cities of London, Westminster, the Borough of Southwark, Hamblets, and Places adjacent"（一六四九年四月二四日）。

この請願は、"Affecters and Approvers of the late large Petition of the Eleventh of September, 1648" として自らを規定したうえで、監禁された六人のレベラーの釈放を要求しているが、最後に次のような「指令」が印刷されている。「これを承認するすべての婦人（Approvers）は署名してほしい。そして、同一のものを受け取るために各区

（Ward, Division）で任命されるであろう婦人に、この署名を渡してほしい。そして、一六四九年四月二三日、月曜の午前八—九時にウェストミンスター・ホールに集まってほしい」。(80)

これは、四月一七日付の市民請願に呼応したものと思われる。女性が行動集団を組織した理由について、次のように述べられている。「公の災厄の耐えられない重圧のもとで、われわれ各自の悲痛と苦難はとてもひどいので、われわれはこれ以上辛抱して、この悲痛と難儀に堪えることができないし、黙って座ってはおれなかった。というのは、自分たちに対する抑圧はとても多くてひどいので、自分たちはそれを堪え抜いて生活することができない。——“the weaker vessel”であるわれわれ女性は、苦難のためにあまりにも圧迫されているので、控え目にしているわけにはいかない。女性という性の分限内に（in the custom of our sex）留まっていることはできない。たしかに、公のこと（the Public）のために議会へ押しかけるのは、女性の習慣ではない。しかし考えてみると、われわれ女性は、国家（the Common-wealth）において、男性と平等な持分と利害を持っているのであるから、国家において、われわれ女性が最もひどい、救われない受難者であってはならない」。「公の災厄を防止するために、自分たちの夫と子供たち、兄弟と使用人たちは、請願書と訴えをもって、この議会を訪れた（われわれが、静かに家でじっとしていたときに）。請願書は、喜んで受け取られるかわりに、拒否された。ある請願書は絞首刑吏によって焼かれた。また、ある請願書は反逆罪であると判決された。そして、著者・推進者たち（the Authors and Promoters）は、大逆罪の判決を下され、反逆者として訴えられた。そして、その理由のために、いく人かの者が、かれらの両院から呼び出され、そして投獄された。それゆえ、われわれは、夫や息子や使用人のことがいつも心配である。夫、息子、使用人は、国家（the Common-wealth）のために何かを推進するか、あるいは請願書をもってあなた方を訪れた。その間、われわれは、平穏に飲み食いしたり、静かに眠ることができなかった。われわれは、今、行使されている敵意ある暴力を恐れている。そのことが、われわれのスピリットをとても奮い立たせた。それゆえ、もし夫や息子または使用人が投獄されねばならいのであれば、また生来の自由と権利という人民の大義を支持したために反逆者として苦しまねばならぬとするならば、われわれ女性は、同一の目的のために微力をつくし、夫らとともに苦しみ死のうと決心した」。[81] 女性といえども政治的な権利をもつゆえに、夫（市民）や子供たちと一緒に闘わねばならない。レベラー支持者たる婦人たちは、夫や息子と連帯すべく、請願とデモの政治活動を組織したのである。

この女性グループのものと思われる次の請願書が、二週間後にも出されている。"To the Supreme Authority, the Commons. The Petition of divers Women of the Cities of London and Westminster, affecters and approvers of the Petitin of Sept. 11, 1648"（一六四九年五月五日）。この文書も、先の請願書と同じように、自らを「一六四八年九月一一日の請願の承認者」と規定している。そして、冒頭で、女性の政治的権利を主張している。「われわれ女性は、神に似せて創られ、キリストのためを思う存在であり、この国（Common wealth）の自由に対しても男性と対等な持分（share）を有すると確信する。それゆえ、議会の諸氏が女性を卑しい者と考えて、この名誉ある議会に請願し、不満を表現するのを認めないことに、われわれは大きな疑問や不満をもたざるをえない。われわれ女性は、『権利の請願』やその他の善き国法に記載されている自由と安全に対して、この国（Nation）の男性と対等な利害をもたないと言うのですか？」。「あなた方は、われわれの平和と幸福のあれらの強力な防備が日に日に破られ、暴力と恣意的権力（force and arbitrary power）によって死に瀕しているときに、何も認識することも感じることもできないほどに、われわれがバカだと想像できますか？　ロンドン塔の四人の囚人である友達と同じほどに誠実な夫たちが、自分、妻、子供、家族を護るために、兵士たちによってベッドを追い出され、家から追い立てられたというのに、あなた方はわれわれ女性を家の中にじっとさせておきたいのですか？　そんなことができるとお思いですか。四人の囚人たち、つまりロンドン塔内の友人たちのような誠実で献身的な男たちが、兵士によってむりやりベッド、家から引っ張り出されたとき、かれら自身、妻たち、子供たち、家族は驚くばかりで、何もできなかったのですよ。

夫、わたしたち自身、子供、家族が、これと同じ残虐な目にあわないといえますか？」。ほかにも、ブレイ、ソーヤー、ブランクの諸氏がひどい目にあっているのに、「わたしたちは、自分たちの生命、自由には関係ないとして、家に閉じこもっていなければならないのですか？」。そして、軍事法廷を次のように非難している。「ロバート・ロッキャーのような、英雄的で信仰篤い人たちが、軍法によって（戦時以外のときに）有罪に問われ、しかもかれに敵意をもつ人びとによって裁かれ、しかも最も非人道的に射殺されてよいであろうか？　非戦時に、戦争の血が流されてよいであろうか？　神の言葉はそのことを明確に叱責し給うていないであろうか？　『権利請願』は、いかなる人も（戦時以外は）軍法によって裁かれてはならないと宣言していないでしょうか？　また、非戦時に軍法を執行するためになされるすべての評議会は国家の諸法と（議会の）諸制定法に反すると宣言していないだろうか？　サー・エドワード・コークは、かれの著した『英法綱要』第三部の殺人についての章で、ある将軍または士官が、非戦時に軍法を理由に人を（兵士であっても）死刑に処すことを良き法のためと考えるならば、そうしたことは将軍側の絶対的殺人であると宣言していないであろうか？」。(82)

これらの請願は、女性の政治的権利を主張するとともに、男性市民の請願とは違った観点、つまり世帯（household）の危機という観点（たとえば家族への虐待、生活費の高騰など）から、「男たち、子供と一緒に滅びようとも、自由のためのデモ行動に参加して結合しよう」と訴えているが、同じ五月に若者と徒弟が、先の市民請願に呼応して次の請願（日付不明）を組織している。"To the Commons. The Petition of divers Young Men and Apprentices of the City of London, in behalf Lieut. Col. John Lilburn, Mr. William Walwyn, Mr. Thomas Prince, and Mr. Richard Overton, now prisoners in the Tower, and of Capt. William Bray, in Windsor Castle"（一六四九年五月）。請願者たちは、自らのことを、「われわれ庶民は、われわれ自身の自由な同意によって、一定期間われわれの主人（Masters）に拘束されてはいるけれども」と規定し、「神の恵み恩寵、国家の福利、イングランドの自由庶民各人の生命・自由・財産は、われわれにとって、われわれ自身の命そのものよりも大切である」と宣言している。しかし、請願という方法の有効性については否定的で、こう述べている。「われわれは、われわれの主人のいく人かが、指導者たちのために提出した先の請願書に対する議会の回答から、(われわれが知っている自由のうちで最も些細な記章である)請願という手段であっても、かれらが指導者たちのためにもっと活動するのは安全でないということがわかった」[83]。

若者と徒弟の関心は、議会への請願よりもむしろ軍隊レベラーとの連携であったようである。かれらは、次のパンフレットを出して、レベラー指導者に"Thankful Acknowledgment"を捧げるとともに、他の区の徒弟たちに、委員会をつくって結束するよう呼びかけている。"The Thankfull Acknowledgment and Congratulation of Divers well-affected Apprentices within the Ward of Cripple-gate without, unto The ever to be honored Lieutenant Colonel John Lilburn, Mr. William Walwyn, Mr. Thomas Prince and Mr. Richard Overton, now prisoners in the Tower of London, for their faithful Services, Love and Affections to this poor distressed and miserably wasted Nation"(一六四九年五月六日)。これはCripple-gate without区の徒弟が作成したものであり、次のように述べている。「これは、署名され日付を入れて一六四九年五月六日に提出された。われわれは今、ロンドン市のいくつかの区(Wards, Precincts)に住む、すべての親愛なる友人、勇敢で誠実な仲間である徒弟に対してこれを出版する。われわれが諸君に望むことは、いくつかの各区(several and respective Wards)で、諸君の中から、諸君のためのアジテーターとなるべき活動的な(cordial and active)若者を速やかに四人ないし六人を、あるいは適当と判断する人数を選出することである。また、われわれが望むことは、われわれがわれわれの場所でやっているように、諸君が直ちにいくつかの区で、この仕事をよりよく遂行するために集会を指定することである。そうすれば、われわれと諸君は、もっと活気のある集会と通信(Correspondency)をもちうるであろう。[84]」

この呼びかけからわかるように、この文書の狙いはロンドンの徒弟を政治的目的のために組織することにあったといえる。というのは、レベラー指導者に対して次のように訴えているからである。「最近の『宣言』や『人民協定』その他の、この国(Nation)の人民宛ての文書から、あなた方の究極の目標、目的、意図が、この難儀する国(Common-wealth)の適切な秩序に最も適合するような共通の自由であることを理解した。…あなた方は、われわれ貧しいイスラエル人を、エジプトの奴隷状態から、自由、独立、平和、豊穣のカナン(Canann)に導くモーゼあるいはアロン(Aaron)のごとき存在である。われわれは、われわれの心臓、舌、手、生命があるかぎり、このすばらしい仕事において、力の限りを尽くしてあなた方を支持し尽くすことを誓います。シティの誠実な徒弟の他の何千人もの者が同じことをいたします」。このように、徒弟たちは、『人民協定』のもとに結集するための組織づくりを仲間に訴えているのである。(85)

五　「軍事専制」へのプロテスト

市民レベラーズの"ward by ward"組織(世俗的基盤)はその後半年間は維持され、(86)指導者の救済と人民協定の実現を訴える請願活動が展開されるとともに、新たな戦術が計画されている。第一の戦術は、すでに一六四九年五月に企図されていた、国王派との同盟である。これについては、ジョン・イーブリンがパリのチャールズ皇子の司令部に宛てた手紙(五月一四日付け)から知ることができるが、それによると、軍隊の叛乱の際に国王派と叛乱兵士の各数人が接触しており、後者は残された途の一つとして「厳しく制限された王政」(立憲王政)を考えていた。(87)このことは、次に引用する同日付けの新聞記事からも推察されるであろう。叛乱兵士がグロスター州民に「非常に深い感動と影響を与えているのは…かれらがチャールズ二世への好意を示すことによって人びとの援助を求めているからである」。(88)

レベラーズが国王派と同盟する場合の条件は、チャールズ皇子が『人民協定』に全面的な同意を与えることであった。ザゴリンの研究によると、「レベラーズは、クロムウェルが打ち倒され、かれらの諸原理（人民協定の）を受け入れるという条件で国王が復位する可能性を用意しておくことを望んでいたから、最後の人民協定で王政を禁止しなかった」のである。[89]『人民協定』の著者の一人であるリルバーンは次のように述べている。「もしわれわれが国王をもたねばならないのなら、わたくしとしては他の誰（たとえば"pretended, false Saint Oliver"——引用者）よりもチャールズ皇子をもつ…。もしかれが外国人の手で、征服によって権力を握るのでなく…イングランド人の手で、前述の（人民協定の）諸原理にもとづいて、契約で即位するならば、人民は全軍隊…の即時解散というこのうえない恩恵を受け、人民の三大災難である兵士宿舎割り当て、課税、消費税が終わるであろう」。[90] リルバーンの見解は、軍隊から出された『レベラーズと誤まって呼ばれている人たちの弁護』（The Levellers, falsely so called, vindicated. 一六四九年五月）などで支持されている。「かれ（チャールズ一世）の処刑により、Ruling Sword-men が王座に侵入し、イングランドがかつて経験した以上に残酷で恣意的で専制的な Martiall Monarchie を樹立することであろう。…われわれは、かれらの奴隷になるぐらいなら、断然チャールズ皇子の奴隷になるほうを選ぶ。しかし、われわれはどちらに隷属するのも好まないから、この目的のために、つまり両者への隷属を回避するために、時機を失せず真剣に考えてみることを望んでいる。この目的に適う最も賢明で確かな手段が…人民協定として、イングランドの自由人の同意を求めて提出されているから、われわれは、人民協定による解決の途がこの国に…平和、自由、安全をもたらす唯一の方法であると判断せずにはいられない」。[91]

次に、レベラーズの指導者が獄中から指示した第二の戦術は、州および連隊から選出された各二名のエージェントがロンドンに集まって「国民代表者会議」を開くことによって『人民協定』の諸原理を確認あるいは修正し、それを議会に採択させるべく圧力をかける計画であった。[92] それは軍隊内外からの諸パンフレットで支持されているが、[93]

たとえば『ロンドンの若者と徒弟の叫び』（An Outcry of the Youngmen and Apprentices of London. 一六四九年八月）は次のように呼びかけている。「われわれは、人民協定を効果的に推進するために、われわれ自身あるいはわれわれの委員会の委員《コミッショナーズ》をバーフォードの友人またはかれらの委員と緊密に連帯させる…。また、どんな危険を冒してもロンドンのあらゆる区および out-parishes の、われわれの正直な仲間である徒弟を組織化してエージェントを選出させ、われわれまたはわれわれのエージェントたちと連帯させる…。そして、すべての地方の正直な自由人に勧告の書簡を送って、かれらの間にいくつかの委員会を作らせ…エージェントまたは委員（かれらから権力を委ねられたところの）を選出させ、速やかにわれわれおよびロンドンにおけるわれわれの支持者のエージェントと会合させ、人民協定にもとづいて新規に、平等に議員を選出するための迅速で効果的な方法を協議させる…」。[94]

第三の戦術は、九八、〇〇〇人の署名に支持された『幾千人ものイングランド自由民の抗議』（The Remonstrance of many Thousands of the Free-People of England.[95] 一六四九年九月）にみられる、反税闘争を組み込んだ武装蜂起のアピールである。「われわれは、あらゆる税、月割賦課税、十分の一税の支払い、兵士宿舎割り当ての負担を徹底して拒む」。「これらの目的（一四項目の要求）を達成するためにわれわれは剣を抜き、これを実現するまでは剣を鞘に納めまいと決心しており、あらゆる正直で善良《ウエル・ミーニング》な人びとの援助を疑わない」。[96] なお、クロムウェル政権打倒後の政治形態については、一種の国民投票にもとづく決定が提案されている。「国王が統治しなければこの国に平和が実現されない場合には、直ちに certificates を印刷してすべての地方に送り、それへの同意を求める。その結果、国王をもつべきであると決まれば、イングランドの王冠は正当な持ち主に戻ってよい。そして、大多数の人が政府に反対するようであれば、自由国家として治められねばならない」。[97]

以上が、バーフォード後にレベラーズが企図した戦術であるが、『人民協定』を基盤とする国王派との同盟、[98] 各州・連隊からのエージェント選出[99] による国民会議の開催、武力闘争のどれも、クロムウェルがアイルランドに遠征していた好機にもかかわらず実現されず、「一六四九年の末には、レベラー党派は統一性を失い、政治勢力としての活動を終えた」のである。[100] 一六五〇年代には、大陸に亡命したリルバーン、オーバートン、ワイルドマン、セクスビーらが『人民協定』を提示して国王派との同盟を画策しているが、失敗に帰している。[101] 最後に、レベラー指導者の政治的戦略と戦術について小括しておこう。

レベラーの政治的・戦術的配慮は急進主義の原理（民主主義）の反対概念とみなされがちであるが、本章では、権力闘争の過程を跡づけることによって、むしろ戦術のなかにレベラー運動のエッセンスを見いだした。レベラー指導者は、原則的には共和制を支持したけれども、共和主義者からは区別される。リルバーンはこう述べている。「わたくしは、専制的ないかなる政府の下よりも、十分に制限された（"regulated and well-bounded"）国王の下で暮らすほうを断然選ぶ」、と。[102] かれにとって、王政の廃止はネガティブな目的、ないしは目的のための手段であったのである。絶対王政に対して、また長老派や独立派に対抗して革命を闘ったレベラーズの最大の政治目標は、人民主権にもとづく成文憲法『人民協定』（「人民の同意」）によって中央権力（国王であれ議会であれ国務会議であれ）を厳しく制限し分割する（"level"; "limit"; "bound"）ことであった。すなわち、ブレイルスフォードが指摘するように、「レベラーズのオリジナリティは、すべての行政官——議会さえも——が『制限され』ねばならないことを発見した点にあった」。[103] リルバーン自身の言葉で示すならば、「レベラーズという言葉は、あらゆる種類の専制（国王であれ議会であれ、国務会議であれ）に反対する軍隊内外のすべての人びとに向って浴びせられた」。[104]『幾千人ものイングランド自由民の抗議』[105] のタイトル・ページには次の文句が印刷されている。"With Their Solemn Engagement for Redeeming, Setling, and Securing the Peoples Rational, and just Rights, and Liberties, against all Tyrants whatever, whether in Parliament, Army, or Council of State." レベラー指導者は次のように主張している。「もしわれわれが権力の座にあるとすれば、他の人びとがそうしたように、われわれもまた暴君的にふるまうであろう。われわれは実際、権力の座を獲得した多くの人たちの変節を経験してきたし、また、同じ人間でも身分が低かったときと出世したときでは、どんなに違うものであるかも見てきた。だから、われわれとて自分自身の心さえ信じがたく、われわれこそは正しくふるまおうという自分自身の決心さえ疑わしく思えるのだ。したがって、われわれは次のような体制を提案したのである。すなわち、人間は、世俗の誘惑に染まりやすく、屈しやすいものだと考えるかぎり、かれらに個人を傷つけたり公衆を害したりする手段や機会をもたすべきではない。火急のときだとか、身に明らかな危険がさし迫っている場合は別としても」[106]。

『人民協定』を武器とするレベラーズの一貫した政治的戦略（闘争の基調）である“Against all Tyrants”（戦術としては、反国王→反長老派議会→反独立派軍隊→反クロムウェル独裁）は、具体的な改革プログラムについて見解と利害を異にする複雑なレベラー集団のいわば結集軸であった。それゆえ、この戦略は、レベラーズの政治的改革プログラムの基調とみなされる地方分権・自治の諸要求に照応するものである。レベラーズは、地方分権＝自治（ロンドンのそれを含めて）を、中央の行政・立法部・教会・裁判所の専制的傾向（tyrany）に対する防塁、あるいは支配階級の圧政に対する防壁と考えた。かれらは、あらゆる行政官（シェリフ、治安判事、市長、軍隊士官、陪審員等、すべての役人）を、中央政府からの任命ではなく、各教区、ハンドレッド、州の自治によって選出するというプログラムを掲げた。これこそがレベラーズの最も重要でオリジナルな要求項目とみなされよう。レベラーズは、スイスのカントン制度のごとき、教区、ハンドレッド、州のゆるやかな連合体としての国家を構想していたのである。

註（1）Henry Denne, *The Levellers' Designe Discovered*, 1649, cit. in J. C. Davis, 'The Levellers and Democracy', *Past and Present*, No. 40, 1968, p. 176.

（2）H. Shaw, *The Levellers*, 1968, p. 45. リルバーン、ウォルウィン、オーバートンが実質上の協力関係に入るのは一六四五年はじめから半ばにかけての頃であるが、党派つまり「宗派ではなく、共同一致した政治行動によって具体的な利益を得んとする明確な関心の下に団結した人びとの集団」(W. Haller and G. Davies ed., *The Levellers Tracts 1647-53*, 1944, p. 36)としてのレベラーズが誕生する時期は、一般に一六四六年七月頃と考えられている。H. N. Brailsford, *The Levellers and the English Revolution*, 1961, p. 96. A. L. Morton, 'A Still and Soft Voice', in his *The World of the Ranters*, 1970, p. 161.

(3) D. M. Wolfe ed., *Leveller Manifestoes of the Puritan Revolution*, 1944, p. 113.

(4) *To the . . . Parliament. The humble Petition of L. C. John Lilburne a Free Man of England*, cit. in J. Frank, *The Levellers. A History of the Writings of Three Seventeenth-Century Social Democrats: John Lilburne, Richard Overton, William Walwyn*, 1955, p. 79.

(5) Wolfe, *op. cit.*, pp. 116-7.『イングランドの幾千人もの…抗議』以前の反国王的文書には、たとえば Lilburne, *The Just Mans Justification*, June, 1646. がある。cf. Frank, *op. cit.*, p. 78. 傍点は筆者で、以後すべて同様。

(6) cf. Frank, *op. cit.*, pp. 97, 99-101.

(7) *Ibid.*, p. 102. それは国王の処刑を明確に要求したレベラー文書の最初のものである。Brailsford, *op. cit.*, p. 117.

(8) Brailsford, *op. cit.*, pp. 258, 554. M. Ashley, 'Oliver Cromwell and the Levellers', *History Today*, Vol. 17, No. 8, 1967.

(9) Shaw, *op. cit.*, p. 46.

(10) Brailsford, *op. cit.*, p. 554.

(11) *Ibid.*, p. 132.

(12) Wolfe, *op. cit.*, p. 138.

(13) Morton, *op. cit.*, p. 163. Brailsford, *op. cit.*, pp. 136-7.

(14) B. Manning, 'The Levellers', in E. W. Ives ed., *The English Revolution*, 1968, p. 147. Brailsford, *op. cit.*, p. 132.

（15）Wolfe, *op. cit.*, p. 117.
（16）*The out-cryes of oppressed Commons*, cit. in Frank, *op. cit.*, p. 106.
（17）*The Oppressed Mans Oppressions declared*, cit. in Frank, *op. cit.*, p. 104.
（18）レベラーズのパンフレットはふつう一、五〇〇部刷られ（なかには一〜二万部刷られたものもある）、一部がおよそ一〇人に回読されていたらしい。cf. Frank, *op. cit.*, p. 95. Pease *op. cit.*, p. 361. なお、当時ロンドンの人口は約四五万人で、約一〇万世帯と推定されている。Brailsford, *op. cit.*, p. 574.
（19）レベラーズの "mass-petition"（通常一万人の署名が付された）は、かれらの「戦術の中心」（Frank, *op. cit.*, p. 149.）であり、ウォルウィンが指導的な役割を果たした。cf. Frank, *op. cit.*, pp. 110, 306. Brailsford, *op. cit.*, p. 574. Pease, *op. cit.*, p. 252. W. Haller ed., *Tracts on Liberty in the Puritan Revolution 1638-47*, 3vols., 1965, I, pp. 115-7.
（20）かれらが『大請願』（請願の形で示されたレベラーズの包括的な政治綱領）を頂点として四つの請願書を一〇週間に六回も議会へ提出し、対議会デモを組織していること、リルバーンやウォルウィンがそれぞれ《Rash Oaths unwarrantable》（五月）、《Gold tried in the fire, or the burnt petitions revived》（六月）を著わして請願の内容や事の経過を広く発表していることは、この時期にかれらが少なくとも基本的な組織をもっていたことを示している。cf. Wolfe, *op. cit.*, pp. 133, 134. Haller, *op. cit.*, I, p. 116. Frank, *op. cit.*, p. 111.
（21）A. S. P. Woodhouse, *Puritanism and Liberty. Being the Army Debates (1647-9) from the Clarke Manuscripts with Supplementary Documents*, 1951 repr. 1965, p. [21]. C. Hill, *God's Englishman. Oliver Cromwell and the English Revolution*, 1970, p. 86.
（22）Woodhouse, *op. cit.*, p. [22]. Hill, *op. cit.*, pp. 89-90.
（23）J. P. Kenyon, ed., *The Stuart Constitution 1603-88. Documents and Commentary*, 1966, p. 296.
（24）リルバーン自身、「わたくしは軍隊の兵士たちに力強く働きかけ、辛抱強く苦労したあげく、多くの犠牲をはらって、わたくしの抱いている正義のための正直にして法にかなった思想を、かれらのうちに広めたのであった」と述べている。Lilburne, *The Juglers discovered*, Sept. 28, 1647, cit. in Petegorspy, *op. cit.*, p. 98. 佐々木専三郎「ピューリタン革命期における急進運動の形成」(『茨城大学政経学会雑誌』第二号、一九五六年)八〇頁。

(25) cf. Brailsford, *op. cit.*, pp. 189-190.

(26) Overton, *A New Found Stratagem*, Apr., 1647, cit. in Frank, *op. cit.*, p. 118.

(27) cf. Frank, *op. cit.*, pp. 118-9. P. Gregg, *Free-born John. A Biography of John Lilburne*, 1961, pp. 157-8.

(28) Lilburne, *Jonahs Cry out of the Whales belly; Or, Centaine Epistles writ by Lieu. Coll. John Lilburne*, July, 1647. T. C., E. 400. (5), p. 8.

(29) cf. Frank, *op. cit.*, p. 126.

(30) Wolfe, *op. cit.*, p. 169.

(31) cf. C. Hill and E. Dell, ed., *The Good Old Cause. The English Revolution of 1640-60*, 1649, p. 347.

(32) Lilburne, *Jonahs Cry*, p. 9.

(33) 一六四七年に入ると、議会の長老派は革命を終結させるために、新型軍を解散して独立派の基盤を排除しようと企てた。三月には議会は公然と軍隊を非難し、両者の対立は決定的となりつつあった。長老派の牙城であるロンドンでも、軍隊や独立派に対する非難は強まり、四月二七日、民兵委員会から独立派の委員は追放され、三一名の民兵委員は全て長老派によってしめられた。新型軍はこの情勢を重視し、民兵委員会の改組とその指揮下の軍隊の強化を、新しい内戦を準備するものとみなして、その中止を要求した。ロンドン市当局は、この干渉を「市の自由や特権に干渉し、われわれの民兵に圧力をかけるものである」として拒否し、軍隊の解散をもとめる請願やデモを組織するなどして対抗した。六月八日の、『議会に対する市の請願』では、できるだけ速やかに軍隊の未払い給料を支払ってこれを解散するよう議会に求め、七月二日にも同じ趣旨の請願書が議会に提出された。さらに八月一日には『ロンドンの徒弟たちの請願』が提出されるが、この請願は、軍隊の解散、国王の復位、非国教徒の秘密集会の鎮圧、契約の維持を要求する。R. Sharpe, *London and the Kingdom*, 3vols., 1894, II, pp. 251-2, 446.

（34）Woodhouse, *op. cit.*, p. 411.

（35）Lilburne, *Jonahs Cry*, p. 13.

（36）このアピールは民主的選挙にもとづく士官選出の要求を包蔵しえたであろう。cf. Brailsford, *op. cit.*, p. 579.

（37）Haller and Davies, *op. cit.*, p. 35. 同意（契約）にもとづく組織化という論理は、キリスト者の自発的結合としての教会という諸宗派の論理の、政治の論理への転化であった。cf. A. D. Lindsay, *The Modern Democratic State*, 1943. 紀藤信義訳『現代民主主義国家』（未来社、一九六九年）一五七～六三頁。A. D. Lindsay, *The Essenials of Democracy*, 1929. 永岡薫訳『民主主義の本質』（未来社、一九六四年）第一、二章。J. W. Gough, *The Social Contract. A Critical Study of its Development*, 1936, Chap. 7.

（38）'Levellers' という名称はチャールズかクロムウェルによって流布されたようである。クラレンドンが叙べているように、「人間の全階級は平等化されるべきであり、王国全土に亘って資格においても土地においても平等が樹立されるべきである」と主張する連中をさすものとして当時の人びとには意識されていた。G. P. Gooch, *Political Thought in England, from Bacon to Halifax*, 1914. 堀豊彦・升味準之輔訳『イギリス政治思想Ⅰ――ベーコンからハリファックス』（岩波書店）五七頁。*Selections from Clarendon*, World's Classics Lib., p. 301.

（39）M. Tolmie, *The Triumph of the Saints, the Separate Churches of London 1616-49*, 1977. pp. 161-2. 大西晴樹、浜林正夫訳『ピューリタン革命の担い手たち』（ヨルダン社、一九八三年）二八九～九〇頁。

（40）国王派のダイブはリルバーンから次のようなことを聞いた。それぞれの騎兵連隊は「兵士によって寄せられた信頼に忠実でないとして、かれらの古いアジテーターを免職し、その代わりに新人を選出した。この新人たちは、昨日シティの他のいく人かの好意的な兄弟たちとこの町で重大な会合をもったのである」。さらにダイブはこうも言っている。リルバーンは「最初にこの事項に着手し」、一週間後に、新しい代表は定期的に会合をつづけていると報告した、と。その結果が『正確に述べられた軍の主張』であり、『人民協定』もこれと同様、軍隊急進派と市民レベラーズの結びつきから生まれた。M. Tolmie, *op. cit.*, p. 166. 邦訳二九七頁。

（41）六月一四日の軍幹部による『軍宣言』は、現議会および将来の議会の会期確定、継続的選挙、議員の同意にのみよる議会解散、平等または比例の原則（「国家の共同の費用と負担とに占めているそれぞれ（各州・区）の比率にしたがって）にもとづく選挙区改正その他の諸要求をおこなった。八月一日に出された『提案要綱』（The Heads of the Proposals agreed upon by his Excellency Sir Thomas Fairfax and the Council of the Army）は、『軍宣言』にみられなかった要求、たとえば消費税、特権的独占組合の廃止などの広範な要求を掲げているけれども、その基本線は『軍宣言』とほぼ同じであった。「人民の諸権利と諸自由、平和と安全が保証されるかぎり」国王の存在は認められている。また選挙区の改正については、「平等または比例の原則にしたがって…王国の共同の費用と負担とに占めている比率に比例して…すべての州、その他の地方、地区に配分する」ことを規定している。軍幹部は税負担額に比例した議員定数の割当という線で、選挙制度の改革を考えていたのである。S. R. Gardiner, *The Constitutional Documents of the Puritan Revolution (1625-1660)*, 1962, p. 317.『正確に述べられた軍の主張』は『提案要綱』が軍隊の意思を正しく表明していないからそれを修正するという対抗的意味をもつ表題である。そこでは、議会と軍幹部の態度に対する鋭い批判が叙べられ、人民主権の明確な主張がおこなわれたあと、最高法規《ロー・パラマウント》の観念にもとづいて議会の継続的選挙の要求が示されている。人民主権の原理については次のように叙べている。「すべての権力は根源的本質的に国民の全体に存在し、その代表者をつうじての人民の自由な選択または同意がすべての正しい政府の唯一の源泉または基礎であり、すべての正しい支配者の選択の目的および理由は、それによる安全と福祉との配慮である」。次いで、「急速に是正されるべき窮状」について、現議会の解散と新しくおこなわれるべき選挙（「二一歳以上の自由民（犯罪によって自由を失った者を除く）の全てが選挙民たること」）、国王への同調者の一掃、ロンドン進軍に関する兵士の声明の承認、諸税制の改正、国産品への消費税賦課の廃止と外国商品への課税、信仰の自由、十分の一税の廃止、国王至上権承認の宣誓の廃止、法律の簡素化、独占の撤廃、傷痍軍人および遺家族の生活保証、囲込まれた共有地や養老院などの公共物の貧窮民への返還、その他の要求が掲げられた。また、兵士に対する賠償金、未払い給料の支払いに関する要求も掲げられている。Wolfe, *op. cit.*, pp. 198-222.

（42）兵士や市民レベラーズにとって革命はこれからであった。かれらにとって革命は「奴隷状態」からの解放、自然状態で妥当する（生まれながらにしてすでに権利であるはずの）生得権の回復、その法的保障のための闘いであった。しかし、「われわれを束縛せんともくろみ、われわれに残酷な戦いをもたらしたあの人物」国王を屈伏させたにもかかわらず、今なお「再び奴隷状態に復帰する危険は」消え去らず、生得権は獲得されていない。そこでかれらは、人民の「共通の権利と自由」の内容を明示することによって闘争の目標を確定し、同時に民衆を啓蒙してこの革命に参加させるために、『人民協定』を提示するに至ったのである。それは、元来民衆に提示して署名を得る（社会契約のかたちをとる）ことによってこそ、人民の団結の表象となり、新国家の憲法ともなるものであるから、そうしたものとしてよく機能しえるためには、当時民衆の世論を政治的に有効ならしめることのできた唯一の機関である議会軍の総意として公表することが必要だったであろう。Gardiner, *op. cit.*, p. 333.

（43）*An Agreement of the people*, in Wolfe, *op. cit.*, p. 225.

（44）*The Case of the Armie Truely Stated*, in Wolfe, *op. cit.*, p. 212.

（45）Lilburne, *The Legall Fundamentall Liberties of the People of England revived, asserted and vindicated*, 1649, in Haller and Davies, , *op. cit.*, p. 426.

（46）*An Agreement of the people*, in Wolfe, *op. cit.*, p. 230. 憲法の基礎的原理は、憲法は人民によって署名されるべきであり、そうすることによって人民は国に至高の権威を樹立し、それ自身では変更できない法によってその諸権力の内容を決定すべきである、ということであった。Manning, *op. cit.*, p. 300.

（47）『人民協定』は主権在民の原理の上に立って、人民の不可侵の基本的権利を明記している。つまり、『主張』に記されている「軍隊と自由民の生得権《ネーティブ・ライト》」という言葉の内容にたちいり、五項目（信仰の自由・強制従軍の拒否・戦時中の言動に関する免罰・法の前におけるすべての人の平等・法は国民の安全と福祉のためにのみあるべきこと）を、議会へ譲渡することのできない国民の保留すべき権利として具体化している。そして、こう宣言している。「われわれの生得権として、あらゆる圧政に対抗して、力の限りを尽くして維持しようと同意し決意する」と。かれらは生得権の立場から社会契約にもとづく新政府樹立を考えていたのである。Gardiner, *op. cit.*, p. 335. Wolfe, *op. cit.*, p. 227.

(48) Putney Debates (Woodhouse, *op. cit.*, esp. pp. 88f.) を参照。

(49) *The Case of the Armie*, in Wolfe, *op. cit.*, pp. 203-4.

(50) cf. Shaw, *op. cit.*, p. 57. Frank, *op. cit.*, p. 128.

(51) Ashley, *op. cit.*, p. 542. cf. Gregg, *op. cit.*, pp. 197-205.

(52)『人民協定』は『正確に述べられた軍の主張』と同様、王政の廃止をとくに規定していない。

(53) コークブッシュ・フィールドの全軍集会に、命令を犯して馳せ参じたロバート・リルバーンの騎兵連隊とハリソンの歩兵連隊はともにレベラーズの重要な勢力であった。後者はクロムウェルとフェアファックスに説得されたが、前者は最後まで反抗し、クロムウェルが自ら乗り込んで鎮圧し、アーノルドを銃殺した。軍隊急進主義は歩兵よりも騎兵の方で活発であった。一六四九年四月にロンドンで叛乱を起こして、クロムウェルによって銃殺されたロッキャーもウォーリィの連隊であったし、同年五月の叛乱を指導して捕えられ処刑されたトムソンも騎兵であった。なお、ロバート・リルバーンはレベラー指導者ジョン・リルバーンの兄。「リルバーン家の歴史のうちにも、内戦による分裂がみられる。ジョンには二人の兄弟があった。ロバートは長老派に属して大佐にまで昇進し、つねにクロムウェルに忠誠を誓っていた。弟ヘンリーは議会軍の要塞を国王派の軍隊に明け渡そうとして捕えられ、味方の手で殺されている」。Morton, *op. cit.*, pp. 206-7. 松村赳「ピューリタン革命の急進運動についての一考察――レベラーズの実態について」(『歴史学研究』二三三号、一九五九年)六頁。H. Holorenshaw, *The Levellers and the English Revolution*, 1939. 佐々木専三郎訳『レヴェラーズとイギリス革命』(未来社、一九六四年)七四頁。

(54) Morton, *op. cit.*, pp. 207-9.

(55) *Ibid.*, p. 209.

(56) Ashley, *op. cit.*, p. 542.

(57) Shaw, *op. cit.*, p. 68.

(58) W. Frost, *A Declaration of Some Proceedings,* 1648, cit. in W. Haller, *Liberty and Reformation in the Puritan Revolution,* 1963, p. 315.

(59) Haller and Davies, *op. cit.*, p. 160. cf. *An Agreement of The Free People of England,* May 1, 1649, in Haller and Davies, *op. cit.*, p. 324.

(60) その点は、レベラーズの機関紙『モダレート』（一六四八年七月～四九年九月発刊）の記事――たとえば、かれらの地方支部からのニューズや、ダービー州の炭坑夫の組織化についての報道や、サマセット州の織布工の請願書など――からも推測されるであろう。cf. R. Howell and D. E. Brewster, 'Reconsidering the Levellers: The Evidence of *The Moderate', Past and Present,* No. 46, 1970. Shaw, *op. cit.*, p. 71. Brailsford, *op. cit.*, pp. 566-7. Holorenshaw, *op. cit.* 邦訳、六七頁。

(61) cf. Shaw, *op. cit.* p. 70.

(62) cf. Morton, *op. cit.*, p. 210.

(63) Wolfe, *op. cit.*, pp. 283-90. 四万人の署名が付されたといわれる。*Ibid.*, p. 282.

(64) *Ibid.*, pp. 289-90. cf. Shaw, *op. cit.*, pp. 70-1.

(65) *Ibid.*, p. 287.

(66) *Ibid.*, pp. 288, 289.

(67)「国王が復位しなければ国家の平和が確保されなえないのであれば、速やかに…国王を復位させ、法によって国王権力の内容を明らかにして制限し、国王の悪政に備えよ」。Haller and Davies, *op. cit.*, p. 146.

(68) *Ibid.*, pp. 415, 416.

(69) Morton, *op. cit.*, pp. 170, 210.

(70) Haller and Davies, *op. cit.*, p. 417. E. Bernstein, *Cromwell and Communism: Socialism and Democracy in the Great English Revolution,* 1930, p. 79.

(71) *An Act Declaring England to be a Commonwealth,* in S. R. Gardiner ed., *The Constitutional Documents of the Puritan Revolution 1625-60,* 1889 repr. 1962, p. 388.

(72) cf. Shaw, *op. cit.*, p. 76.

(73) Morton, *op. cit.*, pp. 190, 212

(74) レベラーズは、「敬虔な教会員」としてではなく、'public spirits' の持ち主である 'honest men' として、「反専制」の請願を支持して結集した行動集団である。リルバーンは、『イングランドの新しい鎖』で、こう言っている。「議長、わたくしはロンドン市内および近郊に住む 'a company of honest men' から頼まれたのです。かれらは、まさに正当に、昨年九月一一日のロンドン大請願の考案者、促進者、提出者にして承認者（Contrivers, Promoters, Presenters and Approvers）という肩書きを自分のものだと言い得る人たちである。この大請願は、言うまでもなく、わたくしの知る限りではイングランドの最初の請願であり、故国王との破滅的な個人的取引（destructive Personal Treaty）に反対して、誉れ高い議会に提案されたものです。この 'honest men' は、わたくしにぜひとも議会に、自分らの『まじめに憂慮する事柄』を提出してくれと頼んだ。そこで、お願いします。わたくし自身ならびにかれらが以下のように述べるのをお許しください。われわれの大部分の者は、困窮のときにあってさえも、われわれの自由（Liberties and Freedoms）を手放そうとしなかった人たちです。大敵を目の前にしたときでもそうでした。これまでの戦争の初めから、われわれは、自由の確保にしりごみしたことはありません。そう、嵐のときでも、われわれは主義主張を変えたことがありません。こう言うのをお許しください。われわれの大部分の者は、妻や子、財産、親類、いや命でさえ、つまり自分の物だと言えるこの世のすべてのものよりも、われわれの自由（Liberties and Freedoms）を貴重なものだと考えます。このことは、われわれの多年にわたる行動（血と命を賭けたところの）がはっきりとした十分な証しです」Haller and Davies, *op. cit.*, p. 168.

（75）前者の請願書は八〇人のロンドン市民によって、後者の請願書は二〇人のロンドン市民によって議会に提出された。Frank, *op. cit.*, p. 199. Gregg, *op. cit.*, p. 271. M. A. Gibb, *John Lilburne, the Leveller: a Christian Democrat*, 1947. p. 259. Whitelocke, *Memorials of the English Affairs*, 1732, p. 383. S. R. Gardiner, *History of the Commonwealth and Protectorate1649-1656*, 4vols. 1901, repr. 1965, Vol. 1. p. 42.

（76）それは、レベラーの機関紙《The Moderate, No. 38, March27-April3, 1649》E. 549 (12) に掲載されているが、判読が難しい。

（77）Gardiner, *op. cit.*, Vol. 1, p. 44.

（78）669. f. 14. (20).《The Moderate, No. 41. April17-April24》E. 551 (20) に記載されている。

（79）Gregg, *op. cit.*, p. 271.

（80）E. 551 (14). 六人のレベラーとは、リルバーンら四人の指導者のほかに、収監されていた軍隊レベラーのブレイ、ソーヤーである。

（81）この請願は、議会に提出される一週間以前に《The Moderate, No. 40. April10-April17, 1649》E. 550 (28) に記載されたとFrankは述べているが、載っていない。Frank, op. cit. pp. 199, 322n. 50. 彼女たちは、議院守衛から口頭で次のように伝えられたと言われる。「あなたたちが請願した事柄は、あなたたちの理解を超えた事柄であるから、議会は回答をあなたたちの夫におこないます。だから、家に戻り、自分自身の仕事をし、家事をしなさい」と。*The Moderate, No. 42. April 2-May 1, 1649.* E. 552 (20). Whitelocke, *op. cit.*, p. 398. *Perfect Occurrences of every dayes Journall, April 7-April 20, 1649.* E. 529 (21). *Mercurius Militaris, April 24-May 1, 1649.* E. 552 (2). A. Hughes, 'Gender and politics in Leveller literature', in Susan D. Amussen and Mark A. Kishlansky eds., *Political culture and cultural politics in early modern England. Essays presented to David Underdown*, 1995, p. 163. cf. Patricia Higgins, The reactions of women, with special reference to women petitioners, in B. Manning ed., *Politics, Religion and The English Civil War*, 1973, pp. 200-205.

（82）669. f. 14 (27). Woodhouse , *op. cit.*, pp. 367-369.（抜粋）

（83）669. f. 14 (31). これは《The Moderate, No. 44, May8-May15, 1649. E. 555（16）》に記載されている。請願者たちは、後述する宣言《The Thankfull Acknowledgment》を一週間以前に出していたCripple Gate区の徒弟たちと同一グループであると思われる。Frank, *op. cit.*, pp. 208-209.

（84）669. f. 14 (30).

（85）Cripple Gate区からの呼びかけに対して、Bridge Within区の徒弟が次の文書を出して、批判している。*The Resolved Apprentices; or, a Reply of the Apprentices of the City of Lonon, inhabiting in the Ward of Bridge Within, unto a late printed paper, entituled, The Thankeful Acknowledgment and Congratulation of divers Apprentices.* May17, 1649. 669. f. 14 (32). 自らを'Resolved Apprentices'と称するこの徒弟グループは、ランプ議会を支持し、レベラーを酷評している。「ロンドン市の愛国的な（well-affected）徒弟は、あの文書で明らかにされた'pretended Pattern'、つまり各区において活動的な（cordial and active）若者をアジテーターに選ぶこと、あの仕事、つまり"pretended Example"の実践を遂行するための党派を得ること、にしたがって奮起している」。Pease, *op. cit.*, p. 286. Frank, *op. cit.*, pp. 208-209.

（86）Shaw, *op. cit.*, p. 47. cf. Pease, *op. cit.*, pp. 234-35.

（87）Brailsford, *op. cit.*, p. 555.

（88）*The Declaration of the Levellers concerning Prince Charles,* T. C., E. 555 (26). p. 3. cf. Brailsford, *op. cit.*, p. 579.

（89）P. Zagorin, *A History of Political Thought in the English Revolution,* 1954, p. 38.

（90）Lilburne, *An Inpeachment of High Treason against Oliver Cromwell and his son-in-law Henry Ireton.* T. C., E. 508. (20), p. 8. Brailsford, *op. cit.*, p. 561.

（91）T. C., E. 571. (11), pp. 10-1. 六人の騎兵が署名しており、主な内容はバーフォードで制圧された軍隊叛乱の擁護である。ブレイルスフォードは、ウォルウィンの助力を得て作成されたと考えている。Brailsford, *op. cit.*, p. 563.

(92) Brailsford, *op. cit.*, p. 561.「レベラーズは、要求を系統立てて表明するために国民代表者会議を召集することを考えだした最初の民主的党派であった」。*Ibid.*, p. 562.

(93) たとえば、'*An Inpeachment of High Treason . . .*', '*The Levellers . . . Vindicated*', '*An Outcry of the Youngmen and Apprentices of London*'. Brailsford, *op. cit.*, pp. 561, 563. Frank, *op. cit.*, p. 216.

(94) T. C., E. 572. (13), pp. 9-10. 一六四九年五月の『人民協定』および'*The Levellers vindicated*'に「賛成したロンドン市の Youngmen & Apprentices のエージェントたち」の同意によって選ばれた一〇人のエージェントが署名している。ブレイルスフォードは、著者をリルバーンとみなしている。Brailsford, *op. cit.*, p. 563.

(95) フランクは、この請願を「レベラー党派の死前喘鳴」とみなしている。Frank, *op. cit.*, p. 217.

(96) T. C., E. 574. (15), pp. 4, 7.

(97) *Ibid.*, pp. 6-7.

(98) 国王派の反応については cf. Brailsford, *op. cit.*, pp. 555, 576, 577.

(99) わずか一連隊で実現しただけである。*Ibid.*, pp. 564, 575.

(100) Shaw, *op. cit.*, p. 89.

(101) cf. Shaw, *op. cit.*, p. 90. Zagorin, *op. cit.*, p. 38. Gibb, *op. cit.*, pp. 307-8.

(102) *A discourse betwixt Lieutenant Colonel John Lilburne . . . and Mr. Hugh Peter*, 1649, cit. in Brailsford, *op. cit.*, p. 554. cf. Lilburne, *Strenghth out of weakness*, 1649, cit. in Zagorin, *op. cit.*, p. 18.

(103) Brailsford, *op. cit.*, p. 121.

(104) John Lilburne, *The second Part of Englands New-Chains Discovered*, 1649, in Haller and Davies, *op. cit.*, p. 178.

(105) T. C., E. 574. (15).

(106) *A Manifestation from Lieutenant-Col. John Lilburne, Mr. William Walwyn, Mr. Thomas Prince, and Mr. Richard Overton. . .*, 1649, in Wolfe, *op. cit.*, p. 394.

終　章　レベラー民主主義のオリジナリティ

はじめに

レベラー指導者は、「将来の圧制を防ぐための唯一の効果的な方法は、諸君（＝人民）が代議院議員に信託した権力を明瞭にし、危険のないようにすることである」[1]と主張したが、議員ジェントルマンに対する不信の基底には、権力をもつ人や集団は権力によって腐食されるという確信があった。この確信は、人間性の堕落というプロテスタントの信念に発するものであるとともに、[2]なかんずく「大衆請願」を中心的な戦術として政治参加した体験（請願受理の拒否等）のなかで獲得したものであった。その学習成果として、レベラー指導者は成文憲法＝『人民協定』というアイデアを獲得し、すでにみたように「あらゆる専制」権力（国王・議会・軍隊・国務会議）を厳しく制限すること（戦術としては、反国王→反議会→反軍隊→反国務会議）を、革命闘争の基本戦略としたのである。

この戦略は、地方官職（シェリフ、治安判事等）をウェストミンスターからの任命ではなく、各教区、ハンドレッド、州の自治によって選出するというレベラーズの「最も重要でオリジナルな要求項目」（参加型統治）に照応する。それゆえ、「レベラーズのオリジナリティは、すべての行政官の権限を――議会さえも――制限せねばならないことを発見した点にあった」。[3]本章では、『人民協定』の権力規定（原理的・制度的）の骨子を考察することによって、「レベラーズのオリジナリティ」を浮き彫りにするとともに、レベラーズの個人主義的表現（所有的個人主義）の根底にある規範を考察する。

一　『人民協定』の権力規定

レベラーズの指導者たち、とくにリルバーンが革命期に、法廷闘争や大衆政治運動の指導を通して学んだ教訓は、長く役職または権力の座にある人びとは腐敗するに至り、かれらの地位を公共の諸目的よりもむしろ己自身の目的のために利用するということであった。リルバーンはこう述べている。「というのは、静止した水は当初からそれほど清くはないが、新しい流れる水を注ぎ込む泉がなければ、時とともに急速に腐敗する」。[4]「とりわけ、命令権、信託あるいは役職が誰かの手中で永続するのを避けよ。それは、あらゆる時代、あらゆる国、とくにわれわれ自身の悲しむべき経験に照らして、信託された人びとの腐敗と専制の手段、人民の隷属の手段たることを立証している…」。[5]「良き法を制定する手段が誰のものであれ、それをもつ人は全人類に関する悪意ある意見、邪悪な考えをもって法制定に着手するにちがいない。このことは最も賢明な立法者たちの間での格言であった。誰かの手段が邪悪でないのは議会の欠如によるということを考えよ。また、どんな国家といえども、誰か公共の大臣が、かれの権力の効力が失われるよりも長く善でありつづけることを賢明に確信するのは無理であるということを考えてみよ」。[6]レベラーズの指導者たち（リルバーン、ウォルウィン、プリンス、オーバートン）は、次のように述べている。「…もしわれわれが権力の座にあるとすれば、他の人びとがそうしたように、われわれもまた暴君的に振るまうであろう。われわれは実際、権力の座を獲得した多くの人びとの変節を経験してきたし、また、同じ人間でも身分が低かったときと出世したときとではどんなに違うものであるかも見てきた。それゆえ、われわれとて自分自身の心さえ信じがたく、われわれこそは正しく振る舞おうという自分自身の決心さえ疑わしく思えるのだ。したがって、われわれは次のような体制を提案したのである。すなわち、人間は現世の誘惑に染まりやすく屈しやすいものだと考えるかぎり、かれらに個人を傷つけたり公衆を害したりする手段や機会をもたらすべきではない。火急のときだとか、身に明らかな危険が差し迫っている場合は別としても」。[7] レベラーズの信ずるところによれば、どんな人間も罪から自由ではありえない。それゆえ、権力をもつ人間は誰でも、機会さえあればそれを自分自身の利益のために用いようとする。したがって、かれらは権力をできるだけ限定することによって、どんな個人も集団も、権力をもちすぎないようにしなければならないと考えた。これはかれらの思考の中核をなすものであり、かれらが『人民協定』という憲法のアイデアを心に抱いたのは、この原理に照らしてであった。

第一『人民協定』は、協定を作成しなければならない理由を次のように述べている。「なぜわれわれがこれらを生得権であると宣言して人民と協定において連帯しようと望むのか、なぜ議会に対して権利を求めて請願しないのかと誰かが尋ねるならば、理由ははっきりしている。議会の法令は不変ではないし、不変でありえない。それゆえ、ある議会の定めた法は、別の議会が腐敗してしまえば、腐敗した議会の決議からあなたがたやわれわれを無傷で救い出すための十分な保障にはなりえないのだ。しかも議会は、権力と信託の範囲を、信託を与えた人びとから指示されるべきである。したがって、人民は議会の権力と信託の内容を宣言すべきであり、それを宣明することこそがこの協定の意図するところである。毎年議会が開かれるので、たくさんの議会制定法ができているが、それでもあなたがたは生得権を奪われており、それがないために奴隷化されたままである。それゆえ、あなたがたの福祉にとって欠くべからざるこれらの自由を確保する必要と、戦争が終わっても上述の確かな解決がないために引き伸ばされているさまざまな悲惨で嘆かわしい経験、この両方のゆえにこの協定が必要とされるのである」。[8]

いかなる議会制定法も不変なものではありえないから、議会が腐敗した場合、人民はその権利を保障されない。また、議会は主権者たる人民から一定の権力と信託とを受け取るべきものであるから、人民は議会の権力と信託とを宣明すべきである。要するに、人民主権という前提の下に議会の権力と信託の範囲を限定し、その限定を通じて、恒常的に議会を人民のコントロールの下におこうというのが『人民協定』の骨子である。『人民協定』が、「議会によってさえも変更できない」成文憲法のかたちをとったことの理由を、リルバーンは次のように述べている。「人民協定が議会から発せられることは適当ではない。なぜなら、議会から出されると、他の場合以上に命令的になるから。…それは命令ではなく、自発的なものでなければならない。…ある議会によってなされることは、次の議会では実施されないかもしれない。しかし、人民の間で始められて完成される人民協定は、議会がけっして破壊できるものではない」。(9)

絶対王政に対して、また長老派議会、独立派軍幹部に対抗して革命を闘ったレベラーズの基本的な戦略は、「人民主権」の原理に基づく成立憲法『人民協定』によって、あらゆる中央権力（議会であれ軍隊であれ国務会議であれ）(10)を人民のコントロールの下におくことであった。『人民協定』は、国家権力が無条件に及ぶ範囲を次の事項に限定している。「この国の代議院および将来のすべての代議院の権力は、かれらを選出した人びとの権力のみに劣る。代議院の権力は他のいかなる人または人びとの同意あるいは承諾なしに、法律の制定・改廃、官職・法廷の廃止、あらゆる職階の行政官・官吏の任命・解雇・審問・宣戦と講和、外国との条約締結、その他一般にいかなることをもおこないうるが、選挙民が明示的または暗示的に自らに留保する以下の項目にはその権限が及ばない。［保留事項］略」。(11)「人民代議院の権力は、（かれら以外の人または人びとの同意あるいは賛同なくしても）法の制定・変更・廃止・宣言にまで及ぶ。また裁判所官吏の任命のほか、本協定が代議院に対して保留しないすべての事柄に及ぶ」。(12)「今後は、最高権威のもつ権力について、またそれが掌り行使する事項について、いかなる人も無知であったり、あやふやであったりすることのないように、われわれは次のとおり協定し宣言する。すなわち、代議院の権力は、なんぴとの同意と賛同を得ずとも次の事項に及びえる。一、外国との講和および通商の協議。二、先王治世第三年に制定公布された権利請願に含まれるわれわれの生命、身体、自由、財産および土地に関する諸権利の確実な防衛と保障の維持。三、税金の徴集。その他一般にわれわれの自由の増進、不満の解消、国家の繁栄に資することが明らかなすべてのこと。…権威を信託されていた多くの人びとを誘惑して、信託された権威を己による支配のために悪用させ、またわれわれの平和と自由を損なうように悪用させる、腐敗した党派がはびこっていることを、われわれは辛い経験によって発見した。それゆえ前条のわれわれの自由の増進その他を保障するために、われわれはさらに次のとおり協定し宣言する。［保留事項］略」。[13]

このように、『人民協定』は、国家権力に関して、主権者たる人民の「同意と賛同を得ずとも…及びえる」事項と、けっして権限の及ばない人民の基本権（保留事項）とを宣明しているが、そのほかに介入を制限する事項を列挙している。たとえば、第三『人民協定』の全三〇カ条のうち、その大半は議会その他の公機関の権力に関する周到な制限規定である。そのうちで最も注目すべき項目は、公権力の中核を構成する最大かつ最強の組織暴力である軍隊に関する次の規定である。「また、いかなる方法によるにせよ、軍隊の権力が市民的権威に優越することほど国家にとって大きな危険はないという点をとくに考慮して…第二九条、われわれは次のとおり宣言し協定する。当分の間、兵員は代議院によってのみ徴募される。兵員徴募に際して代議院は次の規則を厳重に守らなければならない。すなわち、代議院は、各州・市・町・自治区に対して、割り当てられた兵員数に応じて徴募・装備・合意取付け・適正給料の支払の業務を担当させなければならない。また代議院は各地域の選挙人に対して、連隊・騎兵中隊・歩兵中隊に配属される士官を指名し任命するとともに、理由ある場合には更迭することもできる自由な権利を与えなければならない。最高司令官とすべての将官を指名し任命する権限は代議院に保留される。また国家の安全・平和・自由のために軍事行動が必要と思われる場合について、将官を命令・統制・指揮する権限が代議院に保留される」。[14] この規定は、軍事力の市民的統制または文官《シビリアン》優位《・シュプレマシー》の原則の嚆矢といえるであろう。

以上の規定から、『人民協定』が公権力に期待するところはそれほど大きくなかったことがうかがえるであろう。その点は、中央行政府についての言及がほとんどない（あるいは行政府が排除されている）ことからも明らかである。たとえば、国務会議についての規定はこうである。「…国務会議は、次期代議院の開会日まで公事を処理する。国務会議が代議院の出す訓令と制限に基づいてその間行動し、それ以上のことに及んではならない」。[15]「…代議院は、休会中、国務会議を設置せず、公事の処理は代議院議員から成る委員会に付託される。その際、同委員会には本協定にけっして違反しないような訓令を与え、かつそれを公布する」。[16] リルバーンは、もし国務会議が議会より長く存続し、議会が開かれていないときにそのような権力を掌握するとすれば、「かれらは自身を絶対的無責任にする大きな機会をもつであろう」と論じた。かれは、中央行政府は議会メンバーで構成される「短期の委員会」であり、「特別の訓令に基づいて制限され義務づけられ」、「かれらの信託の遂行に厳しく責任を負うべきである」と考えたのである。[17]

次に、公権力の腐敗を防ぐための制度上の改革項目に目を転じると、議会の毎年（あるいは二年ごとの）選挙が厳しく定められている。つまり、レベラーズは、人民が「かれらの選出した人たちの行動と姿勢について一年に一度思い起こして問う」ために、あるいは「同じ人物が長く権威の座にあることから明らかに生じる多くの危険と不都合を避けるために」、毎年（あるいは二年ごとに）選出の議会をもつことを規定しているのである。[18]「現議会の議員は、次期代議院に選出されえない。将来の代議院議員は、その次の代議院に選出されえない。一会期を隔てた代議院に選出されることは妨げない…」。[19] つまり、現議会の議員が新しい議会の議員として選ばれることを禁止するだけでなく、新しい議会に選出される議員に関しても、継続して再選されることを禁じているのである。さらに、議会を一年ごとに解散することを次のように規定している。「最高権威がこのようにして選出される人びとの手中に（常時）確保されるために…われわれは次のとおり協定し宣言する。次期および将来のすべての代議院は、一年間完全な権力を保持しえる。当然、人民は毎年一回議会選挙をおこなう。かくして議会の全議員は、神が許し給うなら永久に毎年八月の第一木曜日に、完全な資格をもって集まり、前の代議院と交代する。また（同じ理由で）次期および将来のすべての代議院はいったん成立したならば、少なくとも四カ月間中断なしに連日開会する。その後は任期の終わるまで、代議院の判断にしたがって、二カ月ごとに二カ月休会することができる。しかし、一年任期を過ぎてもなお議席を保有する議員はすべて反逆罪に問われる…」。[20]

レベラーズは、毎年（あるいは二年ごと）の選挙によって議員が権力を悪用する機会は減り、しかも議会は選挙民に対して責任をもちえると考えた。「議会人の権力の長期にわたる継続は、人民の自由にひどく破壊的となり、議会人が党派と派閥に陥る機会となり、かれらの恣意的な権力行使に力を与えるので、議会人は短期間にかぎり議席にあること、その期間自分たちを選出し信託した人びとに責任をもちつづけること」。[21]

ところで、これまでみてきた『人民協定』に一貫する権力への不信あるいは警戒という政治態度は、直接には、当時の政治状況、とくに独立派軍幹部との権力闘争に根ざしたものである。しかし、同時にそれは当時の政治的経験から抽出された一般的な原則による結論であった。そうした権力理解は、第三『人民協定』のしめくくり部分において明確なかたちで宣明されている。「また、われわれは、悲惨な経験を通じて次のことを知るに至った。すなわち、政体革新を企てたり、信託された政務の任期と権限を越えたり、恣意的で専制的な権力を導入したり、以上数え上げた破壊的な犯罪行為を罰する刑がないような無政府的な混乱の事態を現出させたりすることに対して、一般に人びとはほとんど手をこまねいているという事実を発見したのである。――第三〇条、それゆえ、われわれは次のとおり協定し宣言する。代議院は、本協定のどの部分をも、いかなる方法をもってしても放棄したり取り除いたりする権力をもたない。また、人びとの財産を平等にし、所有権を破壊し、万物を共有する権力をもたない。ある代議院が決議してこの協定を破壊せんとする場合、出席議員のうち抗議するか、直ちに異議を表明しない議員は、反逆罪の刑罰を受けることになり、そのような者として告訴される。暴力でもって本協定の破棄を試みるか企てる者も、同様に反逆の場合のごとく処罰される」。[22]

二　権力の非中央集権化構想

すでにみたように、レベラーズは「権力は腐敗する」と確信していたので、権力者に強い不信感を抱き、権力の集中を警戒していた。それゆえ、かれらは権力の大規模な非中央集権化を構想するのであるが、統治と行政の地方分権についての規定をみる前に法制度の改革プランを検討しておこう。統治と行政が民主化されるためには、法制度が改革されねばならないからである。一六四七年の『大請願』は次のことを要求している。「紛争・訴訟を決するために正しい、迅速な、平明な、煩わしくない方法を定め、すべての法をキリスト教に最も近いように一致させ、英語でそれを公布すること。読むことのできる者が、自己の訴訟をよりよく理解できるために、すべての訴訟手続が正しく、かつ英語で記され、省略なく、最も普通の字体で書かれること。すべての裁判官、法官、弁護士、ひいてはこの国のすべての行政官、役人の義務が規定されること。かれらの報酬は厳しい罰則を設けて制限し、すべての人が知り、かつ見ることができるように印刷して公表されること。こうした正しい公平な方法によって、国民は現議会によってこれまで取り除かれてきたすべての抑圧よりも厄介で苦難に満ちた抑圧から永久に解放されるであろう」。[23]

当時、法律と法手続はラテン語やフランス語で書かれていたので、普通の者には理解できなかった。しかも、それはひどく複雑であいまいであり、また法曹が故意にそうしてきたので、大衆は令状さえ理解できず、自分自身の訴訟を処理することができなかった。それゆえ、法制度改革のための第一歩は、法律と法手続の英語への翻訳、法手続の錯雑さの除去であった。かれらは、こう訴えている。「この国のすべての法は（ラテン語またはフランス語で書かれているので、普通の能力の者は締め出されている）、英語に書きかえられるべきこと。さらにすべての記録、命令、召喚状、令状その他何であれ、訴訟手続はすべて英語で記載され発布されるべきこと。ふつうローマ字体あるいは手書体と呼ばれる、この国における最も普通の共通の字体が用いられること。ラテン語、フランス語の言い回しまたは用語は全廃されること。また言語のいかなる省略簡約もなされないこと。そうすれば、自分らの言葉で書かれたものしか読めない身分の低いイングランドの平民であっても、自己の法律上の訴訟手続きを十分に理解できるであろう」。[24] 死後の人間の運命を定めた書物である聖書はすでに英語に翻訳されており、大きな成果をもたらしていた。今や、この地上における人間の運命を決定する法も、一握りの為政者の保管するところから奪い取って、大衆が理解するよう（したがって、コントロールするよう）に開放されなければならなかった。宗教改革は聖職者たちをその権力の座から放り出したが、次は法制度改革によって法曹たちを放り出すべきであった。[25]

法制度改革の次のステップは、民衆に自分の訴訟を弁護する許可を与えることであった。第三『人民協定』は、「…代議院はいかなる人または人びとに対しても、自分の訴訟理由を申し立てるのを妨げたり、あるいは自分を弁護する人びとを用いるのを阻む権限をもたない…」と規定している。[26] 改革の最終ステップは、中央諸裁判所を全面的に廃止することと、すべての刑事・民事裁判権を各ハンドレッドの裁判所に移すことであった。オーバートンはこう訴えている。「古い昔の、またノルマンの征服以後のいつかの時点でのこの国の古い法と慣習にしたがって、刑事であれ民事であれ、すべての訴訟を速やかに審理し判決するための裁判所が、各ハンドレッドごとに樹立され確立されるべきこと。それは、被統治者の安楽と利益のためのもので、古くからの慣習にしたがって毎月一、二度開かれ、それぞれハンドレッドで生じた刑事および民事のあらゆる訴訟にけりをつけるためのものである。その結果、イングランドの自由民は、かれらの訴訟の即席の、迅速な、また容易な処理が可能となり、ウェストミンスター・ホールでのかれらの訴訟の手続と審理のための煩わしさを取り除かれ、王国のあらゆる地方からの費用のかかる旅からも解放されることになる」。[27]

中央諸裁判所を全廃するという考えは、レベラーズの公式の政治綱領には盛り込まれなかった。しかし、『人民協定』は、「生命、身体、自由、財産」に関わるあらゆる裁判が、毎月開かれるハンドレッド裁判所で、「毎年ハンドレッド内の自由民が選出する」一二名の陪審員によって実施されることを規定している。「次期の代議院は、害虫、毛虫、すなわちこの貧しい国民に主たる害毒を与える法律家をこの王国から追い払うことをしきりに催促されている。それゆえ、各ハンドレッドに法廷を設け、ハンドレッドで生じたあらゆる問題を処理するために、ハンドレッドの自由民によって毎年選ばれる一二名が、この国の最高権威たる代議院によってつくられた、英語で記された明白な規則に基づいて、判断を導きだすべきである」。[28]「宣誓した隣人一二名によるという方法以外に、生命、身体、自由、財産について判断し判決を下す方法を定める法律を代議院は継続してはならないし、作成してもならない。その一二名は、人民によって自由な方法で選ばれ、次期代議院が閉会する以前に任命され、しかも現在まで多くの地方でみられるような、拾いだされ押しつけられた者であってはならない」。[29]

以上のことは、ノルマン征服以前においては事実であった。つまり、征服以前には「あらゆる性質の紛争」が、「各ハンドレッドにおいて短期間で最終的に解決され」た。「各人は、ウェストミンスター・ホールでの裁判のように、あちこち渡り歩かされたり、経費のかさむ出頭を強いられたりすることはなく、自分の訴訟を心にかけ出頭することができた。法は平明であり、紛争はハンドレッドの隣人たちによって解決された。隣人たちは、直ちに事の次第を報知され、かれら自身の扱う訴訟として裁判する用意をした…」。[30]征服以前には、法律家も職業的裁判官もおらず、「あらゆる紛争を最終的に決着するためには、各ハンドレッドで選出された一二名の善良で法に適った人びとがいただけである。この制度は、ウィリアム征服王があのすぐれた基本法を抑圧するまで続いた」。[31]

ウィリアム征服王は、諸法をフランス語で書かせたので、「貧しくて惨めな人民は、瞞着され欺かれ台無しにされ滅ぼされた」。もろもろの法裁判所における「すべての記載事項と訴訟手続」には「わたくしの知らない、わが土着の人間一、〇〇〇人のうち一人もわからない言葉」であるラテン語が用いられた。法の解釈は裁判官の自由裁量に任せられた。しかし、「自ら法律の裁判官であると称する諸君は、ノルマンの闖入者にほかならない。事実、陪審員が満足すれば、陪審員の判決を申し渡すだけのつまらぬ連中にすぎない」。陪審員は事実に関する裁判官であると同様に、法律に関する裁判官であるべきである。裁判官たちは、支配階級出身であり、政府と密接な関係をもっているか、おのずから人民大衆に敵対する感覚をもって法の解釈に当たった。(32)「それゆえ、わが栄光ある議会は…このノルマンの制度を永久に絶滅し、すべての訴訟と紛争をそれらが生起した州あるいはハンドレッドのうちで解決できた征服王時代以前の王国の古い統治機構に、われわれを立ち返らせるであろう…」。(33)

以上が法制度の改革に関するレベラーズの主張であるが、こうした法制度の非中央化、地方共同体への委託は、必然的に、権力の大規模な非中央集権化（統治と行政の地方分権）というう結論を導いた。オーバートンは次のように訴えている。「この国の古来の共通の諸法によって適格とされるような、そしてまた市長やシェリフや治安判事などのように自由身分の平民《フリー・コモンズ》によって選ばれるようなすべての役人は、それぞれの地方で人民の自由な選挙に委ねられ、他の方法で選ばれてはならない。また、そのような方法で選ばれておらず、正当なものと認められてもいない（現在ある）すべての公職は直ちに取り除かれ、人民の自由な選挙によって選ばれた他の者が代わって任命されるべきこと」。(34)第二および第三『人民協定』は次のような規定を設けている。「ハンドレッド法廷を設立したあと、市長、シェリフ、治安判事、助役などを必要とする場合、前記協定による議員選出の有資格者は、代議院によってかれらの生来の、適正な、疑いえない権利を回復し、共通の同意により、国の最高権威によって平明にはっきりと記され定められる方法で、毎年かれらのうちからすべての前記の公職者を選ぶ…」。(35)「代議院は州・ハンドレッド・市・町・自治区に公職者を押しつける権限をもたない。本協定によって代議院議員を選出する資格のある人民が、それぞれの地域で法を執行する、任期一年でそれ以上に及ばぬ公職者のすべてを毎年選出する。これは党派が生じるのを避ける特別の対策である」。[36]

こうした地方統治の民主化の要求は、教会の行政領域にもみられる。つまり、教区牧師は、俗人パトロン、主教、国王または議会から押しつけられるのではなく、教区民自身が献金し契約したいと考える期間と報酬でもって選ばれるべきであった。「代議院は、各教区に聖職者を強制する権力をもたない。それぞれの教区の教区民に、かれら自身がすすんで献金し契約する条件と報酬に基づいて承認できるような人物を選任する自由が与えられなければならない。ただし代議院議員の選挙権を有する者以外の人びとは聖職者を選任できない」。[37] さらに、租税の賦課についても「各区あるいはハンドレッドの自由民」が選んだ人物によっておこなわれるべきであった。「…サブシディや公の税が国民に課せられる場合には、前記の選挙権資格者である各区あるいはハンドレッドの自由民が、月割課税の平等な割当てをするため、共通の同意によってかれらの中から人を選ばねばならない」。[38]

権力の地方分散の原理は、国防についても適用された。「いかなる方法によるにせよ、軍隊の権力が市民的権威に優越することほど国家にとって大きな危険はない」という立場から、議会には将軍とその幕僚の任命権しか与えられるべきでなかった。連隊・騎兵中隊・歩兵中隊その他の士官は、徴集される場所の人民によって選出され、また必要な場合には人民によって罷免されるべきであった。[39]

以上が、地方に関するレベラーズの提案の骨子であるが、これらの提案は自治的な地方共同体社会の青写真にほかならなかった。オーバートンは、「それぞれの州は、自分たちの間で一定数の人を選んで、何が各州の正しい法・慣習・特権であるかを調査し、これを議会に提出する自由をもちうる」とさえ主張した。[40] それゆえ、パトニー討論会でクロムウェルが、レベラーズはイングランドをスイスのような自治カントンの連合体にすることを欲しているのかと非難したとき、[41] それは鋭い批判であったのである。

三　自然権思想における権力観

『人民協定』を中心にレベラーズの権力規定（制度論）をみてきたが、ここでは、そうした権力論が自然権思想の中でどのように述べられているかについて、まずオーバートンのそれを考察する。かれは、『堕落した代議体を越えて、自由民への訴え』（正式なタイトルは『ウェストミンスターに集まるイングランドの下院なる堕落した代議体を越えて、このイングランド王国およびウェールズ領内の多くの州・市・町・自治区その他の場所の自由民《フリーピープル》一般なる被代議体への訴え』）の中で、不正議員の「リコール」を求めて次のように述べている。「それぞれの州は、自分たちの間で一定数の人を選んで、何が各州の正しい法・慣習・特権であるかを調査し、これを議会に提出する自由をもちうる。そして、これらの州委員たちは、それぞれの地方選出議員である騎士や市民代表がそれぞれの地方の信託を欺いたり裏切ったりした場合や、この国に抜け目なく恣意的な権力を導入しようと企てた場合には、各州の誰かがそれらの議員に対しておこなう弾劾をすべて受理する義務を負う。そして上記の委員は、それぞれの州の名において上記の議員を弾劾し逮捕するとともに、法に基づいた公の審判にかける権限をもち、またそうすることを厳しく義務づけられる。そして有罪と判定された場合には処罰が執行され、人民の自由な選挙によって、代わりの人物が議会に送られる。また、上記の委員が告訴や弾劾をおこなうのを拒んだ場合には、それらの委員は反逆の罪を犯したものと判定される」。[42]

オーバートンはレベラーズの指導者の中で最もラディカルに権力制限と地方分権・自治を主張した人物であるが、彼は「反逆」の意味を自然権との関わりで、次のように論じている。「人間のいかなる位階も身分も称号も、この自己保全の原理の正しさに対しては歯が立たないし、そうあってはならない。人間のあらゆる位階・身分・称号、あらゆる法・習慣・風習は、この原理に譲歩し服従しなければならない。そしてこの原理は何ものにも服従しないのである。皇帝・国王・議会その他のあらゆる官憲の位階と称号はことごとく人民の安全に仕えるものであり、ことごとくそれによって基礎づけられ、ただそれのために設立され任命されたものだからである。というのは、人民の安全がなければ、人間の社会も共存も人間の生存もありえないからである。人間社会、共存、生存こそ、人類――ただし、滅びたがり、滅ぼされたがっている連中は除く――の地上の至高の善として、この世の他のあらゆるもの以上に守られねばならない。人類は、この地上で保存されねばならないからである。すべての人の子は、この保存に関して、平等の権原《タイトル》を生まれながらにもっている。人類の保存に敵対する者を除いて、なんぴとたりともこの権原を奪われはしない。このことは、自然における神がすべての国家のために据えてくださった土台である。神はこれをすべての統治者と人間の間のすべての政府のために、すべての法・執行・行政のために、据えてくださった。だからこれに抗う政府や統治者はすべて、不敬で、不自然で、悪魔的で、暴君的であって、嫌悪され忌避され、ありとあらゆる可能な手段をもって抵抗されるべきである。ここからして反逆の真の定義が生じる。実に反逆とは人間社会の破壊にほかならない。すなわち、それは公共の安全と共存と平和を壊滅させる行為、またはその完全な崩壊に明らかに資する行為であり、人民と国家を臣従と束縛と隷属に陥れる行為である。そのような行為と行為者は反逆的であって、それ以外の何ものでもない」。(43)

オーバートンによると、反逆とは、人間社会の破壊行為、すなわち公共の安全と共存と平和を壊滅させる行為、国民を臣従と束縛と隷属に陥れる行為、である。それゆえ、権威を信託された議会が堕落して反逆者、圧制者となった場合には、人民は「自己保全の原理《ディフェンシブ・プリンシプル》」に基づいて自らの保護と安全のために抵抗する権利と義務をもつ。かれは「自己保全の原理」について次のように述べている。「自然における確固たる法であり根本的な原理であるものが、創造の際に神の指によって、あらゆる生きかつ動くもの、生命の息のあるものの心の板に刻みつけられた。その原理とは、すべての有害で破壊的で忌むべきものから、最大限の力でもって自分自身を防衛し、保全し、守り、救いだすことである。それゆえ、ここから理性の疑う余地なき原理が万人一般に、また個人それぞれに伝えられる。その原理とは、各人が自分にとって用いることの可能なありとあらゆる理性的で正当な手段方法によって、すべての圧制・暴力・虐待から自分を救い防衛し助けだすことであり、また（自らの安全と生存に対する義務として）そこから自分を救いだすための正当な方策をあますところなくすべて用いることである。このことは理性的であり、正当である。それを否定することは自然法を、いや宗教の法をも覆すことである。なぜなら、これの反対は自殺・暴力・虐待のみを結果するからである」。[44]

「自己保全」とは、「すべての有害で破壊的で忌むべきものから…自分自身を防衛し、保全し、守り、救いだすこと」、「すべての圧制・暴力・虐待から自分を救い防衛し助けだすこと」、である。それは、「自らの安全と生存に対する義務」であり、この義務を怠ることは自殺行為に等しい。こうしたロジックは、破壊的なあらゆるものから自己を守る本能的な要求から抽き出された自然権思想に立脚するものである。オーバートンは、自然権について次のように述べている。「自然におけるあらゆる個人には、いかなる人にも侵されたり奪われたりされるべきではない個人的所有《インディビジュアル・プロパティ》が自然によって与えられている。というのは、人は誰でも、自分自身であるゆえに、自己という所有《セルフ・プロプライアティ》をもっている。さもなければ、かれはかれ自身ではありえないからである。そしてこのことに基づいて、いかなる人といえども、なんぴとかのものを奪おうと思うならば必ずや自然の、および人間と人間との間の公平《エクティ》と正義《ジャスティス》の諸規則の、諸原理そのものに対する明白な違反と侮辱を犯すことになるのである。私のものと君のものは、この原理がなければありえない。いかなる人も、私のもろもろの権利と自由を制する力《パワー》をもたないし、一方私も人の権利と自由を制する力をもたない。私は個人でしかなく、私自身を、そして私自身の所有を享受しうるであろう。

そして私は私自身を私自身と称する以上のことはないであろうし、さもなければ、何かそれ以上と思うかもしれない。もしそう思うのであれば、私は、私がなんらの権利ももっていない他人の権利に対する侵略者であり侵害者である。なぜなら、自然に生をうけることによって、すべての人が生まれながらに平等かつ一様に同様な所有や独立や自由をもっているからであり、そしてわれわれは神から自然の手によってこの世に引き渡されるのであるから、あらゆる人は自然的、生得的な独立と所有をもっている（それは各人の胸板に、けっして消されぬように書き込まれているから）のであって、われわれはまさにそのとおりに生きるべきであり、あらゆる人が平等かつ一様に己の生得《バースラ》権《イト》と特権を享受すべきだからである。まさにこれらのすべてを神は本来、あらゆる人の自由に任せたのである」。(45)

「あらゆる個人」は自分自身であるゆえに、自分自身に対する自然な所有、つまり個人的所有《セルフ・プロプライアティ》をもっており、それは誰にも、どんな権力にも奪われえないものである。さもなければ、自分自身でありえない。つまり、他人を寄せつけず排除する（同意、協定の場合を除いて）、個々人の自然的な自由と所有が、人を人間たらしめるのである。その意味で人間の本質は自由、独立であるけれども、ここで注意すべきは、個人的所有と自由が無制限なものと考えられていないという点である。オーバートンは、右の引用文につづいて、次のように論じている。

あらゆる人が平等に自然的、生得的な独立と所有を享受すべきである。「しかもこのことは本来、あらゆる人が欲望し、目指し、要求するところである。なぜなら、いかなる人間も、自分の自由を隣人の悪だくみによってたぶらかされたり、隣人の力によって隷属させられたりすることを自然的に欲しはしないだろうからである。というのは、有害で不快なすべてのものからそれ自身を守るのが自然の本能だからであり、しかも自然において本能は、すべての中で最も合理的で、平等で、公正であると認められ、種《カインド》から根絶されるべきでなく、被造物たる人間とともに平等に存続することさえ認められているからである。そしてこの源泉ないし根から、正しい人間の権力はすべて由来するのである。神から直接に（王たちが通常、かれらの大権を弁護するように）ではなく、間接的に自然の手によってであり、代理された者から代理する者へのようにである。というのは、もともと神は被造物たる人間にそれらの力を植えつけられたのであって、被造物たる人間からそれらの権力は直接に生じるが、それ以上ではないからである。そして、よりよき生存、幸福と安全に役立つ以上に多くのことは何も知らされないのである。そしてこれが人間の特権であり、それ以上ではない。それ以上にではなく、それだけが、そこから与えられ、ないし受け取られよう。まさにそれだけがよりよき存在、いっそうの安全と独立に資するのであって、それ以上ではない。それ以上与える人は、自分自身の肉体に対して罪を犯すのであり、そしてそれ以上取る人はかれの同胞に対する泥棒であり強盗である。あらゆる人は本来、自分自身の自然な区域と範囲においては王であり、司祭であり、予言者であるから、そこへは他の誰も、かれからの代理、委任、および自由な同意による以外には参加しえない。それが各人の自然な権利であり独立である」。[46]

この主張から明らかなように、個人的所有は、「よりよき生存、幸福と安全に役立つ」かぎりでのもの、「よりよき存在、いっそうの安全と独立に資する」かぎりでのものであり、「それ以上取る人は、同胞に対する泥棒であり強盗である」。つまり、自分自身の身体に対する自然な所有としての自然権はけっして無制限な取得に対する権利を意味してはいなかった。その理由は、「人民の安全がなければ、人間の社会も共存も人間の生存もありえない」からであり、「人間社会、共存、生存こそ、人類…の地上の至高の善として、この世の他のあらゆるもの以上に守られねばならない」からである。オーバートンは、人間社会（人類）の保全を究極的な善とみなしていたので、個人的所有の行使は人間相互の「よりよき存在」の範囲内に限定されるべきものと考えたのである。この点は、「信託」論の中で、より明確に示されている。かれは次のように書いている。

「なんぴとも本来自分自身を虐待したり、叩いたり、苦しめたり、悩ましてはならない。それゆえ同様になんぴとも本来そうする権力を他人に与えてはならない。自分でそうしてはならないのだから。全体は部分から成るが、部分の一つ一つに含まれないものは全体に与えられようがないのである。人が自分の力以上のことをおこなうのは、これを越え出ることであろうが、そんなことは不可能である。したがって、信託を受けた者が、それを与えた者の幸福と安全のためにならない行動をするなら、被信託者たちは正しい権力から外れるのであり、人間のものとも神のものとも呼べない権力によって行動することになる。その権力は不自然で悪魔的なものであり、その簒奪者を人間の中の怪物にしてしまう。ところで、これらの前提を考察したからには、わたくしは確信をもってこう結論を下す（確信が正しい自然の原理から抽き出せるものならば）。われわれの信託を受けた者たちがわれわれの幸福を蹂躙するならば、そのことによってかれらの受けた信託はすっかり没収されるのだ、と。こうしてウェストミンスターの議会に集まった優勢な一党に与えられていた人民の信託が没収されたことをわたくしが証明するなら、かれらを越えて人民に上訴することは反議会的でも反官憲的でもない。主権を訴えた上訴ではなく、主権に対する上訴なのだから」。[47]

以上に引用したオーバートンの自然権思想を、信託権力と個人の自然権（individual property, self-property）との関係に焦点を絞って総括的に整理すると、次のような文意であろう。

権力は人民に由来するのであるから、「すべての人間の正当な権力は、共同の合意によって信託され、授与され、委譲されたものにすぎない」。何を信託されるかといえば、それは「よりよき存在、いっそうの安全と独立に資する」かぎりのものだけであって、「それ以上ではない」[48]〔権力の制限〕

なぜ、それ以上のものを信託できないかといえば、「全体は部分から成るが、部分一つ一つに含まれないものは全体に与えられようがない」からである。つまり、自分自身がもたない力（己を虐待したり破壊したりする力）を他人に与えることは不可能だからである。[49]また、「それ以上与える人は、自分自身の肉体に対して罪を犯す」ことになるからである。〔個人の権利と自由の制限〕

以上のロジックからわかるように、あらゆる権力を厳しく制限すべきであるというレベラーズの基本的な立場（戦略）は、個人の自然的権利（individual property, self-property）行使の制限という考えを前提とするものであった。オーバートンは個人の諸権利と自由を「自己保全」の本能から演繹したけれども、その個人主義的表現の根底には、社会についての積極的価値へのキリスト教的信念が存在していた。つまり、自己保全の原理は、人間社会を保全する義務の観念に基づいている。「人間社会、共存、生存こそ、人類…の地上の至高の善として、この世の他のあらゆるもの以上に守られねばならない」。

オーバートンと同様にリルバーンも、すべての公正な権威は相互の契約や同意に基づくと論じているが、そのような契約が「なんぴとかの害、障害あるいは損害のために」なされることはありえない、と考えていた。つまりかれは、契約が「相互の利益と安寧のために」、もしくは「相互にかれらのよりよき生存のために」のみなされるということを自明のことと考えていた。[50] 一六四九年のリルバーン、ウォルウィン、プリンス、オーバートンによる『宣言』もこう訴えている。「なんぴとも、ただ自分自身のためだけに生まれたのではなく、自然の法（それは万人に及ぶ）、キリスト教の法（それはわれわれをキリスト教徒として拘束する）、および公共社会や政府の法によって、共同体の幸福の増進のために、われわれ自身に対すると同じように他人への一様な心づかいを増すために、われわれの努力を用いるよう義務づけられている…」。[51]

このようにレベラーズは、個人の自然権と自由を無制限に絶対的なものとは考えていなかった。かれらが一貫して要求した信仰の自由についても、「社会に対して破壊的でない」ことを条件とされた。しかし、かれらは国家権力による宗教の強制には断固反対した。リルバーンはこう書いている。人間は「王国内では国王に治められ統治されるように…人間の下位の球体（都市、ハンドレッド、小区および家族）にあっては神によって治められ統治される」。[52] この見解は政教分離（聖俗一体の分離）の原則を示すものである。つまり、リルバーンの考えでは、キリストはこの世において信者の間に王国をもち、信者たちは神の王国に関する事柄については神の法のみに従う。国王・議会・行政者、そして教会当局さえも、神の王国においてはなんら権限をもたず、個人はただ神に対して責任を負うのである。(53)

オーバートンは、二元論的な人間観にたって政教分離を主張した。つまり、かれは、人間存在を「外的な人」('the outward man')と「内的な人」('the inward man')とに区別し、前者は世俗の支配者の下に在り、後者は神の下に在る、と論じた。「剣は肉を刺すのみであり、外的な人に触れるのみである。それは内的な人に触れることはできない」。(54) ウォルウィンの場合は、世俗政府の支配下にある「自然的な事柄」('things naturall')と、神の支配下のみに属す「超自然的な事柄」('things supernaturall')とを区別することによって、魂と良心の領分における個人の自由を論じた。(55)

このようにレベラーズは、政教分離の原則を主張することによって、人間が「一人の人間として」自立できる領域(個人としての精神的自由)を確保せんとした。個人の精神的な自立は人間としての本質であったからである。しかし、レベラーズのいう精神的自立は、個人がバラバラな存在であることを一方的に強調するものではない。リルバーンの掲げる政教分離の原則からわかるように、個人の自立は、共同体社会の自立(自治)の上に成りたつものであった。個人の権利が保全されるためには、集団として権利が保全されねばならなかったからである。その意味でレベラーズの個人主義は排他性と相互性(連帯性)の両義性を有しているといえよう。自然権イデオロギーを実践の側面から小括しておこう。

レベラーズの見解では、自分で考え行動することは社会的責任であった。かれらは、人間はけっしてバラバラな利己的存在ではなく、相互の利害・幸福に対して責任を負う社会的存在であるという信念、隣人の利害・幸福はそのまま直接に自分自身のそれに繋がっているという信念、に支えられていた。かれらの言う隣人とは、家族や身分や知り合いのことではなく、むしろ正反対に「善きサマリア人の譬え話」にみられるように、全く見知らぬ人、名もない民衆にほかならない。「隣人からしてもらいたいことを、自分も隣人に対して為せ」。この黄金律は、実践行動の原理であると同時に、「自然状態」における人間社会形成の原理であった。そして、この原理を知る力が理性であった。それゆえ、理性は行動の規範であると同時に、社会を秩序づける規範でもあった。各人は神から与えられた理性を具えており、理性に基づいて最善の社会形態を判断し、相互の対等な契約行為によってそれを実現する、とレベラーズは考えたのである。しかし、かれらの組織基盤であった諸セクトは、理性に基づく判断は人間社会を破壊する（国家権力と財産に敵対する）社会理論と結びついていると考え、レベラーズに対する支持を捨てた。こうしてレベラーズは歴史の表舞台から消え去るのであるけれども、かれらの衣鉢は社会の自由化と民主化をもとめる子孫、産業革命の犠牲者たちの実践運動に受け継がれたのである。

四　世俗的基盤にたつ「大衆請願」

これまでの節でみたように、レベラーズの見解では、自から考え行動することは社会的責任であった。レベラーズの運動は、人間は相互の利害・幸福に対して責任を負う社会的存在であるという信念、隣人の利害や幸福はそのまま直接に自分自身のそれに繋がっているという信念、に支えられていた。

「隣人からしてもらいたいことを、自分も隣人に対して為せ」という黄金律は実践行動の原理であり、この原理を知る力が「理性」であった。以下の四・五・六節では、個人＝理性をユニットとした「大衆請願」という政治参加（政策綱領の起案・推進・支持）を通してレベラー指導者が編み出した斬新な（自律的）行動様式とその規範としての自然権イデオロギーの内実を考察する。換言すれば、ここでは『人民協定』を人民主権や社会契約という〈思想〈原理〉の当然の帰結〉として捉えるのではなく、レベラーズとして結集した民衆中層・下層の「大衆請願」のコンテクストを重視することによって、運動史〔「共同一致」＝政治的結合〕の側面から、『人民協定』に収斂するレベラー民主主義のオリジナリティを考えてみたい。

一六四七年一一月のウェアでの敗北によって軍隊から切り離されたレベラー指導者は、反議会〔反長老派〕から反軍幹部〔反独立派、反クロムウェル〕へと、戦術を転換した。一六四八年一月中旬の会合において、リルバーンは、集まった支持者たちに、「剣による支配」〔軍事支配〕の危機を指摘して、クロムウェルの策動〔国王との密議など〕を阻止するために「大衆を奮起させ」、「クロムウェルに反対する」請願書に署名させる大衆運動を組織することを提案したのである。(56) つまり、『一月請願』(57)は、次のような情勢分析と危機意識のもとで生まれた。「われわれの請願書は燃され、ただ請願しただけでわれわれの身柄は投獄され虐待されてきたけれども、われわれは、奴隷化され滅びつつある人民に対する名誉ある下院の同情心を諦めることはできない。われわれの財は費やされ、国《ネーション》のあらゆるトレードは衰退し、何千もの家族が貧窮化し、無慈悲な飢饉が門の中に入り込んでいるけれども、われわれは、あなた方がこれらのことを最後には考慮してくれるだろうと期待している。それゆえ、あなた方の手遅れによって国がすっかり消耗してしまう前に、われわれは再度、正義と自由を求めるわれわれの悲痛な叫び声を諸君の耳に届けねばならない」。(58) この前文の後に一六項目の要求(59)を掲げ、最後に次のように記している。「尊敬すべき受託者諸氏〔worthy Trustees〕よ、われわれの執拗な叫び声に対して、あなた方の耳をもはや聾にするな。われわれの倒壊を、一瞬にして壊滅したソドムのそれよりも悪くするな。われわれを飢餓でもって釘づけするな。剣によって死んだ人たちよりも悪くするな。すべての統治を始源的な自然の諸法の中に解消するな。われわれをして自己自身を保全するために自然の回復をとらしめるように強制するな。それはいかなる人も奪うことのできないものだとあなた方が宣言したことなのだ」。(60)

ところで、リルバーン自身は、再び請願活動に転じる理由を次のように説明している。「われわれは、当分の間、目に見える権威をもたねばならない。さもないと、われわれは破滅と混乱へともたらされるであろう。しかし、われわれが民衆に勇気を奮い起こさせたとき、われわれはかれら（＝議会）にわれわれの欲することを腕ずくで認めさせるであろう」。[61] リルバーンは、軍隊へのカウンター・バランスとしてのランプ議会を「目に見える権威」とみなし、軍事支配による破滅という危機からの脱却を試みようとしたのである。

それゆえ、軍隊の対抗勢力である議会の長老派に対する懐柔的ゼスチュアがとられた。つまり、「有力な党派を遠ざけない」ために、『一月請願』からは十分の一税廃止の要求が削除され、また長老派との論争の火種であった宗教的寛容の問題は簡単にふれられただけであった。[62]

さらには、投獄されていた長老派議員ジョン・メィナード卿の釈放を求める請願を組織した。メィナードは、二月一九日土曜日に上院法廷へ出頭するよう命じられていたが、この請願書によると、メィナードの受難はかれだけの個人的な問題ではなく、「あらゆる個人としてのイングランド人の利害がかかり合っている。上院は、庶民たるかれの刑事事件をさばく裁判権を主張しているが、そうした不法な上院の要求は、上院の特権や不法なやり方に反対するあらゆる人を滅ぼす先例にされるだろう。合法な裁判とは、普通の裁判所において、同等の人びとからなる陪審員によるものである。また、そうであることを切望する。というのは、もし誰かが法に反して破壊させられるなら、同一の規定によって多くの人が同様に滅ぼされるであろう。そして、イングランドの法と自由が永久に失われることになるだろう」。[63]

ところで、この請願書には、次のような〈指令〉が付されていた。「イングランドの平和と自分自身の権利と自由を確保するために努力しようと望むすべての善意の人びと（well-affected persons）は、次の一六四七年二月一八日金曜の朝にウェストミンスターへ穏やかに集まり、この請願書の提出を助けて、それに対する議会の答えを求めることが望ましい」。[64]

指令（署名を集めることや請願推進集会を開くことについての指示）を付した請願書は、大量に印刷された。『一月請願』の場合も三、〇〇〇部が印刷されたと言われるが、このように議会への提出に先立って大部の請願書が配布されたということは、苦情の救済を議会に訴えることよりも、「自由・平和・繁栄の危機」を民衆に認識させて世論を組織する点に、請願の目的があったということを意味する。[65] つまり、『人民協定』に「盛り込む」ための諸要求を掲げた大衆請願を組織して議会に圧力をかけることにより、『人民協定』にもとづく新政府の樹立を企図したのである。リルバーンはこう述べている。「請願書を持っていつも議員の尻を追っかけたり、人民の幸福と自由にとって必須といえる政策を獲得するために議員を頼みとすることは、国民にとって不当であり、うんざりする無駄なことであると人民は考えるから、われわれの諸要求を人民協定に盛り込もうとしています」。[66]

レベラーズの請願の目的は、不満救済の嘆願ではなく、政治的な宣伝と抗議の行動にあった。このことについて、独立派のウォルター・フロストは的確に次のように述べている。「それ（＝一月請願）が議会への請願書であるのであれば、なぜ提出に先立って印刷され、人民に向けて出版されるのか。大衆（multitudes）の承認（approbation）を得るためなのか。そのようなことがなぜ必要なのか。求められるのは、かれらの承認だとしても、承認のための論議は必要ないはずだ。それがたった一人の人間の私的な指示（suggestion）であるというのに。…王国全体の判断は、両院の判断の中にある。諸君は諸君自身の圧力を示すことはできるが、王国全体のそれを示すことはできない。というのは、諸君は王国全体でないから。…それゆえ、すべての人から信任された両院が、すべてにとっての善を判断しなければならない」。「請願書は、もし掲げている事柄が、“unjust, false, scandalous, seditious”であるならば、焼却されるに値するし、請願者たちは罰せられるに値するであろう。…確かに、請願することは諸君の自由である。そしてまた、それに対する議会の判断に従うのも諸君の義務である。なぜならば、請願は、諸君の不満を明らかにするものであって、立法権力に対して指示《ルール》を与えるものではない。諸君が意味するように、それが布告《エディクト》――諸君が作成し、議会が真実であることを証するところの――になるのであれば、それはもはや請願とは呼べない。」(67)

このような請願の用法と目的の変化の契機は、セクト勢力の支持を得られなくなったことにあると考えられる。このことは、一六四七年一一月二三日にレベラーズが『人民協定』の実現を訴える請願書を提出した前日に出版された『ロンドン市とその周辺の会衆教会、ならびに他の者同様一般に再洗礼派と呼ばれている者の宣言』の中で明らかにされた。独立派とパティキュラー・バプテスト派の牧師などによって署名されたこの文書は、「権力において同等を認めたり、万人が平等であるということは、人間社会、ひいては国家、都市、軍隊ないし家庭の善の推進にとって、きわめて有害にならざるをえない」と述べて、レベラー指導者を公然と非難し敵対的な立場をとったのである。(68)

この『宣言』は、レベラーズにとって衝撃であった。それゆえ、レベラーズは『一月請願』の中に、自分たちが「万人の財産を平等にし、政府をすべて打倒」しようとしているという中傷に対する否認を書き入れた。(69)こうして、レベラーズは、独立派とパティキュラー・バプテスト派の牧師と袂を分かった。また同時に、これまでレベラー運動の中核となってきたセパラティスト、ジェネラル・バプテストたちからの支持さえも不安定なものになっていた。(70)そうしたなかで、レベラー指導者は不特定多数の民衆に呼びかける戦術を打ち出した。リルバーンは、世俗的な基盤にもとづいて民衆の支持（世論）を動員することを指示したのであり、この組織づくりは、一六四八年一月の請願キャンペーンのときに始まったのである。

五　レベラー運動の意義

第二次内戦の切迫した保守派の脅威のもとで、レベラーズが再び急進派勢力全体の支持を集めるかにみえた。しかし、『人民協定』の審議（憲法制定会議）の手続きをめぐって、レベラーズと独立派の間に確執が起こり、結局レベラーズの主張は無視され、プライド・パージ、国王の裁判・処刑へと急傾斜したのである。

この政治過程においても、独立派はもちろんのこと、パティキュラー・バプテスト派の指導者たちは、人民主権と『人民協定』（憲法）に基づく世俗国家設立を企図するレベラー運動に組しなかった。会衆教会の勢力は、「良心の自由」、「寛容」を求めたにもかかわらず、世俗国家をそれ独自の道徳的行為の領域として受け入れることができなかった。それゆえ、「聖者」たちは、自分らの教会の存続を確保せんとする実際的便宜から、トーマス・プライド（セパラティスト出身）による議会のパージを弁護し、国王処刑への途を掃き清めたのである。その意味で、国王の処刑は「聖者」たちの勝利であった。[71]

第二次内戦以降のそうした情況は、レベラー指導者の眼から見ると、政治的な危機にほかならなかった。それゆえ、国王処刑後の一六四九年二月に国務会議が設置されて、軍内部の「秩序撹乱者」（軍隊レベラーズ）の弾圧が企図されると、リルバーンは『イングランドの新しい鎖』[72]を著して国務会議の「専制（Tyrannie）」に抗議するとともに、二月二六日に、それを請願書として議会に提出した。

この文書は、「一六四八年九月一一日の大請願の提出者、推進者、承認者（Presenters, Promoters, and Approvers）が憂慮する事柄（serious apprehensions）」を明らかにし、「専制の危険」である国務会議から人民の自由（Liberties and Freedoms）を擁護するよう訴えたものである。そして、リルバーンが二月二六日に議会法廷へ喚問されたときに陳述した声明文が、これに付された。この声明文でリルバーンはこう訴えている。「議長、わたくしはロンドン市内および近郊に住む"a company of honest men"から頼まれたのです。かれらは、まさに正当に、昨年九月一一日のロンドン大請願の考案者、促進者、提出者にして承認者(Contrivers, Promoters, Presenters and Approvers)という肩書きを自分のものだと言い得る人たちである。この大請願は、言うまでもなく、わたくしの知る限りではイングランドの最初の請願であり、故国王との破滅的な個人的取引(destructive Personal Treaty)に反対して、誉れ高い議会に提案されたものです。この"honest men"は、わたくしにぜひとも議会に、自分らの『まじめに憂慮する事柄』を提出してくれと頼んだ。そこで、お願いします。わたくし自身ならびにかれらが以下のように述べるのをお許しください。われわれの大部分の者は、困窮のときにあってさえも、われわれの自由(Liberties and Freedoms)を手放そうとしなかった人たちです。大敵を目の前にしたときでもそうでした。これまでの戦争の初めから、われわれは、自由の確保にしりごみしたことはありません。われわれの大部分の者は、われわれは主義主張を変えたことがありません。こう言うのをお許しください。そう、嵐のときでも、妻や子、財産、親類、いや命でさえ、つまり自分の物だと言えるこの世のすべてのものよりも、われわれの自由(Liberties and Freedoms)を貴重なものだと考えます。このことは、われわれの多年にわたる行動(血と命を賭けたところの)がはっきりとした十分な証しです。そして議長、こう言うのをお許しください。わたくしは、われわれの自由が(先の戦争の真の目的であり)、われわれにとっては、いつも貴重このうえないから、自由が絶えたあとしばらく生き延びるよりも、自由が死ぬのであれば、自由とともにわれわれの命も絶えた方がよいと思うくらいであります」。(73)

「議長、われわれは、この誉れある議会がわれわれの自由の真の(正当な)保護者であると認めています。そして、あなた方が士気を鼓舞して(勇者のように)徳高くして度量の広い決意をわがものとすることを心から願っています。そして、(恐怖心、畏れを抱くことなく)人民の信託を受けるに相応しい人として行動していただきたいです。（あなた自身が認め、宣言しているように）あらゆる正当な権力は人民から由来しております。人民をあらゆる種類の隷属、隷従の状態から解放し、われわれの使いはたした血、危険と辛酸を嘗めた経験と難渋という代価に相応しいものを、われわれに与えるように望むものです。そもそも、われわれの自由とは、人間を獣から分かつ真の相違点なのです。議長、私はわれわれの自由が死にかけている状態を深く憂慮し、悲しみにうち沈んでいます。…自分らの『まじめに憂慮する事柄』を真剣に読んで、綿密に検討してください」。(74)

リルバーンは最後に、「敬虔な教会員」としてではなく、“public spirits” の持ち主である “honest men” として、「反専制」の請願を支持して結集するように呼びかけている。「友よ、われわれは、この文書を、時宜に適った情報（timely information）と思い、敢えて出版しました。これは、人民の共通の利害（common interest）を断固擁護するすべての人びとに役立つものであるから、出版したのです。公刊によって期待されることは、適切な配慮を得て、われわれの一六四八年九月一一日の請願と同じほど広範な承認（acceptance）を得ることです。それゆえ、（この文書への回答を受け取るために議会に呼ばれることはないと考えるので）われわれは、十分な署名を付した請願書でもってこの文書を補強するつもりであることと、何千人もの人びとの署名を集めれば議会から有効な回答を得られると疑わないこと、の二点をあなた方に知らせておくのがよいと考えました」。(75)

「十分な署名を付した請願書」を作成するという議会への予告どおり、『イングランドの新しい鎖・第二部』(76)が作成され、多数の署名を付して提出された。この請願書は、リルバーンが、オーバートンとプリンスの協力のもとに著したものであり、軍事支配の実質と政略を具体的に分析して、国務会議と軍法に依拠する共和制を厳しく批判している。請願市民たちは、“severall wel-affected persons inhabiting the City of London, Westminster, the Borough of Southwark, Hamblets, and places adjacent, presenters and approvers of the late large Petition of the Eleventh of September. 1648” であり、この文書は数千人の署名を得た後、三月二四日に下院へ提出された。

三月二八日、この「過激な文書」の「著者、考案者、立案者」（"the Authors, Contrivers, and Framers"）であるリルバーンらの指導者が、反逆罪の容疑で逮捕されて、ロンドン塔に拘留された。[77] その後、この文書はタイトル・ページの一部分を変更して再び印刷された。つまり、オリジナル版の扉には、"All persons who are assenting to this Representation, are desired to subscribe it, and bring in their Subscriptions to the Presenters and Approvers of the foresaid Petition of the 11 of Sept." という「指令」が付けられていたが、それが削除されて、代わりに "And as it is avowed by Lieutenant Colonel John Lilburn, Mr. Richard Overton , and Mr. Tho. Prince, upon perill of their Lives; and for which they are now committed to the Tower as Traytors." という文章が付けられた。

では、同一の文書が異なったタイトルでもって印刷されたのは何故であろうか。オリジナル版は限られた特定の支持者に呼びかけて署名を得ることを目的としたものであるが、改版は印刷して広く世論に訴えることを目的としたものである、と言えるであろう。すなわち、セクト会衆の支持がもはや得られないことを確認した[78]レベラー指導者は、特定の人びと（宗教的独立派を含むセクト会衆）に署名を呼びかける旧来の戦術を捨て、不特定多数の「公衆」としてのピープルに呼びかけて支持者（affecters and approvers）を獲得するという戦術に方向転換したのである。そのことに関して、リルバーンはこう述べている。「請願書を持っていつも議員の尻を追っかけたり、人民の幸福と自由にとって必須といえる政策を獲得するために議員を頼みとすることは、国民にとって不当であり、うんざりする無駄なことであると人民は考えるから、われわれの諸要求を人民協定に盛り込もうとしています」。[79]

フロストが指摘したように、請願書が印刷されたことは重大な意味をもつ。請願書が印刷して配布されたことにより、請願行為は伝統的な目的を超えて、公衆からの支持を求めて世論に訴える革命的な手段になったからである。[80] リルバーンは次のようなことを述べている。自分は、ある人物（ワイルドマン）と一緒に、そのドキュメント（一月請願）を作成した。自分たちは、請願を、「われわれの傷と病のすべてを癒す薬、あらゆる党派・利害のすべての純真で賢い人びと、隣人がしてほしいと思うことを隣人におこなうという望みしかもたない人びと、の心を結び合わす薬として」作成したのである。[81]

では、リルバーンのいう「隣人がしてほしいと思うことを隣人におこなうという望みしかもたない人びと」を連帯させる結集軸は何であったであろうか。それは、次の文書が明示しているように、レベラーの綱領文書である「一六四七年の『大請願』、一六四八年の『一月請願』と『九月請願』、一六四九年の『人民協定』を貫いた」反専制・（"anti-tyrany"）という戦略であった。

『幾千人ものイングランド自由民の抗議』（一六四九年九月）のタイトル・ページには次の言葉が印刷されている。"With Their Solemn Engagement for Redeeming, Setling, and Securing the Peoples Rational, and just Rights, and Liberties, *against all Tyrants whatever, whether in Parliament, Army, Or Council of State.*"[82] また、『イングランドの新しい鎖・第二部』（一六四九年三月）も、次のように記している。"the word Leveller was framed and cast upon all those in the Army (orelsewhere) who are *against any kind of Tyranny, whether in King, Parliament, Army, Councel of State, etc.*"[83]

ところで、本節の研究対象である一六四八―四九年の時期の反専制の意味するところは、〈反軍事支配〉である。リルバーンは軍事的支配の危機を次のように「見越している」。

「大請願（＝一六四八年九月請願）の提出者の多くは、そうした人民協定が、最近なされたように異常で突然かつ暴力的な方法で勝ち取られるなら、勝ち取られたことに納得しませんでした。また、請願者たちは、軍隊をロンドン市に導入したり、議会を破壊したり、イングランドの政体にあってはならぬ不法な手続で、つまり高等裁判によって、国王を退位させたりすることにも、納得しませんでした。それで、かれらは、連中が人民協定を主張するのは、それを悪用したいからだけであるということを見とおしました。さらに、国務会議によって独裁支配

（own domination）をうちたてることこそがかれらの主たる狙いであり、意図であることを見越したのです。国王を退位させること、上院を廃止すること、議会を威圧すること、数人の士官からなる評議会（private Counsell）で作成する法令や裁決事項を伝達する機関（Channell）に議会を格下げすること、高等裁判所と国務会議を設置すること、人民の選挙を至高権力とし議会を至高の権威とすることは、（これらの中の多くは、秩序正しく良い目的に用いれば、善良な人びとが望んできたものであるが）、（連中によってとりまとめられたために）連中の目的、意図にのみ資するものとなってしまいました。つまり、これらのことは、権力、富、共和国の支配権にとって邪魔になるものを連中が取り除くことによって、あるいは現実に富と権力と国を連中が手にいれることによって、連中の狙いに資するものになったのです。われわれはこれらの点をすべて見越していましたが、兵士その他の、多くの善意の人びとの耳には、連中の巧みな言葉（insinuations）がしみ込んでしまいました。そのため、人びとは、連中を信じて頼りきるにいたるまで、簡単に惑わされてしまいました。また、かれらは、できる限りの補助と援助をすることが、自分らの時間と能力を最も有効に使える方法であると思ってしまったのです。したがって、連中が唯一恐れるのは、われわれによって自分らのことが曝露されることですから、それを防ぐためにいろいろな手段を用いて、われわれから自分らの悪計と偽善をあばく機会を奪ってしまうことか、あるいはたとえ曝露されても信用されないようにすることです。前者の目的を達成するために、連中は印刷を抑圧しました。第二の目的については、悪知恵をしぼって、あらゆる醜聞と偽りの報告を用い、公然とわれわれを非難しました。――こうした策を弄して、連中はしっかりと権力の座についたのです。だが、かれら自身予想しているでしょうが、神は連中の下劣な背信に相応しい報いとして、敵を立ち上がらせることでしょう。あるいは、（邪悪なやり方で）日々増大している連中の多くの不正な圧迫と暴力のゆえに、連中は、簒奪した高い地位から引きずり下ろされることでしょう。連中は、すべての人民の愛情をとっくに失っており、今ではただ自分の権力によって身を保っているだけです。しかし、連中を支えている善良な人びとが、ひとたび、自分たちの意に反して、いかに自分らが手先になっているのかに気づいたら、そして嘆き悲しんでいる人たちの不平を念頭におき、これらの人びとへの理解をもって、自らの能力と力をもっと良い方向へ、つまりかつての契約で表明された共通の善へ変えるのが簡単だと気づいたら、こうした人びとも、自分らが久しく本道から外れてしまったことを嘆くでしょう。そして、この人びとは、この国がうめている恐怖と隷属の状態から国を救おうと決意し、最大の勇気を奮うことでしょう。連中は自由（freedom）を口にしていますが、自由な国の最も肝要な条件である、またそのように考えられてきた出版の自由を止めている限り、いったいどのような自由がこの国にあると言えるのでしょうか」。(84)

「こうして、われわれの自由を回復する絶好の機会が失われてしまった。つまり、連中の不定見でよろめいてばかりいる政治行動と、恣意的で不合理な議事進行のなかで自由回復の好機が失われたのであるが、そのために、あらゆる党派が怒り狂い、人民は美しい約束や最も宗教的な見せかけ（Pretences）のもとにあざけられ、騙されました。その結果、軍隊は、数カ月以前には、理性的な人民のあらゆる階層の人びとにとって喜びであり希望であったのですが、今では全国民《ネーション》のもの笑いとなり、軽蔑と非難の的になってしまいました」(85)「人民にとって、信託する者が不実にして貪欲、あるいは野望に満ちた診療を施すのを辛抱するほど危険なことはありません。このことを、われわれは、経験によって、嘆かわしくも思い知らされたのです。それにもかかわらず、われわれは、自分の意見を差し挟むのを差し控えてきました。その結果、かれらは、われわれの隷属をめざして大いに歩を進め、軍の力を掌握しようと努めています。軍の力を使ってかれらは専制をしこうというのです。かれらの悪辣な意図を阻止するのは、遅きにしっしたほどですが、われわれとしても、ずっと永い間、自由をもたらし苦情を除去すると唱えてきた者が、かくも早く専制の汚い主義と実践へと堕落するとは夢にも思いませんでした」。(86)

ところで、反軍事支配の〈予防〉手段として、レベラー指導者は『人民協定』を打ち出したのであるが、その大前提は、軍事権力（Military Power）の市民的権威（Civil Authority）への「従属」であった。[87] それゆえ、リルバーンは、議会に対して次のように訴えている。「人民は（神のもとで）あらゆる正当な権力の源泉である、とあなた方は宣言して、この国に善をもたらし、自分自身には誉れをもたらしました。また、こうして、あなた方は、人民の自由と繁栄（Freedom and Prosperity）を本当に目指しているという希望をわれわれに抱かせるに十分な根拠を提供してきました。それなのに、人民の自由と繁栄への道はしばしば見失われ、そして性急な判断や情勢判断の誤りから、最善のはずの人びとは、自分らに権力を委ねた人民を害するほど、何度も間違いを犯しました。その結果、人民を自由への道に導いてきたつもりであっても、人民は実際には隷属に近い状態のままであります。悲惨な経験によって、以上のことが本当だとわかったのですから、現在われわれが、この大変な危機に気づき、かつ未然に防ぐために提案せねばならないことをとくと考慮すべきである理由は十分にあると思われます」。[88]

ところで、レベラーズが〈反軍事権力・軍事的支配〉の叫びでもって人びとに訴えたのは、政治的危機であると同時に経済的・社会的危機であった。つまり、「自由・平和・繁栄の危機」であった。この点は、かれらの要望する具体的な提案から明らかであろう。たとえば、『イングランドの新しい鎖・第二部』は、次のように訴えている。「われわれが先頃、〈憂慮する事柄〉において表明した要望にしたがって、あなた方が人民協定を促進することを希望します。また、〈憂慮する事柄〉において切望した他の事柄に速やかに取りかかり改善を施して、もくろまれている隷従を放棄することをお願いいたします」。[89]〈憂慮する事柄〉のなかで表明された要望は次の事柄である。「以下のことを、心から願い、提案します。すなわち、一、前述のように、次期議会が、現議会解散の翌日に引継ぎできる準備が整うまでは現議会を解散しないこと、また解散に追い込まれるような事態を招かないこと…。二、辞退条例を実施すること…。三、同一の人物が長期間にわたって軍事力の最高指揮の任にあるのは、きわめて危険なことである…。…これは、世界のほとんどの王権（Regalities）や専制（Tyrannies）の原因であった。四、現議会の成員からなる委員会を指名すべきである。…その任務は、士官と士官の間の議論、士官と兵士の間の議論を聴取し、検討し、結論をだすことであり、軍法について考え、これを軽減することである。また、この委員会は、軍法が軍以外の人びとに対して行使されないことを定めるべきである。また、軍法によって不当に苦しめられてきた人びとを、それぞれの理由を調べて解放し、かつ賠償すべきである。…兵卒の給料を増額すべきである。…そして、いかなる部隊の解散も委員会の審議に付託すべきである…。五、出版を自由にすべきである。出版によって、あらゆる欺瞞的で専制的な企みは、もっと容易に曝露されるし、未然に防止される。出版の自由は、共和国にとってきわめて重要な自由であるし、専制を企む者こそが出版を禁止しようとする。…六、この好機を逃さず、法律の費用を軽減し、共和国の裁判官やその他の官吏（Magistrates and Officers）の給料を減らし、相応しい金額にすべきである。そうすることで余分の金を国庫に戻すならば、人民の税金をもっと軽減することができる。七、何よりも、現国務会議を解散すべきである。これは、前述の理由によって、きわめて専制の危険をもつからである。そして、国務は、短期の委員会や、信託の履行について頻繁かつ正確に説明ができる委員会に委ねるべきである。八、委ねられた権限や規則や指示を逸脱するような委員会や行政官、官吏に対しては、どのような者であっても、厳しい禁止命令と厳罰をもってのぞむべきである。そして、それらのことに関する情報や苦情を提出するように、あらゆる人びとを鼓舞すべきである。九、兵士の給料支払いの遅滞に関して、また一般国民の金銭取引（Accounts）に関して、かれらの期待を満たすべきである。…十、十分の一税を強制する条令は、三重苦を強いるものとして頻繁に苦情が述べられたが、これは即刻廃止されるべきである。十分の一税の請願者に適切な敬意を表するならば、かれらの数や圧力とは無関係に、あなた方は、人民の愛情を得ることができ、また誠実な士官や兵士の愛情を得られ、どんな敵対勢力も恐れるに足らないであろう。そして、当座、あなた方は、至高の権威でもって権力を行使すべきである。その至高の権威は、現在では名ばかりのものですが、今後は権威ある正当な権力の行使を立証することができるでしょう。…」[90]

『一月請願』は、議会に対する警告でもって請願を結んでいる。「おお、尊敬すべき受託者たちよ。われわれの切迫した危機に対して諸君の耳を二度と聾にするな。われわれの倒壊を、一瞬にして壊滅したソドムのそれよりも悪くするな。われわれを飢餓でもって釘づけするな。おお、すべての統治を始源的な自然状態の中に解消するな。そして、われわれをして自己自身を護るために自然の回復をとらしめるように強制するな。それはいかなる人といえども、奪うことのできないものである、と諸君が宣言したことなのだ…」。[91]

結　び

請願への大衆動員は、レベラー指導者の指令によるものであった。この指令を支えている信念について、リルバーンはこう述べている。「わたくしは、自分に関するかぎり、まったく罪深い者であり、個人的に欠点のある者であることを告白する。このことに関しては、自分自身の身の証しをたてたり、自分自身を正当化する気はない。しかしながら、国家（Common wealth）ついてのわたくしの誠実さと正しさに関しては、また、人類の利益、わが国の安全・自由・平静、隣人の幸福と繁栄、〈わたくしが隣人からしてもらいたいことをわたくしも隣人に対して為すこと〉、宗教的な人びとの自由と保護、のために役立つとわたくしの分別（understanding）が教えるすべての事柄についてのわたくしの誠実さと正しさ（integrity and uprightnesse）に関しては、自信がある。これらのことに関しての（自分の分別と判断という乏しい尺度にしたがった）わたくしの誠実さは、（神のお力によって証しをたてるべく）自分の生命を惜しげもなく捧げるほどのものである」。[92]

ここで第一に注目すべきは政教分離の原則である。この原則によって、人は一人の人間として自立する私的領域

（個人としての精神的自由）をもつ。個人の「精神的な自立」は人間としての本質であると考えられたからである。しかし、精神的な自立（独立）を訴えることによって、個人がバラバラな存在であることを一方的に強調しているのではない。

第二に注目すべきは、〈黄金律〉（golden rule）と言われる章句「隣人からしてもらいたいことを自分も隣人に対して為せ」（マタイ伝、七章一二節。ルカ伝、六章三一節）によって、人間がけっしてバラバラな利己的存在ではない共通の公的領域をもつことを論じている点である。[93]〈黄金律〉は、キリストの命令であるが、同時に自然法とも見なされていた。つまり、〈黄金律〉は、キリスト者の良心のみならず、万人（「思慮分別のある読者」）の理性に、訴えたものである。したがって、それは、キリスト教徒を縛る宗教の本質的原理（良心の原理）であるだけでなく、神から万人に賦与され万人を縛る理性（世論）の原理である。換言すれば、社会的・政治的正義の実践を促す「市民」（"honest men"あるいは"free-born people"）の行動規範である。[94]それゆえ、リルバーンの指令の基盤にある精神は、「隣人」の利害と幸福はそのまま直接に自分自身、自分の家族のそれに繋がっている、という信念であった。[95]つまり、請願運動は、「隣人」の「利害と幸福」はそのまま直接に自分自身のそれに繋がっているという信念によって支えられていたのであり、この信念にもとづいて、相互の「利害と幸福」、「共通の善」のために連帯した政治的なまとまり（共同一致行動）がレベラー運動であった。[96]

註（1）*An Agreement of the People* (1647), in D. M. Wolfe ed., *Leveller Manifestoes of the Puritan Revolution*, 1944, p. 229.

（2）レベラーズの宗教思想と政治思想（とくに権力観）との関わりについては、拙稿「ピューリタン革命期の民衆運動における宗教と政治」（シンポジウム報告）『史学研究』一九六号（一九九二年）を参照されたい。レベラーズの政治・権利思想の宗教的基盤を掘りさげたわが国の優れた研究は多い。著書としては以下のものがある。山本隆基

『レヴェラーズ政治思想の研究』（法律文化社、一九八六年）、渋谷浩『ピューリタニズムの革命思想』（キリスト教夜間講座出版部、一九七三年・御茶の水書房、一九七八年）、田村秀夫『イギリス革命思想史』（創文社、一九六一年）、浜林正夫『イギリス革命の思想構造』（未来社、一九六六年）、小池正行『変革期における法思想と人間』（木鐸社、一九七四年）、若原英明『イギリス革命史研究』（未来社、一九八八年）

（3）H. N. Brailsford, *The Levellers and the English Revolution*, 1961, pp. 121, 321.

（4）Lilburne, *England New Chains Discovered* (1649), in W. Haller and G. Davies eds., *The Leveller Tracts 1647-1653*, 1944, repr. 1964, pp. 166, 167. そのほかにLilburne, *The Juglers discovered* (1647), T. C., E. 409 (22), pp. 10-1. Lilburne, *The Resolved mans Resolution* (1647), T. C., E. 387 (4), p. 22.

（5）*The Moderate*, no. 28 (16-23 Jan. 1649), quoted in B. Manning, *The English People and the English Revolution 1640-1649*, 1976, p. 300.

（6）*To the Supream Authority of England, the Commons Assembled in Parliament* (19 Jan. 1648), in Wolfe, *op. cit.*, p. 270n. ブレイルスフォードは「この傍注はリルバーンの政治思想の多くを解く手がかりになる」と注目している。Brailsford, *op. cit.*, p. 322.

（7）*A Manifestation* (1649), in Wolfe, *op. cit.*, p. 394.

（8）*An Agreement of the People* (1647), in Wolfe, *op. cit.*, p. 230.

（9）Lilburne, *The Legall Foundamentall Liberties of the People of England* (1649), in Haller and Davies, *op. cit.*, p. 426.

（10）リルバーンは「レベラーズという言葉は、あらゆる種類の専制（国王であれ議会であれ国務会議であれ）に反対する軍隊内外のすべての人に向かって浴びせられた」と記されている。Lilburne, *The second Part of Englands New-Chains Discovered* (1649), in Haller and Davies, *op. cit.*, p. 178.

（11）*An Agreement of the People* (1647), in Wolfe, *op. cit.*, pp. 227-8. 留保された人民の基本権（生得権）の内容は、信仰の自由、兵役強制の拒否、戦時中の言動に関する免罪、法の平等な適用、人民の安全と福祉のための立法、の五項目である。

(12) *Foundations of Freedom* (1648), in Wolfe, *op. cit.*, p. 299.

(13) *An Agreement of the Free People of England* (1649), in Wolfe, *op. cit.*, p. 405.

(14) *An Agreement of the Free People of England* (1649), in Wolfe, *op. cit.*, p. 409.

(15) *Foundations of Freedom* (1648), in Wolfe, *op. cit.*, p. 299.

(16) *An Agreement of the Free People of England* (1649), in Wolfe, *op. cit.*, p. 405.

(17) Lilburne, *Englands New Chains Discovered* (1649), in Haller and Davies, *op. cit.*, pp. 158, 167. また、*Englands Birth-Right Justified* (1645) は、国家の官職には「イングランドの自由民」がつくべきであり、その代わりにかれらは一年以上つとめてはならず、また支払いを受けないか、年間五〇または六〇ポンド以上の支払いを受けてはならない、と主張している。W. Haller ed., *Tracts on Liberty in the Puritan Revolution 1638-1647*, 3vols., 1933-4, repr. 1965, III, pp. 306-7.

(18) *An Agreement of the Free People of England* (1649), in Wolfe, *op. cit.*, p. 403. *Foundaitions of Freedom* (1648), in Wolfe, *op. cit.*, p. 295. *An Agreement of the People* (1647), in Wolfe, *op. cit.*, p. 226.

(19) *An Agreement of the Free People of England* (1649), in Wolfe, *op. cit.*, p. 403.

(20) *An Agreement of the Free People of England* (1649), in Wolfe, *op. cit.*, pp. 404-5. そのほかに cf. *Foundations of Freedom* (1648), in Wolfe, *op. cit.*, p. 285. *To the Right Honorable, the Commons of England in Parliament Assembled* (11 Sept. 1648), in Wolfe, *op. cit.*, p. 287. *An Agreement of the People* (1647), in Wolfe, *op. cit.*, p. 227. 第一『人民協定』は二年ごとの議会を規定している。

(21) 「…毎年新鮮かつ新規の議会をもつべく、またわれわれの公正な国民的自由、イングランドの長期にわたる古くからの公正な法を享有するために、まじめに議論しよう、選挙しよう…。そのような卑劣な人びとがけっして選出されず、われわれが毎年新鮮な議会をもつなら…議会はかれら卑劣な人びとに畏敬の念をおこさせるべく、かれらの頭上に置かれる権標となるであろう。かれら卑劣な人間は、次期議会で問題視され、次いでその首か所領を喪失することを恐れて、この議会がやったあの不正行為の四分の一も王国に対して敢えてやらないであろう」。Lilburne, *The resolved mans Resolution* (1647), T. C., E. 387 (4). P. 22.

(22) *An Agreement of the Free People of England* (1649), in Wolfe, *op. cit.*, p. 409.

(23) *To the right honorable and supreme Authority of this Nation, the Commons in Parliament assembled* (march, 1647), in Wolfe, *op. cit.*, pp. 139-40. cf. *To the Supreme Authority of England, the Commons Assembled in Parliament* (19 Jan. 1648), in Wolfe, *op. cit.*, pp. 266-7.

(24) Overton, *An Appeale fom the degenerate Representative Body* (1647), in Wolfe, *op. cit.*, p. 192. 法手続の期間を限定する要求も繰り返されている。「代議院は、すべての上訴を通過した訴訟を最終的に決定するために、三カ月ないし四カ月以上に長引いて訴訟手続を継続する権限、あるいは英語以外の言葉の法（あるいは訴訟手続）を継続する権限をもたない」。*Foundations of Freedom* (1648), in Wolfe, *op. cit.*, p. 301.「次期代議院の終結以後、すべての上訴を通過した訴訟を、最終的に決定するために、六カ月以上に長引いて訴訟手続をする権限を代議院はもたない…」。*An Agreement of the Free People of England* (1649), in Wolfe, *op. cit.*, p. 406.

(25) C・ヒル著、紀藤信義訳『ノルマンの軛』（未来社、一九六〇年）*p. 79.*

(26) *An Agreement of the Free People of England* (1649), in Wolfe, *op. cit.*, p. 406.

(27) Overton, *An Appeale from the degenerate Representative Body* (1647), in Wolfe, *op. cit.*, p. 190.

(28) *Foundations of Freedom* (1648), in Wolfe, *op. cit.*, p. 303.

(29) *An Agreement of the Free People of England* (1649), in Wolfe, *op. cit.*, p. 408. cf. *Reagall Tyrannie discovered* (1647), T. C., E. 370 (12), p. 25. Lilburne, *The Just Mans Justification* (1646), T. C., E. 340 (12), p. 15. Overton, *An Appeale from the degenerate Representative Body* (1647), in Wolfe, *op. cit.*, p. 190. *The Case of the Armie truly stated* (1647), in Wolfe, *op. cit.*, p. 216.

(30) *A Remonstrance of Many Thousand Citizens* (1646), in Wolfe, *op. cit.*, p. 124.

(31) ヒル、前掲訳書、P. 73.

(32) 同訳書、P. 78.

(33) *Regall Tytannie discovered* (1647), T. C., E. 370 (12), p. 25.

(34) Overton, *An Appeale from the degenerate Representative Body* (1647), in Wolfe, *op. cit.*, pp. 190-1. cf. Lilburne, *London Liberty in Chains discovered* (1646), T. C., E. 359 (17), p. 7. *To the Supream Authority of England, the Commons Assembled in Parliament* (19 Jan. 1648), in Wolfe, *op. cit.*, pp. 269-70.

(35) *Foundations of Freedom* (1648), in Wolfe, *op. cit.*, p. 303.

(36) *An Agreement of the Free People of England* (1649), in Wolfe, *op. cit.*, p. 409.

(37) *Ibid.*

(38) *Foundations of Freedom* (1648), in Wolfe, *op. cit.*, p. 303.

(39) *An Agreement of the Free People of England* (1649), in Wolfe, *op. cit.*, p. 409.

(40) Overton, *An Appeale from the degenerate Representative Body* (1647), in Wolfe, *op. cit.*, p. 189.

(41) A. S. P. Woodhouse ed., *Puritanism and Liberty, being the Army Debates* (1951, repr. 1965), pp. 7-8.

(42) Overton, *An Appeale from the degenerate Representative Body* (1647), in Wolfe, *op. cit.*, pp. 189-90. 傍点は引用者。

(43) *Ibid.*, p. 178. 渋谷浩編訳『自由民への訴え』(早稲田大学出版部、一九七八年)、pp. 177-8.

(44) *Ibid.*, pp. 159-60. 前掲編訳書、p. 165.

(45) Overton, *An Arrow Against All Tyrants And Tyrany* (1646), T. C., E. 356 (14), pp. 3-4. C・B・マクファーソン著、藤野渉他訳『所有的個人主義の政治理論』(合同出版、一九八〇年)、一五五―六頁。

(46) *Ibid.*, p. 4. 前掲訳書、一五五―六頁。

(47) Overton, *An Appeale from the degenerate Representative Body* (1647), in Wolfe, *op. cit.*, p. 163. 渋谷、前掲編訳書、

一六九—七〇頁。

(48)「この権力は全くわれわれに由来するものであって、(いつでも取り戻すことができ、また取り戻しが可能なものでしかありえないところの) 信託権力にすぎない。それはわれわれの幸福以外の目的に用いられてはならないものである」。Overton, *A Remonstrance of Many Thousand Citizens* (1646), in Wolfe, *op. cit.*, p. 113.

(49)「われわれは自ら有しない権力を他人に与えることはできない」。*Ibid.*, p. 122.

(50) Lilburne, *The Free-man's Freedom Vidicated* (1646), in Woodhouse, *op. cit.*, p. 317.

(51) *A Manifestation* (1649), in Wolfe, *op. cit.*, p. 388.

(52) Lilburne, *Regall Tyrannie discovered* (1647), T. C., E. 370 (12), p. 40.

(53) B. Manning, *The Levellers and Religion*, in J. F. McGregor and B. Reay ed., *Radical Religion in the English Revolution* (1984, repr. 1986), pp. 78-9. Haller, *op. cit.*, III, pp. 183-4, 185.

(54) Overton, *An Appeale*, in Wolfe, *op. cit.*, p. 181.

(55) Manning, *The Levellers and Religion*, in McGregor and Reay, *op. cit.*, p. 78. Walwyn, *A Prediction of Mr. Edwards his Conversion and Recantation* (1646), in Haller, *op. cit.*, III, pp. 340-1

(56) M. Ashley, 'Oliver Cromwell and the Levellers', *History Today*, Vol. 17, No. 8, 1967, p. 542.

(57)『イングランドの至上の権威、議会に集会した下院へ。この国の多数の生来自由な人民の真剣な請願』。*To the Supream Authority of England, the Commons Assembled in Parliament. The earnest Petition of many Free-born People of this Nation*, in Haller and Davies, *op. cit.*, pp. 105-115. これは一六四八年一月一八日頃にロンドンで配られたが、議会には提出されなかった。Wolfe, *op. cit.*, 1944, p. 259;

(58) Haller and Davies, *op. cit.*, p. 107.

(59) *Ibid.*, pp. 107-114.

(60) *Ibid.*, p. 114.

(61) *Ibid.*, p. 98.

(62) H. Shaw, *The Levellers*, 1968, p. 68.

(63) *To the Commons of England. The Petition of many wel-affected citizens.* [*On behalf of Sir John Maynard and the others, charged with treason; and praying for to"our antient freedome of indifferent equitable tryals of our equals onely*] . Feb. 1648. 669. f. 11 (16).

(64) 一六四七年と印されているのは、旧暦（三月二五日を元日とする）一六四七年のことで、一月一日を元日とした暦では一六四八年である。

(65) J. Frank, *The Levellers. A History of the Writings of Three Seventeenth-Century Social Democrats. John Lilburne, Richard Overton, William Walwyn,* 1955, p. 149. D. Zaret, 'Petitions and the "Invention" of Public Opinion in the English Revolution', *American Journal of Sociology,* Vol. 101, No. 6, 1996, p. 1526.

(66) Haller and Davies, *op. cit.*, p. 160. cf. *An Agreement of The Free People of England,* May 1, 1649, in Haller and Davies, *op. cit.*, p. 324.

(67) Haller and Davies, *op. cit.*, pp. 105, 118.

(68) *A Declaration by Congregational societies in and about the City of London, as well of those commonly called Anbaptists, as others* . M・トルミー著、大西晴樹・浜林正夫訳『ピューリタン革命の担い手たち』三〇四頁。

(69) Haller and Davies, *op. cit.*, p. 372. トルミー、前掲訳書、三〇四頁。

(70) トルミー、前掲訳書、三二一―三二二頁。

(71) 一六五〇年代に入ると、セクト(ウィリアム・アレン、エドマンド・チレンデン、ウィリアム・パッカー、ジョン・スペンサーなど)は聖者の党派として、軍隊における「第五王国派」運動の担い手となった。こうしてパティキュラー・バプテスト派と独立派会衆教会の勢力は、軍隊の力を用いて「聖者」たちを勝利へと導いたのであり、セパラティスト出身のリルバーンは「裏切られた」と嘆いたのである。トルミー、前掲訳書、三〇九―三三九頁を参照。

(72) *Englands New Chains discovered: or the serious apprehensions of a part of the People in behalf of the Common-wealth; being presenters of the Large Petition of 11Sept., 1648. Presented by John Lilburn and divers other Citizens of London.* Feb. 26, 1649, in Haller and Davies, *op. cit.*, pp. 157-170.

(73) Haller and Davies, *op. cit.*, pp. 168.

(74) *Ibid.*, p. 169.

(75) *Ibid.*, pp. 169-170.

(76) *The second Part of Englands New-Chaines discovered: Or a sad Representation of the uncertain and dangerous condition of the Common-wealth: Directed to the Supreme Authority of England, the Representors of the People in Parliament assembled.* March 24, 1649, in Haller and Davies, *op. cit.*, pp. 172-189.

(77) この文書はセクト、独立派からも非難された。たとえば、次のものがある。*The Petition of several Churches of God in London commonly, though falsly, called Anabaptists.* April 2, 1649. E. 549 (14). トルミー、前掲訳書、三三四頁。

(78)『イングランドの新しい鎖・第二部』が議会へ提出された翌日（三月二五日、日曜日）、レベラーのエージェントたちはロンドンのパティキュラー・バプテスト派の集会に出席して、この請願書を読みあげ、署名を得ようと努力した。しかし、目的は果せなかった。リルバーンによると、かって九月請願を支持した「兵士やそれ以外の者から構成される多くの善良で好意的な人びと」（聖者たち）は、今では軍隊に忠実であり、反対派にまわることを拒否したからである。なお、サミュエル・リチャードソンは、国王処刑の数日前、軍隊に対するロンドン長老派聖職団の攻撃を激しく非難し、そして《An Answer to the London Ministers Letter》を著して、自己保存の自然法に訴えることにより、軍隊による議員の追放を弁護している。またかれは、おそらくクロムウェルの黙認のもとに、一六四九年三月末に、ロンドン塔に囚われていたレベラー指導者に会いに来て、政府に対する反抗的態度をやめるよう説得を試みた。かれらの牧師は、かれら自身の請願書《The Petition of several Churches of God in London commonly, though falsly, called Anabaptists》（四月二日）を作成して、代表が四月二日に議会に提出した。代表の一人にウィリアム・キッフィンがいた。署名者の中に、リルバーンの徒弟時代のセパラティスト牧師エドマンド・ロウジアがいた。一六四八年一二月のプライド・パージから一六四九年一月末の国王処刑までの期間に、パテイキュラー・バプテスト派の指導者たちは、すでにレベラー指導者と訣別していた。つまり、それまでレベラー組織の中核を構成していたと言われるサミュエル・チドレー、デービッド・ブラウン、サミュエル・リチャードソンらが、軍隊による長老派議員の追放、王政と上院の廃止、共和国の樹立を承認し、「反軍事権力」の政治行動に結集することを拒否したのである。トルミー、前掲訳書、三一八、三二三、三二四頁。『イングランドの新しい鎖』とその『第二部』に対する「アナバプスト」牧師の態度については T. C. Pease, *The Leveller Movement. A Study in History and Political Theory of the English Great Civil War*, 1965, pp. 286-287. P. Gregg, *Free born John, a Biography of John Lilburne*, 1961, p. 273.

（79）Haller and Davies, *op. cit.*, p. 160. cf. *An Agreement of The Free People of England*, May 1, 1649, in Haller and Davies , *op. cit.*, p. 324.

（80）Zaret, *op. cit.*, p. 1499.

（81）*An Impeachment of High Treason against Oliver Cromwel and his Son in Law Henry Ireton*. Aug. 10, 1649. E. 508 (20), p. 21, in Wolfe, *op. cit.*, pp. 72-73.

（82）*The Remonstrance of many thousands of the Free-People of England. Together with the Resolves of the Young-men and Apprentices of the City of London, in behalf of themselves and those called Levellers, for the attainment of their just requests in their petition of 20 May, 1647: also their petition of19 Jan. 1647, and of 11Sept. 1648. Together with the Agreement of the Free People of England*, 1 May. E. 574 (15). 引用文のイタリックは引用者で、以下同様。

（83）Haller and Davies, *op. cit.*, p. 178.

（84）*Ibid.*, p. 183.

（85）*Ibid.*, p. 180.

（86）*Ibid.*, p. 173.

（87）「人民の共通の利害を断固擁護する」"*a company of honest men*"は、「敬虔な教会員」としてではなく、"*public spirits*"の持ち主である"*honest men*"として、「反専制」の請願を支持して結集した行動集団（レベラーズ）である。かれらの請願書（*To the Supreme Authority of the Nation, the Commons. The Petition of divers persons of London in the behalf of Lieut. Col. John Lilburn, M. William Walwin, M. Thomas Prince, and M. Richard Overton, now prisoners in the Tower.* April 17, 1649, 669. f. 14. (20).）は、次のように、レベラー指導者たちの信念と闘争を称え、軍事支配に反対している。「かれら（ロンドン塔に投獄されているレベラー指導者）は、軍隊の利害よりも人民の正当な利害を優先させるために、そして軍事権力（Military power）を市民的権威（Civil Authority）に対して真に従属させるべく縮小するために、努力してきた」。「人民協定によって設立される、平等で正当な政府のもとで、あなた方が迅速な解決に着手することによって、われわれが元気づけられるよう切望します。この議会において、これまでの友人たちの間にあった不一致、敵意、不満が急速になくなって、新たに平等な代議体が成立することを切望します」。

（88）Haller and Davies, *op. cit.*, p. 157.

（89）*Ibid.*, p. 189.

（90）*Ibid.*, p. 166.

（91）*Ibid.*, p. 114.

（92）*Ibid.*, p. 230. *The Picture of the Councel of State, Held forth to the Free people of England by Lieut. Col. John Lilburne, Mr Thomas Prince, and Mr Richard Overton, now Prisoners in the Tower of London, or, A full Narrative of the late Extra-judicial and Military Proceedings against them. Together with the Substance of their several Examinations, Answers and Deportments before them at Darby house, upon the 28. of March last. Printed in the Year, 1649.* これは、私的な領域と公的な領域の区別、教会と国家の分離（政教分離の原則）についての見解である。〈教会員あるいは

聖者〉であることと世俗的〈市民〉であることを峻別している。しかし、このアピールは独立派とセクトの会員には受入られなかった。cf. *The Petition of several Churches of God in London commonly, though falsly, called Anabaptists.* 1649, 4, 2, E. 549 (14). トルミー、前掲訳書、三三四頁。Haller and Davies, *op. cit.*, pp. 21-2.

(93)『新約聖書』マタイによる福音書七――一二の聖句が、一般に「黄金律」と呼ばれているものである。「何事でも、自分にしてもらいたいことは、ほかの人にもそのようにしなさい」。(All things whatsoever ye would that men should do unto you, even so do ye also unto them: for this is the law and the prophets.) ここに人間関係の本質が最もよく語られている。そして、その黄金律の根底となるものとして、「あなたの隣人をあなた自身のように愛しなさい」(『旧約聖書』レビ記一九――一八)という戒めがある。(thou shalt love thy neighbor as thyself.) イエスがその戒めを具体的に、しかも積極的に語ったのが黄金律であるといえる。それゆえ、それはクリスチャンの倫理、つまり人間関係の基本であるといえる。『新聖書辞典』、いのちのことば社。

(94) 黄金律の言う「隣人からしてもらいたいことを自分も隣人に対して為せ」というのは、実践行動の原理(行動規範)であり、この原理・規範を知る能力が〈理性〉であった。

(95) Wolfe, *op. cit.*, p. 294. リルバーンが執拗に裁判闘争を展開し、それを公表して訴えたのも、この信念による。

(96) 一六四九年五月の『人民協定』はこう述べている。「この協定は、共通の善のことを念頭において、すべての人びとがそれによって縛られ、将来この国に設ける必要があると考えられる自由の基礎、統治の法則を包含する。それゆえ、わたくしは、(それが決定される前に、すべての人が、それに関する正義について考察し、その内容のいずれかについて異議を申し立てる機会をもつことができるように)国民のまえにそれを公刊するのが正しく、合理的であると判断する。この協定は、われわれが公にする原理、すなわち、〈自分が隣人からしてもらいたいことを自分も隣人に対して為す〉という原理に合致するから、最も強固な誹謗者の反対があるにもかかわらず、その正義が持続される。とくに、二点の保留条件(宗教問題についての行政権力を制限するため、法規定のない国事犯に対する議会の専制権力を防止するための)を明記することにより…」。Wolfe, *op. cit.*, p. 294.

あとがき

筆者が広島大学文学部に入学して紀藤信義教授のもとでイギリス革命史の研究を始めてから三十年以上になる。寝太郎をきめ込んでいる間に学問や学界の景観はすっかり変わってしまった。しっかりした問題意識をもって基本史料に密着するよう厳しく指導してくださった恩師紀藤先生はすでにおられない。学部時代以来、生活面も含めて親身なご指導をいただいた千代田寛先生を失った。叱咤激励していただいた隅田哲司先生も亡くなられて、十年の歳月が流れてしまった。ときは流れるというよりも重なるもの。怠惰を重ねた私には何ひとつとして言い分はなく、ご生前に本書を見ていただけなかったことを後悔するばかりである。三人の先生方から賜った学恩に対して心より感謝の言葉を申し上げたい。

そうした怠惰な私に何とかブレーキをかけてくださり、多大な教示と刺激を与えてくださったのは広島大学法学部におられた山本隆基氏であり、氏が福岡大学に移られたあと島根大学からこられた山田園子氏である。また、曲がりなりにも仕事を続けてこられたのは、広島大学の西洋史研究室の諸先生や同僚からのご厚意と励ましがあったからこそである。このような恵まれた研究環境にいなかったならば、この拙い「宿題」さえ提出することができなかったであろう。感謝の気持でいっぱいである。

本書は、序章を除いて、これまでに発表した論文を基礎にしているが、いくつかの章は、複数の既発表論文を軸にしてまとめたものである。基礎となる論文と本書の各章との照応関係を示すと以下のようになる。

第一章　「長期議会初期におけるロンドン群衆行動と宗教的急進主義の興起」『地域文化研究』（広島大学総合科学部）九巻、一九八三年。

第二章　「『カトリック陰謀』とロンドン群衆―イングランド内戦への途（一）―」『地域文化研究』一二巻、一九八六年。

第三章　「『若者たち』のデモンストレーションと五議員逮捕事件―イングランド内戦への途（二）―」『地域文化研究』一三巻、一九八七年。

第四章　「イギリス革命第一次内戦期の宗教政策と『ロンドン大闘争』の幕明け」隅田哲司・若松繁信編著『国家的統合過程の諸相』南窓社、一九八三年。

第五章　「イギリス革命の政治過程と新型軍―一六四七年三月〜五月―」『地域文化研究』七巻、一九八一年。

第六章　「新型軍の反乱と『国王誘拐』事件―アジテーターズとレベラーズ（一）―」『地域文化研究』一四巻、一九八八年。

第七章　「パトニー討論の政治思想に関する一考察」『西洋史学』一一九号、一九八一年。

第八章　第一節「イギリス革命における水平派運動とその思想」『史学研究』（広島史学研究会）一〇五号、一九六八年／「ピューリタン革命とアンチ・ジェントルマン」『英詩評論・特集号』（中国四国イギリス・ロマン派学会）一九九二年。

第八章　第二、三節「ピューリタン革命期の民衆運動における宗教と政治」『史学研究』一九六号、一九九二年。

第八章　第四節「ピューリタン革命期の民衆運動における宗教と政治」／「『人民協約』の権力論に関する一考

察」『地域文化研究』一七巻、一九九一年。
第九章　「レベラー運動の組織化について」『史学研究』一〇九号、一九七〇年。
第十章　第一、二、三、五節　「レベラー民主主義の一考察―革命のプロセスとの関連において―」『西洋史学』九〇号、一九七三年。
第十章　四節　「レベラーズの請願運動―一六四八～一六四九―」『地域文化研究』二四巻、一九九八年。
終　章　第一、二節　「『人民協約』の権力論に関する一考察」『地域文化研究』一七巻、一九九一年。
終　章　第三節　「ピューリタン革命期の民衆運動における宗教と政治」『史学研究』
終　章　第四、五節、結び　「レベラーズの請願運動（一六四八～四九年）にみる危機意識について」『西洋の歴史叙述にみる〈危機〉の諸相』（平成九～一一年度文部省科学研究費補助金・基盤研究A―2。研究代表者山代宏道、中間報告書、一九九九年）

本書をまとめるにあたっては、新しい研究成果を加筆すべく心がけたつもりではあるが、一つの輪郭を描いてみるのが精一杯であった。したがって、反省することはもちろん、やり残したことが多い。ことに終章で試みた大衆請願研究は、比較・総合の視点から掘り下げることによって民衆運動研究に膨らみをもたせることができるテーマであると考えている。幸運にも、上記の科学研究費補助金を分担研究者として受けているので、引き続いて取り組む所存である。

本書を構成する多くの章の成果は、科学研究費の補助によるところが大きい。ここに改めて謝意を表したい。本書は平成十一年度文部省科学研究費補助金「研究成果公開促進費」の交付を得て刊行される。関係者の方々に厚くお礼申し上げたい。また、刊行を引き受けていただいた溪水社社長木村逸司氏、ならびに編集の労をおとりいただいた桂木康子氏に感謝の気持を表したい。

最後に、私事に亘る言葉を述べるのをお許しいただきたい。たがの弛んだ私の生活ぶりを気づかいながら直接間接に支えてくれた亡き父吉之助と、志の大切さを教えてくれた亡き弟真二に、心からの感謝をもって本書を捧げたい。

友田　卓爾

二〇〇〇年二月

人 名 索 引

ア

アーガイル(Argyle, earl of)　58, 59
アーノルド(Arnold)　368
アーマンド(Almond, lord)　80
アール(Earle, Sir Walter)　57, 61
アイアトン(Ireton, Henry)　169, 171, 173, 174, 175, 176, 177, 178, 198, 215, 219, 223, 229, 232, 238, 240, 241, 242, 243, 244, 245, 246, 248, 249, 251, 253, 254, 255, 257, 258, 259, 260, 261, 262, 263, 264, 266, 267, 268, 269, 270, 271, 272, 273, 344
アクステル(Axtell, Daniel)　182
アクトン(Acton, Sir William)　82
アスタン(Aston, John)　80
アッシャ(Usher)　96
アランドル(Arundel, earl of)　23
アレン(Allen, William)　174, 181, 184, 185, 186, 195, 201, 202, 203, 213, 223, 224, 228, 416
アンズリー(Annesley)　216
アンダソン(Andersn, Henry)　229
アンダルヒル(Underhill, Thomas)　161
アンドルーズ(Andrews, Nicholas)　229
アンリエタ(Henrietta, Maria)　61

イ

イートン(Eaton, Samuel)　180
イーブリン, アーサー(Evelyn, Arthur)　172
イーブリン, ジョン(Evelyn, John)　357
インガルズビィ(Ingoldsby, Col. Richard) 218

ウ

ウィーラー(Wheeler, William)　22
ウィティング(Whiting)　202
ウィリアムズ(Williams, John)　95
ウィロビー(Willowby, John)　186, 202, 229
ウェールズ(Wales, Elkana)　60
ウェッブ(Webb, John)　180, 200
ウェドロック(Wedlock, Barthol)　229
ウェントワース(ストラフォード伯)(Wentworth, earl of)　21, 27
ウォーカー(Walker, Sir Edward)　106, 110
ウォーナー(Warner, Lieut.-Col.)　182, 200
ウォームストリー(Warmstry, Thomas)　86
ウォーリィ(Whalley, Col. Edward)　169, 176, 183, 368
ウォールスタン(Walston, Thomas)　229
ウォラー, エドマンド(Waller, Edmund) 45, 68, 86
ウォラー, サー・ウィリアム(Waller, Sir William)　168, 170, 171
ウォラー・サー・ハードレス(Waller, Sir Hardress)　176, 184, 198
ウォラー(Waller, B)　68
ウォリス(Wallis, Peter)　182, 184
ウォリック(Warwick, earl of)　19, 27, 65, 171, 216
ウォリントン(Wallinton, Nehemiah)　29, 30, 41, 47, 57, 83, 110, 114, 120
ウォルウィン(Walwyn, William)　10, 147, 148, 150, 151, 157, 159, 162, 164, 206, 207, 208, 227, 237, 286, 287, 288, 292, 296, 302, 310, 311, 312, 318, 332, 338, 339, 349, 361, 363, 372, 376, 393, 394
ウォンジー(Wansie)　315
ウスター(Worcester, earl of)　82
ウッドファド(Woodford, Robert)　41

エ

エイムズ(Eames, Samuel) 52
エストビック(Estwicke, John) 207
エセックス(Essex) 19, 59, 84
エドワーズ(Edwards, Thomas) 51, 144, 152, 155, 156, 157, 159, 161, 162, 165, 175, 318, 335
エバラード(Everard, Robert) 201, 273
エンプソン(Empson Thomas) 183, 184, 200

オ

オウキー(Okey, John) 169, 174, 182, 229
オゥニール(O'Neill, Sir Phelim) 59
オーバートン, リチャード(Overton, Richard) 10, 149, 150, 151, 162, 165, 182, 193, 206, 224, 225, 226, 237, 266, 294, 295, 302, 310, 312, 314, 316, 317, 318, 319, 320, 321, 338, 339, 340, 342, 345, 360, 361, 376, 383, 385, 386, 387, 388, 389, 390, 391, 392, 393, 394, 402
オーバートン, ロバート(Overton, Robert) 183
オクシンデン(Oxinden, Henry) 116

カ

ガードナー, ジョン(Gardiner, John) 183
ガードナー, サー・トーマス(Gardiner, Sir Thomas) 66, 89
カートン(Kirton, Edward) 70
ガーランド(Garland, John) 182
カール(Curle, Edward) 88
ガーン(Garn, Edward) 229
ガウァ(Gower, Thomas) 16
カラミー(Calamy, Edmund) 113
カルペッパー(Colepeper, Sir John) 63, 64
ガレット(Garrett, Sir George) 109

キ

ギースィングズ(Geathings;Gethings;Gettings) 186, 202, 229
キッフィン(Kiffin, William) 51, 148, 182, 418
ギブス(Gibbs, William) 137, 138
キリグルー(Killigrew, Sir William) 108

ク

クーパー(Cooper, Mr) 149, 207
クォーターメイン(Quartermayne, Roger) 34
グッディ(Gooday, Maj. Samuel) 214, 217
グッドウィン, ジョン(Goodwin, John) 148, 154, 162, 163, 165, 207
グッドウィン, トーマス(Goodwin, Thomas) 133
グドール(Goodall, Capt.-Lieut. Andrew) 231
クラーク, ウイリアム(Clarke, William) 199
クラーク, ジョージ(Clarke, Sir George) 72, 89
クラーク, ジョン(Clarke, John) 263, 272
グライムズ(Grimes, Sir Thomas) 93
グラッドマン(Gladman, John) 182
クラドック(Cradock, Mathew) 22, 28, 41
クラレンドン(Clarendon, earl of) 16, 17, 24, 25, 43, 58, 65, 79, 93, 114, 117, 125, 365
クランボーン(Cranborne, lord) 56
クリード(Creed, Richard) 184
グリーン(Green, John) 34, 52, 180
グリーンスミス(Greensmith, John) 88
グリムストン(Grimstone) 216
グリン(Glyn, John) 141
グルーム(Groome, Benjamin) 183
グレイズ(Grayes, Ant.) 213
グレィブズ, リチャード(Graves; Greaves, Col. Richard) 220, 229, 231, 232
グレィブズ, ロバート(Graves, Robert) 179
クロートワーズィ(Clotworthy, Sir John) 168, 171

クローフォード(Crawford, Major General) 59, 80, 200
クロムウエル(Cromwell, Oliver) 62, 65, 171, 173, 174, 175, 177, 178, 181, 182, 200, 202, 218, 219, 223, 224, 232, 233, 241, 242, 244, 245, 264, 266, 269, 270, 272, 298, 329, 342, 344, 346, 347, 349, 358, 359, 361, 365, 368, 386, 396, 417

ケ

ケースビー(Caseby, John) 186
ゲスィン(Gethin, Maurice) 161
ケトン(Kirton, Edward) 69
ケムプソン(Kempson, Lieut.-Col. Nicholas) 172, 194
ゲリブランド(Gellibrand, Samuel) 161
ケンダル(Kendale, Thomas) 186, 213, 228
ケンドリック(Kendricke, John) 142

コ

コーク, サー・ジョン(Coke, Sir John) 46
コーク, トーマス(Coke, Thomas) 109, 122
コーク, サー・エドワード(Coke, Sir Edward) 355
ゴーリング(Goring, George) 47, 56
コーリング(Cowling, Nicholas) 267, 273
コール(Cole) 69, 70
ゴッドウィン(Godwine) 75
コニャズ(Conyers, Sir John) 94
ゴフ(Gough, William) 183
コプリィ(Copley, Col. Lionel) 141

サ

サウトン(Sowton, Daniel) 161
サグデン(Sugden, John) 60
サムズ(Somes, William) 202

シ

ジェイコブ(Jacob, Henry) 32, 51
ジェシー(Jessey, Henry) 51, 182
シェパード(Shepard, Thomas) 174, 181, 184, 185, 186, 195, 202, 203, 213, 223, 224, 228
シェフィールド(Sheffield, Col. Thomas) 174, 194, 195
ジェラード(Gerrard, Sir Gilbert) 216
ジャクソン(Jackson, Thomas) 214, 216, 217
シャンブルック(Shambrook, William) 151, 207, 227
ジュブス(Jubbes, John) 323
ジョイス(Joyce, George) 196, 205, 217, 218, 219, 220, 221, 223, 231, 232, 241
ジョーンズ(Jones, Capt.) 142
ジョーンズ, ウィリアム(Jones, William) 186, 202
ジョーンズ, ディック(Jones, Dick) 83
ジョーンズ, トーマス(Jones, Thomas) 213, 228
シンプソン(Simpson, Sidrach) 133

ス

スキッポン(Skippon, Sir Philip) 174, 175, 194, 202, 214
スクループ(Scoope, Maj. [later Col.] Adrian) 201
スコット(Scott, Peter) 97
スター(Starre, Edward) 186, 229
スチューソン(Steuson, George) 229
ステアズモア(Staresmore, Sabine) 147, 149, 207
スティプルトン(Stapleton, Sir Philip) 141, 160
ストラフォード(Strafford, earl of) 15, 17, 19, 21, 22, 23, 25, 26, 27, 29, 35, 38, 39, 44, 46, 48, 55, 56, 58, 65, 66, 76, 77, 78, 112, 113
ストラングウェイズ(Strangways, Sir John) 45, 67, 68, 69
ストレインジ(Strange, Nathaniel) 184
ストロード(Strode, William) 108
スペンサー(Spencer, John) 34, 52, 180,

201, 416
スミス, ウィリアム(Smith, William) 122, 126
スミス, トーマス(Smith, Thomas) 100, 108, 109, 117
スリングズビィ(Slyngesbie, Robert) 88, 96, 100, 105, 108, 123

セ

セクスビー(Sexby, Edward) 174, 185, 186, 195, 202, 203, 208, 213, 223, 224, 228, 266, 267, 360
セルデン(Selden, John) 76

ソ

ソウム(Soame, Thomas) 41, 42
ソーヤー(Sawyer) 355, 371
ソーンホー(Thornhaugh) 184
ソルウェー(Salway, Richard) 168
ソルター(Salter, Richard) 229

タ

ターナー(Turner, John) 183, 201
ダイブ(Dyve, Sir Lewis) 335, 345, 346, 365
ダウニング(Downing, Calybute) 113
タリダ(Tulidah, Maj.) 149, 203, 205, 226

チ

チドレー, キャサリン(Chidley, Katharine) 51, 147
チドレー, サミュエル(Chidley, Samuel) 147, 325, 332, 418
チャールズ(King Charles I) 16, 17, 26, 41, 42, 63, 77, 91, 190, 270, 291, 308, 338, 339, 340, 342, 350, 358, 365
チャールズ皇子(2世) 357, 358
チュー(Tew, Nicholas) 149, 150, 206, 226, 302
チレンデン(Chillenden, Edmund) 180, 184, 185, 196, 197, 199, 200, 210, 211, 213, 215, 216, 217, 223, 224, 228, 229, 416

テ

ディアリング(Dering, Sir Edward) 64
ディーン(Deane, Richard) 183, 184
ディグズ(Digges, Dudley) 126
ディゲルス(Diggells, Thomas) 213
ディズブロー(Disbrowe, John) 176
ティチボーン(Tichborn, Robert) 150, 161, 165, 207, 227
ディッシャー(Disher, William) 183
テイラー, エドワード(Taylor, Edward) 228
テイラー(Taylor, the deputy alderman) 71, 89
ディワン, デ・ラ・ウェア(Dewan, De La Warr) 216
デーカーズ(Dacres, lord) 171
デービス(Davis, Mr) 82, 149, 207
デグビィ(Digby, lord) 19, 28, 46, 47, 84, 100
デューズ(D'Ewes, Sir Simonds) 85, 101, 119
デュッパ(Duppa, John) 182
デン(Denne, Henry) 201, 327, 337

ト

トイッグ(Twig, Edward) 228
ドゥバー(Dover, earl of) 95
ドーセット(Dorset, earl of) 68, 85
トーマス(Thomas, John) 186
トマソン(Thomason, George) 161
トムソン(Thompson) 368
トレバーズ(Trevers, Tim) 203

ナ

ナイ(Nye, Philip) 133
ナルソン(Nalson, John) 49, 119, 120

ニ

ニカルズ(Nicholls, Francis) 173, 176, 177, 197
ニクソン(Nixon, Anthony) 186, 228
ニコラス(Nicholas, Edward) 76
ニューソン(Newson, John) 213, 229
ニューバラ(Newburgh, lord) 106

ノ

ノールズ, ウィリアム(Knowles, William) 183
ノールズ, ハンザード(Knollys, Hanserd) 164
ノリス(Norris, Jab) 335

ハ

バージス(Burgess, Cornelius) 25, 36, 113, 126
バーチ(Birch, Col. John) 180
ハーディング(Harding) 113
バートン(Burton, Henry) 16, 18, 38, 40, 41
ハーバート(Herbert, Col. William) 183, 194, 195
ハーフォード(Hertford, 10th earl and 1st marquis) 25, 97, 98
パーマー(Palmer, Geoffrey) 65
ハーリィ, エドワード(Harley, Col. Edward) 141, 176, 177, 179, 194, 198
ハーリィ, サー・ロバート(Harley, Sir Robert) 80
パイ(Pye, Col. Sir Robert) 194
ハイド, エドワード(クラレンドン伯)(Hyde, Edward) 63, 64, 68
ハイド, デービッド(Hyde, David) 96, 108
ハイフィールド(Highfield, Capt. Thomas) 217
ハイランド(Highland, Samuel) 147, 149, 207
バイロン(Byron, Sir John) 107, 121
ハウ(How, Samuel) 31, 50, 51, 180
バクスター(Baxter, Richard) 27, 31, 35, 46, 77, 180, 181, 276
ハザム(Hotham, Mr. John) 57
バストウィック(Bastwick, John) 16, 17, 29, 40
パッカー(Packer, William) 182, 183, 416
バッサル(Vassall, Samuel) 41, 42
バトラー(Butler, John) 174
バニヤン(Bunyan, John) 48
ハマンド, トーマス(Hammond, Lieut-Gen. Thomas) 169, 171
ハマンド, ロバート(Hammond, Col. Robert) 169, 171
ハミルトン(Hamilton, marquis of) 58, 59, 80
ハムデン(Hampden, John) 19, 65, 108, 111
パラタイン(Palantine) 26
ハリス(Harris, John) 218, 219, 231
ハリソン, エドワード(Harrison, Edward) 201
ハリソン, トーマス(Harrison, Col. Thomas) 201, 229, 368
バルファ(Balfour, Sir William) 23, 94
バロウ(Barrow, Robert) 180
バローズ(Burroughes, Jeremiah) 133
バンクス(Bankes, Adam) 34, 52
ハンティンドン(Huntingdon, Maj. Robert) 98, 173, 219, 232

ヒ

ピアド(Peard, George) 64
ピーター(Peter; Peters Hugh) 161, 200
ビール(Beale, Thomas) 82, 83
ピム(Pym, John) 19, 44, 45, 48, 58, 59, 62, 64, 72, 74, 76, 77, 79, 80, 83, 96, 108, 113, 127, 182, 307
ヒューソン(Hewson, John) 171, 176, 178, 182, 184
ビリングズリー(Billingsley, Capt.) 23

ヒンクスマン(Hinksman, Daniell)　229

フ

ファーロゥ(Farlow, of Wood Street)　70
ファインズ(Fiennes, Nathaniel)　20
ファンショー(Fanshawe, Sir Thomas)　96
フィールド(Field, Herbert)　229
フォーテスキュー(Fortescue, Col. Richard) 194
フェアファックス, チャールズ(Fairfax, Lieut.-Col. Charles)　182
フェアファックス, サー・トーマス(Fairfax, Sir Thomas)　156, 168, 170, 171, 172, 174, 175, 176, 177, 178, 181, 186, 188, 192, 193, 199, 202, 213, 214, 215, 219, 222, 223, 232, 266, 319, 322, 342, 343, 344, 368
フォーカンバーグ(Fauconberg, lord)　95
フォーク(Fowke, John)　71, 73, 87, 113, 114, 135, 207
フォークス(Fawkes, Guy)　56
フォークランド(Falkland, viscount)　28, 46, 65
フォスター(Foster, Joseph)　186
フカー(Hooker, Edward)　161
フット(Foot, Sir Thomas)　142
ブラーマン(Braman, John)　229
プライス(Price, John)　147, 148, 150, 151, 157, 162, 165, 207, 208, 227
プライド(Pride, Thomas)　169, 170, 171, 182, 400
ブラウン(Browne, the grocer)　72
ブラウン, ウィリアム(Browne, William) 206
ブラウン, サミュエル(Browne, Samuel) 141
ブラウン, デービッド(Brown, David)　147, 418
ブラウン, トーマス(Browne, Thomas)　229
ブラッドボーン(Bradborne)　87
ブランク(Blanck)　355
ブラント(Blunt, Richard)　52, 181
フリートウッド(Fleetwood, Col. Charles) 174, 175, 186, 213, 231
ブリストル(Bristol, earl)　25, 47, 84
プリチャード(Prichard, Robert)　213
ブリッジ(Bridge, William)　113, 133
プリティ(Pretty, Henry)　184
プリメイト(Primate, Josiah)　148
プリン(Prynne, William)　16, 18, 40, 41, 226, 310
プリンス(Prince, Thomas)　325, 376, 393, 402
ブルーム(Broome, John)　68
フルチャー(Fulcher, Samuel)　150
ブレイ(Bray, Capt.)　355, 371
プレイアー(Player)　207
ブレイフィールド(Brayfield, Alexander) 182, 184
フレミング(Fleming, Sir William)　108
プレンテス(Prentice, Ralph)　229
フロスト(Frost, Walter)　325, 334, 398, 403
ブロムフィールド(Bromfield, Laurence) 161

ヘ

ベア(Bere, Sidney)　88, 96, 115
ベアボーン(Barbone, Praise-God)　32, 34, 50, 51
ベイカー(Baker, William)　229
ヘイズルリグ(Haselrig, Sir Arthur)　108
ベイリー(Baillie, Robert)　29, 41, 43, 44, 49, 157, 160
ヘイリン(Heylyn, Peter)　40, 41
ベイン(Vane, Sir Henry)　18
ベインズ(Baines, Jeremy)　68, 161
ベッセル(Bethel, Col. Hugh)　183
ベッドフォード(Bedford, earl of)　19
ペティ(Petty, Maximilian)　238, 241, 243, 244, 245, 246, 250, 251, 259, 260, 261, 263, 264, 266, 268

ペニントン, アイザック(Pennington, Isaac) 18, 36, 41, 42, 45, 73, 92, 103, 109, 113, 150, 207, 308
ペニントン, サー・ジョン(Pennington, Sir John) 96, 100, 108, 115, 117
ペムブルック(Pembroke, earl of) 47, 48, 177, 196
ベラミー(Bellamie; Bellamy John) 142, 159
ベリィ(Berry, James) 183
ベン(Venn, John) 22, 23, 28, 39, 41, 42, 66, 70, 71, 87, 104, 113, 114, 118, 123, 126

ホ

ボイス(Boys; Boyze) 112, 206
ホーキンズ(Hawkins, Jonas) 34
ポーター(Porter, Mr) 32
ホートン(Houghton, Adam) 72
ホームズ(Holmes, Abraham) 183
ボーモント(Beaumont, Richard) 155, 181, 182
ホール(Hall) 33, 36
ホール, ヘンリー(Hall, Henry) 231
ボーン, エドワード(Vaughan, Edward) 229
ボーン, ジョージフ(Vaughan, Joseph) 161
ボックス(Box, Tobias) 186, 202, 213, 229
ポッツ(Potts, Sir John) 216
ボトラー(Boteler, William) 176
ホブソン, ウィリアム(Hobson, William) 71
ホブソン, ポール(Hobson, Paul) 148, 155, 156, 180, 183, 201
ホランド(Holland, earl of) 25, 47, 69
ホリス(Holles, Denzil) 19, 33, 108, 160, 210, 218, 219, 226
ホワイティング(Whiting, Samuel) 186, 228
ホワイト, ジョン(White, John) 203
ホワイト, フランシス(White, Francis) 217, 223, 230
ホワイトロック(Whitelock, Bulstrode) 47, 49, 101
ボンド(Bond, Maximilian) 94

マ

マーシャル, グリフィス(Marshall, Griffith) 68
マーシャル, スティーブン(Marshal, Stephen) 113, 133, 157
マーラー(Marler, button maker) 34
マイクルソン(Michaelson, John) 70
マスィ(Massey, Maj. Gen. Edward) 171, 194
マスターソン(Masterson, George) 326, 334, 335
マナリング(Mainwarning, Randall) 94, 113, 114
マリン(Malyn, William) 183
マンスフィールド(Mansfield) 70
マンセル(Mansell, Sir Robert) 56
マンチェスター(Manchester, 1st earl of) 98
マンデビル(Mandeville, Manchester, 2nd earl of) 108, 112, 113, 114

ミ

ミラー(Miller, John) 184

ム

ムアー(Moore, Thomas) 186

メ

メイ(May, Thomas) 17, 65
メイソン, ジョン(Mason, John) 182, 184
メイソン, ロバート(Mason, Robert) 184, 213, 229
メィナード(Maynard, Sir John) 397
メラデス(Meredith, Christopher) 161

モ

モントローズ(Montrose, marquis of) 58

ヤ

ヤング(Young, William) 228

ユ

ユーブデール(Uvedale, Sir William) 25, 47

ラ

ラーナー(Larner, William) 147, 150, 226
ライター(Wrighter, Clement) 157
ラウダン(Loudon, lord) 80
ラッセル(Russell, William) 183, 201
ラナーク(Lanark, earl of) 59, 80
ラベンダー(Lavender, the grocer) 70
ラム(Lamb, Thomas) 149, 150, 155, 206, 207, 226, 302
ラムバート(Lambert) 171, 176, 177, 184
ランスフォード(Lunsford, Thomas) 94, 95, 96, 97, 100, 120, 121

リ

リィ(Leigh, Col. Edward) 149, 206
リード, フランシス(Read, Francis) 16
リード, ロバート(Reade, Robert) 183
リスター(Lister, Joseph) 60
リチャードソン(Richardson, Samuel) 417, 418
リッチ(Rich, Col. Nathaniel) 171, 174, 176, 192, 229, 242, 244, 245, 269
リッチモンド(Richmond, duke of) 117
リリィ(Lilly, William) 112, 126
リルバーン, エリザベス(Lilburne, Elizabeth) 203
リルバーン, ジョン(Lilburne, John) 6, 10, 29, 39, 49, 50, 96, 99, 112, 146, 147, 148, 149, 150, 151, 152, 159, 162, 165, 180, 182, 183, 185, 199, 203, 206, 208, 223, 226, 227, 231, 237, 265, 266, 277, 280, 281, 282, 286, 288, 294, 302, 310, 311, 312, 313, 315, 316, 317, 318, 320, 322, 324, 325, 326, 331, 332, 335, 339, 340, 342, 343, 344, 345, 346, 347, 348, 349, 358, 360, 361, 363, 365, 368, 370, 371, 373, 376, 378, 380, 393, 394, 396, 397, 398, 399, 400, 401, 402, 403, 404, 407, 409, 410, 411, 416, 417, 418, 420
リルバーン, ヘンリー(Lilburne, Henry) 368
リルバーン, ロバート(Lilburne, Col. Robert) 169, 171, 172, 176, 183, 229, 368

ル

ルーク(Luke, Sir Samuel) 155

レ

レイ(Wray, Sir John) 56
レインバラ, ウィリアム(Rainborough, William) 268
レインバラ, トーマス(Rainsborough, Thomas) 205, 216, 217, 218, 230, 238, 230, 238, 241, 242, 243, 244, 246, 249, 250, 252, 253, 257, 259, 260, 262, 263, 264, 266, 267, 268, 273, 297, 301, 344
レズリ(Leslie, Alexander) 80
レナルズ(Reynolds, John) 197
レンソール(Lenthall, Sir John) 31, 93

ロ

ロウジァ(Rosier, Edmund) 147, 302, 418
ロード(Laud, William) 16, 40, 41
ローレンス(Lawrence, Richard) 184
ローンディ(Laundy, William) 213
ロクスバラ(Roxburgh, earl of) 80
ロシター(Rossiter, Col. Edward) 230
ロジャーズ(Rogers, Richard) 32, 34
ロッキャー, ニコラス(Lockyer, Nicholas, clergyman) 165
ロッキャー, ニコラス(Lockyer, Nicholas,

army agitator)　186, 227, 229
ロッキャー, ロバート(Lockyer, Robert)　181, 200, 202, 213, 355, 368
ロッシンガム(Rossingham, Edmund)　16
ロビンソン(Robinson, Nathaniel)　34
ロング(Long, George)　75

ワ

ワイズマン(Wiseman, Thomas)　93, 99, 109, 112
ワイルドマン(Wildman, John)　10, 36, 84, 238, 241, 245, 252, 253, 262, 263, 264, 266, 273, 324, 335, 344, 347, 349, 360, 403

レベラーズ関連文献目録

この文献目録は、I．レベラーズ史料集　II．研究文献（レベラーズ研究・関連研究）を整理したものである。1985年以前のレベラーズ研究・関連研究のモノグラフについては山本隆基『レヴェラーズ政治思想の研究』（法律文化社、1986年）が詳しいので、ここでは主として1986年以降の文献をリスト・アップした。なお、レベラーズの指導者リルバーン、ウォルウィン、オーバートンの著作目録については浜林正夫『イギリス革命の思想構造』（未来社、1966年）を参照されたい。

I．レベラーズ史料集（ディガーズ・軍隊の史料集を含む）

Aylmer, G. E. ed., *The Levellers in the English Revolution,* London, 1975.

Firth, C. H. ed., *The Clark Papers. Selections from the Papers of William Clarke, Secretary to the Council of the Army, 1647-49, and to General Monck, 1651-1660,* Camden Society Publications, 4Vols., London, 1891-1901, repr. 1965.

Gardiner, S. R. ed., *The Constitutional Documents of the Puritan Revolution 1625-1660,* London, 1889.

Haller, W. ed., *Tracts on Liberty in the Puritan Revolution 1638-1647,* 3Vols., New York, 1933-4.

Haller, W. and Davies, G. eds., *The Leveller Tracts 1647-1653,* New York, 1944.

Hill, C. ed., *The Law of Freedom and Other Writings; Gerrard Winstanley,* London, 1983.

Hill, C. and Dell, E. eds., The Good Old Cause, the English Revolution 1640-1660, London, 1949.

Kenyon, J. P. ed., *The Stuart Constitution, Documents and Commentary,* London, 1966.

Morton, A. L. ed., *Freedom in Arms. A Selection of Leveller Writings,* London. 1975.

McMichael J. R. and Taft B. eds., *The Writings of William Walwyn,* London, 1989.

Sabine, G. H. ed., *The Works of Gerrard Winstanley,* New York, 1941.

Sharp, A. ed., *Political Ideas of the English Civil Wars 1641-1649. a Collection of Representative Texts with a Commentary,* London, 1983.

Sharp, A. ed., *The English Levellers.* Cambridge, 1998.

Wolfe, D. M. ed., *Leveller Manifestoes of the Puritan Revolution,* New York, 1944.

Woodhouse, A. S. P. ed., *Puritanism and Liberty: Being the Army Debates (1647-9) from the Clarke Manuscripts with Supplementary Documents,* Chicago, 1938.
(reprinted with a Preface by I. Roots , London, 1974.)

大澤麦・渋谷浩訳『デモクラシーにおける討論の生誕――ピューリタン革命におけるパトニー討論』聖学院大学出版会、1999
加藤和敏編訳『自由と正義をもとめて――ウィンスタンレーとイギリス市民革命』光陽出版社、1990
渋谷浩編訳『自由民への訴え――ピューリタン革命文書選』早稲田大学出版部、1978
水田洋編 Six Tracts of John Lilburne,『調査と資料』（名古屋大学経済学部経済調査室）43、1970

Ⅱ 研究文献

（1）レベラーズ・ロンドン・軍隊

・レベラーズ（ディガーズを含む）

Ashley, M., *John Wildman, Plotter and Postmaster , a Study of English Republican Movement in the Seventeenth Century,* London, 1947.
————Oliver Cromwell and the Levellers, *History Today,* 17-8, 1967.
Aylmer, G. E., Gentleman Levellers?, *Past and Present,* 49, 1970.
————Locke no Leveller, in I. Gentles, et al eds., *Soldiers, Writers and Statesmen of the English Revolution,* Cambridge, 1998.
Brack, M. H., 1647: une assemblée constituante dans l'armée révolutionnaire anglaise, *Schweizerische Zeitschrift für Geschichte,* 23, 1974.
Brailsford, H. N., *The Levellers and the English Revolution,* London, 1961.
Brockway, F., *Britain's First Socialists. The Levellers, Agitators and Diggers of the English Revolution,* London, 1980.
Burgess, G., Protestant Polemic: The Leveller Pamphlets, *Parergon,* 11, 1993.
Carlin, N., Leveller Organization in London, *Historical J.,* 27, 1984.
————The Levellers and the Conquest of Ireland in 1649, *Historical J.,* 30, 1987.
Davis, J. C., The Levellers and Democracy (*Past and Present* 40, 1968), in Webster C. ed., *The Intellectual Revolution of the Eighteenth Century,* London, 1974.
————The Levellers and Christianity, in Manning, B. ed., *Politics, Religion and the English Civil War,* London, 1973.
Diethe, J., *Zur Organisation plebejischer Öffentlichkeit in der Englischen Revolution: Die Leveller Bewegung,* (unveröffent.), 1977.
————The Moderate: Politics and Allegiances of a Revolutionary Newspaper, *History of Political Thought,* 4-2, 1983.
Donnelly, F. K., The Levellers and Early Nineteenth Century Radicalism, *Society for the Study of Labour History,* 49, 1984.
Frank, J., *The Levellers, a History of the Writings of the Three Seventeenth Century Social Democrats,* Cambridge, Mass., 1955.
Gabrieli, V., I debatti di Putney, in Colombo, A. and Schiavone, G. eds., *L'Utopia nella Storia: la Rivoluzione Inglese.* Bari: Dedalo, 1992.

Gibb, M. A., *John Lilburne, the Leveller: a Christian Democrat,* London, 1947.

Gleissner, R. A., The Levellers and Natural Law: Putney Debates of 1647, *J. of British Studies,* 20-1, 1980.

Gralher, M., *Demokratie und Repräsentation in der Englischen Revolution,* Meisenheim am Glan, 1973.

Gregg, P., *Free-Born John, a Biography of John Lilburne,* London, 1961.

Gurney, J., Gerard Winstanley and the Digger Movement in Walton and Cobham, *Historical J.,* 37, 1994.

Hampsher-Monk, I., The Political Theory of the Levellers: Putney, Property and Professor Macpherson, *Political Studies,* 24-4, 1976.

Heinemann, M., Popular Drama and Leveller Style, Richard Overton and John Harris, in Cornforth, M. ed., *Rebels and their Causes,* London, 1978.

Hill, C., Possessive Individualism, *Past and Present,* 24, 1963.

——The Levellers, Radical Ideas and Personalities in British History, in Rubinstein, D. ed., *People for the People,* London, 1973.

Holorenshaw, H., *The Levellers and the English Revolution,* London, 1939.
(佐々木専三郎訳『レヴェラーズとイギリス革命』未来社、1964)

Houston, A. C., 'A Way of Settlement': the Levellers, Monopolies and the Public Interest', *History of Political Thought,* 14, 1993.

Howell, J. R. and Brewster, D. E., Reconsidering the Levellers: The Evidence of the Moderate, *Past and Present,* 46, 1970.

Hughes, A., Gender and Politics in Leveller Literature, in Amussen, S. D. and Kishlansky, M. A. eds., *Political Culture and Cultural Politics in Early Modern England: Essays presented to David Underdown,* Manchester , 1995.

Kishlansky, M. A., The Army and the Levellers: The Roads to Putney, *Historical J.,* 22-4, 1979.

——Consensus Politics and the Structure of Debate at Putney, *J. of British Studies,* 20-2, 1981.

Levy, M. B., Freedom, Property and the Levellers: The Case of John Lilburne, *Western Political Quarterly,* 1983.

Liu, T., The Trial of John Lilburne: a Study of the Jurymen, *National Cheng-Chi University Historical J.,* 5 , 1987.

Macpherson, C. B., *The Political Theory of Possessive Individualism,* Oxford, 1962. (藤野渉、将積茂、瀬沼長一郎訳『所有的個人主義の政治理論』合同出版、1980)

——Hampsher-Monk's Leveller, *Political Studies,* 25-4, 1977.

Manning B., The Levellers, in Ives, E. W. ed., *The English Revolution* 1600-1660, Chatham, 1968. (越智武臣監訳『英国革命1600-1660』ミネルヴァ書房、1974)

——*The English People and the English Revolution 1640-1649,* London, 1976, new edn., 1991.

——The Levellers and Religion, in Macgregor, J. F. and Reay, B. eds., *Radical Religion in the English Revolution,* London, 1984.

McNally, D., Locke, Levellers and Liberty: Property and Democracy in the Thought of the first Whigs, *History of Political Thought,* 10, 1989.

Morton, A. L., The Place of Lilburne, Overton and Walwyn in the Tradition of English Prose, *Zeitschrift für Anglistik und Amerikanistik,* 6, 1958.

————The Leveller Style, in Morton, A. L. ed., *the Matter of Britain. Essays in a Living Culture,* London, 1966.

————The Plebeian Left in the English Revolution, *Wissenschaftliche Zeitschrift der Wilhelm-Pieck-Universität Rostock,* 25, 1976.

————Leveller Democracy—Fact or Myth?, in his *The World of the Ranters: Religious Radicalism in the English Revolution,* London, 1979.

Mulligan, L., The Religious Roots of William Walwyn's Radicalism, *J. of Religious History,* 12, 1982.

Parkin-Speer, D., John Lilburne: a Revolutionary Interprets Statutes and Common Law Due Process, *Law and History Review,* 1, 1983.

Pease, T. C., *The Leveller Movement; a Study in the Historical and Political Theory of the English Great Civil War,* Washington, 1916 repr. 1965.

Petegorsky, D., *Left-Wing Democracy in the English Civil War,* London, 1940.

Robertson, D. B., *The Religious Foundations of Leveller Democracy,* New York, 1951.

Sampson, M., A Story 'too tedious to relate at large'? Response to the Levellers, 1647-53, *Parergon,* 5, 1987.

Sanderson, J., *'But the People's Creatures': the Philosophical Basis of the English Civil War,* Manchester, 1989.

Schenk, W., *The Concern for Social Justice in the Puritan Revolution,* London, 1948.

Schröder, H. C., Die Levellers und das Problem der Republik in der Englischen Revolution, *Geschichte und Gesellschaft,* 10, 1984.

Seaberg, R. B., The Norman Conquest and the Common Law: the Levellers and the Argument from Continuity, *Historical J.,* 24-4, 1981.

Sharp, A., John Lilburne's Discourse of Law, *Political Science,* 40-1, 1988.

————John Lilburne and the Long Parliament's *Book of Declarations:* a Radical's Exploitation of the Words of Authorities', *History of Political Thought* 9, 1988.

Shaw, H., John Lilburne and Puritanism, *Listener,* 74, 1965.

————*The Levellers,* London, 1968.

Solt, L. F., Winstanley, Lilburne, and the Case of John Fielder, *Huntington Library Quarterly,* 45, 1982.

Taft, B., The Council of Officers' *Agreement of the People, 1648/9, Historical J.,* 28, 1985.

————Journey to Putney: The quiet Leveller, in Schochet, G. J., Tatspaugh, P. E. and Brobeck, C. eds., *Religion, Resistance and Civil War,* Washington, 1990.

Thomas, K., The Levellers and the Franchise, in Aylmer, G. E. ed., *The Interregnum: The Quest for Settlement 1646-1660,* London, 1972.

Thompson, C., Maximillian Petty and the Putney Debate on the Franchise, *Past and Present,* 88, 1980.

Wende, P., Liberty und Property in der politischen Theorie der Levellers, *Zeitschrift für Historische Forschung,* 1, 1974.

Wittwer, W. W., Grundrechte bei den Levellers und der New Model Army, Ratingen, 1972.

Woolrych, A., Putney Revisited: Political Debate in the New Model Army in 1647, in Jones, C., Newitt, M. and Roberts, S. eds., *Politics and People in Revolutionary England: Essays in honour of Ivan Roots.* Oxford, 1986.

Wootton, D., Leveller Democracy, in Burns J. H. and Goldie M. eds., *The Cambridge History of Political Thought 1450-1700,* Cambridge, 1991.

・ロンドン

Braddick, M , Popular Politics and Public Policy: The Excise Riot at Smithfield in February 1647 and its Aftermath, *Historical J.,* 34, 1991.

Carlin, N., Liberty and Fraternities in the English Revolution: The Politics of London Artisans' Protests, 1635-1659, *International Review of Social History,* 39, 1994.

Lindley, K., London and Popular Freedom in the 1640's, in Richardson R. C and Ridden G. M. eds., *Freedom and the English Revolution,* Manchester, 1986.

———London's Citizenry in the English Revolution, in Richardson R. C. ed., *Town and Countryside in the English Revolution,* Manchester, 1992.

———*Popular Politics and Religion in Civil War London,* Aldershot, 1997

Pearl, V., *London and the Oubreak of the Puritan Revolution,* Oxford, 1961.

———London's Counter-Revolution, in Aylmer G. E. ed., *The Interregnum: The Quest for Settlement 1646-1660,* London, 1972.

Porter, S. ed., *London and the Civil War,* London, 1996.

Seaver, P. S., *Wallington's World: A Puritan Artisan in Seventeenth Century London,* London, 1985.

Smith, S. R., Almost Revolutionaries: the London Apprentices during the Civil Wars, *Huntington Library Quarterly,* 42, 1979.

Tolmie, M., *The Triumph of the Saints: the Separate Churches of London 1616-1649,* Cambridge, 1977.（大西晴樹・浜林正夫訳『ピューリタン革命の担い手たち』ヨルダン社、1983）

———Thomas Lambe, Soapboiler and Thomas Lambe, Merchant, General Baptists, *The Baptist Quarterly,* 27, 1977.

・軍　隊

Aylmer, G. E., The 'Armée' and the Popular Movement in the English Revolution, in Butel, P. ed., *Sociétés et groupes sociaux en Acquitaine et en Angleterre,* Bordeaux, 1979.

Bennett, M., *The Civil Wars in Britain and Ireland 1635-1651*, Oxford,1997.
Carlton, C., *Going to the Wars: The Experience of the British Civil Wars 1638-1651*, London, 1994.
Firth, C. H., *Cromwell's Army*, London, 1902.
Firth, C. H. and Davies, G., *The Regimental History of Cromwell's Army*, 2Vols., Oxford, 1940.
Gentles, I., The Arrears of Pay of the Parliamentary Army at the End of the First Civil War, *Bulletin. of the Institute of Historical Research*, 48-117, 1975.
——Arrears of Pay and Ideology in the Army Revolt of 1647, in Bond , B. and Roy, I. eds., *War and Society*, 1, London, 1976.
——*The New Model Army in England, Ireland and Scotland 1645-1653*, Oxford, 1992.
——Political Funerals during the English Revolution, in Porter, S. ed., *London and the Civil War*, 1996.
Gentles, I., Morrill, J. and Worden, B. eds., Soldiers, *Writers and Statesmen of the English Revolution*, Cambridge, 1998.
Goldsmith, M., Levelling by Sword, Spade and Word: Radical Egalitarianism in the English Revolution, in Jones, C., Newitt, M. and Roberts, S. eds., *Politics and People in Revolutionary England: Essays in honor of Ivan Roots*, Oxford, 1986.
Holmes, C., *The Eastern Association in the English Civil War*, Cambridge, 1974.
Kishlansky, M. A., *The Rise of the New Model Army*, Cambridge, 1979.
——The Case of the Army truly stated: the Creation of the New Model Army, *Past and Present*, 81, 1979.
——What happened at Ware?, *Historical J.*, 25-4, 1982.
——Ideology and Politics in the Parliamentary Armies 1645-9, in Morrill, J. S. ed., *Reactions to the English Civil War*, London, 1982.
Laurence, A., *Parliamentary Army Chaplains 1642-1651*, Woodbridge, Suffolk, 1990.
Massarella, D., The Politics of the Army and the Quest for Settelement, in Roots, I ed., *'Into Another Mould': Aspects of the Interregnum*, Exeter, 1981.
Morrill, J., Mutiny and Discontent in English Provincial Armies 1645-1647, *Past and Present*, 56, 1972.
——The Revolt of the Provinces, Conservatives and Radicals in the English Civil War 1630-1650, London, 1976.
——The Army Revolt of 1647, in Duke, A. C. and Tamse, C. A. eds., *Britain and the Netherlands*, 6, The Hague, 1977.
Polizzotto, C., Liberty of Conscience and the Whitehall Debates of 1648-49, *J. of Ecclesiastical History*, 26, 1975.
Solt, L. F., *Saints in Arms: Puritanism and Democracy in Cromwell's Army, Stanford*, 1959.
Thomson, A., *The Ware Mutiny 1647: Order restored or Revolution defeated?*, Ware, Rockingham, 1996.

Woollych, A., *Soldiers and Statesmen: The General Council of the Army and its Debates, 1647-1648,* Oxford, 1987.
Young, P. and Holmes R., *The English Civil War,* London, 1978

（2）レベラー運動の環境（政治・社会・宗教・思想）

Achinstein, S., *Milton and the Revolutionary Reader,* Princeton, 1994.
Adamson, J. S. A., The English Nobility and the Projected Settlement of 1647, *Historical J.,* 30, 1987.
————The Baronial Context of the English Civil War, *Transactions of the Royal Historical Society,* fifth series, 40, 1990.
Amussen, S. and Kishlansky, M. eds., *Political Culture and Cultural Politics in Early Modern England,* Manchester,1997.
Appleby, J. O., *Economic Thought and Ideology in Seventeenth Century England,* Princeton, 1978.
Ashton, R., *The English Civil War, Conservatism and Revolution 1603-1649,* London, 1978.
————From Cavalier to Roundhead Tyranny, 1642-9, in Morrill, J. ed., *Reactions to the English Civil War 1642-49,* London, 1982.
————Counter-Revolution: The Second Civil War and its Origins, 1646-8, Yale, 1994.
Aylmer, G. E., Was Cromwell a member of the army in 1646-47, *English Historical j.,* 56, 1971.
————ed., *The Interregnum: the Quest for Settlement 1646-1660,* London, 1972.
————*The State's Servants,* London, 1973.
————*The King's Servants,* 2nd ed., London, 1974.
————Crisis and Regrouping in the Political Elites: England from the 1630s to the 1660s, in Pocock J. G. A. ed., *Three British Revolutions: 1641, 1688, 1776,* Princeton, 1980.
————*Rebellion or Revolution? England 1640-1660,* Oxford, 1986.
————Collective Mentalities in Mid-Seventeenth Century English: III, Varieties of Radicalism, *Transactions of the Royal Historical Society* fifth series, 38, 1988.
Barber, S., *Regicide and Republicanism: Politics and Ethics in the English Revolution1646-1659,* Edinburgh, 1998.
Barnard, T., *The English Republic,* London, 1982.
Barry, J., The Making of the Middle Class?, *Past and Present,* 145, 1994.
Barry, J. and Brooks C. eds., *The Middling Sort of People: Culture, Society and Politics in England 1500-1800,* London, 1994.（山本正監訳『イギリスのミドリング・ソート――中流層をとおしてみた近世社会』昭和堂、1998）
Brenner, R., *Merchants and Revolution:Commercial Change, Political Conflict and London's Overseas Traders1550-1653,* Cambridge, 1993.

Burgess, G., On Revisionism: an Analysis of Early Stuart Historiography in the 1970s and 1980s, *Historical J.*, 33, 1990.
——————*The Politics of the Ancient Constitution,* London,1993.
——————*Absolute Monarchy and the Stuart Constitution,* New Haven, 1996.
Callinicos, A., Bourgeois Revolutions, *International Socialism,* second series, 43, 1989.
Capp, B. S., *The Fifth Monarchy Men: A Study in Seventeenth-Century English Millenarianism,* London, 1972.
Carlin, N., Marxism and the English Civil War, *International Socialism,* 10, 1980-1.
Clark, J. C. D., *Revolution and Rebellion: State and Society in England in the Seventeenth and Eighteenth Centuries,* Cambridge, 1986.
Cliffe, J. T. *Puritans in Conflict: The Puritan Gentry During and After the Civil Wars,* London, 1988.
Clifton, R., Fear of Popery, in Russell C. ed., *The Origins of the English Civil War,* London, 1973.
Cooper, J. P., The People's War, in *The Times Literary Supplement,* 3 September, 1976.
Cotton, A. N. B., Cromwell and Self-denying Ordinance, *History,* 42, 1977.
Coward, B., *Social Change and Continuity in Early Modern England 1550-1750,* London, 1988.
——————*Oliver Cromwell,* London , 1991.
Cromartie, A., *Sir Matthew Hale,* Cambridge, 1995.
Cust, R. and Hughes, A. eds., *Conflict in Early Stuart England: Studies in Religion and Politics, 1603-42,* London, 1989.
——————*The English Civil War,* London, 1997.
Davis, J. C., Religion and the Struggle for Freedom in the English Revolution, *Historical J.,* 35, 1992.
Dow, F. D., *Radicalism in the English Revolution: 1640-1660,* Oxford, 1985.
Eales, J., *Puritans and Roundheads,* Cambridge, 1990.
Eley, G. and Hunt, W. eds., *Reviving the English Revolution: Reflections and the Elaborations on the work of Christopher Hill,* London, 1988.
Eustance, T. ed., *Statesmen and Politicians of Stuart Age,* London, 1985.
Fletcher, A. and Baker D. eds., Religious Motivation, *Studies in Church History,* 15, 1978.
Fletcher, A., *The Outbreak of the English Civil War,* London, 1981.
——————Parliament and People in Seventeenth-Century England, *Past and Present,* 98, 1983.
——————Oliver Cromwell and the Godly Nation, in Morrill J. ed., *Oliver Cromwell and the English Revolution,* Harlow, 1990.
Fraser, A., *Oliver Cromwell,* London, 1973.
Gardiner, S. R., *History of the Great Civil War1642-1649,* London, 4 Vols., 1893.
——————*History of the Commonwealth and Protectorate 1649-60,* 3Vols., London, 1901.
Gaunt, P., *The Cromwellian Gazetter,* Glouchester, 1987.

――――*Oliver Cromwell,* Oxford, 1996.
Gould, M., *Revolution in the Development of Capitalism: The Coming of the English Revolution,* Berkeley, 1987.
Greaves, R. L. and Zaller, R. E. eds., *Biographical Dictionary of British Radicals in the Seventeenth Century,* 3 Vols., Brighton, 1982-84.（事典）
Green, I. M., The Persecution of 'Scandalous' and 'Malignant' Parish Clergy during the English Civil War, *English Historical Review,* 94, 1979.
Gregg, P., *Oliver Cromwell,* London, 1988.
Haller, W., *Liberty and Reformation in the Puritan Revolution,* New York, 1955.
Harris, T., *London Crowds in the Reign of Charles II: Propaganda and Politics from the Restoration to the Exclusion Crisis,* Cambridge, 1987.
Herrup, C., The Counties and the Country, in Eley G. and Hunt W eds., *Reviving the English Revolution,* London, 1988.
Hexter, J. H., Power Struggle, Parliament and Liberty in Early Stuart England, *J. of Modern History,* 50, 1978.
Hibbard, C., *Charles I and the Popish Plot,* Chapel Hill, NC, 1983.
Higgins, P., The Reactions of Women, with Special Reference to Women Petitioners, in Manning, B. ed., *Politics, Religion and the English Civil War,* London, 1973.
Hill, C., The Norman York, in his *Puritanism and Revolution,* London, 1958.
（紀藤信義訳『ノルマンの軛』未来社、1960）
――――*God's Englishman. Oliver Cromwell and the English Revolution,* New York, 1970.
――――*Antichrist in Seventeenth-Century England,* London, 1971.
――――*The World Turned Upside Down. Radical Ideas during the English Revolution,* London, 1972.
――――A Bourgeois Revolution?, in Pocock J. G. A. ed., *Three British Revolutions: 1641, 1688, 1776,* Princeton, 1980.
――――Parliament and People in Seventeenth-Century England, *Past and Present,* 92, 1981.
――――The Poor and the People in Seventeenth-Century England, in Krantz F. ed., *History from Below: Studies in Popular Protest and Popular Ideology,* Oxford, 1985.
――――The Word 'Revolution' in Seventeenth-Century England, in Ollard R. and Tudor-Craig P., eds., *For Veronica Wedgewood These,* London, 1986.
――――The Collected Essays of Christopher Hill, Vol. I: *Writing and Revolution in 17th Century* England, Brighton, 1985.（小野功生・圓月勝博・箭川修訳『十七世紀イギリスの文書と革命（クリストファー・ヒル評論集Ⅰ）』法政大学出版局、1999）
――――The Colledted Essays of Christopher Hill, Vol. II: *Religion and Politics in 17th Century England,* Brighton, 1986.（小野功生訳『十七世紀イギリスの宗教と政治（クリストファー・ヒル評論集Ⅱ）』法政大学出版局、1991）

―――――The Collected Essays of Christopher Hill, Vol. III; *People and Ideas in 17th Century England,* Brighton, 1986.（小野功生・圓月勝博・箭川修訳『十七世紀イギリスの民衆と思想（クリストファー・ヒル評論集Ⅲ）』法政大学出版局、1998）
―――――*A Nation of Change and Novelty: Radical Politics, Religion and Literature in Seventeenth-Century England,* London, 1990.（小野功生・圓月勝博訳『十七世紀イギリスの急進主義と文学（クリストファー・ヒル評論集Ⅳ）』法政大学出版局、1997）
―――――*The English Bible and the Seventeenth-Century Revolution,* Harmondsworth, 1993.
Hilton, R. ed., *The Transition from Feudalism to Capitalism,* London, 1976.
Hirst, D., *The Representative of the People? Voters and Voting in England under the Early Stuarts,* Cambridge, 1975.
―――――*Authority and Conflict: England 1603-58,* London, 1986.
―――――The Failure of Godly Rule, *Past and Present,* 81, 1991.
―――――*England in Conflict 1603-1660: Kingdom, Community, Commonwealth,* London, 1999.
Hirst, D. and Strier, R. eds., *Writing and Political Engagement in Seventeenth-Century England,* Cambridge, 1999.
Holmes, C., Drainers and Fenmen: the Problem of Popular Political Consciousness in the Seventeenth Century, in Fletcher. A and Stevenson J. eds., *Order and Disorder in Early Modern England,* Cambridge, 1985.
Holstun, J. ed., *Pamphlet Wars. Prose in the English Revolution,* London, 1992.
Hoover, C., Cromwell's Status and Pay in 1646-47, Histonical J., 23, 1980.
Howell, R., Resistance to Change: The Political Élite of Provincial Towns during the English Revolution, in Beir A. L., Cannadine D. and Rosenheim J. M. eds., *The First Modern Society,* Cambridge, 1989.
Hughes, A., Local History and the Origins of the Civil War, in Cust R. and Hughes A. eds., *Conflict in Early Stuart England: Studies in Religion and Politics 1603-1642,* London, 1989.
―――――*The Causes of the English Civil War,* London, 1991.
―――――Coventry and the English Revolution, in R. C. Richardson ed., *Town and Countryside in the English Revolution,* Manchester, 1992.
―――――The Frustration of the Godly, in Morrill J. ed., *Revolution and Restoration in England in the 1650s,* London, 1992.
Hunt, W., *The Puritan Moment: The Coming of Revolution in an English County,* Cambridge, Mass., 1983.
Hutton, R., *The Royalist War Effort 1642-1646,* London, 1982.
―――――*The Restoration: A Political and Religious History of England and Wales 1658-1667,* Oxford, 1987.
―――――*The British Republic 1649-1660,* London, 1990.

Innes, J., Jonathan Clark, Social History and England's 'Ancien Regime', *Past and Present,* 115, 1987.

James, M., *Social Problems and Policy during the Puritan Revolution 1640-60,* London, 1930.

———The Political Importance of the Tithes Controversy in the English Revolution, *History,* 26, 1941.

Jones, C., Newitt, M. and Roberts, S. eds., *Politics and People in Revolutionary England: Essays in honour of Ivan Roots.* Oxford, 1986.

Kathe, H., *Oliver Cromwell,* Berlin, 1984.

Kelsey, S., *Inventing a Republic: The Political Culture of the English Commonwealth 1649-1653,* Manchester, 1997.

Kishlansky, M. A., *Parliamentary Selection: Social and Political Choice in Early Modern England,* Cambridge, 1987.

Lake, P., Anti-Popery: The Structure of a Prejudice, in Cust R. and Hughes A. eds., *Conflict in Early Stuart England: Studies in Religion and Politics 1603-42,* London, 1989.

Lamont, W., The Left and its Past: Revisiting the 1650s, *History Workshop,* 23, 1987.

Laslett, P., *The World We have lost,* London, 1965.（川北稔・指昭博・山本正訳『われら失いし世界——近代イギリス社会史』三嶺書房、1986）

Lindley, K., The Impact of the Rebellion of 1641 upon England and Wales 1641-45, *Irish Historical Studies,* 18-70, 1972.

———Fenland Riots and the English Revolution, London, 1982.

———Riot Prevention and Control in Early Stuart London, *Transactions of the Royal Historical Society,* fifth series, 33, 1983.

———Irish Adventurers and Godly Militants in the 1640's, *Irish Historical Studies,* 29, 1994.

———*The English Civil War and Revolution.*（史料）

Lynch, M., *The Interregnum 1649-1660,* London, 1994 .

MacCuarta, B. ed., *Ulster 1641: Aspects of the Rising,* Belfast, 1993.

Malcolm, J., *Caesar's Due: Loyalty and King Charles 1642-1646,* London, 1983.

———ed., *The Struggle for Sovereingty: Seventeenth-Century English Political Tracts,* 2Vols. 1999.

Manning, B., The Aristocracy and the Downfall of Charles I, in his *Politics, Religion and the English Civil War,* London, 1973.

———Puritanism and Democracy 1640-1642, in Pennington D. and Thomas K., eds., *Puritans and Revolutionaries,* oxford, 1978.

———*1649: The Crisis of the English Revolution,* London, 1992.

———*Aristocrats, Plebeians and Revolution in England 1640-1660,* London, 1996.

McGregor, J. F. and Barry R. eds., *Radical Religion in the English Revolution,* Oxford, 1984.

Mendle, M., *Henry Parker and the English Civil War,* Cambridge, 1995.

Morrill, J. ed., *Reactions to the English Civil War 1642-1649,* London, 1982.
——— The Religious Context of the English Civil War, *Transactions of the Royal Historical Society,* 34, 1984.
——— Christopher Hill's Revolution', *History,* 74-241, 1989.
——— ed. *Oliver Cromwell and the English Revolution,* London, 1990.
——— *The Impact of the English Civil War,* London, 1991.
——— ed. *Revolution and Restoration: England in the 1650s,* London, 1992.
——— *The Nature of the English Revolution,* London, 1993.
Morrill, J. and Walter, J. D., Order and Disorder in the English Revolution, in Fletcher, A. and Stevenson, J. eds., *Order and Disorder in Early Modern England,* Cambridge, 1985.
Morton, A. L., *The World of the Ranters: Religion and Politics in the English Revolution,* London, 1970.
Newitt, M. and Roberts, S. eds., *Politics and People in Revolutionary England,* Oxford, 1986.
O'Riordan, C., Popular Exploitation of Enemy Estates in the English Revolution', *History,* 78, 1993.
Pam, D. O., The Rude Multitude: Enfield and the Civil War, *Edmonton Hundred Historical Society,* Occasional Paper (New Series), 33, 1977.
Pennington, D. and Thomas, K. eds., *Puritanism and Revolutionaries: Essays in Seventeenth Century History presented to Christopher Hill,* Oxford, 1978.
Plomer, H. R. et al., Dictionary of the Booksellers and Printers who were at work in England, Scotland and Ireland from 1641 to 1667, Biographical Society reprint, 1968. (事典)
Pocock, J. G. A. ed., *Three British Revolutions: 1641, 1688 and 1776,* Princeton, 1980.
——— *The Ancient Constitution and the Feudal Law,* Cambridge, 1987.
——— *The Machiavellian Moment: Florentine Political Thought and the Atlantic Republican Tradition,* Princeton, 1995.
Raab, F., *The English Face of Machiaveli,* London, 1964.
Rabb, T. K. and Hirst, D., Revisionism Revised: Two Perspectives on Early Stuart Parliamentary History, *Past and Present,* 92, 1981.
Raymond, J., *Making the News,* London, 1993.
——— *The Invention of Newspaper: English Newsbooks 1641-1649,* Oxford, 1996.
——— ed., *News, Newspapers, and Society in Early Modern Britain,* London, 1999.
Reay. B. *The Quakers and the English Revolution,* New York, 1985.
——— Radicalism and Religion in the English Revolution: An Introduction, in McGregor, J. F. and Reay B. eds., *Radical Religion in the English Revolution,* Oxford, 1984.
——— ed., *Popular Culture in Seventeenth-Century England,* London, 1985.
——— The World turned upside down: a Retrospect, in Eley, G. and Hunt, W. eds., *Reviving the English Revolution: Reflections and Elaborations on the Work of*

Christopher Hill, London, 1988.
Richardson, R. C. and Ridden, G. M. eds., *Freedom and the English Revolution: Essays in History and Literature.* Manchester, 1986.
Richardson, R. C., *The Debate on the English Revolution,* London, 1977.
(今井宏訳『イギリス革命論争史』刀水書房, 1979)
——*The Debate on the English Revolution Revisited,* London, 1988.
——ed., *Town and Countryside in the English Revolution,* Manchester, 1992.
——*Images of Oliver Cromwell,* Manchester, 1993.
Roots, I. *The Great Rebellion 1640-60,* Batsford, 1966.
——ed., *Cromwell: A Profile,* London, 1973.
——ed., *The Speeches of Oliver Cromwell,* London, 1989. (史料)
Roots, I. and Parry, R. H. eds., *After the English Civil War,* London, 1970.
Rowe, V., *Sir Henry Vane the Younger: A Study of Political and Administrative History,* London, 1970.
Roy, I., The English Civil War and English Society, in Bond B. and Roy I. eds., *War and Society,* London, 1975.
Rudé G., *Ideology and Popular Protest,* London, 1980. (古賀秀男・前間良爾・志賀嘉夫・古賀邦子訳『イデオロギーと民衆抗議』法律文化社、1984)
Russell, C., The Theory of Treason in the Trial of Strafford, *English Historical Review,* 80, 1965.
——ed., *The Origins of the English Civil War,* London, 1973.
——The British Problem and the English Civil War, *History,* 72, 1987.
——The Causes of the English Civil War, Oxford, 1990.
——*Unrevolutionary England,* London, 1990.
——*The Fall of the British Monarchies 1637-1642,* Oxford, 1991.
Sacks, D., Bristol's Wars of Religion, in Richardson, R. C. ed., *Town and Countryside in the English Revolution,* Manchester, 1992.
Scott, J., *Algernon Sydney and the English Revolution 1623-77,* Cambridge, 1988.
Sedley, S. ed., *A Spark in the Ashes: The Pamphlets of John Warr,* London, 1992. (史料)
Sharp, A., *Political Ideas of the English Civil Wars 1641-1649,* London, 1983.
Sharp, B., *In Contempt of All Authority: Rural Artisans and Riot in the West of England, 1586-1660,* Berkeley, 1980.
——Popular Protest in Seventeenth-Century England, in Reay B. ed., *Popular Culture in Seventeenth-Century England,* London, 1985.
——Common Rights, Charities and the Disorderly Poor, in Eley G. and Hunt W. eds., *Reviving the English Revolution,* London, 1988.
——Rural Discontent and the English Revolution, in R. C. Richardson ed., *Town and Countryside in the English Revolution,* Manchester, 1992.
Sharpe, J., Scandalous and Malignant Priests in Essex: The Impact of Grassroots Puritanism, in Jones, C., Newitt, M. and Roberts, S. eds., *Politics and People in Revolutionary England,* Oxford, 1986.

Sharpe, K. ed., *Faction and Parliament: Essay in Early Stuart History,* Oxford, 1978.
——— *The Personal Rule of Charles I,* Yale, 1992.
Sharpe, K. and Lake, P. eds., *Culture and Politics in Early Stuart England,* Stanford,1993.
Skinner, Q., History and Ideology in the English Revolution, *Historical J.,* 8, 1965.
Smart, I. M., The Political Ideas of the Scottish Covenanters, 1638-1688, *History of Political Thought,* 1, 1980.
Smith, A. G. R., *The Emergence of a Nation State: The Commonwealth of England 1529-1660,* London, 1984.
Smith, D. L., *Oliver Cromwell,* Cambridge, 1991.
——— Catholic, Anglican or Puritan? Edward Sackville, Fourth Earl of Dorset and the Ambiguities of Religion in Early Stuart England, *Transactions of the Royal Historical Society,* sixth series, 2, 1992.
——— *Constitutional Royalism and the Search for Settlement, c 1640-1649,* Cambridge, 1994.
Smith, N., *Perfection Proclaimed: Language and Literature in English Radical Religion, 1640-1660,* Oxford, 1989.
——— *Literature and Revolution in England, 1640-1660,* Yale, 1994.
Snow, V. F., The Concept of Revolution in Seventeenth-Century England, *Historical J.,* 5, 1962.
Sommerville, J. P., History and Theory: The Norman Conquest in Early Stuart Political Thought, *Political Studies,* 34, 1986.
——— *Politics and Ideology in England 1603-1642,* London, 1986.
Spalding, R., *The Improbable, Puritan; A Life of Bulstrode Whitelocke,* London, 1975.
——— ed., *The Diary of Bulstrode Whitelocke 1605-1675,* Oxford, 1990.（史料）
Spufford, M., *Contrasting Communities: English Villagers in the Sixteenth and Seventeenth Centuries,* Cambridge, 1974.
Stone, L., *The Causes of the English Revolution,* London, 1972.
（紀藤信義訳『イギリス革命の原因1529-1642』未来社, 1978）
Straka, G. M., Revolutionary Ideology in Stuart England, in Korshin, P. J., ed., *Studies in Change and Revolution,* Menston, 1971.
Tuck, R., *Philisophy and Government 1572-1651,* Cambridge, 1993.
Tyacke, N., *Anti-Calvinists: The Rise of English Arminianism c1590-1640,* Oxford, 1987.
Underdown, D., The Parliamentary Diary of Johan Boys 1647-48, *Bulletin of the Institute of Historical Research,* 39, 1966.（史料）
——— *Pride's Purge: Politics in the Puritan Revolution,* Oxford, 1971.
——— Honest Radicals in the Counties 1642-9, in Pennington D. H. and Thomas, K. eds., *Puritans and Revolutionaries,* Oxford, 1978.
——— The Chalk and the Cheese: Contrasts among the English Clubmen, *Past and Present,* 85, 1979.
——— Community and Class: Theories of Local Politics, in Malement B. C. ed., *After the Reformation,* Manchester, 1980.

————*Revel, Riot, and Rebellion: Popular Politics and Culture in England 1603-1660,* Oxford, 1985.

————*A Free born People,* Oxford, 1996.

Veall, D., *The Popular Movement for Law Reform 1640-60,* Oxford, 1970.

Walter, J., The Impact on Society: A World Turned Upside Down?, in Morrill, J. ed., *The Impact of the English Civil War,* London, 1991.

————*Understanding Popular Violence in the English Revolution: The Colchester Plunderers,* 1999.

Walzer, M., *The Revolution of the Saints; a Study in the Origins of Radical Politics,* London, 1966.

Weston, C. C. and Greenburg, J. R., *Subjects and Sovereigns,* Cambridge, 1981.

Wheale, N., *Writing and Society: Literacy, Print and Politics in Britain 1590-1660,* 1999.

White, B. R., *The English Baptists of the Seventeenth Century,* London, 1983.

Woolrych, A., *Commonwealth to Protectorate,* Oxford, 1982.

————*England without a King,* Lancaster, 1983.

Wootton, D., From Rebellion to Revolution: The Crisis of the Winter of 1642-3 and the Origins of Civil War Radicalism, *English Historical Review,* 105, 1990.

————ed. *Republicanism, Liberty and Commercial Society, 1649-1776,* Stanford, 1994.

Worden, B., *The Rump Parliament 1648-53,* Cambridge, 1974.

————Providence and Politics in Cromwellian England, *Past and Present,* 109, 1985.

Wrightson, K., *English Society 1580-1680,* London, 1982.
(中野忠訳『イギリス社会史1580-1680』リブロポート, 1991)

————Estates, Degrees and Sorts: Changing Perceptions of Society in Tudor and Stuart England, in Corfield P. J. ed., *Language, History and Class,* Oxford, 1991.

Yamada, S., Two Ways toward the Millennium —John Goodwin vs. the Fifth Monarchists, *Hiroshima Law J.,* 23-1, 1999.

Zaller, R., The Debate on Capital Punishment during the English Revolution, *American J. Legal History,* 31, 1987.

Zaret, D., Religion and the Rise of Liberal Democratic Ideology in 17th-Century England, *American Sociological Review,* 54, 1989.

————Literacy and Printing in the Rise of Democratic Political Culture in 17th-Century England, *Research on Democracy and Society,* 2, 1994.

————Petition and the 'Invention' of Public Opinion in the English Revolution, *American J. of Sociology,* 101-6, 1996.

邦語文献

青木道彦　長老派聖職者の反「寛容」、反「人民協約」運動の展開、専修人文論集26、1981

――――イギリス共和政期の教会統合をめざす動き――任意連合組織 Voluntary Association の動向を中心に、史苑（立教大）50-1、1990

――――預言者的終末論と黙示録的終末論のあいだ――長老派と千年王国論（田村秀夫編著『イギリス革命と千年王国』同文舘、1990）

――――イギリス革命前夜のアルミニウス主義をめぐる論争――ロード体制の性格について、駒沢史学、45、1993

――――1653年の『謙虚な提案』Humble Proposals をめぐる諸史料――イギリス共和政期の独立派の教会構想、駒沢史学、47、1994

――――バクスターは長老派か？、川村学園女子大学紀要、4-1、1992

――――クロムウェルの教会構想（田村秀夫編著『クロムウェルとイギリス革命』聖学院大学出版会、1999）

新井　明　ミルトンの「市民社会」論、聖学院大・総合研紀要13、1998

安藤高行　『近代イギリス憲法思想史研究』御茶の水書房、1983

――――ウィンスタンリィの憲法思想、佐賀大・経済論集19-4、1987

飯島啓二　国民契約の成立（その５）（その６）、明治学院論叢494、1992; 510、1993

――――契約派革命（1638－51）――41年体制（Forty-One）について、明治学院論叢（総合科学研究）557、1995

――――契約派革命期における1643―44年臨時議会――「厳粛なる同盟と契約」をめぐって、明治学院論叢（総合科学研究）566、1995

イギリス都市･農村共同体研究会編『巨大都市ロンドンの勃興』刀水書房、1999

今井　宏　イギリス革命（『岩波講座・世界歴史・近代２』岩波書店、1969）

――――『クロムウェルとピューリタン革命』清水書院、1984

――――『イギリス革命の政治過程』未来社、1984

――――ピューリタン革命を生きた一書店主――「トマスン・コレクション」に寄せて、史論（東京女大）42、1989

――――イギリスにおける「共和政」について、東京女大・比較文化研紀要、51、1990

――――ピューリタン革命（今井宏編『世界歴史大系・イギリス史２・近世』山川出版社、1991）

――――ピューリタン革命における「国王弑逆者」たち、史論、47、1994

――――ピューリタン革命を生きた二人、東京女大・論集、47-１、1996

今関恒夫　『ピューリタニズムと近代市民社会――リチャード・バクスター研究』みすず書房、1989

――――信仰･「公共の福祉」･欲望の統制――リチャード・バクスター『青年への勧告』考、同志社大・文化学年報44、1995

今中比呂志『イギリス革命思想史研究』御茶の水書房、1977

――――『英国革命と近代政治原理―ジョージ・ローソン研究』大明堂、2000

岩井　淳　ピューリタン革命期の千年王国論――トマス・グッドウィンの思想、イギリス哲学研究、9、1986
――――――トマス・グッドウィンの千年王国論と教会論、史学雑誌、96-6、1987
――――――ピューリタン革命期の国家と反カトリック問題、歴史学研究、573、1987
――――――独立派は千年王国論を主張したか――『シオンの栄光のきらめき』(1641年)の著者をめぐって、歴史学研究、577、1988
――――――ウィリアム・ブリッジの権力論と千年王国論――ピューリタン革命期の政治思想と宗教思想（川口博編著『伝統と近代―西洋近代史の再検討』彩流社、1988）
――――――ピューリタン革命期の反カトリック主義と千年王国論、人民の歴史学、98、1988
――――――ピューリタン革命と千年王国論――ウィリアム・ブリッジ（浜林正夫・神武庸四郎編『社会的異端者の系譜――イギリス史上の人々』三省堂、1989）
――――――革命的千年王国論の担い手たち――独立派千年王国論から第五王国派へ（『イギリス革命と千年王国』1990）
――――――ピューリタニズム研究の変遷――「近代の源流」から千年王国論へ、静岡大・人文論集、42、1992
――――――ピューリタニズム研究の新展開、歴史学研究、629、1992
――――――ニューイングランドとピューリタン革命――ジョン・コトンの千年王国論、西洋史学、169、1993
――――――ピューリタン革命とアメリカ植民地――新旧イングランドの交流史、歴史評論、541、1995
――――――『千年王国を夢みた革命――一七世紀英米のピューリタン』講談社、1995
――――――革命の時代（川北稔編『世界各国史11・イギリス史』山川出版社、1998）
――――――ピューリタン革命とヒュー・ピーター、静岡大・人文論集49-2、1999
――――――クロムウェルの外交政策――プロテスタント外交と「国益」追求（『クロムウェルとイギリス革命』1999）
上田惟一　『ピューリタン革命史研究』関西大学出版部、1998
大木英夫　『ピューリタニズムの倫理思想』新教出版社、1966
――――――『ピューリタン――近代化の精神構造――』中央公論社、1968
大澤　麦　自然権としてのプロパティ――イングランド革命（1640-1689）における急進主義政治思想の展開（上）・（下）、明治学院論叢（法学研究）、535、1994; 545、1994
――――――『自然権としてのプロパティ』成文堂、1995
――――――「統治の解体」論と抵抗権理論――G・ローソン『聖俗政体論』とイングランド革命、慶大・法学研究、69-10、1996
――――――ジョージ・ローソンの公共空間――「リヴァイアサン」批判としての「自由な国家」、聖学院大・総合研紀要、12、1998
――――――ジョージ・ローソンとジョン・ロック――コミュニテイ・コモンウェルス・政治権力、聖学院大・総合研紀要、13、1998
大西晴樹　宗教的セクト運動と近代市民社会の成立――T・エドワーズ Gangraena

(1646年)を素材に、明治学院論叢（経済研究）422、1988
――――――反律法主義者の霊的千年王国論――軍隊とレヴェラーズ・シーカーズ・セクト（『イギリス革命と千年王国』1990）
――――――ウィリアム・アレン――フェルト帽製造工、アジティター、アイルランド征服、歴史評論、541、1995
――――――『イギリス革命のセクト運動』御茶の水書房、1995
――――――クロムウェルと「意図せざる」植民地帝国（『クロムウェルとイギリス革命』1999）
越智武臣　『近代英国の起源』ミネルヴァ書房、1995（初版1966）
――――――『近代英国の発見―戦後史学の彼方』ミネルヴァ書房、1990
落合忠士　レヴェラーズの社会・政治思想、京都学園大・論集、19-1、1990
――――――ジェラード・ウィンスタンリーの理想社会と共産主義、京都学園大・論集、19－2、1990
――――――『イギリス革命期の社会・政治思想』文化書房博文社、1991
川村大膳　『人民協約の研究』弘文堂、1962
木田理文　酒場を神の家と呼んだ人々――ピューリタン革命におけるランターズ運動の宗教社会史的側面、史潮、新24、1988
――――――永遠なる福音と自由恋愛――ランターズ運動と霊的千年王国論（『イギリス革命と千年王国』1990）
木塚正也　17世紀中期イギリスにおける平等派の立憲思想――人民協約を中心に、慶大院・法・論文集、33、1992
紀藤信義　『処刑台の国王』人物往来社、1968
清瀧仁志　共和政成立以前のミルトンにおける自由と秩序――主教制度論争を中心にして、九大・政治研究42、1995
栗原淑江　初期G・ウィンスタンリの宗教思想――イギリス革命期における急進主義への一考察、ソシオロジカ（創価大）、11-2、1987
――――――霊的千年王国論と社会主義――ウィンスタンリ・ディガーズと千年王国（『イギリス革命と千年王国』1990）
栗原真人　イギリス市民革命期のロンドン市政改革史（1640-1653）――その法社会史的研究――(1)・(2)、阪大法学101、1977; 103、1977
小池正行　『変革期における法思想と人間』木鐸社、1974
――――――『英国分離諸派の運命――良心の自由の源流』木鐸社、1993
小泉　徹　イギリス革命期の急進主義をめぐる最近の成果について、イギリス史研究26、1978
――――――「第三の文化」の発見、イギリス史研究35、1984
香内三郎　『言論の自由の源流――ミルトン「アレオパジティカ」周辺』平凡社、1976
――――――クロムウェル治下における「寛容」の限界――ジェイムス・ネイラー「ブリストル入城事件」の政治的・思想史的位置、東京経済大・人文自然科学論集、106、1998
笹川隆太郎　長期議会下の「議会統治制」批判（一）――アイザック・ペニントンの二権分離論、東北大・法学、51-3、1987

佐野正子　ウェストミンスター神学者会議における独立派の教会論、聖学院大・総合研紀要、13、1998
佐藤清隆　ピューリタンとモラルの改革——ウィリアム・プリン（『社会的異端者の系譜』1989）
渋谷　浩　『ピューリタニズムの革命思想』御茶の水書房、1978（キリスト教夜間講座出版部、1973）
————編『啓蒙政治思想の形成——近代政治思想の研究』成文堂、1984
————『オリヴァー・クロムウェル——神の道具として生きる』聖学院大学出版会、1996
————オリヴァー・クロムウェルの「信仰の自由」とナショナリズム、聖学院大・総合研紀要、13、1998
菅原秀二　ディガー運動に関する一考察——民衆運動の視角から、北大史学、23、1983
————ロンドンにおける徒弟層の運動と文化——「徒弟議会」(1647年)をめぐって、西洋史学、150、1988
————イギリス革命期ウェストミンスターにおける貧民と救貧政策（上）・（下）セント・マーガレット教区を中心に、札幌学院大・人文学会紀要、57、1995; 59、1996
————イギリス革命期におけるセント・マーティン教区の救貧担当委員会計簿—セント・マーガレット教区との比較で、札幌学院大学人文学会紀要、62、1998
————クロムウェルとウィンスタンリ——コモンウェルスの形成に向けて（『クロムウェルとイギリス革命』1999）
須永　隆　イングランド市民革命期におけるランカシャー・ジェントリーの位置、亜細亜大・経済学紀要、22－2・3合併号，1998
————クロムウェルとウィンスタンリ(『クロムウェルとイギリス革命』1999)
高木範子　イギリス革命期の州委員会をめぐる動向——ケントを中心に、寧楽史苑(奈良女大)、31、1986
田村秀夫　『イギリス革命思想史』創文社、1961
————『イギリス·ユートピアの原型』中央大学出版部、1968
————『イギリス革命とユートピア』創文社、1975
————『イギリス革命と現代』研究社、1979
————ピューリタン千年王国論の展開——イギリス革命史における千年王国論の位置、中央大・経済学論叢、30-1・2合併号、1989
————編著『イギリス革命と千年王国』同文館、1990
————イギリス革命とオリヴァー・クロムウェル——クロムウェル研究史、ソシオロジカ、23-1、1998
————編著『クロムウェルとイギリス革命』聖学院大学出版会、1999
常行敏夫　『市民革命前夜のイギリス社会』岩波書店、1990
土井美徳　初期スチュアート期のコモン・ローと選挙権、西洋史学、180、1996
————初期スチュアート期のコンスティチューショナリズム——「古来の国制」論とコモン・ロー思想をめぐって（1）・（2)、早大・政治公法研究、51、1996; 52、1996

土井美穂　クロムウェルと議会―神的コモンウェルスと伝統的国制との狭間で（『クロムウェルとイギリス革命』1999）
冨田理恵　ユニオンとクロムウェル――スコットランドの視点から（『クロムウェルとイギリス革命』1999）
友田卓爾　「カトリック陰謀」とロンドン群衆――イングランド内戦への途(1)、広島大・地域文化研究、12、1986
――――「若者たち」のデモンストレーションと五議員逮捕事件――イングランド内戦への途(2)、広島大・地域文化研究、13、1987
――――新型軍の反乱と「国王誘拐」事件、広島大・地域文化研究、14、1988
――――ピューリタン革命とアンチ・ジェントルマン、英詩評論特集号（丸善広島出版センター）、1992
――――『人民協約』の権力論に関する一考察、広島大・地域文化研究、17、1991
――――ピューリタン革命期の民衆運動における宗教と政治、史学研究（広島大）、196、1992
――――イギリス革命期の軍隊召集委任における国王派のヘゲモニー、広島大・地域文化研究、21、1995
――――イギリス革命における内戦の勃発と民衆「中層」、広島大・地域文化研究、22、1996
――――レベラーズの請願運動―1648～1649、広島大・地域文化研究、24、1998
永岡　薫・今関恒夫編『イギリス革命におけるミルトンとバニヤン』御茶の水書房、1991
中岡三益　イギリス革命における軍隊「ニュー・モデル・アーミー」について、歴史学研究、158、1952
長沢順治　ジョン・ミルトンと英国革命期の急進思想、大東文化大・紀要（人文科学）29、1991
中村　茂　（研究ノート）ピューリタン革命と聖職禄授与権問題、キリスト教史学、46、1992
成澤孝人　17世紀イギリスにおける憲法原理の転換――「政治国民」の成立とピューリタニズム(1)・(2)・(3)、早大・法研論集、85・86・87、1998
西村裕美　『小羊の戦い――一七世紀クェイーカー運動の宗教思想』未来社、1998
――――クロムウェルとクェイカー――「良心の自由」の相克（『クロムウェルとイギリス革命』1999）
野呂有子　『イングランド国民のための第一弁護論』における〈自由〉・〈法〉・〈議会〉再考―共同体理念を鍵概念として、聖学院大・総合研紀要、8、1996
芳賀　守　G・ウィンスタンリの教育思想――〈自由の法〉を中心に、松山大・論集、2－5、1990
浜林正夫　『イギリス革命の思想構造』未来社、1966
――――『イギリス市民革命史（増補版）』未来社、1971（初版1959）
――――『イギリス民主主義思想史』新日本出版社、1973
――――ブルジョワ革命期の民衆運動（日本科学者会議編『歴史における民衆運動』大月書店、1975）

林喜代美　イギリス市民革命期の憲法思想研究VII、ジェラード・ウィンスタンリー、徳島大・教養部紀要（人文・社会科学）20、1985
林　　達　『イギリス革命の構造』学文社、1965
平井正穂編『ミルトンとその時代』研究社、1974
北條雅人　イングランド内乱軍事史―新型軍研究を中心として、史学（慶応大)、66－2、1997
堀　元子　17世紀中期(1640～1680)ロンドン商人の群像――ウッド家文書の分析、社会経済史学、52-3、1986
堀江英一編『イギリス革命の研究』青木書店、1962
松村　赳　ピューリタン革命の急進運動についての一考察――レヴェラーズの実態について、歴史学研究233、1959
的射場敬一　ピューリタン革命期における「公」観念の転換、国士館大・政経論叢、75・76合併号、1991
――――「革命」としての内乱―ハリントンのイギリス史への視座(1)(2)、国士館大・政経論叢、102、1997；103、1998
水田　洋編『増補イギリス革命――思想史的研究』御茶の水書房、1991(初版1976)
宮川　淑　レヴェラーズの主権論、独協大・英語研究、30、1987
森　修二　『イギリス革命史研究』御茶の水書房、1978
山崎時彦　『革命思想小史』ミネルヴァ書房、1959
山田園子　17世紀イギリスにおける女性観と女性運動、歴史学研究、506、1982
――――(海外研究展望）オクスフォードでのイギリス革命研究、社会思想史研究、9、1985
――――『イギリス革命の宗教思想――ジョン・グッドウイン研究』御茶の水書房、1994
――――『イギリス革命とアルミニウス主義』聖学院大学出版会、1997
――――(研究ノート）のろし論争――1650年代言論統制の一文脈、広島法学、22-2、1998
――――クロムウェル教会体制への批判（『クロムウェルとイギリス革命』1999)
山田光矢　危機の17世紀とイングランドの政治・行政機構の改革(1)(2)、国士館大、政経論叢102、1997; 103、1998
山本隆基　『レヴェラーズ政治思想の研究』法律文化社、1986
山本　正　アイルランドにおけるクロムウェルのセツルメントの国制史的意義、西洋史学、135、1984
――――イギリス革命期、カトリック同盟のアイルランド議会観、史林、68-5、1985
山本　通　初期クェイカー派の千年王国論――実現しつつある霊的な「キリストの王国」(田村秀夫『イギリス革命と千年王国』1990)
若原英明　『イギリス革命史研究』未来社、1988

レベラー運動関連年表

（註）リルバーンにスポット・ライトを当てた。とりわけ、リルバーンの呼びかけに呼応するロンドンの大衆請願運動という脈絡に重点をおいた。［イタリックス］は本書で扱っている頁である。

1615

ジョン・リルバーンがダラム州の小ジェントリの次男としてロンドンのグリニッジで生まれた。

1628

5　議会が『権利の請願』を国王に提出した。翌年、チャールズ一世は議会を解散し、専制政治を開始した。

1630

リルバーンがロンドンの毛織物卸商トーマス・ヒューソンの徒弟となった。彼は修業のあいまに聖書やルター、カルビンの著作ほかに、ジョン・フォックスの『殉教者列伝』やピューリタン牧師カートライト、パーキンスらの著作を読み、徒弟仲間の聖書講読のサークルに参加した。

1636

リルバーンがピューリタンである親方ヒューソンを介して、カンタベリ大主教ウィリアム・ロードの宗教政策に反対して迫害され投獄されていたバストウィック博士らと接触した。

1637

ハムデンが船舶税の支払を拒否した。

夏、リルバーンがバストウィックの『連禱《リタニー》』出版のためにオランダへ渡った。同年12月帰国と同時に非合法出版のために逮捕された。

1638

2.13　リルバーンがフリート監獄に投獄された。［*29*］

3　リルバーン『キリスト者の試練』（The Christian Mans Triall）

4.18　リルバーンがフリートからニュー・パレス・ヤード（議会前広場）まで引き回され鞭打たれ、曝台の刑を受けた。

	リルバーン『獣の所業』(A Work of the Beast):自分の迫害体験と回心についての叙述。
12	リルバーン『貧者の叫び』(The Poore Mans Cry)

1639

5.10	リルバーン『徒弟への書簡』(Letter to the Apprentices):自分の釈放を市長に要請するようロンドンの徒弟に呼びかけた。

1640

4	短期議会の召集。翌月に解散。
5.11	500人以上の(2000人ともいわれる)ロンドン民衆が武装してロードのロンドンの居所であるランベス宮を襲撃した。
10.4	リルバーン『フリート監獄の典獄に与えた書簡』(A Copy of a letter. . .to wardens of the Fleet.)
11.3	長期議会の召集。議会開会の日にリルバーンは獄中から釈放請願を提出した。[*16*]
11.9	下院議員クロムウェルがリルバーンを釈放する動議を提出した。リルバーンはフリート監獄から解放された。[*29*]
11.28	ピューリタンのプリンとバートンが牢獄から解放され、群衆の大歓呼のデモンストレーションに迎えられてロンドンに戻った。[*16*]
12.4	バストウィックが大群衆に迎えられてロンドンに戻った。[*17*]
12.11	国教会の完全廃止を求める『根と枝』請願が、ロンドン住民15000人の署名を付して、ロンドン市参事会を経由するという正規の手続をとらず、急進派議員ペニントンを通じて直接議会に提出された。請願書は印刷されて回覧されたといわれる。[*18, 39, 43f., 308*]

1641

1.13	ケントの住民から、『根と枝』請願と同趣旨の請願書が提出された。これを口火に、反国教会請願がエセックス、サフォークなど13の州から提出された。[*43, 308f.*]
4.24	ストラフォード伯の迅速な裁判を要求するロンドン住民の請願。[*22*]
5.3-4	ストラフォード伯の処刑を要求する大衆が議会前の広場(かつてリルバーンが曝し刑に処せられたニュー・パレス・ヤード)に集まり、上院の審議に大喚声をもって圧力を加えた。広場を埋めた群衆は15000人に及んだといわれる。リルバー

ンはジョン・ベンとともに群衆の指導者であった。[*23ff.*, *28f.*, *56f.*]

5.12　ストラフォード伯の処刑。群衆の歓喜のデモ。[*27, 35, 58*]

7　星室庁と高等宗教裁判所の廃止。[*32, 58, 79*]

10　アイルランドの叛乱。[*59f.*]

11.22　『大抗告』が採択された。それはまもなく印刷されて人民の間に配布された。[*62ff., 308*]

11.28-9　ストラフォード伯処刑に歓声をあげた大群衆が再びロンドン街頭に現われた。[*66ff.*]

12.1　『大抗告』が国王に提出された。[*71*]

12.11　ロンドンの中層市民が『大抗告』を支持し、主教の上院からの排除を要求する請願を組織した。[*71ff., 92*]

12.23　ロンドンの徒弟と下層市民が主教制度の根絶を求める請願を組織した。3万人が署名したといわれる。[*77, 92f.*]

12　リルバーンの『キリスト者の試練』と『獣の所業』が合本として再版された。表題は『キリスト者の試練』で、その口絵として卵形のリルバーン肖像画が付けられた。

12末　ロンドン塔副官に名うての軍人ランスフォード大佐が任命されたため、年末から年始にかけて群衆が両院を囲んだ。12月27日にランスフォードたちと群衆の間に流血騒ぎが生じたとき、群衆の中にはリルバーンがいた。[*94ff., 111ff.*]

1642

1.4　五議員逮捕未遂事件。[*108f.*]

1.10　国王がロンドンを退去した。その後、ヨークに向かった。[*111*]

1.11-2初　政治的混乱な不況を一層深刻なものにした。各州から住民が救済請願書を携えて議会に来た。ハムデンの選出州バッキンガムシャやエセックス、サフォークなどの不況の織物製造地域から中層住民が請願書を携えて議会に来た。[*111, 114ff.*]

3.5　民兵法案の採択。

8.22　国王がノッティンガムで挙兵し、第一次内戦が始まった。リルバーンは知人を寄せ集めて、ロンドンで募集中のブルック卿（ピューリタン）の歩兵連隊に馳せ参じ、歩兵中隊長（大尉）になった。

11　リルバーンは、エッジヒル（10.23）の戦いに従軍したのち、ブレントフォードの戦いで国王軍の捕虜となった。

1643

5	リルバーンが捕虜交換によって釈放された。彼は再び兵役を志願し、東部連合軍に入隊した。
6	ハムデンが戦傷をうけて死んだ。
6.12	ウェストミンスター宗教会議を設置する条令がだされた。［*133*］
8.10	マンチェスター伯が東部連合軍の総指揮官に任命され、クロムウェルが副指揮官となった。
9.25	議会がスコットランドと『厳粛な同盟と契約』を締結した。ウェストミンスター宗教会議は『厳粛な同盟と契約』にしたがい、教会統治と教会規律についての検討を開始した。独立教会派と長老教会派の間の溝を埋めるため調停が試みられるが失敗した。［*132ff.*］
10.7	リルバーンがキング歩兵連隊の少佐に任命された。
12.23	『若干の考慮』：ウェストミンスター宗教会議における調停案。［*133*］

1644

1.	『弁明の陳述』。宗教会議の独立教会派のいわば宣戦布告で、これを契機に寛容論争が始まった。［*134, 136*］
5.16	リルバーンがマンチェスター伯親率の竜騎兵連隊の中佐に任命された。
7.2	マーストン・ムアの会戦で議会軍が決定的な勝利をおさめた。
11.25	クロムウェルが下院でマンチェスター伯を弾劾した。証人の一人としてリルバーンは、同年7月、降伏した国王軍守備隊からヨークシャのティキル城を接収しようとした際にマンチェスター伯から妨害を受けたことを証言した。

1645

1.15	リルバーン『プリン氏への書簡』（A Copie of a Letter to William Prinne Esq. Upon the coming out of his last book entitled *Truth Triumphing over Falsehood, Antiquity ver Novelty*）：宗教上の非寛容を攻撃し、良心・言論の自由を要求してプリンに公開討論を挑んだ。このパンフレットの秘密出版者がリチャード・オーバートンであったといわれる。さらにウィリアム・ウォルウィンが彼の仲間になった。この三人はラスバリーの風車亭（のちに王立取引所裏の鯨骨亭）で政治問題を論じた。［*310*］

2　新型軍の成立。

4　『辞退条例』の成立によりマンチェスター伯は司令官を辞した。新編成された新型軍に参加する士官は『厳粛な同盟と契約』への署名を強要された。

4.30　リルバーンは『厳粛な同盟と契約』への署名を拒否して軍務を辞した。市民生活に戻った彼は、1637年から40年までの不法拘禁に対する補償金2000ポンドと軍隊での未払い給金880ポンドの支払いを請願し続けた。市民としての抵抗の相手は、プリンやバストウィックなどの議会の長老派であった。

6.14　ネィズビーの会戦で議会軍が大勝した。

8.6　リルバーンが下院議長を誹謗したためニューゲート監獄に投獄された。[*310*]

8.19　長老選挙法令が両院を通過した。[*137*]

8.26　リルバーンの釈放を求めて、2000人以上の署名を付した請願書が下院に提出された。[*310*]

10.10　リルバーン『イングランドの生得権の擁護』(Englands Birth-Right Justified against all Arbitrary Usurpation. By a well-wisher to the just cause for which Lilburne is unjustly imprisoned in Newgate)：法の目的は権力の範囲の限定にあり、議会の権力はそれを信託した人民によって拘束されることを論じている。付録として『ロンドン市長・市参事会・市会に対するロンドン市民の請願』が付されたが、この請願はリルバーンの釈放と人民の不満（失業問題、商業沈滞、課税の不公平、ロンドン防衛体制の不備等）の解決を求めた。[*281, 310, 331*]

10.11　ウォルウィン『イングランドの悲しむべき隷属』(Englands Lamentable Slaverie, Proceeding from the Arbitrarie will, severitie, and Injustices of Kings)：リルバーンを擁護。[*310*]

10.14　リルバーンがニューゲートから釈放された。彼は未払い給金と補償金の支払い要求の請願を続けた。

11.12　宗教上の寛容に反対するロンドン市民たちが、長老制による教会統治問題の解決を求めて市議会に請願書を提出した。

11.19　ロンドン市当局(長老派)が寛容反対請願を下院に提出したが、受理されなかった。翌日、上院がこれを受理した。[*137f.*]

12.22　寛容に反対するロンドン市民が市会に請願書を提出した。[*138*]

1646

1.1	ロンドン市の聖職者団が寛容に反対するレターを市会に提出した。[*138*]
1.15	非寛容の立場にたつロンドン市当局が、『厳粛な同盟と契約』にしたがって教会統治問題を早急に解決するよう求める請願書を下院に提出し、受理された。これを契機にして長老派（トーマス・エドワーズなど）と独立派（ジョン・ソルトマーシュ、ジョン・グッドウィンなど）の間に、説教壇とパンフレットによる言論戦が展開した。[*139*]
2.26	トーマス・エドワーズ『壊疽《えそ》・第一部』(Gangraena.)
3.20	オーバートン『ロンドン市の全住民への最後の警告』(The Last Warning to all the Inhabitants of London) [*150*]
3	ウォルウィン『トーマス・エドワーズ氏の耳へのささやき』(A Whisper in the Eare of Mr. Thomas Edwards)：『エドワーズ氏にもう一言』(A Word More to Mr. Thomas Edwards) [*144*] 急進的な出版屋ウィリアム・ラーナーが投獄された。
4	リルバーンに誹謗されたキング大佐が名誉毀損で民訴裁判所に訴訟を起こした。リルバーンは民訴裁判所判事に公開書簡を送り、コモン・ロー法廷における裁判を忌避した。
5初	国王がスコットランド軍に投降した。
5.2	投獄中のラーナーを擁護する二小冊子: "A true Relation of all the Illegall Proceedings against William Larner for selling eight printed sheets intituled Londons Last Warning"（ラーナーの妻エレンの請願が付されている）; "Every Man's Case; or, a brotherly support to Mr. Larner, prisoner in the new prison in Mayden Lane" .
5.26	ロンドン市当局が『シティ抗議書』(The Remonstrance and Petition of the Lord Mayor and Common Councell) を両院に提出した。[*142f., 146f.*]
5.28	エドワーズ『壊疽・第二部』
6.2	5月26日のロンドン市当局の『シティ抗議書』（保守的な政策綱領）に対抗して、2万人の署名を付した大衆請願"The Humble Acknowledgement and Petition of divers Inhabitants in and about the Citie of London" が下院に提出された。ここにロンドン大闘争が幕開けした。[*144f.*]

6.5　長老制樹立法令。6月9日にロンドンでの実施が命令された。［*141*］

6.6　リルバーン『正義の人の弁明』（The Just Mans Justification, or a Letter by way of Plea in Barre）：キング大佐の訴訟事件で民訴裁判所判事に送った公開書簡。

6.11　リルバーンは「不穏にして侮辱的な文書」を議場に持ち込んだ罪でニューゲート監獄に収監された。ジョン・グッドウィンの会衆が獄中の彼に必需品を供した。［*311*］

6.16　リルバーン『自由人の自由の擁護』(The Freemans Freedome vindicated; or, A true Relation of Lilburns present imprisonment in Newgate)。［*311, 313, 393*］

6.23　寛容に反対するロンドン市民が市会に請願書を提出した。［*145*］
ウォルウィン『鎖につながれた正義の人』（The Just Man in bonds),『堕落のとどろき』(A Pearle in a Dounghill)：リルバーンの勇気を称え、彼のケースはイングランド人すべてのテスト・ケースであると訴えた。［*311f.*］

6.24　議会軍がオックスフォードを占領し、第一次内戦が終結した。［*275, 311, 338*］

7.7　オーバートン共著『イングランドの幾千人もの市民と他の自由民の、彼ら自身の下院に対する抗議』（A Remonstrance of Many Thousand Citizens, and other Free-born People of England, To their owne House of Commons, Occasioned through the Illegall and Barbarous Imprisonment of that Famous and Worthy Sufferer for his Countries Freedoms, John Lilburne）. リルバーンの投獄と上院による不当な扱いに抗議することが直接の契機となっているが、急進的な政策綱領を提示することでロンドンの急進的勢力のリーダーシップをとった。レベラーの誕生。［*146, 312f., 338ff.*］

7.11　リルバーンがニューゲートからロンドン塔に移送された。

7.13　議会がニューカースルの国王と和平交渉を再開した。［*338*］

7.31　オーバートン『上院に対する警告』（An Alarum to the House of Lords, against their Usurpation of the Common Liberties in their tyranicall Attempts against Lieutenant-Col. John Lilburne, Defender of the Faith）：リルバーンの監禁を非難した。

8.11　オーバートンがニューゲートに投獄された。［*314*］

1646

8.15　シェパード（S. Shepheard）“The False Alarum, or an Answer to a Libell entituled An Alarum to the House of Lords against their Insolent Usurpation”：リルバーンの投獄に抗議した。

8.21　リルバーン『奴隷状態に対する自由の擁護』（Liberty vindicated against Slavery）：債務のための投獄、劣悪な監獄、囚人の虐待等に抗議した。

9　異端取り締まり法案の上程［*314*］

9.9　オーバートン『すべての専制簒奪者に対する反抗』（A Defence Against All Arbitrary Usurpations either of the House of Lords or any other upon the Soveraignty of the House of Commons）［*314*］

9.23　リルバーンの妻エリザベスが多くの婦人を伴って、夫ジョンの再投獄に抗議して下院に請願書を提出した。上院の専制的行為の中止と事件の審査を下院に要求した。その請願書は彼女自身の名前で出版された。

10.9　オーバートンが自分の釈放を求める請願書を下院に提出するとともに、これを印刷配布した。

10　リルバーン『鎖につながれたロンドンの自由』（Londons Liberty in Chains discovered）：長老派の大商人によるロンドン市政の寡頭支配を批判し、ロンドン市の自治と民主化を主張した。「すべての合法的な権力は人民の中に存する。すべての統治と正しい政治は人民の善、福祉、幸福のために命じられている」という人民主権論を展開した。この時期、ロンドン塔の二人の囚人は小冊子を次々発表して「専制」に抗議した。［*280, 315f., 317*］

10.12　オーバートン『すべての圧制者と圧制に対して放つ矢』（An Arrow Against All Tyrants and Tyranny, shot from the Prison of New gate into the Prerogative Bowels of the Arbitrary House of Lords）［*314f., 339, 389ff.*］

11.6　リルバーン『上院の専制の解剖』（An Anatomy of the Lords Tyranny and injustice exercised upon John Lilburne）：上院の司法権を否定。

11.19　『民衆の声』（Vox Plebis, or the Peoples Out-cry against Oppression, Injustice and Tyranny; wherein is Lilburne's Sentence published and refuted）

11.30 オーバートン『スコットランドとイングランドの不幸な勝負』(An Vnhappy Game at Scotch And English)[*339*]

12.18 リルバーン『ロンドンの特許状』(The Charters of London; or, the Second Part of Londons Liberty in Chaines discovered)[*280*]

12.19 ロンドン市当局が、議会軍の解体と異端の抑圧を求めて両院に請願した。[*148*]

12.28 エドワーズ『壊疽・第三部』。

1647

1.5 出版・書籍商組合が不法文書没収のためにオーバートンの家を捜査した．オーバートンの妻メアリと彼女の兄弟トーマス・ジョンソンが逮捕された。この冬、下院がセクトを規制しようとして迫害を復活したことはレベラーズにチャンスを与えることになる。[*148*]

1.6 リルバーン『国王の圧制の発見』(Regall Tyrannie discovered: or a Discourse shewing that all lawfull instituted power by God amongst men is by common agreement. In which is also declared the Tyrannie of the Kings of England to this present King Charles, who is proved to be worse than any of his predecessors)：国王の圧制を暴き、国王の処刑を要求した。妻エリザベスの請願書も載せている。[*339, 393*]

1.30 リルバーン夫妻『抑圧された人間の抑圧の宣言』(The Oppressed Mans Oppressions declared)。下院にでなはく、直接庶民へ訴えることを決意した。[*317, 340*]

2.1 国王がスコットランドからイングランド議会に引き渡されたのち、ノーサンプトンシャのホームビィに幽閉された。
オーバートン『庶民の苦情』(The Commoners Complaint)。彼の妻と兄弟の訴えを付している。

2.7 出版・書籍商組合がリルバーンの家を捜査した。

2.8 リルバーンが自分の釈放を請願した。妻エリザベスが夫の釈放を請願した。

2.10 バッキンガムシャ、ハートフォードシャの“honest, man-like, and Saint-like Inhabitants”が、住民の不満の解消と、リルバーンおよびオーバートンの一家の釈放を求めて、１万人の署名を付した請願書を持ってウェトミンスターに来たが、受理されなかった。署名集めのために請願書が回覧されたとき、ジョ

1647

	ン・グッドウィンの会衆は妨害したといわれる。
2.19	議会が軍隊の解散を決議した。[*168, 318, 341*]
2.28	リルバーンとオーバートンの共著『抑圧された庶民の絶叫』（The out-cryes of oppressed Commons. Directed to all rationell men that have not resolved to be Vassells and Slaves）：議会の背信行為を非難した。それが庶民を「始源的な自然の法」のもとに復帰させているから、自然法に基づいて庶民各自は自己防衛（隷属の状態からの脱却）を義務づけられていると論じた。[*316f., 340*]
3.1	バッキンガムシャとハートフォードシャの住民請願（2月）がロンドンで印刷されて回覧された。
3.10	下院が軍隊の解散とアイルランド遠征を決議した。
3.10-20頃	ウォルウィンの指導によって作成されたレベラーズの政治綱領『大請願』が印刷され、署名を求めてロンドンの諸会衆の集会で回覧された。議会は『大請願』を受理せず、これに関係した三人（チュー、ラム、タリダ大佐）を逮捕し投獄した。[*148ff., 179ff., 206ff., 282, 292, 318, 339, 382*]
3.20頃	兵士の『3月請願』。軍隊が兵士の不満をとりまとめて下院に請願した。[*170ff., 223*]
3.20	『大請願』を推進・支持する市民たちが『第二請願』を組織した。[*149, 206, 318*]
3.21	士官の『四質問』。[*168ff.*]
3.24	オーバートンの妻メアリが、自分の釈放を要求する請願書を提出した。
3.30	議会は『宣言』を出して、軍隊の請願運動の即時停止を命じた。[*171*]
4.3	『大請願』の推進・支持者たちが請願に対する返答を求めて下院につめかけた。[*206*]
4.4	オーバートン『新発見の戦略』（A New Found Stratagem framed in the old forge of Machivilisme and put upon the inhabitants of Essex to destroy the Army. . . in certain animadversions upon a Petition [in favour of the disbandment of the Army], printed in London and sent down to the Ministers of Essex to publish on the last Lords Day 4 April）。市民に兵士との連帯を訴えた。エセックス州に配布され、軍隊でも回覧

された。[*171, 319*]

4.18　全軍集会が開催された。[*173*]

4.27頃～　ロンドン民兵委員会から「最高位の独立派」が追放され、民兵委員は全て長老派によって占められた。民兵隊から独立派士官が追放された。[*150f., 207, 364*]

4末-5初　兵士の不満をとりまとめるため各連隊から二名の兵士委員（コミッショナー、まもなくアジテーターあるいはエージェントと称される）を選出した。[*174, 178, 221, 319, 341*]

4.30　アジテーターのセクスビー、アレン、シェパードが下院法廷で審問された。[*174f., 185*]

5.3　兵士の『弁明』（Apologie of the Common Soldiers）と『第二弁明』：兵士代表の最初のマニフェスト。[*185ff., 208, 210, 213, 223*]

5.4　セクスビーの『軍会議運営通告』(Advertisements for the managing of the Councells of the Army): 兵士の運動に対する作戦指令書。[*185ff., 208ff., 223*]

『大請願』の推進・支持者たちが請願に対する返答を求めて下院につめかけた。[*206*]

5.18-31頃　チレンデン中尉が連絡員としてロンドンからアジテーター宛に度々レターを送り、軍隊解散・アイルランド遠征に関する情報と作戦を与えた。[*210ff.*]

5.20　『大請願』の推進・支持者たちが『第三請願』を組織した。[*149, 207, 318*]

5.22.　下院の決議により、『大請願』のコピーがウェストミンスター議会前広場とシティの取引所前で絞刑吏によって焼却された。[*207, 320*]

5.25　下院が軍隊解散の日程を決定した。[*213, 215*]

5.29　議会の軍隊解散命令に従わないことを決議した14連隊のアジテーターがベリィ・セント・エドマンズ（サフォーク州）で会合した。

5.31　最初（6.1）に解散される予定であったフェアファックス歩兵連隊で叛乱が起きた.レインバラ歩兵連隊などでも叛乱が起きた。[*217f., 221*]

リルバーン『信頼できない軽率な誓い』(Rash Oaths unwarrantable and the breaking of them as inexcusable)：『大請願』に対する議会の態度を非難した。[*318f.*]

1647

6.3　兵士の“An Humble Representation of the Dissatisfactions of the Army”［*222f.*］

6.4　ジョイス少尉がホームビィの国王を捕えて軍陣営に移した。［*218ff., 341*］

6.4-5　ニューマーケット・ヒースにおける軍総集会で『軍隊の厳粛な協定』(Solemne Engagement of the Army) が決議され、全軍会議 (General Council of the Army) の設置が決まった。［*222, 341*］

6.11　ロンドン北方ロイストン付近のトリプル・ヒースでの軍隊総集会において、エセックス州住民が軍を支持する請願書を提出した。同じような請願書がノーフォーク州、サフォーク州、ノリッジ市などから提出された。［*319f.*］

6.14　『軍宣言』(a declaration, or representation):「国家の専制的な権力に奉仕するための傭兵ではない」と宣言した。［*268, 270, 278, 341, 366*］

ウォルウィン『焼刑された請願の再生』(Gold tried in the fire, or the burnt Petitions revived). 大請願を付している。大請願と一連の請願行動の経緯を説明し、下院を非難した。［*319*］

6.16　バッキンガムシャの住民が軍を支持する請願書を将軍に提出した。翌日、ハートフォードシャの住民が同様の請願をした。［*342*］

6.26　軍隊が11名の下院議員を引退させた。

7.16　レディングの全軍会議で、ロンドン進軍の問題をめぐって軍幹部と兵士の対立が激化した。［*343*］

7.17　オーバートン『堕落した代議体を越えて、自由民への訴え』(An Appeale from the Degenerate Representative Body of the Commons of England Assembled at Westminster: To the Body Represented. The free people in general) 兵士と民衆の連帯を訴えた。［*224, 320f., 342, 385ff., 387ff., 391f.*］

7.23　下院が軍隊の圧力に屈して、強力な独立派の代表を擁するロンドン民兵委員会を再建した。［*344*］

7.26　暴徒の脅威のもとで、下院がロンドン民兵を長老派の手中に戻すことを決議した。［*344*］

リルバーン『鯨の腹の中からヨナは叫ぶ』(Jonahs Cry out of the Whales belly):「議会に抗して武器をとる」ことの正

当性を訴えた。[*322, 342f.*]

8.1　軍幹部の政治綱領『提案要綱』(The Heads of the Proposals) [*268, 270, 278, 323, 366*]

8.6　軍隊がロンドンに入って議会を威圧した。[*344*]

9.28　リルバーン『兵士に対する私の助言』(Some advice to the private Soldiers):クロムウェルの裏切りを非難し、信頼できる新しいアジテーター(エージェント)を選ぶよう訴えた。

10初　アジテーターが改選された。[*344, 365*]

10.11　クロムウェルとチャールズ一世の交渉が決裂した。

10.15　『正確に述べられた軍の主張』(The Case of the Army truly stated) [*253, 268, 278, 323, 344, 365, 366*]

10.28-11.11　パトニー討論会(全軍会議《ジェネラル・カウンシル》)に『人民協定』(An Agreement of the People for a firm Peace)が提出された。[*Ch7, 297f., 323f., 344f., 367, 375ff.*]

11.9　リルバーンがロンドン塔から条件付きで保釈された。

11.11　国王がハンプトン・コート宮からワイト島のカリスブルック城へ逃亡した。[*323, 346*]

『幾人かのアジテーターが各連隊に送った書簡』(A letter sent from several Agitators to their Respective Regiments)がロンドンで配布された。人民の自由のために最後の一滴の血まで抗議するという意志を宣言した。

11.12　「貧民は、ほとんどのところで、パンを買う金さえ稼ぐことができない。彼らは叛乱を起こし、あるところでは蜂起している」(新聞“Mercurius Rusticus”)。翌年にかけて、不況、不作が続いた。

11.15　ハートフォードシャのウエア近郊コークブッシュ・フィールドで軍総集会が開かれた。兵士は、帽子に巻いたシー・グリーン色のリボンに“Englands Freedom, Soldiers Right”というモットーを縫い付けて、『人民協定』の写しを手に集まった。14人の士官と兵が、兵士の間に『人民協定』を配布したかどで逮捕された。リルバーンの兄ロバート・リルバーン大佐の連隊に属する兵士リチャード・アーノルドが銃殺刑に処せられた。この軍隊レベラーの最初の直接行動に対する抑圧は、成り行きを見るために当地に来ていたリルバーンにとって、クロムウエルの専制的な企みの決定的な証拠とみなされた。[*323, 346, 396*]

11.22　『ロンドン市とその周辺の会衆教会、ならびに他の者同様一般に再洗礼派と呼ばれている者の宣言』(A Declaration by Congregationall Societies in and about London, as well of those called Anabaptists, in vindication of themselves touching Liberty, Magistracy, Propriety, Polygamie)が匿名で発表された。「会衆の大半」は、レベラーと『人民協定』を支持せず、一夫多妻制や財産共有に反駁し、もっぱら宗教的自由の見地からのみ自由を定義した。「神を恐れる」統治者の方をむしろ望ましいと述べた。[*399*]

11.25　『人民協定』を擁護する「請願」(The Petition of many free-born people)が提出された。「万人の財産を平等にし、政府をすべて打倒」しようとしているという中傷に対する否認が書き入れられた。5人の請願者(トーマス・プリンス、サミュエル・チドレー、ジェリマイア・アイブズ、ウィリアム・ラーナー、トーマス・テイラー大尉)が逮捕投獄された。

11.　ノッテインガムシャやラットランドで『人民協定』への署名集めが行われているという情報が議会にもたらされた。[*324*]

11.　議会が『四法案』(Four Bill)を採択して、国王との交渉を再開した。

12.　国王がワイト島でスコットランド長老派と密約を結んだ。

12.30　ワイルドマン『パトニーの計画』(Putny Projects): 独立派の政略を曝露して、兵士に上官反抗を呼びかけた。

1648

1.3　国王が『四法案』を拒否した。同日、下院は「チャールズを降位させ、国王なき王国を確立すべき」という動議を可決し、「交渉打ち切り決議」を行なった。[*346*]

1.17　リルバーンとワイルドマンが請願(1月請願)を組織するためにロンドンの東郊《イースト・エンド》スミスフィールドで開かれた大衆集会に出席した。この大衆集会の情報がマスターソンによって上院にもたらされた。1月請願は議会に提出されなかった。[*281, 324ff., 347f., 396ff., 409*]

1.18　リルバーンが保釈を取り消され、ロンドン塔に収監された。ワイルドマンもフリート監獄に投獄された。二人は、獄中から逮捕に抗議し、マスターソンに反駁する小冊子を出した。ワイルドマン『真理の勝利』(Truth's triumph; or, Treachery anatomized, 1. 18); リルバーン『現在の上院を非難する』(A

Whip for a present House of Lords; or, the Levellers levelled, 2. 27) [*335*]

1.22　『貧しい職人大衆の悲しい叫び』(The Mournfull Cryes ofMany Thousand Poor Tradesmen): 軍のウェスト・エンド常駐に抗議した。[*283*]

1.28　リルバーン『暴君に抗す』(A Defiance to Tyrants)

2.17　リルバーン『人民の諸特権』(The peoples Prerogative and Priviledges asserted against all Tyranny)

4.4　リルバーン『人身保護令状を求める囚人の訴え』(The Prisoners Plea for a Habeas Corpus): 下院議長レンソール宛の公開書簡。「剣による絶対的·圧制的·恣意的政府を打ち立てた」クロムウェルを、ストラフォードやロード以上の暴君、アーノルドの殺人者として攻撃し、クロムウェル一派と闘うよう議会に促した。

5.1　ウェールズで国王派が蜂起した。第二次内戦が始まった。

5末　議会の海軍の6艦が叛乱を起こし、国王との同盟を宣言した。クロムウェルは、この不穏な動きを押えるためにレインバラを海軍提督に任命した。

6.12　国王派がエセックス州コルチェスターを奪取した。

7～　レベラーの機関紙『モダレート』(Moderate)の発刊が始まった。(～1649.9)

8.1　リルバーンの釈放を求める請願書(1万人の署名)が下院に提出された。リルバーン釈放の請願活動をしていた「騒々しい婦人たち」が、「悪影響という危険を理由に」下院周辺の道路から守衛によって一掃された。同日、議会は、彼の釈放と彼の内戦前の宗教的迫害に対して3千ポンドの償金を支払うことを決議した(クロムウェルに対するリルバーンの反対活動を期待する長老派の政治的意図)。翌日、リルバーンは条件付きで保釈された。

8.3　リルバーンが、セクスビーを通してクロムウェルに書簡を送った。『新契約、宣言』(A New Engagement, or Manifesto)

8.8　ロンドン市長・市会が請願書の中で、貧民が「仕事とパンを求めて、近いうちに騒乱を起こすであろう」と指摘したように、前年からの不作と不況、商工業の打撃が深刻化して破局的な局面に達していた。

8.19　プレストンの会戦でクロムウェルの勝利。

1648

8.21	ウォルウィン『血の計画』(The Bloody Project, or a discovery of the New Designe in the present War): 新型軍の残虐行為を批判した。[*349*]
8.26	コルチェスターの陥落で、事実上内戦が終結した。[*348*]
8.29	長老制確立の条令制定。
9.11	リルバーンが関係した「ロンドンとその近郊の善良な市民」数千人の『9月請願』(4万人が署名した)を下院が受理した。[*281, 348f.*]
9.18	国王との交渉が再開された(ニューポート交渉)。[*348*]
10.29	レインバラが殺害された。
11.16	ロンドンの馬首亭でレベラーと独立派の代表者が会談し、人民協定起草委員会(16名)が設けられた。レベラーの委員は、リルバーン、ワイルドマン、ウォルウィン、ペティ。リルバーンは国王処刑と議会解散を主張する独立派に反対した。[*349f.*]
11.22	下院が新たに軍隊の解散を試みた。
12.2	軍隊がロンドンに入った。[*350*]
12.5	『バッキンガムシャに輝く光』(Light Shining in Buckinghamshire) [*284f., 296f.*]
12.6	軍隊が下院から長老派議員を追放した(プライド大佐の粛清)。[*350, 400*]
12.13	議会が国王との交渉再開の決議を廃棄した。
12.14	ホワイトホール宮の士官会議で『人民協定』が審議された。(ホワイトホール討論。～翌年1.13)
12.15	リルバーンらによって作成された『人民協定』(Foundations of Freedom, or an Agreement of the People)が発表された。[*293, 375ff.*]

1649

1.6	高等法院設置法の成立。
1.20	軍幹部が作成した『人民協定』(A Petition. . . concerning the Draught of an Agreement of the People for a secure Peace)が下院に提出された。
1.20-27	国王の裁判。[*400*]
1	ジェラード・ウィンスタンリ『正義の新法』(The New Law of Righteousness)

1.30　国王の処刑。[*350, 400*]

2.13　国務会議設置法:「反逆者」取り締まり法を制定して、軍内部の「秩序の攪乱者を弾圧する」国務会議の創設。[*400*]

2.26　リルバーン『イングランドの新しい鎖』(Englands New Chains discovered): 士官の『人民協定』を厳しく批判するとともに、「新しい専制たる国務院《カウンシル・オブ・ステート》」から自由を護るべく連帯行動することを兵士と市民に訴えた。請願書として下院に提出された。[*282, 370, 400ff.*]

3.1　ニューマーケット・ヒースで、『人民協定』の即時批准を要求する8名の騎兵兵士の署名した『フェアファックス将軍と士官会議宛のレター』(請願)が公表された。、彼らは軍法会議にかけられて追放された。

3.17　王位廃止法案が制定法として確認された。[*350*]

3.19　上院廃止法案が制定法として確認された。[*350*]

3.21　オーバートン『ホワイトホールの狐狩り』(The Hunting of the Foxes from Newmarket and Triploe-heaths to Whitehall): 狐ども(クロムウエル、軍幹部)が軍隊に反議会行動をとらせ、次いで自己の権力をウェストミンスターに打ち立てるに至るまでの行動状況の全貌を描いた。

3.24　リルバーン共著『イングランドの新しい鎖・第二部』アジテーターで構成される軍会議の即時再建と議会による『人民協定』の実施を要求した。また、新政府の専制の重要証拠として出版禁止(検閲)を挙げた。多数の署名を付して下院へ提出された。[*402ff., 411*]

3.28　「扇動的文書」を著したリルバーン、オーバートン、ウォルウィン、プリンスが逮捕され、国務会議(ホワイトホール宮)での審理ののち、ロンドン塔に収監された。[*403*]

3.30　『バッキンガムシャに輝く光・第二部』[*296f., 299*]

4初　ウィンスタンリら（ディガーズ）がサリィ州コブハム付近のセント・ジョージ・ヒルの共有地を耕作し始めた。

4.2　ロンドンと隣接地域の男性市民たちが、リルバーンらの釈放を求める大衆請願・デモを組織し、多数の署名を付して下院に提出した。[*351f.*]

『再洗礼派請願』(The Petition of several Churches of God in London commonly, though falsly called Anabaptists):『イングランドの新しい鎖・第二部』がバプティスト教会となんら関

1649

係ないことを議会に訴えた。下院はこの請願書を受理し、バプティスト教会の自由を保証することを公約した。[*417f.*]

4.4 リルバーン共著『国務会議の画像』(The Picture of the Councel of State): 国務会議での尋問の模様を描いた。[*409*]

4.14 獄中の4人のレベラー指導者による『宣言』(A Manifestation from Lieutenant-Col. John Lilburne. . . commonly, though unjustly, styled Levellers): 軍事支配に対する非暴力抗議を呼びかけた。[*289, 360f., 376f., 393*]

4.18 ロンドンの男性市民たちが、リルバーンらの釈放を求める大衆請願・デモを組織し、1万人の署名を付して下院に提出した。国務会議と軍事権力に抗議し、『人民協定』の採択を迫った。[*351f., 419*]

4.24 ロンドンと近郊の数千人の婦人(affecters and approvers of the petition of Sept. 11, 1648)が、男性市民の請願に呼応して大衆請願・デモを組織して、リルバーンらの釈放を要求した。[*352ff.*]

4.25 ロンドンのウォーリィ騎兵連隊で、トムソンの指揮のもとに兵士が叛乱を起こした。

4.27 叛乱の首謀者の一人ロバート・ロッキャーがセントポールズ・チャーチ・ヤードで銃殺され、4月29日に葬儀が行われた。1000名の会葬者が5ないし6列の縦隊で行進した。参列した男たちは帽子にシー・グリーン色と黒色のリボンをつけた。最後部に婦人たちが続いた。

4.29 ウィンスタンリらの『真正レベラーズの旗は進む』(The True Levellers Standard Advanced)

5.1 ロンドン塔の4人のレベラー指導者が連名で『人民協定』(An Agreement of the Free People of England)を著した。[*350f., 360f. 375ff., 420*]

ソールズベリの駐屯地でスクループ騎兵連隊の兵士たちが、アイルランド派遣命令を拒否して叛乱を起こした。アイアトン、ハリソン、スキッポンなどの連隊の大部分もこれにならった。

5.5 ロンドンと近郊の婦人たち(affecters and approvers of the petition of Sept. 11, 1648)が、軍法によるロッキャーの処刑とレベラー指導者たちの監禁に抗議する請願を組織した。[*354f.*]

5.6 ロンドンの一区(the ward of Cripple-gate without)の徒弟たちがパンフレットで、『人民協定』のもとに結集するための組織づくり(アジテーター組織)を他区の仲間たちに訴えた。なお、ロンドンの徒弟や若者たちが、レベラー市民および婦人の請願に呼応して請願を5月(日付不明)に組織しているが、請願という手段の有効性について疑問を抱いていた。彼らの関心は議会への請願よりも、むしろ軍隊レベラーとの連携に向けられていた。[*355ff.*]

5.9 クロムウェルがハイド・パークで閲兵式を行ったとき、参加部隊のほとんど全員がシー・グリーン色のリボンをつけた。その直後、ウォーリィ連隊の騎兵200名が、トムソン大尉の指揮のもとに、シー・グリーン色の旗を高く掲げたという情報がバンバリーから入った。トムソンは、『イングランドの旗は進む』(Englands Standard Advanced, 5. 6)という声明書において『人民協定』の実施を要求した。

5.10 『ウォルウィンのたくらみ』(Walwins Wiles; or, the Manifestators Manifesed)[*318*]

5.14 バーフォードにおいて叛乱兵士が弾圧された。教会に監禁された捕虜3名は死刑を宣告され、教会の壁のところで処刑された。[*351*]

『レベラーズと誤まって呼ばれている人たちの弁護』(The Levellers, falsely so called, vindicated. Or, the case of the twelve troops which, by treachery in a treaty, was lately surprised and defeated at Burford, truly stated.)[*358*]

5.19 共和国宣言。[*350*]

5.30 ウォルウィン『誹謗の基礎の発見』(The Fauntain of Slaunder Discovered)[*318*]

6 アイルランド遠征が始まった。

6.8 リルバーン『イングランド人民の基本的自由』(The Legall Fundamentall Liberties of the People of England revived, asserted and vindicated)[*349*]

8.10 リルバーン『クロムウェル、アイアトンの大逆罪』(An Impeachment of High Treason against Oliver Cromwell and his Son-in-law, Henry Ireton)[*358*]

8.29 『ロンドンの若者と徒弟の叫び』(An Outcry of the Youngmen and Apprentices of London. . . Directed in an epistle to

1649

	the private souldiery of the army): 各州・連隊からの代表者選出による国民会議の開催を訴えた。[*359*]
9.8	オックスフォードのインガルズビィ連隊で叛乱が起こったが、11日には鎮圧された。
9.21	『幾千人ものイングランド自由民の抗議』請願(The Remonstrance of many Thousands of the Free-People of England. Together with the Resolves of the Young-men and Apprentices of the City of London, in behalf of themselves and those called Levellers): 武装蜂起を訴えた。[*359, 360, 404*]
9	『モダレート』最終号。
10.13	リルバーンが叛乱罪で起訴された。
10.24-26	ロンドンのギルド・ホールでリルバーンの裁判が行なわれた。市民陪審団はリルバーンの無罪を宣告した。
12.21	リルバーンがロンドンの市会議員に選ばれたが、彼の選出は議会によって無効と宣言された。

1652

1.15	リルバーンはアムステルダムに追放された。

1653

4.20	ランプ議会解散。このニュースはリルバーンの希望を刺激した。
6.14	リルバーンは密入国したが、捕えられてニューゲートに投獄された。
6.24	リルバーンを擁護する請願: The Petition rejected by the Parliament, being tendered to them in behalf of Lieut. Col. John Lilburn, and in behalf of the liberties of all the people of England, highly violated by their unjust Act made for his banishment. この請願のあと、ロンドンと近郊の市民の請願、婦人の請願、若者の請願集団が議会に向かった。
6.25	リルバーンを擁護する婦人の請願: The Petition of divers afflicted Women, in behalf of Mr. John Lilburn, prisoner in Newgate.
7.4	指名議会の召集。
7.9	リルバーンを支援するロンドンと近郊の市民の請願: The fundamental Lawes and Liberties of England claimed, asserted, and agreed unto by several peaceable persons of the city of

London, Westminster, Southwark, Hamblets and places adjacent; commonly called Levellers. Presented to the consideration of all the free people of this Commonwealth.

7.13 オールド・ベィリー裁判所でリルバーンの最後の裁判が始まった。コークの『英法要綱』を手にして、あらゆる裁判所と渡り合ってきた彼の不屈の勇気と演説力は彼を群衆のアイドルにしたであろう。裁判じゅう、リルバーンのための請願書が議会に提出され、幾人かの請願者が投獄された。民衆のチャンピオンの裁判を見ようとして群衆が集まり、軍隊が配置された。

7.14 リルバーンを支援するロンドンと近郊の市民の請願: The Petition of many grieved People of the Cities of London and Westminster, and places adjacent; in behalf of John Lilburne, prisoner in Newgate. [With the copy of a letter from Lilburne to Lord Chief Baron Wilde, dated 14 July, demanding a copy of his indictment].

7.29 リルバーンを擁護する婦人たちの請願: Unto every individual Member of Parliament: the humble Representation of divers afflicted Women-Petitioners, on the behalf of Mr John Lilburne.

8.2 ロンドンの徒弟のリルバーン擁護請願: To every individual Member of Parliament, the representation of divers apprentices of London on behalf of Mr. Lilburn, now prisoner in Newgate.

8.20 リルバーンは市民陪審団から無罪の判決を得たが、政府は彼の釈放を認めなかった。

8.28 リルバーンがニューゲートからロンドン塔に移された。

12.12 議会の解散。

12.16 プロテクター政権の成立。

1654

3.16 国務会議はリルバーンの身柄をロンドン塔から海峡諸島のジャージー島オーギュエル城に移すよう命じた。そして次に、彼はガーンジ島(Guernsey)のエリザベス城に移された。幽閉のため彼の健康は害された。妻と父が、彼の釈放をもとめて請願書を提出した。

1655

10　リルバーンはドーバー城に収監された。しばらくのちに、彼はクェイカーに改宗した。

1657

8.29　リルバーンはロンドン南郊エルサム(Eltham)で死去した。そして彼はムアフィールズ(Moorfields)に埋葬された。

1658

9.3　クロムウェルの死去。

1660

5　王政復古。

著者紹介

友田　卓爾（ともだ　たくじ）

1943年　広島市生まれ
1971年　広島大学大学院文学研究科西洋史学博士課程単位取得退学
現　在　広島大学総合科学部教授　文学博士

現住所　〒739-0144　東広島市八本松南7－28－16

レベラー運動の研究

平成12年2月25日　発行

著　者　友田　卓爾

発行所　株式会社溪　水　社
広島市中区小町1－4（〒730-0041）
ＦＡＸ（082）246-7876
電　話（082）246-7909
E-mail: info@keisui.co.jp

ISBN4-87440-594-0　C3022
平成11年度科学研究費補助金「研究成果公開促進費」
助成出版